如何養出一個成年人

How to Raise an ADULT

BREAK FREE OF THE OVERPARENTING TRAP AND PREPARE YOUR KID FOR SUCCESS

別因為愛與恐懼，落入過度教養的陷阱，讓孩子一直活在延長的青春期

JULIE LYTHCOTT-HAIMS

茱莉．李斯寇特─漢姆斯 著

游淑峰 譯

方舟文化

佳評推薦

曾為史丹佛大學新生主任的作者，見過各種極端的父母干預，不只有違常識、也不符智慧與健康的界限。當父母能與孩子談笑、也教導他們努力的成就感；當父母能傾聽孩子，也給他們空間成為自己，就會培育出懂得辛勤努力、解決問題和享受生活的孩子。換言之，好好生活，你的孩子有一天可能就會和你一樣。

——《紐約時報書評》

作者針對被過度保護、過度教養、過度安排行程的孩子，描繪出鮮明有力的圖像。藉由訪談大學招生人員、教育者、父母等對象，她詳實呈現了此一問題，並提供許多可行的解決方案，使本書成為父母的後盾，支持著他們進行必要的改變。

——《出版者週刊》

在深入淺出的敘文中，作者完美彰顯了事實。父母若想要養出有工作能力的成年人，她的建議堪稱真知灼見，顯然也是被迫切需要的。

——《柯克斯書評》

最佳的教養建議。我們的孩子正面臨長大成人的挑戰，而作者提供了目前缺乏的父母使用手冊。

——《芝加哥論壇報》

父母的好意有錯嗎？作者描繪出一種聰明、有同理心的另類方法：把孩子當野花滋養，而不是當盆栽培育。對於希望讓孩子培養出真正的自主能力、而非空洞自尊的父母，這本書的出版正躬逢其時。

——丹尼爾．品克，暢銷書《未來在等待的人才》作者

作者同時是心理學家、社會學家和人類學家，記錄了二十一世紀不會綁鞋帶的聰明小孩的態度和習慣，以及那些盤旋在左右的焦慮父母。她以同等而適切的方式，傳達了同理體諒與當頭棒喝。

——麥德琳．雷文，暢銷書《給孩子，金錢買不到的富足》作者

看到書名時，我就愛上這本書了。全書坦誠、極具智慧，富有同理心、且深度探討，《如何養出成年人》應該是每個人教養書櫃裡的首選。

——威廉・德雷西維茲，暢銷書《優秀的綿羊》作者

這些不是一般教養類暢銷書中不斷回收的自救祕訣。請把這本書想成是一份鼓舞，要獻給那些發現自己被驚慌失措的直升機父母包圍，正在尋找更好的教養方式，而需要確認與指南的人們……這個世界也許不需要更多的名校畢業生，但確實需要有用的成年人。

——《基督教世紀》

雖然這本書的目的是告訴我們如何養出成年人，但也說明了這將如何使我們成為更好的大人。鐘擺已盪離了直升機式的教養法，父母正在尋找更好的指引與見解，而作者提供的正如其所需。

——《成長與飛翔》教養網站

作者解析了直升機父母的習慣，利用各種研究與真實故事，闡釋過度教養對孩子在發展、情緒與心理上的負面影響，同時給予建設性的指引，讓父母知道如何退後一步，讓下一代的領導者發展為成熟完整的大人。

——MSNBC電視台時論節目 Melissa Harris-Perry

這是一本太棒的書。出版時機絕佳，父母們將會愛不釋手，因為它討論的是一個如此需要關注的問題。與其思考如何養育小孩，我們更需要思考如何養出一個成年人。

——CBS新聞節目「今日早晨」

除了同理父母的期望與導致過度教養的恐懼，李斯寇特—漢姆斯也提供了實用的策略選項，強調允許孩子犯錯，並培養成功所需的信賴、機敏與決心的重要性。

——《生活與愛之道》網站

讓孩子做自己的事、犯自己的錯、過自己的人生

——牙醫師、作家、環保志工 李偉文

常常納悶，為何現在的孩子因為營養豐富，發育愈見早熟，也遠比任何時代的年輕人見多識廣，但古人十多歲就成家立業，身為父母的我們也多是二十來歲就離家獨立，面對自己的人生，承擔屬於自己的痛苦與悲傷，如今卻有這麼多長不大的孩子，這是他們個別的問題，還是父母的過度教養導致？

相信每個「媽寶」背後，一定有個「寶媽」、「寶爸」，甚至「寶爺」、「寶奶」。當我們剝奪了孩子學習自立、為自己負責的機會時，最終還是會傷害到我們和孩子之間的關係。當然，會有那麼多「寶媽寶爸」，應該也是時代因素造成的，就像《如何養出一個成年人》這本書的分析，家長因為恐懼、因為誤解的愛，使得孩子一直活在延長的青春期而無法變成大人。

看來這種媽寶現象是全球性的，作者因長期擔任史丹佛大學的新生主任，對這個現象有豐富的觀察與處理經驗，因此這本內容非常豐富的書，是相當扎實的父母教戰手冊，不空談理論，而是以動人的實例來多方提醒家長。尤其過度教養很容易發生在為子女投入太多心力的直升機父母身上，享有太多教育資源的孩子，若因為精神上不夠堅韌與獨立，無法好好以所學回饋社會，也是整個時代的損失。

當這一代有漂亮學經歷的媽寶逐漸進入職場，的確產生了許多問題，這也讓某些機構重新設定了評估人才的標準。例如，台灣某大學醫學系舉行入學甄試口試時，就在會場外架設監視器，看看哪位考生來口試還需要家長陪伴。這些媽寶都在口試委員心中留下負面的印象，最後總成績也是比較吃虧的。

「愛之適足以害之」，是對過度教養的家長最好的提醒。這本書值得每個關心孩子、關心教育的家長與社會賢達仔細閱讀並且身體力行。

先活好自己的人生，就是最有效的教養

——親子天下媒體中心總編輯　**陳雅慧**

偶然得知現在台灣的大學都會召開新生家長說明會，我非常驚訝，後來又聽到不止一位大學教授抱怨，現在的家長會關心學生置物櫃的位置、宿舍有沒有洗衣機、大一有沒有高中的補救教學課程……這些對子女愛之甚深的父母，應該都忘記自己也曾無所畏懼，在上大學時準備好要獨行天涯的模樣了。

「我們不是要教出好小孩，而是要教出好大人。」作者曾擔任名校史丹佛大學新生主任十年，發現現代父母經常過度涉入孩子的生活與學習，反而讓孩子少有機會培養自立能力。這本書讀起來一直讓我想畫線，處處是讓人驚心動魄的警句。因為身為父母，真的很容易當局者迷，最難放下的執念就是「為了孩子好」，明明覺得自己知道哪一條路比較平順、比較快，要忍住不說不指點，實在是太困難。

作者身為母親，又是優秀大學生的老師，用兩面觀點來描述和省思自己所看見的新世代教養難題，而讓人深感共鳴之處，就在於她並非是要指責現代的父母，而是完全能夠理解過度教養背後隱含的擔憂焦慮與源頭脈絡，所以她所提出的觀察，有時讓人讀了覺得荒謬可笑卻著實心有戚戚焉，而她所給予的提醒，也有如暮鼓晨鐘般深沉有力。

因為工作之故，我也閱讀了許多教養書籍和相關資料，最深刻的感想就是——請記得：只有自己能夠過好人生的父母，讓孩子看著你言行一致的身教，才是最有效的教養。當我們把心力過度投入於想要教好孩子，往往到最後會忘記了照顧自己，把自己的人生都活成一個自己討厭的樣子，當然也就無法說服孩子你希望他長成什麼模樣，因為你自己就做不到。當父母最幸運的，應該就是可以重新做一次孩子，重新活一次自己。要讓孩子活出自己的人生，先決條件則是父母要關注自己，把自己活得精彩。在書中我最想與讀者分享的一句話，就是德國詩人歌德所說的：「孩子應該從父母那兒得到兩樣東西：根與翅膀。」我們也應該要學習接受，父母和孩子即使過不同的生活，依然可以永遠相愛。

別讓孩子有了身軀，卻少了成熟的靈魂

——王意中心理治療所所長、臨床心理師 王意中

別在孩子的成長中缺席，是許多父母衷心的期待。然而親子關係中，過猶不及，終究不令人樂見。我們理智上期待孩子能夠長大，內心卻又總是把他們看成小孩；我們不斷地想要參與，甚至期待孩子照著自己擬定的藍圖來執行，卻忽略了越是這麼做，孩子離成長獨立的路途就越遙遠。

媽寶、爸寶反映的，其實是一種親子之間，雙方共同「變調」而形成的關係。父母必須能夠敏感地覺察，在關係的拿捏上、對孩子的放手與信任上，自己是處在什麼樣的狀態。

我們對孩子的付出，時常是太多、太滿，並因此陷入身為好爸爸、好媽媽的虛幻印象。我們亦步亦趨跟在孩子身後，幫忙挪開碎石路障，希望他們「無痛」地走上坦途，卻也使得孩子在內心的成熟度上，欠缺了一些必備條件及能力。我們口口聲聲地說「愛」孩子，卻在無形之中成了「礙」孩子，使得他們被迫、安於或樂意繼續當個永遠長不大的「小孩」。

過度教養也滿足了父母想要繼續扮演呵護、照顧、付出角色的心態。對部分爸媽來說，一旦覺察孩子對自己不再依賴，是多麼情何以堪。為了捍衛自己在孩子心中的重要性，便為孩子越做越多，而無法自拔。然而，當孩子一直處在被呵護的舒適圈，也就無法習得自立生活的基本技能，以及因應這個快速變遷的社會所需要的，一個成年人對自己、對他人應負起的責任感，和本身的抗壓性與競爭力。

過度教養讓我們的孩子有了身軀，卻少了靈魂；有了年紀，卻少了獨立生活的能力，扼殺了孩子的各種可能性，而身處其中的父母還渾然不知自己到底做錯了什麼。別在孩子頭頂上空繼續盤旋，降落吧！誠摯推薦這本書給所有父母，讓我們踏實地站在土地上，喜悅且驕傲地抬頭仰望，欣賞孩子在天空中的展翅高飛、自由翱翔。

信任，送給孩子最重要的禮物——

yes123 求職網資深副總經理 洪雪珍

在職場上，需要短期出差、調職外地、或派駐國外時，經常會聽到年輕同事的回答是：「我要回家問問爸爸媽媽。」剛開始我以為這只是托辭，給彼此留個緩衝空間，後來才知道他們是真的去問，而爸媽也真的給了答案。一來一回的過程中，讓我不禁感覺，自己不是在跟同事對話，而是向他們的父母隔空喊話；不是在討論同事的需求，而是在跟父母談判條件。這樣的父母，大約可分為兩種——

第一種是「直升機型父母」，想要完全掌控子女在調職或外派之後，所獲得的各種薪資福利、以及未來前途發展，接著他們就會撥起算盤，看看合不合算，也會丟出他們的條件。

第二種是「割草機型父母」，他們會預想可能發生的各種狀況，比如住宿、吃飯和回國頻率等，如果認為存在著一些阻礙，就會想辦法逐一割除，儘量讓子女的生活維持和過去一樣的舒適自在。

這兩種父母都是屬於過度教養的典型，小時候安排孩子所有的行程，長大後插手子女的人生大小事，為的都是給孩子最好的，讓他們贏在起跑點，而子女也樂於不必負責任與承擔失敗，一直窩在舒適圈。但雙方就是等不到親子關係中最重要的一樣禮物，也就是——信任！

凡事替子女安排、做決定，會讓子女失去自信，導致受挫力與抗壓性偏低，而這樣性格的人到了職場，缺乏做決策與解決問題的能力，在追求成功的路上也會受阻，終究無法達成父母的期待。更令人擔憂的是，在父母失望的眼神中，子女更有可能變得自卑、無助、愧疚與放棄自己。

自信，是一個人在職場發展的關鍵特質。願所有父母都能從本書體認到，每個孩子都是獨立的個體，成長過程有其規律，信任他們有能力做出對的決定，即使犯錯也可以從中學習與成長。唯有信任與放手，才能讓孩子培養出獨立自主的能力，獲得成就感與自信心。

Contents 目錄

第二部：為什麼必須停止過度教養
Why We Must Stop Overparenting

第三部：另一種方式

Another Way

第四部：勇於做個另類父母

Daring to Parent Differently

前言

過度教養背後的愛與恐懼

旅行者，前面是沒有路的，路是走出來的……

——安東尼奧．馬查多[1]（Antonio Machado, 1875-1939）

這是一本探討父母涉入孩子生命太多的書。它想探究的是：在我們過度干預背後的愛與恐懼；當我們為孩子做了太多時所造成的傷害；以及如何透過不同的教養方式，讓我們達成更理想的長期目標，幫助孩子締造更大的成就。

我和任何一位父母都一樣，很愛我的孩子，而且我知道，愛是父母所做所為一切的基礎。然而，在這幾年研究這本書的過程中，我知道父母的許多行為也源自於恐懼；而最主要的恐懼也許是：擔心孩子無法出人頭地。父母希望孩子成龍成鳳是很自然的，但根據研究結果，以及我對一百多人做過的訪談，加上自己的親身經驗，我所得出的結論是：我們對成功的定義過於狹窄。更糟糕的是，這種狹隘而誤導的成功定義，已經致使我們傷害了這一代的年輕人——也就是我們的孩子。

在擔任史丹佛大學新生主任十年的過程中，我漸漸地了解、關心、也掛慮著這些年輕人。我喜歡這項工作，並且發現這使我擁有一項特權，能與其他父母的十八到二十二歲的兒女共處，尤其是在他們即將展開人生、進入成年的時刻。這些學生讓我笑，也讓我哭，不管發生什麼事，我都為他們加油。這本書並不是對他們或他們這一代的譴責，這些孩子生於一九八〇年後，被稱為「千禧世代」。而他們的父母——我們這些父母，我會這樣說，是因為我也是其中之一——則是另一個故事了。

我就坦誠相告吧。我不只是史丹佛大學的前主任，也畢業於史丹佛大學和哈佛法學院。而我會寫這本書，並非是因為這樣的機緣，或儘管有此機緣，主要還是拜這一切經歷所獲取的訊息之賜，這也使我時時牢記著，我的特權和經歷在這份分析中可以是助力，也可以是阻力。此外，正如我所說，我也是為人父母者。我和丈夫育有兩個正處青少年時期、相差兩歲的兒子和女兒，而且我們是在加州矽谷的心臟地區帕羅奧圖（Palo Alto）養兒育女，這裡是你在地球上可能會找到，積極熱衷於過度教養的一個中心地。雖然我曾經是一所熱門大學的主任，監督著過度干預的父母所做所為，但在思索這個議題的幾年裡，我慢慢地接受，自己和那些我曾經輕聲譴責的父母，其實沒有太大不同。在許多方面，我就是自己所寫的那些問題父母。

父親（和母親）最清楚

在最初的時刻，孩子是透過我們的肚臍、我們的心跳、我們的身體、然後是我們的臂彎、我們的親吻、我們的乳房，感受到我們的愛。我們把他們帶回一個能遮風避雨的屋簷下，幾個星期後，當他們第一次有意識地以眼神與我們接觸，我們便歡天喜地。我們把早期的牙牙學語滋養成第一句話，當他們有力量能翻身、坐起、爬行，我們不禁手舞足蹈。我們環視整個二十一世紀，發現越來越互聯與競爭的世界，有時看似熟悉，有時完全陌生。我們注視著珍貴的小寶貝，承諾要盡己所能，幫助他們邁向未來的漫長人生。在他們準備好之前，我們幾乎使不上力，無法教他們站立或走路，但還是渴望看到他們進步。

我們幾乎立刻看出，他們屬於他們自己，卻也想要他們踏在我們腳上起步，站在我們肩膀上，從我們所知的、可提供的資源中獲益。我們讓他們接觸到眾多有助於學習和成長的經驗、想法、人物和場所，希望藉由那些最能為他們提升潛力和機會的機緣，使他們得到鍛鍊。我們知道，在今日世界成功需要什麼；我們非常渴望保護和指導他們，能在每個時刻陪伴他們，不論代價為何。

相形之下，我們之中有許多人還記得，曾有一段日子父母是不太參與孩子童年的。那時父母親（通常是媽媽）會在週間下午把大門打開，告訴我們：「出去玩，晚餐前回家。」我們的父母不知道我們去了哪裡，或到底在做什麼。當年沒有手機可以聯繫，也沒有ＧＰＳ追蹤。我們就是四處遊走，晃入街角的荒地、鄰居家、城鎮、公園、樹林、商場。或者有時，就只是偷摸了一本書，坐在後門的台階上閱讀。那時的童年不像現在，而許多年輕的父母已經無法想像童年曾是那般景象。

父親和母親變了

教養和童年是哪個時候、為什麼，以及如何改變了？即使只是粗略的搜尋，都可以找到林林總總的轉變。一九八〇年代中期，發生了一些重要的事件。

一九八三年，有一項轉變是對於兒童綁架的警覺度升高。一九八一年，一個名叫亞當・渥許（Adam Walsh）的小孩慘遭綁架和謀殺，後來這個故事被拍成電視影集《亞當》（*Adam*），破天荒地有將近三千八百萬人觀看。[2]很快地，失蹤兒童的臉孔開始在早餐時刻，從牛奶紙盒的背面凝視著我們。[3]渥許的父親約翰・渥許（John Walsh）繼續遊說國會，於一九八四年成立全國失蹤與受虐兒童中心，並贊助「美國頭號通緝犯」（*America's Most Wanted*）這個節目自一九八八年於福斯電視台開始播映。我們對陌生人無終止的恐懼，於焉誕生了。

另一項轉變——認為孩子功課太少的想法——隨著一九八三年出版的《國家風險報告白皮書》（*A Nation at Risk*）[4]出現，報告中指出，美國小孩無法與全世界的小孩競爭，並且主張增加家庭作業。從此以後，各種聯邦政策，像是「不讓任何孩子落後」（No Child Left Behind）和「奔向巔峰」（Race to the Top）等，醞釀出強調記憶和為考試教學的成就文化。當時，來自新加坡、中國和韓國的學生逐漸加入競爭，而在這些地區，這種教學法是標準規範。美國的孩子很快就開始在更多家庭作業的份量下掙扎，並盡其所能在學校裡生存下來，這些現象在二〇〇三年在史丹佛教育學院講師丹妮絲・波普博士（Dr. Denise Pope）所寫的《上學：我們如何創造飽受壓力、玩物拜金且不當受教的下一代》（*Doing School: How We Are Creating a Generation of Stressed Out, Materialistic, and Miseducated Students*）[5]一書，以及紀錄片《無目標的競賽》（*Race to Nowhere*）之中，皆有詳細描述。[6]

第三個轉變是，隨著自尊運動的肇始——這是一九八〇年代在美國大受歡迎的思維——相信我們如果重視孩子的人格，而不是他們表現出來的成果，就可以幫助孩子在人生中獲致成功。[7]在《教出最聰明的孩子：向腦力強國學習教育之道》（*The Smartest Kids in the World: And How They Got That*

Way）這本書中，作者亞曼達·瑞普立（Amanda Ripley）即引述自尊運動為美國獨有的現象。[8]

第四個轉變是遊戲日的發明，時間大約在一九八四年。[9] 當時，媽媽們進入職場的人數創下歷史新高，遊戲日則以一種符合現實的時間安排方法之姿出現。越來越多的父母成為勞動力，以及對日間照顧的益發仰賴，意謂著越來越少有孩童放學後就可以回家，也更難找到場所或時間來遊戲。當父母開始安排孩子的遊戲時間，他們也用心觀察起遊戲，最後就跟著一起參與。一旦許多父母開始參與孩子的遊戲，把孩子獨自留在家裡便成了禁忌，而允許孩子獨自玩耍、無人監管當然也是萬萬不可。等孩子大了一點，日間照顧的安排就變成了計畫性的課後活動。與此同時，大約在一九八〇年代末、九〇年代初，對於傷害和訴訟的關注，則促使全美的公共遊樂場展開徹底改造。[10] 遊戲的本質，也是發展中的孩子生活裡最基礎的元素，開始有了變化。

我們再留意一下其他這類的轉變。一九九〇年，兒童發展研究者福斯特·克萊（Foster Cline）和吉姆·菲（Jim Fay）創造了「直升機父母」（helicopter parent）一詞，指的是一直盤旋在孩子身邊的父母，他們背棄了父母養育孩子成為獨立大人的責任。[11] 克萊和菲戮力提供建議給年幼孩子的父母，為前一個十年美國育兒的重大改變診斷把脈；而當時的情況在二十五年後的今天，依然是普遍現象。這意味著直升機世代中最年長的一群，在二〇一〇年左右就要三十歲了。他們也被稱為「Y世代」或「千禧世代」。

一九九〇年代後期，最早的一批千禧世代開始進入大學，我和同事在史丹佛大學開始注意到一種新的現象：貨真價實，在大學校園裡出沒、存在著的父母。隨後每一年，會為兒女做一些過去的大學生能夠自己完成的事——諸如尋求機會、做決定和解決問題——的父母，數量不斷增加。這不僅發生在史丹佛，請注意，它也發生在全美國四年制的學院和大學裡，這一點是我和全美各地的同事們會談後所確認的結果。與此同時，我和先生也正撫養著我們的兩個孩子，而且完全沒有意識到，自己在家裡也做了一些直升機父母會做的事。

嬰兒潮世代的影響

生於一九四六年到一九六四年之間的戰後嬰兒潮世代，是率先贏得「直升機父母」稱號的人們。他們的孩子是我所關心的「千禧世代」的上一代。嬰兒潮世代的祖父母相信「孩子有耳沒嘴」，而他們父母的標準回答則是：「因為我說了算。」相反地，也許是出於一種回應，當時是青少年和年輕人的嬰兒潮世代，相當支持自由思考與個人權利、質疑權威，因而重塑或直接推翻了許多美國社會的基本典範和道德。

當然，嬰兒潮世代並不是歷史上第一批像直升機般盤旋在孩子身邊的父母。據說早在一八九九年，道格拉斯．麥克阿瑟將軍（General Douglas MacArthur）的母親就和他一起搬到西點軍校，住在克萊尼酒店的一間套房，以便就近遠眺軍校，用望遠鏡觀察麥克阿瑟是否認真學習。[12] 然而，當嬰兒潮世代——在他們的孩子出生前，他們的人數是美國史上最多的一代，高達七千六百萬人——啟動了某種趨勢，無論是在時尚、科技還是育兒方面，都很快就達到引爆點。所以，當嬰兒潮世代成為父母，便開始設法改變美國教養方式的本質，也是理所當然。

基於他們自己的價值觀和經驗，以及前文討論過的一九八〇年代各種社會因素背景，嬰兒潮世代在孩子的生活中，扮演了更多角色。嬰兒潮世代的父母輩在感情上相當疏離，他們自己的情感則圍繞著孩子的生命，他們通常會成為孩子最親密的朋友。嬰兒潮世代的父母輩不管事，嬰兒潮世代則試圖控制和確保孩子的成就，並成為他們最堅實的擁護者。嬰兒潮世代的父母輩堅持層級、結構和權威，嬰兒潮世代則復仇似地質疑這一切，並且引發了大規模的社會變革，例如性革命、雙薪家庭、離婚率陡升，還有未被提及過的這種心態或許也是其中之一：與孩子相處的時間應該「重質不重量」（也就是說，重點不在我們花多少時間與孩子相處，而是我們如何運用這段時間。）[13]。做為父母，慣於表達自我主張、希望被聽見，而且我行我素的嬰兒潮世代，想要「陪伴」他們的孩子，不論付出什麼代價，還是要挑戰體制，只不過現在是以孩子之名。他們經常把自己當成是孩子和體制、權威之間的緩衝區，即使孩子長大了也依然如此。

若只看短期結果，高度參與的養育方式，提供了安全、獲得了機會，並確保了結果。就像麥克阿瑟將軍（他在西點軍校以第一名成績畢業），高度參與的教養方法，從某些意味深長的角度來看，似乎是「奏效」的。到了二〇〇〇年代初，這樣的教養方式已變得不那麼例外，反而更像常態。當我這一代，也就是X世代（出生於一九六五～一九八〇年之間）成為父母，我們蕭規曹隨，沿襲自己雙親的做法，而當千禧世代（出生於一九八〇～二〇〇〇年）成為父母時亦然。嬰兒潮世代現在已是祖父母了，但正如他們為美國社會做出的諸多貢獻一樣，不論是好是壞，他們在教養方面的影響，可能將在他們離開後，仍持續與我們同在許久。

給孩子更明智的愛

父母高度參與孩子的人生，顯然是出於愛。這毫無疑問是件好事。但在二〇一二年我要從史丹佛新生主任的職位退下之前，曾和為數眾多的父母互動，也曾與一群似乎越來越依賴父母，而且「依賴到不像話」的學生相處。我開始擔心，這些大學的「孩子」（大學生已經被這樣稱呼）不知道為什麼沒有完全長成大人，他們似乎一直瞄著站在球場邊線的媽媽或爸爸，沒有能力單獨存在。

關於嬰兒潮世代，他們的貢獻可以說是非常巨大。他們被徵召加入越戰、也對它發出質疑，他們置身前線為劃時代的公民權利與自由戮力奮鬥，推動了國家前所未有的巨大經濟成長。然而，嬰兒潮世代的自我，是否與他們孩子的成就緊密交織，已到了孩子若未達到預期成就，自己的功名好像也受了折損的程度？[14] 有些父母是否過於擴張自己的想望與需要，而妨礙了孩子發展出一種稱作「自我效能」（self-efficacy）的重要心理特徵，也就是傑出的心理學家亞伯特．班杜拉（Albert Bandura）所指：「個人對於自己具有充分能力可以完成某事的信念」。[15] 此處深植著一種諷刺：或許就是這些自我實現的成功者，這些嬰兒潮世代，真的為孩子做了太多，結果剝奪了孩子發展自我信念的機會。

是否就是那種自一九八〇年代中期以來，在很多社群中已成為規範常態，強調注重安全、聚焦成績、提高自尊、照表操課的童年，剝奪了孩子發展為健全成年人的機會？一個學業表現優異，但少了父母持續參與，似乎就很難進入社會的年輕人，會有什麼樣的未來？一個在成長過程中習慣有人幫忙解決問題，做什麼事都會得到讚美的年輕人，對真實世界會有何感受？要讓他們發展出為自己人生作主的想望，是否為時已晚？他們是否會在某一刻停止稱自己為「孩子」，而勇於說自己是個「成人」？如果不是這樣，一個由這種「成人」組成的社會，又會變得如何？這是開始令我苦惱的問題，也是促使我寫出這本書的原因。

這些問題一直在我心裡縈繞，不只是工作時，還有我在自己居住的帕羅奧圖活動時。舉目望去，身邊盡是過度教養的證據，甚至在我家裡也是。我們之中有太多人過度指導、過度保護，或過度涉入孩子的生活。我們對待孩子有如稀有珍貴的植物標本，除了阻擋他們可能面臨的一切考驗與損害，也提供審慎且精密度量的照顧和餵養。但人類需要一定程度的風吹雨打，才能應付人生不時拋出的更大挑戰。沒有體驗過人生現實的粗糙面，孩子會像蘭花一樣，變得精緻，但缺乏能力，有時匱乏得嚇人，無法在現實世界中自力更生。為什麼教養這份工作，會從讓孩子準備進入人生，變成保護他們遠離人生，使他們無法自立生活？何以我寫出的這些問題，似乎都根源於中產與中上階層的家庭？畢竟，父母們都很在意要好好工作，如果我們很幸運能成為中產或中上階層，就會有辦法——有時間與可支配的收入——幫助自己好好教養小孩。所以，我們是否已誤解了成功教養子女的真正意義？

而我們本身做為父母的生活又是如何呢？（「哪有什麼生活？」是一種合理的反應。）我們筋疲力竭、憂心忡忡、心靈空洞。我們的社區美得可以拍照，我們精心安排食物和葡萄酒，但孩子的童年卻越來越像某種軍備成果競賽……如此一來，我們還可以稱自己和孩子正過著「美好人生」嗎？我不認為。我們的工作變成是監督孩子的學校功課和進度，安排和掌管他們的活動，接送他們到各處上課，並一路獻出讚美。孩子的成就是我們成功和價值的度量衡；那張貼在我們車子後保險桿的大學貼紙，幾乎被視為我們和孩子共享的成就感。

二〇一三年春天，我參加了一個為帕羅奧圖公立學校提供財務支援的組織所舉辦的董事會議。在這些父母享用著最後一塊咖啡蛋糕，即將返回日常工作之前的閒聊中，一位知道我工作身分的女士把我拉到一邊。「什麼時候開始，童年變得壓力這麼大？」她提問的時候，目光望著遠方。我把手放在她肩上，淚水漸漸盈滿她的眼眶。另一位母親在一旁聽到了我們的對話，邊點頭邊朝我們走來，然後傾身問我：「妳知道我們社區裡有多少媽媽服用抗焦慮藥嗎？」我不知道這兩個問題的答案，但越來越常與這樣的媽媽有類似的對話，也成為我寫這本書的另一個原因。

我內心的新生主任身分，或許一直關心著被過度教養的年輕人有何發展和未來。而我認為，我應該感謝自己有那麼多時間和其他父母的年輕孩子相處，使我在身為父母時，做了更好的選擇。但是，我內心的父母身分，也正與其他每一個父母所面對的恐懼和壓力奮戰著。我明白，過度教養的結構性問題是根源於我們對這個世界的憂心，以及孩子要如何在沒有我們的情況下從中取得成功。然而，我們正在製造傷害。為了孩子、也為了自己，我們需要停止因恐懼而教養，並且以更健康——更明智的愛——的方式，回到我們的社區、學校和家庭。藉由各種研究、並揉合現實生活的觀察與通識建議，本書將告訴你，如何將我們的孩子養育為成年人，以及如何蓄積這樣做的勇氣。

第一部

What We're Doing Now

我們現在的做法

1 保護孩子安然無恙

父母的警覺與科技，為孩子緩衝了世界的撞擊，
但我們不可能永遠為他們守望。
養育小孩獨立自主，是我們生物上的必然，
而在環境中認識自己，是孩子需要發展的重要生活技能。

童年是被研究最多的階段，在任何稍有規模的書店，教養類書籍總是占據相當大的書架空間。對於任何關注小孩的父母（我們全都非常關注），能立刻接收到的訊息是：保護孩子的安全與健康，是我們的職責。這是最基本的，是生物本能。

在我兒子莎耶的嬰兒相本中，有一張他七個月大時凝視著相機、臉上沒有表情的照片。相機只拍到一個小嬰兒躺在溜滑梯的斜面上，但我憶起那時我強壯的手，正從相機鏡頭外把他穩穩地撐住。

那是莎耶第一次去公園，第一次玩溜滑梯。當我看著這張照片時，依然可以聽到自己和丈夫都輕快地對兒子說：「沒問題的，寶貝，我們在這裡。」但從兒子的表情看起來，我們的說服力似乎不太夠。

這讓我回憶起那天我的小寶貝躺在溜滑梯頂端時，自己心中滿布的恐懼。那座溜滑梯離地面應該不到四呎（約一百二十公分），我和先生一人站一邊，但我還是擔心。莎耶溜下那短短的距離

時，會害怕嗎？他溜到底時，會不會撲到橡膠地板上，說不定還撞到頭？他會不會有不愉快的體驗，而這是我們原本可能（或應該）預防的？

長久以來，每當我和莎耶一起坐在沙發上看著他最初的兒時照片，我總是把他眼裡的恐懼，歸結為是他的恐懼。但經過這些年以後，我開始納悶，我的寶貝會不會只是反映了他在爸爸與我的眼睛裡看到的恐懼？父母要如何從想要完全保護嬰兒，進化到讓孩子走出去，進入正在等待他們的世界？

預防意外事故

在一個富足而且有著先進科技的世界，我們自認能確保，沒有一個孩子會受到任何傷害，對於施展控制的能力深具信心。為了孩子，我們讓世界變得更安全、更可預測、更友善。這種防護措施從孩子還在我們的子宮裡就開始了。母親懷孕時，寶寶的每個部分都被監測追蹤；孩子一旦出生，就進入完全保護他們的家庭。

我們也為了孩子，讓家庭外面的世界盡可能安全。一九七八年和一九八五年之間，美國每個州都頒布了要求兒童坐汽車安全座椅的法律，強制繫上安全帶的法律也很快跟進。[1] 這些法律聽起來像是珍貴自由的喪鐘——就跟家庭用休旅車尾端的「隱藏後座」一樣——但是，拯救孩子生命的目標更為重要。在此同時，美國國家標準研究所也批准了史上第一項自行車頭盔標準，到了一九九四年，全美國有超過三分之一的人口都得遵守自行車頭盔法。保護兒童的努力，也促進了在從事直排輪、滑冰和滑板等活動時，頭盔和護膝的普遍使用。毫無疑問，這些法律和措施挽救了一些生命。

然而，為人父母的我們卻更進一步，把自己當成孩子與世界之間的保險桿和護欄，彷彿只要我們在，孩子就會完全安然無恙。我會想到這件事，是因為有一天，我看到一對母子一起過馬路，這在任何城市或鄉鎮都是常見景象。母親自信地走著，而她兒子，一個大約八歲的孩子，則落後一步，頭上戴著耳塞，一路盯著他的手機。母親先是左右看看，又朝左看了一次，然後和孩子一起穿越十字路口。孩子自始至終都沒有抬起頭來。後來，我看到一種為孩子的自行車設計的產品，稱為MiniBrake（「迷你煞車」），可以讓父母透過遙控器，在孩子騎車接近繁忙的交通要道時，控制自行車的後輪煞車。

學校是推動孩子智力發展的第一個關鍵地點，但光是讓他們往返這個地點，就引發了安全問題。為了解決這個問題，我們決定在自己行有餘力的情況下，與他們同行。

當孩子還小時，我們護送他們到學校，確定他們是安全的，而且常幫忙拿東西，減輕他們的負擔。最近，我看到一個爸爸寬厚的肩膀上掛了一個淺粉紅色的書包，他踩著腳踏車，跟在他那頂多七、八歲的女兒後面，騎到離家三個街區外的當地小學。看到這一幕，我忍不住輕聲笑出來。這個畫面很可愛。但是，那天下午，以及更多之前與之後的下午，我不禁想著，孩子要長到什麼年紀，才有能力拿自己的東西？對於一個小學生來說，什麼程度的獨立才是適切的？看到鎮上的父母與小學這麼接近，使我更想調查這個趨勢到底有多明顯。

我曾和一位住在俄亥俄州郊區，名叫蘿拉（Lora）的媽媽聊起這個話題，她提到有一位母親每天護送自己三年級的孩子上校車。是的，這個孩子沒病沒痛、四肢健全。她也提到一位每天跟在女兒身後騎自行車一哩路往返學校的父親，聽起來就像我在鎮上看到的那位背著粉紅色書包的爸爸，除了他的孩子是六年級生。即使學校位在步行距離內，即使碳排放日益成為令人擔憂的問題，許多父母還是開車接送孩子。而且通常不止護送到校門口。

我跟一位家族友人艾倫・諾德爾曼（Ellen Nodelman）談過，她自一九六九年就在洛克蘭德中學（Rockland Country Day School）任職，這是位於紐約康格斯鎮（Congers），隔著哈德遜河與曼哈頓對望的一所從幼兒園到十二年級的學校。剛開始，艾倫在英語科任教，後來繼續教學，並擔任教務主任和升學輔導顧問（college guidance counselor）。在擔任這些角色的四十多年裡，她見證了父母越來越常出現在校門內外的現象。

洛克蘭德中學有一半的孩子搭校車上學，「而有超過一半原本可以搭校車的孩子，現在是由父母接送。」艾倫說。而且，不只是把孩子放下車，較低年級孩子的父母有時還會跟著進校園，有些甚至想一路陪孩子進教室。「我們盡量在學校大廳前把他們攔下。如果不規範他們，他們會和孩子一起在教室裡坐上一整天，」她加了一句：「我們真的遇過有一些父母這樣問。」

然後是手機。這是親子溝通過程中新近的發展，所以並非是導致直升機教養的成因，但只要這

種趨勢存在，確實會助長父母盤旋的能力。研究人員稱它為「全世界最長的臍帶」。[2]

例如，有個比佛利山莊高中學生的母親，堅持要兒子在跟朋友到海邊玩的去程與返程中，每小時傳簡訊給她。讓她擔心害怕的是行車安全，而不是在太平洋裡衝浪。另外，有一位史丹佛的家長打電話給學校，說他認為女兒失蹤了，因為他已經超過一天沒有她的訊息。還有一位到紐西蘭參加海外學程的美國大學生的家長，打電話給計畫主任，非常擔心她兒子自從到山上健行返校之後，就沒有接聽電話（她知道他已經回到校園，因為是GPS告訴她的）。

父母的警覺與科技，為我們的孩子緩衝了世界的撞擊，但我們不可能永遠為他們守望。養育小孩獨立自主，是我們生物上的必然，而在環境中認識自己，是孩子需要發展的重要生活技能。當我們試圖讓自己的存在成為守護他們的保證，我們必須要問，這是為了什麼？我們要如何預防和保護，同時又教導孩子所需的技能？我們該如何教他們自己完成這些事？

「危險陌生人」的迷思

許多二十世紀末期的安全預防措施——規定、護具、父母協助孩子過馬路、為他們的腳踏車煞車和接送上下學——目的是保護孩子免受突發的意外，而我們也非常擔心孩子可能被他人刻意地傷害。為此，我們教孩子絕對不要和陌生人說話，在任何還存在的戶外遊戲場中緊盯著他們，去每個地方都要陪著他們，逛街購物時要他們緊跟在自己身邊。有幾十年歷史的童年例行活動已經受到影響了。以萬聖節為例，過去，孩子們習慣蹦蹦跳跳地跑到鄰居家，開開心心地吃著向鄰居和陌生人要的糖果。但今天，我們社區裡十二、三歲的孩子還在由父母護送，這些爸媽在車道末端徘徊，檢查每顆糖果，看看有沒有剃刀刀片或針頭，才允許孩子傻呼呼地將它們大口吃下（這其實也不再被允許了。）

你可能認為這些預防措施都有著深厚根據，事實上，幾乎所有萬聖節糖果裡藏有剃刀刀片和針頭的報導，一經揭穿都是騙局或惡作劇。[3] 對陌生人綁架案的極度關注，也是基於罕見事件。證據顯示，一九八三年電影《亞當》的首映——該片改編自一九八一年一樁孩童被綁架的撕票案——是助長對於陌生人綁架恐懼的催化劑，而這樣的恐懼在今日的美國已屬常見。[4] 一九八〇年代初期，兒童安全倡導者錯誤地指稱每年有數十萬名兒童失蹤，這個數據是把逃家和被沒有監護權的父母帶走的小孩都一起算了進來，而當中只有極少數是真正的陌生人綁架案件。如今，智慧型手機以及一天二十四小時、每週七天的全年無休網際網路，更放大了這種恐慌，當世界上的任何地方，有某個孩子發生了不幸的事，我們會立即收到通知。恐懼經由媒體繼續加劇，當電視新聞告訴我們駭人聽聞的故事，收視率就會上升。全國的父母或嚴正、或傷感地告訴我，他們的孩子再也不能獨自出門了。為什麼？「因為戀童癖。」我們以為我們的國家越來越危險，但數據顯示，兒童綁架案發生的比例並未升高，而且從多方面來看，還比以往任何時候更低。[5]

一九九〇年，美國司法部發表了第一份關於「失蹤、逃家、被綁架和遭遺棄」兒童（NISMART-1）的研究；而第二份、也是最近的一份報告（NISMART-2）則發表於二〇〇二年。NISMART-2 顯示，那一年估計有七十九萬七千五百名兒童失蹤，在這個數字裡，只有一百一十五名兒童是受害於嚴重而長期的非家族綁架案，也就是所謂的「典型綁架」（其中有四〇%遭到撕票）。雖然NISMART-2

的調查時間與現在已相隔一段時日，但我們可以確信的是，現今的「典型綁架」發生率並沒有更糟，還可能更低。因為ＦＢＩ的統計顯示，各年齡層的失蹤人口數在一九九七年至二〇一一年之間，下降了三一%，而家庭暴力、性侵害以及所有其他對兒童施行的犯罪案件數，幾乎也都下降了。[6]

讓我們把這些數據放到現實情境裡。二〇一四年，全美國人口大約是三億一千八百萬，其中七千四百萬是兒童。如果有一百一十五名兒童是典型綁架案的受害者，其中四〇%被撕票身亡，這只是一個極微小的數字。兒童被陌生人綁架的案件數，占了所有失蹤兒童案件的〇・〇一%。[7]而其他九九・九九%通報失蹤的兒童，都是因為照顧者誤以為失蹤、被親人帶走、自己逃跑，或者遭到遺棄（意指家人不希望他們回家）。有越來越多的孩子失蹤，而且大部分失蹤的兒童是被陌生人綁架，這其實是一項迷思。

當然，任何孩子遭受嚴重傷害都是無可言喻的悲劇，儘管只有極少數案件是由陌生人犯下，但確確實實還是有意圖傷害孩子的人存在。然而，我們為什麼要根據這項孩子可能被陌生人殺害的百萬分之一機率，影響我們對於孩子該如何行動的日常決定？畢竟，根據《棕櫚灘郵報》（*Palm Beach Post*）於二〇〇六年的報導，不論是哪一年，孩子都更有可能死於馬術意外（1:297,000）、青年足球賽（1:78,260），或是搭車時的交通事故（1:17,625）。[8]從長遠的角度來看，我們需要教導孩子在馬路上的應變能力，例如和朋友結伴而行，而非落單行動的重要性，以及如何從絕大多數好人中辨別邪惡陌生人的方法。如果我們阻止孩子走出自家前院去學習巡覽世界，到最後，當他們在馬路上感到害怕、困惑、迷路或徬徨時，只會更添困擾。

你看，我也對這些恐懼感同身受。即使我熟悉這些數據，理論上也應該更了解這種恐懼，但我還是屈服於危險陌生人的迷思。還記得莎耶第一次單獨從朋友家，走過我們那個低犯罪率、中上階層的社區，回到家裡來的情景。當時他差不多十歲了，已近黃昏，走路回家最多十分鐘。即使知道自己的恐懼被誇大了，即使知道讓孩子學會獨立的重要性，但隨著時間一分一秒過去，我還是覺得我的心臟都快從喉嚨裡跳出來了……我不得不更加認真工作，好轉移注意力，直到孩子平安歸來。

可怕的事情在世界各地都會發生。但可怕的事情總是存在，而且就統計數字看來，它們在現今社會發生的可能性，要比過去幾十年更少。然而，無論壞事在哪裡發生，我們都會收到訊息，而且是事發後幾分鐘內就會知道。人類演化出來的「對抗／逃跑」（fight / flight）反應被觸發了，但因為我們從來沒有對抗或逃離這種壓力的經驗，只有保持高度警覺。

演化生物學家羅伯．薩伯斯基（Robert Sapolsky）是研究人類壓力的專家，他在已發行第三版的著作《為什麼斑馬不會得胃潰瘍：壓力、壓力相關疾病及其因應之指南》（*Why Zebras Don't Get Ulcers: A Guide to Stress, Stress-Related Diseases, and Coping*）[9]中，解釋了恐懼不幸之事可能會發生，是如何對我們造成傷害：

> 當我們因為害怕某件事會成真而激發壓力反應時，得恭賀這項認知能力讓我們提早啟動防禦機制。這些預防性防禦具有相當的保護力，而其中有許多壓力反應都是一種預備信號。但是，當我們沒來由地、或是因為某件無能為力的事，而陷入生理上的不安定，激發了壓力反應，我們則稱此為「焦慮」、「神經質」、「偏執狂」，或者「不必要的煩惱」。

因此，壓力反應不僅會在身體或心理受辱時啟動，也會在預期這些事可能成真時產生。壓力反應的這種概括性，是最令人驚訝的：這套生理系統的運作不僅是由各種具體災難所激發，光只是想到也會有所反應。[10]

基本上，一天二十四小時、每週七天、整年無休的全球新聞，是人類史上晚近的發展，我們還沒演化到可以應付它。目前確實存在著訊息太多的問題。

尋常行為被罪名化

即便並不為此恐懼，但我們還是常基於社會化的認知，覺得自己怠忽為人父母的職責，除非我們無時無刻對加害者保持警覺。孩子單獨在外，現今已是如此罕見的景象，所以當我們看到無人照看的孩子，會覺得苗頭不對。這個孩子走失了嗎？或者更糟的是，孩子沒人照管嗎？這時警察或兒童保護單位可能就會接到電話。

在南卡羅來納州，有一個名為黛博拉·哈瑞爾（Debra Harrell）的婦女，在二〇一四年因為遺棄兒童的罪名被判監禁，因為她在麥當勞值班時，讓九歲的女兒獨自在公園裡玩。哈瑞爾在收押一天後獲得交保釋放，很快重獲孩子的監護權，可以接回留置在社福機構的孩子；但截至我撰寫本書時，這個社會服務部門管轄的案件，仍在法院審理中。[11]

作家金·布魯克斯（Kim Brooks）則因為在微寒的天氣裡，把四歲的兒子單獨留在車裡五分鐘而被捕，後來她花了一年多的時間跑法院，雇請律師為了被控告「觸犯情節輕微的違法行為」而辯護，這項行為若經證實，很可能會使她必須和自己的孩子分開。[12] 這是因為當時有一個會被稱為「好撒瑪利亞人」（Good Samaritan）（譯註）的人正在停車場，錄下了布魯克斯的孩子單獨被留在車內的影片，然後聯繫了警察。

但是，看到布魯克斯兒子和哈瑞爾女兒的陌生人，他們表現的行為是好撒瑪利亞人，或是散播恐懼的治安巡守隊呢？這兩個孩子都沒有受到傷害，但可能受害的潛在危機卻構成了母親的罪名。這只是最近公布十幾宗類似案例中的兩個，而這些父母（幾乎總是母親）遭到刑事指控的行為，不僅在前一個世代十分常見，就算在今天，也仍是情有可原；就情理上來說，孩子確實無法隨時跟在父母身邊。兒童被親人謀殺的可能性，要比被陌生人謀殺高出二十倍[13]。但是行徑有如壞撒瑪利亞人的自衛隊員，卻打算指控一位只是想在棘手情況下盡其所能的母親、一位孩子未受到實際傷害的母親。這種自衛隊員才是真正值得擔心的威脅，而且可能為數眾多。

「自由放養的孩子」（Free-range kids）改革者蘭諾·史坎納茲（Lenore Skenazy）正試圖和這些人較量一番。在她的著作《學會放手，孩子更獨立》（*Free-Range Kids*）[14] 的封底，就有一項實用的工具，要提供給鼓勵孩子單獨外出的父母：這是一份穿孔的表格，可以填上資料，然後放在

譯註：在《聖經》〈路加福音〉中，耶穌講了一個故事：一個猶太人被強盜打劫，受了重傷，躺在路邊。猶太祭司和其他人路過時皆不聞不問，惟有一個與猶太人為仇敵的撒馬利亞人停下來救治他，並出錢把他送進旅店。因為這個典故，「好撒瑪利亞人」就成了基督教文化中形容好心人、見義勇為者的用語。

孩子的背包上，甚至可以用安全別針固定在他們的襯衫上。表格中寫著：「我不是迷路，我是一個自由放養的孩子。」接下來並繼續解釋其中原由。[15] 這聽起來很荒謬，很反烏托邦，但這也是針對那些害怕父母疏忽而讓孩子獨自在外玩耍的人們，所發出的一項實質、主動出擊的回應。當然，那些別在我們孩子T恤上的卡紙，可能會讓鄰居輕笑一聲，同時讓他們安心一點；但另一方面，警察也可能仍會譴責我們違反了尚未明文規定的準則：什麼時候完全適合讓孩子自由地玩耍，什麼時候又是違法的。

馬里蘭州的丹妮爾與亞歷山大・薩莎・美蒂夫（Danielle and Alexander "Sasha" Metiv）是「自由放養的孩子」這項運動的追隨者，他們經常讓十歲的兒子單獨帶著六歲的妹妹到自家附近的公園、公共圖書館或超商。[16] 二〇一五年一月初的某天，兩位鄰居分別打電話向警察報案，說有小孩單獨走在路上。警察很快趕到，並用巡邏警車護送他們回家，有位警官對這對父母說了一些嚴厲的話，還問他們小孩如果被「壞人」抓走怎麼辦?兒童保護局的人員也旋即要求美蒂夫夫婦簽下「安全計畫」，但薩莎拒絕在他們的律師看過文件前，簽下任何東西。這時，兒童保護局人員告訴他：「如果你不簽，我們會立刻把你的小孩帶走。」他們於是就叫了警察。諷刺的是，美蒂夫的兩個小孩平常都會隨身帶著史坎納茲那份「自由放養的孩子」表格，但那天剛好沒帶，他們的父母便被拘捕了。若他們帶了，結果會不同嗎?也許不會。目前國家——透過警力與兒童保護局——說話的聲量，要比史坎納茲或其追隨者大多了。

像布魯克斯這樣的父母，至少有錢和多餘的時間因應繁瑣的法律訴訟程序、兒童保護局訪察，以及罰款。但是像哈瑞爾這樣窮困的勞動階級父母——他們一小時只賺八美元，而且正因為付不起日間照顧或夏令營的費用，才會讓女兒在她值班期間在公園裡玩——卻經常得面對這個無解的難題。這其中牽涉了令人心生恐懼的警察侵犯人身自由問題[17]，也似乎暗示或明示著對職場女性不友善的惡意思維。而我能將心比心確知的是，布魯克斯、哈瑞爾和美蒂夫夫婦所遭受的精神磨難，將是無法估量的。

而且，當孩子看到父母的判斷被以如此公眾與可怕的方式質疑，會有什麼感受？那些被送往寄養機構——在某些案例中，這本身就是個悲傷的故事——而父母正在與法律制度奮戰的孩子，又會如何？這些孩子會怎麼想？

我的史丹佛團隊中有位名叫阿曼達（Amanda）的媽媽，她也和我一起從事這本書的相關研究。她與丈夫住在矽谷外圍，撫養著兩個小男孩。她的大兒子羅蘭（Roland）四歲，正是非常喜歡嘗試新事物、行使獨立權的年紀。通常，阿曼達很樂於讓羅蘭試著自己動手，例如將碗盤放上洗碗機、把衣服放進烘乾機，或幫忙準備餐點。

最近，羅蘭一再問他可否單獨留在家裡或車上，不必在媽媽辦事時被拖著到處跑。阿曼達相信，羅蘭已經能夠耐心地等待一段時間、做自己的事，不需要父母或其他負責的成人持續在旁照護。但是，阿曼達也知道「疏忽」的母親最近經常製造新聞，因此不得不向兒子解釋，陌生人和警察不喜歡這樣，這可能會讓他們惹上麻煩。

羅蘭大聲笑說，他不會做任何壞事，所以應該不會被「逮捕」。阿曼達向兒子解釋，事情是反過來的，陌生人和警察會認為，是她這位媽媽做錯事，把孩子單獨留下來。他們認為，如果沒有大人一直看著他，就不安全。羅蘭不可置信地回答：「為什麼他們不懂，我可以乖乖的，自己一個人很安全，而且沒問題？」

小羅蘭大概是長期都在收聽美國國家公共廣播電台（National Public Radio），因為該電台在二〇一四年夏天曾報導，在日本，七歲、甚至四歲的孩子獨自搭乘地鐵是常見的事。[18]記者緊接著說，若是在美國，「就有人會打電話給兒童保護服務機構」。我們對於「疏忽」的定義，因為不斷擴大而妨礙了父母判斷孩子何時可以適度自主，也使孩子無從發展因應未知恐懼的合宜技能。雖然我們可能會覺得日本人太瘋狂，而直接略過不理；但美國人堅持兒童必須受到二十四小時的觀護和陪伴，也同樣使我們被視為瘋狂。很反諷的是——也相當殘酷（如果你停下來想想）——如今已出現一項未經檢驗的傷害：我們的孩子在成長過程中，都相信邪惡的陌生人、雜貨店裡的購物者，甚或是萬聖節給他糖果的鄰居，想要傷害他們，再不然，他們的父母也會讓他們置身於被害的險境。

抵擋朋友的恐懼

當我逐漸接受自己過度保護兒子莎耶與女兒艾芙瑞的傾向，遙望他們的大學時代，想像著自己希冀他們在那時已練就的自立程度，我開始留意，要如何在童年時期提供更多的獨立機會。也可以說，我開始試著順手推舟，培養他們的獨立能力。

迄今，我已經這樣做了幾年。以下就是最近發生的例子。在艾芙瑞讀七年級時的某天晚上，她告訴我，她和幾個朋友約在學校見面，要去裝飾另一個朋友的置物櫃，因為第二天是她的生日，當時我們正在清洗晚餐用的餐盤。讓她自己騎單車到學校，我是完全放心的，但不是在夜晚！學校距離我們家約〇．三哩（四八〇公尺），而且我們住在一個非常安全的郊區。事實上，真要放膽講，我是想要她這麼做，因為我想讓她學習獨立，但她其中一位朋友的母親對於艾芙瑞在夜裡單獨騎車覺得非常不妥，於是提議要接送她。艾芙瑞發簡訊給她的朋友說：「不，謝了，我很開心能騎車。」幾次來回推託後，艾芙瑞寫簡訊回道：「我媽『想要』我騎車。」但最後恐懼勝利了，這位母親已經開車載了孩子，而且很快就繞到我們家。如果我們拒絕，感覺會像某些瘋狂的叛徒。我站著拿抹布擦乾手，不禁納悶，當周圍人們的恐懼拖住我的孩子時，我要如何教養她。我當然也有點擔心，不知道這些父母會怎麼想我。

當我在維吉尼亞州北部參加一個家長的小型聚會時，一位名叫珍（Jane）的母親表達了類似的擔憂。[19]「你覺得自己像是個暴力、瘋狂的叛徒。大家都覺得更危險了，但事實上，現在更安全了。」珍很放心讓十一歲的女兒在晚上參加完女童軍會議後，獨自走回家，會議主持人卻不允許。「她可是個女孩子，」後來朋友對珍說：「她怎麼能一個人走在路上？」珍更想教導女兒如何在這世界上聰明地活著，而不是當個受害者。她說她想要女兒學會戴上「別惹我」的那張臉。

艾芙瑞升八年級前的暑假，開始搭乘通勤火車去舊金山參加夏令營，我知道自己必須教她戴上那張臉。而且我真的這麼做了。連續三天，我們一起搭了一小時車程，之後就換她自己搭車。就像莎耶第一次獨自從朋友家走路回來，我的心臟跳得很快，就像快從胸口蹦出來。當她第一天單獨搭火車回來，我去車站接她，從她臉上洋溢的自信看來，她在一天裡長大了一歲。

沒錯，即使是像珍和我這種為孩子尋找獨立機會的父母，仍然有揮之不去的恐懼。「我很佩服推動『自由放養孩子』的（蘭諾．史坎納茲）女士」，艾美告訴我：「但沒有人希望當自己成為放手的父母，卻因此發生可怕的事，而上了某天的晚間新聞。」我同意，要跨越這種文化地雷是很艱難的。我們談論的是很巨大的恐懼，以及伴隨而來的過度控制，但我們必須確切捫心自問的是，一個發展中的「人」，需要多少自由？

錯過成長的機會

對於保護孩子安全的態度是如何轉變，有一個可以一提的指標，就是我們對於保母的看法。當我還是個大約九歲、十歲的孩子（小學快升中學）時，我開始在維吉尼亞州北部的自家附近當保母，幫鄰居看顧小孩。媽媽們雇我完成白天的工作——在一些社區，我們會被稱為「母親的幫手」——我會幫忙看著孩子（們）幾個小時，做點心、陪他們玩、哄他們睡午覺、負責接電話和應門。十二歲前，我則定期在週末夜晚去一個家庭當保母，賺取最低工資。現今，美國國家安全兒童運動（National SAFE KIDS Campaign）建議，十二歲以下的兒童不應該單獨留在家裡，當然也不能負責照顧更年幼的兒童。[20] 目前已有十四個州，明文規定允許小孩單獨在家的最低年齡，從六歲（堪薩斯州）到十四歲（伊利諾州）都有，中間值為十歲。[21] 雖然沒有任何州規定擔任保母的年齡下限，不過許多地方的經驗法則是十四至十六歲。（然而，相當不協調的是，有三十州允許十六歲子女可以未經父母同意結婚；其他州規定的最低年齡則是十七歲或十八歲。）

當你擔憂讓孩子獨自留在家裡，又掛心讓他們獨自出門，今天的美國小孩能夠享有的自由總量，便縮減到從前他們父母所享自由的一小部分，更是他們祖父母所享自由的一小部分裡的一小部分。我們似乎只準備讓孩子一輩子都在自家方圓一哩內生活，而對於唯有提升獨立性才能發展出來的生活技能，並不感興趣。

即使是美國的女童軍——那些穿著綠色背心賣薄荷口香糖的女孩——也被安全考量侵蝕了培養獨立的機會。如今，正式的童軍手冊上已載明，在義賣餅乾時，十八歲以下的女孩必須有大人某種程度的參與。[22]雖然我沒看過這樣大的女孩賣餅乾時有大人監護，倒是見到很多國中年紀的女孩被動地笑咪咪坐著，由父母處理進出貨和付錢的事。別擔心，這些女孩還是會獲得獎章！但是，我不禁納悶，這到底算什麼獎章？

保護孩子的感受

說到獎章，千禧世代被稱為「人人有獎」的世代，不是沒有道理的。這似乎是出自一種想要保護孩子免於情感受傷而被誤導的想法，父母很努力地確認孩子做什麼雞毛蒜皮的事都要獎勵。從一九八〇年代開始，美國小孩就接受徽章、獎狀、彩帶和獎盃的鼓勵，只要有參加，或彷彿只要露個臉，本身就是一種成就，而且必須用羊皮紙、塑膠或錫來彰顯。

我們會因為孩子做的任何事，而在他們身上堆砌讚美。從三歲娃娃在貼紙人物上塗鴉，會聽見興奮的「太完美」，到孩子在棒球場上揮棒落空，會聽見高喊的「幹得好，小傢伙」，我們無條件地為小孩鼓掌叫好，無論這份努力多麼不起眼（「好棒，你會穿鞋子」）、這項讚美多麼反諷（「好棒，你沒有打比利」）。[23]不管孩子的表現多麼普通，都應該得到某種獎勵或報償嗎？這是表達無條件的愛的一種方式嗎？有些人這麼認為。[24]另一些人則說，這會產生一種錯誤的認知，讓他們不了解卓越所需付出的代價，以及獲得認同或升遷需要什麼資格，而這些認知將在多年後尾隨著他們進入職場。

二〇一三年出版的《教出最聰明的孩子》這本書，比較了美國學生與全世界學生在課業上的表現，而作者亞曼達．瑞普立也把焦點放在又被稱為「自尊運動」的「人人有獎」運動。她認為，這種作法是成績進步的抑制劑，也是美國在國際標準測驗中排名落後的原因。[25]在一九八〇年代，「美國父母和老師一直被轟炸，聲稱兒童的自尊需要受到保護、必須避開競爭（和現實），這樣他們未來才能成功。」結果，正如心理學家哈拉．艾斯托弗．馬蘭諾（Hara Estroff Marano）在她強烈抗議所謂「侵入式教養」時描述的，我們就變成了一個「遜咖國家」（nation of wimps）。[26]

濫用「霸凌」標籤

有時候，孩子是霸凌者。我的乾兒子上八年級時，一群高中孩子在臉書上欺負他是同性戀。這很殘酷。當霸凌發生時，孩子需要父母和其他支持者，幫助他們從中解脫與復原。

但正如蘇珊．波特（Susan Porter）在《惡霸國》[27]（*Bully Nation*）一書中所寫的，在很多情況下，父母會為某件事貼上霸凌的標籤，但那其實是兒童發展和社會化的正常過程（雖然實屬不幸，而且令人不忍卒睹）。在一個只要讓別人家的孩子不開心，這個孩子就會被冠上霸凌標籤的文化中，父母對其他父母的小孩所發出的指控，都是當前任何一個學校領導者極度勞神費心的問題。波特鼓勵父母和教育者要避用霸凌標籤，轉而幫助孩子發展出面對人生中的嚴峻挑戰所需的韌性。

歐拉夫・歐爾・喬治森（Olaf "Ole" Jorgenson）是阿爾馬登學校（Almaden Country School）的負責人，這間私校就位在我們加州聖荷西的住家路底，最高年級是八年級。歐爾曾經在西雅圖、加州、夏威夷、梅薩聯合學區（亞利桑那州最大的學區）以及亞洲、歐洲與拉丁美洲的公立和私立學校擔任老師和行政人員，年資超過二十五年。

「霸凌是世界各地每個學校的問題，」歐爾告訴我，[28]「它一直是個問題，而且可能永遠都是。但真正的霸凌——長時間故意欺壓或孤立個人，而且有計畫地貶低和傷害他們——這種情形並未增加，沒有比我在二十五年前剛開始教書時更為普遍。」他繼續說：「今日父母對其他小孩『霸凌』的指控，經常是不厚道的，有時還很不明理。那些寵愛自己小孩、學有專精的父母，會詆毀其他兒童的行為、甚至將其罪名化，這種情形在小學、甚或是學齡前的學校都會發生。這非常令人憂心，且深感悲傷。」歐爾的聲音很慈祥，我可以透過電話聽見他的擔憂。「從事與孩子相關工作的人都知道，關係中的侵略性，對孩子的發展是適宜且恰當的。沒錯，它很傷人、很惡劣，而父母的本能是保護孩子免於受到傷害。但是孩子們需要學習如何應付侮辱。當你給另一個孩子貼上霸凌的標籤，特別是一個幼小的小孩時，你只是在強調，孩子根本還無法發展這種能力。

歐爾說，了解這個普遍的霸凌觀念是很重要的，這不只是為了被控告的孩子，也是為了被傷害的孩子——當你為你的孩子出面介入，你的孩子就成了受害者。如此傳達的訊息是：「你是沒有能力的，你不夠堅強，無法自己解決，你需要我介入、幫你處理。」本質上，你正在削弱孩子的能力。

歐爾舉了一個例子。「有一次，我正在操場值勤，站在一個方形球場（four square）（譯註）旁邊。一個二年級的男孩拿著他的球衝到我身邊，大哭起來，一個女孩緊跟著他，整個人怔住了，不知所措。我彎下身來，摸摸男孩的肩膀，問他發生了什麼事。「她霸凌我！她霸凌我！」男孩哭了，「她說球出界了，但它在界內，我看到了！它在界內！」當歐爾轉述這個故事時，我可以聽出他聲音裡的難過。「一個七歲的男孩是從哪裡學到這種語言？」他大聲問道。歐爾利用這個方形球場的情況，教導了孩子們「攻擊／打人」的概念。但是很顯然地，霸凌／受害者的標籤已經滲透進孩子的意識。

父母對這個用語的誤解，已經變得可笑又可悲，歐爾又舉了另一個事件為例。「幾年前，學校開學的第三天，一個剛進我們學校的學生父母要求與我見面，因為他們很關心學齡前幼兒的『嚴重霸凌』。我很震驚，立即邀請他們來談一談。學齡前霸凌？我拿出筆記本，端坐在椅子上，身體前傾，準備洗耳恭聽。原來是他們的孩子在沙坑玩時，被一支塑膠鏟子敲到了頭。我有注意到嗎？他們想知道。答案是沒有。後來我從老師那裡得知，他們知道這個意外，也立即趕到現場，並分別與這兩個孩子對話。老師把兩個孩子一起叫來，讓出手的小孩道歉，然後就讓他們回去玩，也看見他們一起在下課時玩得很開心。換言之，這個事件處理得很恰當。但這對坐在我辦公室的父母，希望我們能採取一些行動。他們想要另一個孩子（他們不斷稱其為「霸凌者」）轉到別班，以做為懲處。他們甚至建議，也許這個『壞』孩子應該休學或退學。這些孩子只是學齡前兒童，在成人的監護下，在沙坑學習做出東西。我要對這些人說什麼？」歐爾反問道，「我該從哪裡說起？」他確實找到了一些說法，給父母一個交代。但這類問題在校園裡仍是隨處可見。

安全地玩——在遊戲場裡

天時地利的完美風暴，似乎最可能發生在遊戲場——意外、綁架、壞小孩——所以如果你今天造訪一個遊戲場，很可能會看見一堆父母在那裡，以防止這一切危害。我們美國人也很擅長談論與讚美遊戲——正如潘蜜拉·杜克曼（Pamela Druckerman）在《為什麼法國媽媽可以優雅喝咖啡，孩子不哭鬧》（*Bring Up Bébé*）中所寫的，她比較了美式與法式的教養方式。在法國，自主和獨立的遊戲受到高度重視，所以成人比較可能是被動地坐在一旁，與朋友們聊天。[29] 依據杜克曼的說法，這些不停的談論和讚美刺激，對父母和孩子都非常累人，而且降低遊戲的樂趣。

當作家蘇珊娜·盧卡斯（Suzanne Lucas）帶著兩個年幼的孩子，從費城搬到瑞士，在遊戲場上看到的行為差異，讓她眼珠子差點掉了出來。她第一次把五歲的孩子帶到瑞士的遊樂場時，盧卡斯被那裡的遊戲器材嚇壞了，這些遊戲器材包括可以在樹和樹之間滑動的溜索、用來蓋樹屋的木板、釘子和錘子。盧卡斯一直跟在女兒的下方，看著她玩這些恐怖、危險的東西，「完全神經緊繃。」然後，她環顧四周，發現自己是遊戲場上唯一的父母。「這意思不是說有其他的父母坐在長凳上看書，」盧卡斯告訴我；「我是遊戲場上唯一的父母。」[30]

美國的父母和照顧者在遊戲中積極參與：在盪鞦韆旁邊、單槓下面，或溜滑梯側邊，就像我和

譯註：一種將正方形場地劃成田字四等分，有四個人玩的球類運動，在美國小學很普遍。

我先生與莎耶在一起時，雙手隨時準備接住跌倒的小孩，或阻止他們擦傷。心理學家溫蒂．莫傑爾（Wendy Mogel）在《孩子需要的9種福分》（*The Blessing of a Skinned Knee*）[31]中曾述及嘗試和犯錯所帶來的重要人生功課，但二十一世紀的美國父母似乎將「好的」或「成功的」育兒，等同於確保孩子從來不會遇到，即使是很小、或短期的痛苦。

有了父母在一旁看守，美國的遊戲場本身已變得如此安全，連最微乎其微的想像力都沒有的遊戲設施，也令很多孩子覺得無聊透頂。瀝青和礫石已經換成橡膠和合成地板，以便緩衝跌落意外；木造結構已經換成五顏六色的塑膠；幾乎每個地方，任何可能讓頭部撞到、或者夾到手指的東西，都已經被取代。漢娜．羅辛（Hanna Rosin）在二〇一四年《大西洋雜誌》（*The Atlantic*）的一篇文章〈過度保護的孩子〉（The Overprotected Kid）裡提出這一點，她提供我們一個在英國北威爾斯的現代遊戲場，做為簡單的對比。在那裡，遊戲場看起來比較像一個城市垃圾場，而不像給孩子遊戲的地方，但孩子在那裡玩得很開心。[32]羅辛的文章透過社群媒體，如野火燎原般傳開，讀者得以貼近看待遊戲場——以及延伸的樂趣、或者還有童年本身——是如何發生了改變。「新的遊戲場是安全的，這就是為什麼沒有人使用它們。」最近另一篇文章的標題悲嘆地寫著。[33]今日的遊戲很可能變成是在一個很大的室內空間，由某種數位設備所操控。[34]二〇一二年，頗負盛名的《兒科學》期刊（*Pediatrics*）所刊登的一篇報導指出，兒童肥胖正迅速超越兒童意外傷害，成為兒童主要的致病原因，而這項改變，《兒科學》歸結有一部分是因為安全考量凌駕於有意義的遊戲場活動。[35]

海外求學——和父母一起

提姆．巴頓（Tim Barton）是阿卡迪亞大學（Arcadia University）全球研究學院的學務主任，該校位於賓州費城郊區格倫塞德（Glenside）。阿卡迪亞大學每年送三千名美國學生到國外學習，其中有些學生是該校的正規學生，但絕大多數是來自全美三百多所學院和大學。我在二〇一四年春假快結束時，與提姆聊起了這個話題。[36]

藉由阿卡迪亞大學這項計畫出國的大部分學生，都有一段正面的經驗。但是，也有很多父母在孩子要乘風破浪、冒險邁向世界時，會期待太高、或者感到焦慮；而當他們不悅或擔心時，提姆就會接到抱怨。我問提姆，典型的抱怨是哪些。

他說了一個前往倫敦留學的女學生的故事。在這位學生預定抵達的早晨，提姆在他們家當地清晨五點鐘，也就是倫敦時間上午十點，接到這位學生的父親打來的電話。他說，他還沒接到女兒的電話。「你得告訴我，我的女兒是不是平安！」這位父親吼叫著：「我需要知道！」提姆立即上網，追蹤這名女學生的班機。「先生，」提姆說：「她可能還沒過海關。我的同仁要在那裡接一百名學生，他們不可能馬上個別辨認出你的女兒。」這位父親情緒相當激忿。「這真是讓人無法接受，」他大吼大叫地告訴提姆：「你們經營的是一個唬爛的機構！」然後就掛了電話。

提姆連床都還沒下，就趕緊聯繫了在倫敦的工作人員，讓他們知道這位父親的擔心，並請他們聯繫到這個女兒後，回電給他。在提姆換上外出服、準備吃早餐時，這位父親又打電話給他，這時，則完全換了一種如釋重負的溫柔語調。「她在那兒，她沒事，」聽得出來他吐了一口氣說道：「她更新了她的臉書，我看到了。」

這位父親與提姆分享了一個笑話，說他現在知道怎麼為女兒的朋友評分，然後他們很快講完了電話。但提姆心裡想的是：「你知道一個小時前你在威脅我嗎？你有沒有意識到你對我說了很不恰當而且粗魯的話？」這位父親沒有一句道歉，但提姆可以體諒。「父母親只想做那些為自己的小孩好的事，」他說：「他們不是惡人、不是混蛋，只是害怕。我的工作則是幫助他們了解整個情況。」

如果你仔細想想，我們接不到小孩的電話會擔心，其實只是因為現在我們可以隨時和孩子保持聯絡。但是，不過十年到十五年前，我們不可能像現在這樣聯絡孩子。在手機問世之前，當孩子們去海邊玩，他們不可能隨時打電話；在手機問世之前，孩子頂多每星期從大學打電話回家一次（是用宿舍走廊的付費電話，而且只有在長途費率最便宜的時段）；在手機問世之前，孩子出國讀書，是寄信回家，偶爾才打電話。只因為我們可以隨時保持聯繫，是否就意味我們應該如此？這樣好嗎？

還記得大學時無限自由的公路旅行嗎？我們去參加遠地的足球賽、春假的海灘之旅，或者去看某個獨立樂團在不知名的荒野演出。這種旅行的特點是，有太多的朋友擠在太小的一輛車裡，用剪刀、石頭、布猜拳看看誰來開車，放很多音樂，吃一堆零食，喝一堆飲料。我在大二那年的暑假，用一星期的時間從華盛頓特區開車前往威斯康辛州，然後又途經田納西州返家，只為了參加一個帥氣男孩舉辦的年度Hammerfest後院派對。（這也許正是所謂的「一見鍾情」）。

這些冒險今日仍在發生，但對許多大學生來說，他們的父母也透過手機一起搭車了。如果一個孩子的手機記錄著父母的未接來電和未答訊息，如果孩子知道他們最好與我們聯絡一下，以免我們擔心害怕，這還能稱之為冒險嗎？感謝上帝，現在我們有了臉書，即使他們忽略了我們祈求著他們的關愛眼神，我們至少可以看到狀態更新，知道他們安然無恙。

是的，光是想像傷害降臨在孩子身上，就令我們感到痛苦，保護孩子的安全，是為人父母的職責。但我們應該睜開雙眼，看見過度的監督如何限制了孩子，讓他們未能經歷理應享有的自在生活，而這樣的經歷會使他們做好準備邁向成年。

2
提供機會

如果我們教導孩子，他們的人生已經有預設好的一份待辦清單，
我們所建構的，就更有可能是關乎我們自己，而非他們的道路。
而且，讓孩子邁向一條與他們無關的道路，最後可能哪裡都到不了。
我們對他們有夢想，卻不能形塑他們夢想的方式。

照表操課的童年

當我回想起與先生丹試圖為孩子做的所有事，想為他們提供最好機會而做的第一次努力，是從渴望找到一個特別的幼兒園開始。

身為一九八〇年代的史丹佛大學生，我們知道史丹佛附屬幼兒園（Bing Nursery School）是一所位在史丹佛校園邊緣、享譽盛名的機構。這裡還被當成心理學系的實驗室（他們做了有名的「棉花糖實驗」），每年成為四百五十名兩到五歲的幸運兒在教育上的第一個墊腳石。近三十歲時，我已經和丹結婚幾年，準備好建立一個家庭。有一天，結束在史丹佛的工作後，我順道去史丹佛附幼拿了一張申請表。然而，想要懷孕顯然比中學健康教育老師威脅我們時說的更加困難，我們的美夢被持續好幾個月的受孕失敗與懷疑所取代。一九九九年六月，就如現今常見的，在經過一些醫學上的協助後（這或許也確實導致了許多父母在教養過程中

警戒心大增），我們的兒子莎耶出生了。把他從醫院帶回家兩天後，我找到了史丹佛附幼的申請表。填寫完畢，我告訴丹，我們得立刻把它交出去。我們大約花了十分鐘，把莎耶好好放進嬰兒座椅，又花了十分鐘，把嬰兒座椅好好放進車裡。我們努力計算好這趟路程，這樣就可以不必在路上餵奶。我小心翼翼地走動，因為才剛做完剖腹產。但我們想要孩子在史丹佛附幼試試，深怕如果遲交申請表，也許只是遲交幾個星期，就可能會損害我們的——他的——機會。也許我們看起來不夠積極。我們覺得自己可能錯失這個機會。最後我們出發了，還忘了尿布袋……

兩年後，莎耶獲准進入史丹佛附幼的「兩歲幼兒室」，這是正規三到五歲幼兒園的先修班，對兩歲小孩來說是寶貴經驗。他每星期有三個早上，在那個以遊戲為基礎的環境裡待上幾個小時，那兒感覺很有趣、可愛，而且很理想。說真的，我自己和丹都覺得，光是成為傳說中史丹佛附幼家族的成員，就很有趣、很可愛、很理想。當我們與其他被選上的父母，透過單向玻璃鏡看著自己的後代在那裡堆積木、玩拼圖、扮家家酒和畫畫時，不禁眉開眼笑。這裡對任何孩子來說，都是個神奇而且榮耀的開始。

莎耶快滿三歲時，我開始擔任史丹佛新生主任，而莎耶已經搬到三間較大的幼兒園教室中的其中一間。在他將近四歲時，他的妹妹艾芙瑞也開始了在兩歲幼兒室的體驗。艾芙瑞繼續跟著莎耶讀完史丹佛附幼，然後進入據稱是全加州與全美國最好的公立學校學區：帕羅奧圖學區。我們深深覺得，已經成功並竭盡所能地為孩子提供了堅強的教育基礎。

然而，如今我看待這件事的觀點有些不同了：史丹佛附幼確實是一個很棒的幼兒園，而且也非常適合我的兩個孩子，但是，也許有其他的幼兒園也一樣好，也許我不需要冒著剖腹產傷口可能惡化的風險，並且挑戰新生兒剛出生時的穩定度，在他才剛出生的那個星期，就不顧一切地去繳交那張申請表。

我和丹可能是充滿企圖心的可笑新世代父母之一，但就期望為孩子提供美好願景來看，我們一點都不孤單。甚至在孩子才剛出世時，今日的父母就相信（這是有原因的），如果孩子希望在現下的經濟環境裡取得成功，大學文憑是很重要的。而且，從非常早的時候開始——再次聲明，這是出於愛，也是出於恐懼——父母就為每個孩子盡可能安排各種充實的體驗，如此一來，孩子才能在中學、高中與他人一較長短，然後進入「好的」大學（這點稍後詳談）。這份充實活動的清單——包括校內與校外活動——很早就啟動了。

在孩子即將進入小學時，校內的清單式童年便開始全面啟動。我們知道他們的課程表，知道老師的名字。我們寄電子郵件給老師，追蹤他們的家庭作業。我們看著孩子寫功課，幫忙檢查作業。很久很久以前，父母只有在月考或期末考的時候，才會看小孩的成績；如今，父母可以連上入口網站，看到每個星期（即使不是每天）上傳的成績。一位亞特蘭大的母親告訴我，她在兒子當天放學回家之前，就知道他有一科測驗不及格，而且，她比兒子還早知道這個消息。

當孩子可以選擇課程的年紀一到，我們就告訴他們要選什麼課。我們安排家教來補救低落的成績，並尋求額外的課業加強。我們判斷現在做的哪些課外活動，會對孩子往後申請常春藤名校有最大的價值，然後就安排這些活動。我們決定他們要專精哪一項運動，然後設法找到相關練習和教練，讓他們有機會進入菁英隊伍。我們探尋哪一種夏令營最有助於拓展孩子的學校經驗。我們研究要投入哪一種公共服務。我們開車載他們參加當中的每一個活動。生活從來不無聊，無聊不在時間表裡。而且，我們應該知道，因為自己位處金字塔的頂端，維持這樣的狀態就成了我們的工作。

運動權威

沒有其他事情，會比參加組織化的運動項目更能彰顯這種現象。在這裡，我們會擔心要是不夠警覺，孩子就會錯過打球時間、起跑點、更好的教練、菁英隊伍，以及取得大學獎學金的機會。在許多社區中，我們甚至會「推延」（redshirt）學齡前兒童（的就學資格）。「推延」這個術語是取自美國國家大學體育協會（NCAA）的規定，限制每個大學運動員有四年的參賽資格，但如果學生整個大一都沒有參賽，便允許他們在第五年時上場（當時他們的體格更為高大強壯）。

若以幼兒園來說，「推延資格」指的是讓智力與發展正常的小孩延後一年上學，以便讓他們在運動項目上占有優勢。例如，在春天或夏天滿五歲的小孩，可能會往後延到超過六歲才上幼兒園。雖然推延小孩上學的父母，與允許推延情況的行政人員可能沒有想到，這會讓青春期提前到小學階段，但無疑地，體格比同儕發育得更好，在球場上就先占了贏家的優勢。麥爾坎．葛拉威爾（Malcolm Gladwell）在他所寫的《異數：超凡與平凡的界線在哪裡？》（*Outlier: The Story of Success*）一書中，就以職業曲棍球為例，指出了這一點。在這些比賽裡，參賽的選手幾乎不成比例地都是在一月到三月出生；基本上，當他們加入兒童曲棍球隊時，年紀已經比較大，在四或五歲時，年紀大些就表示技高一籌，而經過多年後，持續增加的好處便源源而來。[1]

然而，過去兒童通常會混合著參加多種運動，現在許多父母卻希望孩子在很小的時候，便專精某項運動。早期專精的優點是有機會出類拔萃，吸引大學招募人員的目光，這可能會增加孩子在大學入學與獎學金方面的優勢。缺點則是，孩子最後可能會過度發展身體的某些部分，其他部分卻缺乏發展，因而導致運動傷害。

看見這項缺失後，美國小兒科學會在二〇〇〇年發表了一篇政策聲明，不鼓勵小孩在青春期前專精單一運動。把時間拉近一點，一項由羅耀拉大學健康體系（Loyola University Health System）持續進行中的臨床研究，目前已檢測過一千兩百多名從事各種運動的兒童，因為生理問題或傷害治療求診的情況，而二〇一一年時，研究人員發現，受傷的運動員「相較於沒有受傷的運動員，在運動專精度上的比例要高出許多」。[2] 長時間從事單一運動，意味著以往只有職業選手會發生的運動傷害，如今在兒童時期出現的情況正在增加。[3]

我的女兒艾芙瑞現年十三歲，舞齡已經十年了，因此我得以見識到腿傷和腳傷在大部分密集訓練的舞者身上增加的趨勢，也聽過體操選手的背部有類型近似的傷害。而因為投球（據說是所有運動中最激烈的動作）受到嚴重傷害而需要手術的兒童人數，更在過去幾年爆增，據估計比三十年前增加了十六倍之多。[4] 小孩因為腦震盪而跑急診的人數——不論是因為美式足球、曲棍球、足球、棒球、籃球、體操，或者啦啦隊——也在過去十年翻倍提高。[5] 也許背痛、腳踝痛、膝蓋痛、投手臂痛，不會讓你的人生太挫敗，但是一次的腦震盪卻可能導致永遠的腦部傷害，甚至死亡。[6]

而且，我們不只確保孩子參加比賽並且要專精某種運動，我們也放大了觀眾的角色。一個世代以前，父母只會參加孩子真正的大型比賽——如果有的話。現在，不論比賽是否重要，我們會出現在他們的每場比賽中，而且不論晴雨，即使是練習賽也會站在場邊。正如美國前總統高爾（Al Gore）以從來不會錯過兒子的比賽著稱，而成為全國好父親（或好母親）的典範，[7] 對我們尋常老百姓來說，提早離開辦公室、或安排出差回來的時間剛好趕上孩子的比賽，已經成了無法取代的優先事項。這是一九八〇年代「親子優質時間」（quality time）這句咒語的最新詮釋。

我們不僅無論如何都一定要趕場現身比賽，而且要讓自己被看見、也被聽見。這也許是要讓孩子深切地知道我們很在乎，或是其他父母都這麼做，我們不想自己沒有表態，再不然，甚或是想操弄結果。我們為孩子吶喊加油，但也插手質疑教練與裁判。孩子的運動成了某種競技場，父母在其中經常失態、難為表率，做出需要道歉的行為。[8] 麻薩諸塞州市郊學區的負責人提姆．渥頓（Tim Walden，此為化名）是位經驗豐富的中學行政人員，偶爾為女兒的壘球隊擔任教練。在扮演這兩個角色時，他都得和一些父母交手，而這些父母似乎相信，對於孩子在學校或在球場上要做什麼，他們是最後的定奪者。提姆深深嘆了一口氣說，許多父母現在都有「信任受到侵蝕，或者說，是對權威人物缺乏理解」的問題。因為本書所討論的議題過於敏感，所以他要求匿名。

這種對校方人員與教練缺乏尊重的態度，與前一個世代的父母形成強烈對比。比利．費滋傑羅（Billy Fitzgerald）於一九七五年至二〇一四年，在紐奧良的伊西多爾紐曼學校（Isidore Newman School）擔任棒球與籃球教練。他運用得宜的策略，使學校在這兩項運動中贏得獎盃，也使自己贏得球員的敬重，國家美式足球聯盟的四分衛培頓．曼寧（Peyton Manning）即是其中之一。二〇〇三年，當從前的球員返回母校翻修紐曼體育館，並以費滋傑羅的名字為其命名時，「捐款如潮水般湧入」，這些錢不只來自從前的球員，也來自他們的父母，他們仍記得「費滋傑羅做了所有的苦差事。」[9]

但就在這項體育館翻修計畫肇始的同一年，當時受教於費滋傑羅教練的一群棒球隊員的父母，則對他毫無敬重之心。這支隊伍在分區賽贏得了州冠軍，但整個夏天達成的目標卻寥寥可數。夏季決賽結束後，費滋傑羅教練對隊員發表了一段語重心長的訓示，清楚指出他在每個孩子身上看到的缺點。孩子們回家後告訴父母，結果有好幾位父親向校長抱怨教練。很快地，趕走費滋傑羅教練的行動就展開了。今日的兒童運動所呈現的反諷現象就是：我們希望孩子有機會接受挑戰、提升活力和進步成長，卻不能讓他們的情感受傷。

「過去和現在已經完全不能同日而語了。」早期受教於費滋傑羅教練、同時也是《紐約時報》作者的麥可．路易斯（Michael Lewis）寫道。[10] 後來，費滋傑羅教練被叫進校長辦公室，並被告知要調整他的行為。他照做了，在那年夏天語重心長的訓示後，他在學校又待了十年。二〇一四年，他從該校退休，而校內的那間體育館仍然以他為名。

我們的清單，他們的人生

從早期的課外活動、課業到運動，我們不倦不休地檢查和修改孩子的經驗清單，以確定如果我們——他們——只要多做一件事，也許就足以為他們贏得大獎：名校入學資格。高中的輔導人員（guidance counselor）——在私立學校通常被稱為升學顧問（college counselor）——最清楚，父母已經成為大學入學申請過程中，高度參與的一股力量。輔導人員與顧問的工作是了解孩子的成就和興趣，衡量他們的潛能，幫助孩子列出一份要申請哪些大學的清單，包括一邊的「保底學校」

（safety），和另一邊的「理想學校」（reach / stretch）。（譯註）由於父母的意見與期望在這當中占了許多分量，輔導顧問必須要在建議與支持學生、以及回應父母的關心與意見之間，展現微妙的平衡。當孩子與父母對於哪些學校應該出現在名單中意見不合、關係變得緊張，顧問有時就得在親子之間扮演緩衝的角色，甚或是擋箭牌。而這項工作多半也會吸引擅長此道的人投入其中。

艾美・楊（Amy Young）就是這種很有外交手腕的人。她是艾文世界學校（Avenues: The World School）的升學輔導主任。艾文世界學校是一所位於紐約市中心的全新私立學校，網羅了新英格蘭與紐約菁英中學的教師與行政人員。這所學校非常新，二〇一四年我和艾美見面時，該校還沒有高三的班級。不過她從事這行已經有一段時間了——最晚近的經歷是在紐約市的私立名校河谷學校（Riverdale Country School）——而且她很明白，當學生獲准申請入學的學校名單出爐，將對艾文學校的公眾觀感有很大的影響。當然，她很關心學校的名聲，但她更在意的是，當父母對入學選擇與結果不滿意，要如何保護學生不受伴隨而來的負面效應所打擊。[11]

令艾美最難受的是，當她和學生、家長一起看保底學校和理想學校名單時，學生說：「這些學校名單我很滿意，我只想去會讓我開心的地方，」但父母卻與孩子的意見相左。這就是艾美的工作

譯註：為了順利申請學校，又不想浪費時間與申請費用，美國高中生的升學輔導顧問通常會建議學生同時申請一～三所「保底學校」（safty）、「目標學校」（target / match）和「理想學校」（reach / stretch）。「保底學校」是指你的申請條件（包括學業成績與財務條件）優於該校一般新生，應該可以順利錄取；「目標學校」是指你的申請條件在該校新生平均值以內，或是稍好一些。「理想學校」則是指你的申請條件落於該校新生平均值以下，錄取機率亦較低。

所要捍衛的事物，以及它之於孩子的意義。「我會用心致力，讓申請大學的過程成為他們的成長經驗，守護他們選其所愛、愛其所選的能力，協助他們因應令身邊人們失望的恐懼。」在史丹佛，我看到的是這個過程的另一端發展，父母仍想在大學階段控制選擇權。當父母踐踏孩子的夢想，孩子可能會同意，但也可能失去鬥志，或者變得叛逆。

距離艾美任職的艾文學校西邊三千哩遠的地方，是帕羅奧圖兩所公立學校之一的亨利甘恩高中（Henry M. Gunn High School），也是我的孩子莎耶目前就讀、艾芙瑞未來要就讀的學校。湯姆．賈庫鮑斯基（Tom Jacoubowsky）是該校負責輔導工作的副校長。甘恩高中大約有一千九百名學生，校內輔導處的工作量是二百七十比一（一名輔導者要負責二百七十名學生），比起整個加州平均是四百比一好了很多，但高於許多公立名校的一百五十比一，也高於大部分如艾文學校這樣的私立學校。湯姆和他的團隊除了要比艾文學校的艾美應付高出五到十倍的工作量，他們還需承載的另一股壓力，是要指導矽谷名人與史丹佛教職人員的子女。我是在二〇一三年十一月，也就是莎耶剛進甘恩高中第一年時(譯註)，與湯姆見面討論和這本書相關的話題。[12]

湯姆告訴我，大學申請的過程——亦即本書此處所述——與他青少年時期在帕羅奧圖附近長大時的狀況，已經大不相同了。例如，打工曾經在帕羅奧圖青少年的生活中占有重要分量，現在這種情形則很少見了。湯姆說：「孩子不再工作了，即使他們工作，也不是自己安排的，父母會為他們安排類似實習的工作。而且，他們會做那項工作，只是為了進大學。」和所有優秀的升學顧問或輔導人員一樣，湯姆會鼓勵學生寫下他們對自己的想法，以及什麼對他們是重要的。如果做這件事背後最初始的「原因」，是出於父母的安排、或是催促，以便增加他們進入大學的機會，孩子就很難寫出這項活動對他有何意義。「大學入學主任說，他們不想看到學生『只為了進大學去做某些事』，但那些孩子還是繼續被錄取，所以……」湯姆抬頭看我，聳了個肩，然後笑了。

二〇一四年五月，我和另一位深具輔導顧問天賦的凱薩琳・賈柯柏森（Catharine Jacobsen）論及這個話題，她是西雅圖湖濱中學（Lakeside School）的資深升學顧問。湖濱中學是專收五到十二年級學生的著名私立中學，也因為它是比爾・蓋茲的母校，同時有許多微軟的主管會把小孩送去就讀而名聲響亮。[13] 儘管承受了極大工作壓力，凱薩琳還是給人開朗、自信與篤定的感覺。另外，她也是兩個孩子的母親，所以非常了解為人父母的想法。

凱薩琳從一九九二年就在湖濱中學服務。她說道：「我本來就相信，只要孩子有明理、友善、願意回應、不會堅持己見的父母，孩子本身就有能力知道自己想要什麼、以及如何爭取。」接著，她又跟我說起最近一次與一名高中學生父母的對話。這對父母努力為兒子安排適合的暑期活動，而凱薩琳發覺，他們是在找能讓大學招生人員印象深刻的「元素」和「標籤」。「他們評估兒子，就像評估微軟公司潛在的員工，」她回憶道。與父母對談時，凱薩琳都會教育父母和孩子，使其了解大學入學申請過程的整體本質：招生人員會盡力根據所有提交的資訊，對這個學生進行全方位的評估。她也試著傳達，如果本身突出的「元素」是由他人代為取得、「標籤」是由他人製造出來，這

譯註：在美國的學制中，小學是五年（一到五年級），國中（middle school）是三年（相當於台灣的六到八年級），高中（high school）是四年（相當於台灣的九到十二年級）。所以，莎耶在高中的第一年相當於九年級。

樣的學生申請者可能會有什麼缺失。

朋友經常問我，如何讓他們的小孩進入名校。如果他們夫妻還沒離婚，或者彼此仍有承諾關係，我便會開玩笑地說，請你們繼續在一起。這能緩解這種對話本身的緊張氣氛，但同時也是事實；如果看看我在史丹佛任職時的每年入學新生個人資料，有七〇～八〇％的學生似乎都是來自雙親家庭。我說要繼續維持婚姻的玩笑話，其實是暗示著，我們為孩子示範的這種愛的關係，會在孩子的成長、自我感覺與最終成功的過程中，扮演非常重要的角色。

當然，這不是他們要的答案。他們想問的是，要如何為孩子評估特定的計畫、旅行、經驗，或者實習機會。在我的社區裡，幾乎都是高教育程度、高成就、與社會高度連結的人士，這些父母自有管道去取得——或者可以製造出來——一些令人驚嘆的成果。我告訴他們，最重要的是，這個活動能夠進一步顯現孩子真正的——現在流行的用語是「原味的」（authentic）——興趣，是孩子已經深度好奇的某種東西，或是某種與孩子原本的興趣相關的新事物。

我告訴每一個問這個問題的人，招生主管也許看起來像是對你們所累計的成就感興趣，但他們真正想要挖掘和發現的，是你究竟是誰。什麼對你是重要的？你對什麼好奇？什麼是你做這件事的原因？你喜歡思考哪些事？一旦招生團隊從你的成績分數得知，你的智力足以因應這所學校的課業，他們也想知道，你將為這個課堂或大學社群帶入什麼特徵或特質。所以，我告訴我的朋友們，讓孩子只為了進大學而做這個做那個，是有點危險的；你的孩子將很難寫出這些經驗對自己有何意義；而且，如果那是一份超炫的經歷，看起來會比較不像他們是誰的證據，而比較像你是誰的證據，也就是顯示出你的財力和影響力。這些話很難說出口，尤其是對一些習慣用金錢、影響力和權力，為自己和孩子達到目的的人。我告訴朋友這些，是因為我相信這樣對孩子是最好的；儘管就如湯姆．賈庫鮑斯基所注意到的：在大學申請表上的活動項目部分得到A^+的孩子，通常還是會被他們的首選學校錄取。

大學招生人員真正想要的是什麼？席多妮亞．達爾比（Sidonia Dalby）是史密斯學院（Smith College）的招生人員。這是一所位在麻薩諸塞州北安普敦（Northampton）的私立女子文學院，與其他四所優秀的學院——安默斯特學院（Amherst）、漢普郡學院（Hampshire）、曼荷蓮學院（Mount Holyoke）、麻州大學安默斯特分校（University of Massachusetts at Amherst）——共同座落在一個小山谷中。

席多妮亞擔任招生人員已經長達三十年，她在二〇一四年夏天招生旺季時，抽出空檔和我聊聊。[14] 我想知道，她在申請表中看到了什麼，以及對自己所見有何想法。

「我看到了文化的轉變，」席多妮亞告訴我：「家庭時間不再總是用來休閒或無所事事地晃盪。依據家庭狀況不同，自由時間可能是組織好、安排好、計畫好的。」席多妮亞是從史密斯學院申請的附加論文題目——「什麼是你送過或收過最好的禮物？」——得到這個結論。這個題目最普遍的答案是「與祖父母共處的時光」。「申請者會寫『他帶我去釣魚』、『她教我烤麵包』，或者『她給我看一個已經傳了三代的盒式吊飾』。與一個無條件愛他們的人共度的樸實家庭時光，顯然是值得珍視的禮物。對我來說，高成就的申請者選擇寫這些，是很值得注意的，」席多妮亞說：「而且也很美。」說不定學生們很嚮往這些呢，席多妮亞大聲質疑著。我看得出來，湯姆．賈庫鮑斯基、凱薩琳．賈柯柏森和我所看到的那些被創造出來的實習與機會，對席多妮亞來說並不那麼重要。

那麼，我們要怎麼看待體制是可以玩手段的這個證據呢——我們全都認識這種經由人為操作而成功進入名校的孩子。也許重點是，成功進入某間學校本身並不代表結束——透過一堆人為操作而入學，並不能保證你在這個學校或人生中會再度順利成功、或志得意滿。

（錯誤地）形塑他們夢想的方式

二〇一四年四月，前耶魯大學英文系教授威廉・德雷西維茲（William Deresiewicz）向史丹佛的學生發表一篇演說，講題是關於名校學生是否真的只是「優秀的綿羊」，而他所寫的同名書籍則在稍後出版了。[15] 在德雷西維茲演講結束後的問答時間，一名史丹佛大學部的學生詹志玲（音譯）說了一段話，藉此反問道：「是什麼形塑了我們夢想的方式？」[16] 她這個簡潔的問題一直縈繞在我腦海，迷惑著我，直到第二天仍未休止。我不認識她，但我想找她，了解更多她的想法。透過臉書的魔法，我們相遇了，而且很快就通了電話。[17]

志玲是從新加坡來的，在當地壓力非常大的學習環境中，她的成績很優秀。「在我們五歲或六歲時，父母或老師就問：『你長大以後想要做什麼？』而我們的回答絕大部分會取決於周遭遇到的人們，或來自故事書的印象。」她繼續說，「曾有個從紐約來的朋友說，當他讀小學時被問到這個問題，同學們會說：『我想要成為投資銀行家。』有哪個小孩會說這種答案？除非他的父親是從事這一行。」當她提出這個反問時，我只是單純地以欣賞的角度聽她說話，而且不禁暗自想道：「希望我女兒艾芙瑞長大時，思慮也這麼縝密，而且口才這麼好。」

「沒錯，我們夢想著自己的人生，夢想我們會成為什麼樣的人，」志玲告訴我，「然而，卻是環境告訴我們，什麼是可能的。我不認為自己的夢想是無邊無際的；它們受限於我們居住的社會，以及什麼是受人尊敬、什麼是好的觀念。」

當我結束和志玲的通話，腦海裡突然閃過一個曾經聽過的故事。有一對俄亥俄州的父母，在女兒才六年級時就為她選擇了將來要上的大學、以及主修的科目。「妳知道嗎，」跟我說這個故事的女士在電話上跟我開玩笑：「六年後，那所大學將會是這個女孩讀的大學，那些科目也將會是她主修的科目。他們努力避免自己的孩子犯錯，從大人的觀點來確保成功。」

這對父母正在形塑他們女兒的夢想。

一位史丹佛大學生凱拉（Kayla）告訴我另一個關於這類父母的故事。[18] 凱拉的故事來自她在智利聖地牙哥史丹佛校園的海外經驗。

「我們在聖地牙哥的海外學期過了將近一半時，我同學珍娜（Jenna）的母親崔許（Trish）在她十五歲生日時來看她。崔許帶了她的朋友伊莎貝爾（Isabelle），造訪了聖地牙哥所有招牌風景名勝。她們提議要帶珍娜和我們四個朋友去她們住的五星級飯店高級餐廳用餐，我就是在那裡遇到伊莎貝爾。伊莎貝爾和崔許見到我們很興奮，非常熱情地歡迎我們。她們不停地提到我們看起來多麼成熟而且見多識廣，然後就把我們當成大人似地將酒單遞給我們，這舉動讓我覺得大家是平起平坐的。」

「伊莎貝爾是一位住在舊金山的中年母親。她有三個小孩，分別是四歲、八歲和十一歲。從她那時尚品牌 Tory Burch 的平底鞋、相當顯眼的婚戒，更別提她還可以在年中到智利的聖地牙哥度假，她儼然就是出身自優渥家庭。後來我們知道，她的先生是從事創投工作。」

「伊莎貝爾和崔許問了很多問題，想要了解我們海外求學的課程、以及目前進展得如何。她們確實對聖地牙哥的文化和我們的經驗充滿好奇。但是，在麵包端上桌後，伊莎貝爾立刻把矛頭指向其他一連串直接的問題，例如：『所以，凱拉，妳覺得妳是怎麼進入史丹佛的。』她兩眼盯著我。我有些措手不及，因為前一分鐘我們還在討論怎麼挪出桌上空位來放智利的知名點心「三奶蛋糕」。口氣的轉變很明顯，突然間，這頓晚餐讓人感覺是為了採訪我們，而不是共享美好時光。我之前就被問過這個問題，但真的還是不知道答案，所以我說：『我想，我很幸運吧。』伊莎貝爾輕聲笑了，但這還沒結束。『應該不是這樣的吧，真的，到底是什麼原因？妳是不是GPA（譯註）超高的？妳是不是不停地參加課外活動？到底是什麼？』我實在不知道答案，便回答說：『我想，我真的很想進入這所學校。因為我想進入一所像史丹佛這樣的學校，所以在學校功課和論文上非常努力，而且我覺得史丹佛十分適合。』」

「那晚剩餘的時間，伊莎貝爾不斷拷問我和我的朋友，問我們怎麼進史丹佛，我們認為自己的『特殊因素』是什麼。有一段時間，伊莎貝爾起身去洗手間，崔許於是轉移了話題。但當伊莎貝爾回來時，她又把話題導回史丹佛的入學問題，彷彿這是她一生難得的機會，可以解析史丹佛學生的大腦，她覺得這對她小孩的成功至關重要。」

「那天晚上最嚇人的部分，是她如何不斷數落她的兒子不夠優秀。她會說，『我的孩子沒有這麼特別，他沒有那種明星氣質。』我可以感覺到，當伊莎貝爾這樣描述她的小孩，我的朋友們越來越不舒服，我也是。我們每個人在小時候都經歷過一關關的考驗，而且，我們都知道，這一切已經夠難的了，要是還有人總在告訴你，你還不夠好，你做得還不夠，或只要是好玩的，對大學就不重要……那就更痛苦了。那一晚，我為伊莎貝爾的小孩感到難過。」

「很快地，伊莎貝爾開始問我，父母可以做什麼事來提高小孩進入史丹佛的機會，以及我們的父母又做了什麼？我們每個人都表達了自己的父母是怎麼給予支持，但在高中時期是相對鬆綁的；而且在高中時，相較於給予任何壓力，他們更常告訴我們要靜下心來、放輕鬆。伊莎貝爾看著我們，彷彿我們是異類，或者我們沒有對她說真話。」

「我試著問伊莎貝爾，她的小孩喜歡做什麼，她回答說：『嗯，有一個喜歡跆拳道，但他絕對不會是那項運動裡表現最好的一員，而且很明顯地，跆拳道不會送他進大學。』她又開始抱怨她無法一直為她家的國中生負擔家教和課後補習的費用。」

「我們試著想讓伊莎貝爾對父母的角色有所認知，而她的回應卻只是失望地不肯相信，兩邊就這樣來回拉鋸了好久，實在沒什麼進展。朋友和我都覺得，我們有責任去拉伊莎貝爾的孩子一把，也讓她放輕鬆一些。結果完全失敗。伊莎貝爾似乎還是認為，我們能進史丹佛是因為我們是超人，而她的孩子不是，所以，她將得傾盡全力做任何事，好克服他們的資質不足。」

「我們提到有些高中的朋友去讀了不同的大學，而且他們覺得自己很適合那裡的環境。伊莎貝爾不相信。在伊莎貝爾心中，何謂名校有著清楚的類別層級，而『適合』是不重要的。伊莎貝爾沒有史丹佛不甘心。那些不是給他八歲兒子的。」

譯註：GPA：學業成績平均點數（grade point average）的縮寫，滿分為4分。

從凱拉那裡聽到這些事，我的心思轉回到志玲。雖然志玲沒有提到自己的父母或是他們的教養方式，但我從她的思緒裡，得到了給我們為人父母的重要警示。我們常提到夢想無邊界，是無止境的國度。但實際上，我們常製造了範圍、條件和限制，讓孩子只允許在這個範圍內夢想——將照表操課的童年，視為通往成功的途徑。

我得承認，自己對此也沒有免疫，我也想控制孩子「選擇」去探索哪一種活動與機會。二〇〇五年秋天，我已經擔任史丹佛新生主任第三年，而艾芙瑞當時四歲。在史丹佛新生訓練營的第一天，我們邀請學生父母晚餐，而我做了一場冠冕堂皇的演說，講到要信任孩子能做好的選擇，讓孩子拓展自己的道路。第二天是星期三，這一天我會去史丹佛附幼接艾芙瑞放學。就在我和她準備離開時，有位老師把我帶到一張桌子旁，上面有十幾張白色的小畫布，每一張上頭都畫了水彩。這位老師說了一些溢於言表的讚美，解釋艾芙瑞在整張畫布上都畫滿了水彩，這對一個四歲的小孩而言，顯然是不尋常的。我笑著點點頭，想要表現出一副感興趣的模樣，但內心裡我記得自己是這麼想的：「對，對，對，但這不會把她送進史丹佛。」身為主任，我很擅長告訴其他家長，不要過分指導孩子的人生，但身為家長，我卻很難遵循自己給出的建議。

夢想如何運作

菲爾．加德納（Phil Gardner）在密西根州立大學（Michigan State University）主持大學就業研究中心（Collegiate Employment Research Institute）二十八年了，最近幾年，他發現雇用大學畢業生的模式和趨勢有了很大的改變。根據菲爾的觀察，「現在很普遍的狀況是，由父母決定孩子要主修哪個學科。如果是父母做的選擇，但這個學生對他們挑的主修學科沒那麼感興趣，孩子在離開大學轉換跑道時，就會陷入難堪的境地。求職時，他們基本上只能對有望錄取他們的雇主說，『我媽和我爸想要我做這個。』這些學生並不快樂。而且，這種現象已經逐漸顯露。」[19]

當然，我們應該夢想遠大，同時啟發孩子也這麼做，並用盡方法和能力來鼓勵他們、支持他們。為了準備好面對人生中的下一件事，有一份待辦清單本身並沒有錯；為了成功，我們必須設定目標，並努力達到。

但是，如果我們教導孩子，他們的人生已經有預設好的一份待辦清單，我們所建構的，就更有可能是關乎我們自己，而非他們的道路。而且，讓孩子邁向一條與他們無關的道路，最後可能哪裡都到不了。我們對他們有夢想，卻不能形塑他們夢想的方式。

3 陪伴他們

從我擔任學校行政人員以來，就必須打很多電話給家長，告訴他們壞消息。
我可能會說：「你的孩子翹課了，我們在一號公路上的漢堡王找到他。」
一九九八年時，大多時候我打電話去家裡，都會獲得家長表態支持：
「這真是太糟了，我們想和學校一起合作，把事情處理好。」
但現在，當我打電話到家裡，會聽到父母對我的權威與判斷發出一連串質疑：
「渥頓先生，你為什麼這麼做？顯然你是錯的。」[1]

——提姆．渥頓博士，麻薩諸塞州市郊學區教育總負責人

為了達成為人父母的基本職責——維護孩子安全無恙，並確定他們獲得良好的機會——根據我們對安全與機會所設定的現代標準，父母經常必須跑腿參與很多事。而且，如果我們有幸剛好是中產或中上階層，就會有時間和金錢可以多參與一些。

我們心中帶著終極目標，希望孩子在越來越競爭的世界裡出人頭地；我們將「零錯誤」的心態帶進了孩子的童年生活，而且盡責地陪伴他們，盡所能地控制結果。在許多情況下，雖然我們知道，這是他們的童年、他們的人生，我們還是擔心害怕如果少了我們的參與，他們就不會那麼順利。好消息是，我們很高興陪伴他們。「陪伴」成了我們身為父母的努力、心態與成就感的核心部分。

這意味著，過去父母習慣每天和孩子說再見，待他們離開家後，便信任孩子將遇到的大人會展現應有的能力——相信老師會把小孩教好，校長會有效經營學校，裁判會做出好的決定——現在，我

們已不再那麼信任管理孩子生活的體制和權威人物。所以，我們為自己創造了一個角色、一個位置，部分像是個人助理，部分像是一些好萊塢明星生活中高階宣傳人員的角色：觀察員、處理者，而且常是中間人。我們在所有與孩子和其他大人相關的互動中高度參與，有時還是難纏的人物。我們總是常相左右，或者人在現場、或者靠手機遙控，陰魂不散；我們想成為孩子的眼睛和耳朵，準備預測問題、提供文書或材料，當需要提問或回答時插手介入。我們不信任體制或權威。我們不信任孩子有能力解決自己的問題。簡單地說，我們不信任任何人。

為他們奮戰

隨著孩子現在都在我們眼前玩遊戲，所以當強尼拿走珍妮的玩具時，我們就幫珍妮說話，或者，當強尼遭遇到珍妮父母不屑的眼神時，我們會趕忙去為強尼道歉，或者為他辯護。我們到小學裡監視著下課時間，確認每個同學相處融洽，沒有人被排擠。我們親身參與到這種程度，宛如我們自己就是因為被拿走玩具、被同學取笑，或者沒排到可以玩輪胎鞦韆而傷心的那個人。

今天的祖父母認為我們的行為是過度保護，有時候，甚至到了荒謬可笑的程度。有一天我聽到丹恩．戴維斯（Donne Davis）這位女士在我家當地的國家公共廣播電台說到了這件事，我於是開始追蹤她。戴維斯在舊金山灣區為祖母們成立了一個名為「GaGa Sisterhood」的社交網絡。她告訴我：「媽媽們似乎過度幫孩子解決問題，而不是讓孩子學著自己解決。孩子之間發生的各種事，變成了媽媽之間的戲碼。祖母或外婆可能想要插些話，但如果我們說得太多，我們的孩子可能會嚴格限制我們接觸孫子。」[2] 她說得對。我正看過這一類的跨世代政變在自己家裡醞釀（雖然我不會妄想要限制接觸：我還要仰賴我媽照顧小孩呢！）

你看，今天的祖母、外婆們是在一種完全不同的時代裡長大。在她們當父母時，沒有那麼多忌諱與警覺。事實上，在她們煙酒不忌的懷孕期、把我們單獨留在家而外出工作或「尋找自己」的時刻，加以當時創紀錄的離婚與再婚率，出生於六〇和七〇年代的我們這一輩，有許多人當時自我照顧的狀況，已經到了現今可能被稱之為父母有所「疏失」的程度。事實上，我們會過度教養，也許在某種程度上是對我們的父母放牛吃草的一種反應，名正言順地對他們教養小孩的觀念感到懷疑。我發現自己很認同丹恩．戴維斯的言論，尤其是關於我們如何和其他父母爭執，而在自己和小孩的生活中搬演鬧劇，以及我們是如何、又在何時插手解除狀況，而不是讓孩子學習自己怎麼做。二〇〇九年很轟動的《教養大震撼》（*NurtureShock: New Thinking About Children*）這本書，是一則近來的教養策略如何造成反效果的宣言，在書中，波．布朗森（Po Bronson）和艾許麗．梅里曼（Ashley Merryman）聲稱，這些孩子無法學習自己處理的問題，是我們積極幫忙的善意所導致的「非預期結果」。[3]

管家父母

我們不只清除孩子路上的障礙物，還積極主動地成為孩子的眼睛和耳朵，做好事先的預防，甚至想成為他們的大腦。不論我們的孩子是否為全國五百九十萬名「注意力缺失」（ADHD）兒童之一，我們都會替他們小心留意周遭的一切。穿越馬路時注意車子，新生入學時注意老師，球賽季開始時注意教練。我們立正站好，而孩子卻無聊地站在一旁，或者沉迷於電玩、智慧手機，或者我們如果夠幸運，是沉迷在一本書裡。在親師座談會的前一晚，我們龐大的身軀會擠在小書桌前，仔細察看「我們」是否需要知道什麼，孩子在五年級時的課業才會順利。

彷彿我們才是努力要上大學的人。

我們之中許多人都對過夜營隊有著甜美的回憶。不管是去哪裡、在什麼年代，那兒的食物很可能糟透了，但那段體驗卻是相當美好。它的一部分價值是，我們必須獨立，卻不是真的孤身一人，而是離開所謂的舒適圈，在青少年領隊們小心、或不太小心的照護下度過幾天。我很好奇過夜營隊的體驗是否也已受到父母過度干預的影響，所以我訪查了一下。

「年輕生命」（Young Life）基督教會每年夏天都會帶領數萬名美國青少年到他們的營地。這是一個散播福音的教會，參加營隊的孩子有八五%不是基督徒。營隊給孩子學習、成長與玩瘋了的機會，只要他們能融入其中。就像任何需要融入其中的活動一樣，如果你用手機和老家的朋友聯絡，就很難完全融入。所以，「年輕生命」明白禁止學員攜帶手機參加一整個星期的過夜營隊。當坐滿新學員的巴士即將進入營區，有一位輔導員會宣布，現在該交出手機了，一個星期後開車返家時，手機就會歸還。

「年輕生命」營隊副主席史蒂夫．湯普森（Steve Thompson）說，父母有可能會破壞這項規定的條文和精神。「雖然我們事先都有很清楚的政策說明，但有些父母還是會給孩子兩支手機，讓孩子在被要求時交出一支，私下可以用第二支偷藏的手機，溜出去和爸媽聯絡。」[4]湯普森把這種情形，歸因於父母對國家基本的體制與權威人物缺乏信任，不論是對學校、政府或宗教機構。顯然，即使把小孩送到營隊是根源於宗教倫理與價值，但父母覺得扯謊是可以接受的，規則是可以打破的，只要是為了更大的目標：父母與孩子之間不間斷的聯繫。

寄宿學校——依常理來說，是沒有父母的地方——也並無二致。父母會打電話給宿舍職員，請他們為自己生病的小孩煮湯，期末考那週幫他們叫披薩，以免孩子吃不飽，還在放暑假時飛到學校幫孩子打包物品。現在，資金雄厚的父母有時會選擇在學校附近買下或租下一個地方，只因為你永遠不知道孩子可能需要什麼。泰勒·汀利（Tyler Tingley）曾擔任新罕布夏州菲利普艾斯特中學（Phillips Exeter）與明尼蘇達州布萊克學校（The Blake School）的校長，目前是紐約市艾文學校的教務主任，他告訴我：「艾斯特中學日漸普遍的現象是，父母會讓孩子報名住校，但六個月後我們卻發現，他們的母親或父親早就在附近租了一間公寓。他們會堆砌各種理由，來說明自己這樣做是想做個『好父母』，而我的回應是：『獨立生活的經驗是寄宿學校一項優異的特質。學習如何洗自己的衣服，能培養獨立的精神。』」[5]說到洗衣服，我有第一手資料，知道父母會來大學校園為他們的小孩洗衣。這不是傳聞，也不只是發生在史丹佛，這種現象在各地的大學到處可見。

美國陸軍軍官學院（也就是西點軍校）超過兩百年來，已經培育了許多美國最優秀的年輕人。該校位在上紐約州哈德遜河的西岸，距離紐約市大約九十分鐘車程。西點軍校的宗旨是「教育、訓練與啟發這支學生軍團，讓每名畢業生都是恪守責任、榮譽、國家價值的軍官領袖人物，並且為日後在美國軍隊效力國家、成為專業精良的軍官生涯做好準備。」既然這所學校幾乎是從美國建國時期開始，就在培育這些年輕人為國服務，直接讓他們面對險境，我很好奇他們是如何看待父母角色在大學生與年輕人生活中的改變。

里昂．羅伯特上校（Colonel Leon Robert）在阿富汗服役結束後，即擔任西點軍校化學與生活科技系的教授與系主任，他清楚地表明，以下所說的是他個人或取自軼聞的觀察評論，並不代表美國國防部。[6]「自西點軍校進入美國軍隊的少尉畢業生，絕大部分都是優秀的年輕人，會做該做的事。但漸漸地有一些學生，父母會為他們安排太多，例如開車載他們去第一次出任務的地方。」我相當驚訝，試著想像這幅畫面。「這完全是不恰當的，」他繼續說：「你不需要媽媽和你一起出現在布拉格堡（Fort Bragg）的大門前，或者幫你找一間公寓。你已經二十一、二十二或二十三歲了。你需要自己和房東應對。這是學習做個大人的過程之一。我們的畢業生是成熟的領袖人物，準備好帶領美國兒女，配備好正確的工具，成功達到軍隊要求的任務。然而，就有一小部分的父母不願意、或者無法『放手』，繼續盤旋在他們已成年的孩子頭上。」

西點軍校也面臨同樣的問題。而下面即是父母「隨侍在側」陪伴即將讀大學、或正在讀大學孩子的真實案例。[7]

- 大衛和蘇來自新英格蘭。他們的女兒愛瑪是高中生，東岸一所公立名校接受了她的入學申請，但她在高中最後一學期有一科不及格（不是因為諸如一場大病的「正當」理由）。擔心招生主任可能會對他們的小孩給予一些處罰，甚至包括撤消入學資格，大衛和蘇寫信給招生主任，解釋女兒的情況。

- 拉吉夫和帕若兒來自華盛頓特區，他們的兒子阿爾強是我幾年前在史丹佛照料的新生。新生訓練第二天，他們一家三口來見我，帕若兒打開話匣子就說：「阿爾強對化工研究很有興趣，我們想與妳討論相關的選擇。」「阿爾強，」我回答說：「這樣很好啊。跟我說說你的研究經驗，我可以幫你想想如何在史丹佛起步會最好。」阿爾強看了父親一眼，這位父親隨即告訴我，阿爾強迄今在這方面令人印象深刻的研究經驗。
- 賈桂琳來自洛杉磯，她的女兒潔米是一間大型州立大學的大二生。賈桂琳一直扮演被依賴的角色，在潔米就讀中學時，她總是確保潔米能準時完成功課，即便到了現在，潔米也從未遲交過一次作業；她每天打電話給潔米，一方面叫她起床，也順便提醒她快到期的功課和考試時間。
- 布魯斯來自芝加哥，他的兒子尼可拉斯是「十大聯盟」（Big Ten）（譯註）其中一所私立大學的大三學生。布魯斯是一位財務主管，他的手機一天內會因為尼可拉斯寄來的簡訊響個好幾次。尼可拉斯為了暑假的實習，飛到紐約甘迺迪機場。他搭著地鐵到曼哈頓中心暑期分租公寓附近，一出地鐵站就是一個大路口，放眼望去淨是繁忙的車陣和來來往往的行人。尼可拉斯不確定自己到了哪裡，也不知道公寓的方向，所以發了簡訊向在芝加哥的父親求救。布魯斯很高興收到尼可拉斯的簡訊，為了解救尼可拉斯，他向會議中的同事抱歉並先行告退。
- 約翰和朵蕾來自北加州，他們的兒子奧古斯特是美國西北部一所名校的大四生。從小，寫作對奧古斯特就是一件痛苦的事，這些年來，約翰或朵蕾都很願意幫忙檢查或修改他的作文。他們要繼續幫他不是難事，但他已經上大學了，他於是把草稿用電子郵件寄給父母，讓他們直接在Word文件上修改。

- 查克來自西雅圖，女兒安即將要進入哥倫比亞科技大學的碩士班。查克陪安參加了新生訓練，還舉手問教授，論文發表大約是什麼時候。

我從不懷疑，這些父母只是想幫忙，或是擔心自己沒有參與的話可能會有什麼萬一。我也不懷疑上述小故事中的每個年輕人，會因為父母的幫忙與參與，而覺得感激或鬆一口氣。但是，要到何時，父母才能期望孩子可以自己做這些事？也許，要等到這些年輕人進入職場之後？

非營利組織「為美國而教」（Teach For America, TFA）成立於一九八九年，目標是要因應幼兒園到高中教育的不平等狀況，他們會安排應屆畢業的大學生到低收入社區的公立學校，擔任為期兩年的老師。二〇一三年，TFA是全美大學應屆畢業生第二大的雇主（企業租車〔Enterprise Rent-A-Car〕排名第一，威訊無線〔Verizon〕排名第三），而TFA剛招募的五千九百名年輕人，來自全國八百所不同的學院和大學。而身為TFA總顧問的崔西—伊莉莎白·克雷（Tracy-Elizabeth

---

譯註：十大聯盟。指的是美國中西部為主的十四所大學組成的體育競技聯盟，除了西北大學，其他都是私立大學，但都屬於美國一流名校。

Clay），也開始遇到一些ＴＦＡ成員的父母過度參與，希望自己的兒女能順利轉進職場的情形。

父母會打電話到總部辦公室說：「你好，我的孩子即將成為你們的一員。我覺得非常興奮與驕傲。我現在在市區，正要為他們找一間公寓。請問你們有沒有推薦公寓的名單？」崔西—伊莉莎白的同事回答說，沒有，這是ＴＦＡ成員一直以來都能自己解決的問題。[8]

管家父母之外——施壓者

如果我們沒有成功做好事前的保護，而發生了某件自己無法擺平的事，很可能就會考慮向重量級人物求救。我們之前見過的麻薩諸塞州市郊學區的教育主管提姆·渥頓博士，他就遇過許多父母，當他們讀中學的孩子沒有獲選進入學生會，就難以接受這樣的結果。[9]對他們而言，學校排他性太高了，入選學生會資格條件太嚴苛，像是分數和教師推薦，而他們的小孩不是最強的學生，同時有一些違紀行為。他們不斷升高投訴的層級，從學生會顧問、跳過校長，直接到該學區的教育總負責人渥頓博士。「你想傾聽大家的心聲，要展現民主。但是……」渥頓博士在電話上對我嘆了一口氣；顯然，一些父母已經僭越了講理的界限。

回到西點軍校，當時的參謀長葛斯·史達弗爾德上校（Colonel Gus Stafford）——也以個人，而非國防部或陸軍的角度——告訴我西點軍校急遽上升的父母干預情形，及其中不言可喻的信任流失。[10]如史達弗爾德上校所說，擔任參謀長的他管理著人員、預算、政策與人力資源。他是西點軍校的畢業生，妻子則是前空軍護士，所以他很熟悉軍中文化。他對我禮貌嚴謹，但也非常直爽與親切。「我們這裡是奇怪的地方，」他說：「我們有些奇怪的規定。例如『防止崩潰計畫』（Collapse Plan）是指，如果你是新生，而你的室友週末不在，就不准單獨一人留在寢室，得打包行李睡在另一組室友的房間。」他說，這個規定是基於多種原因而設立，包括保護新生免於性侵害、或是保護心情低落的孩子。身為前新生主任，我覺得這聽起來是很合宜的規定，但顯然西點軍校的父母並不像我抱持這麼正面的態度。

「父母聽到強尼得搬到不同的房間，就會打電話給戰略官，」史達弗爾德上校告訴我：「他們會問我『為什麼』，而當他們聽到我們回應說明完這項規定，又會說，『你怕強尼會自殺嗎？』或者『告訴我你們的性侵害紀錄。』」你們想讓一個軍官喊出「我的老天」嗎？這就是你們在做的事。父母會臆測他們的決定，這對校內的軍官領袖來說已越來越司空見慣。

一旦成為高年級軍校生，就要進行「個人軍事精進發展活動」（Military Individual Advanced Development activity, MIAD）。軍校生會選擇一種想要發展的技能，但每種技能都設有不同的資格條件，有時候學生對某項活動會「低於及格線」，也就是不符合資格。「強尼可能想去空降部隊學校，」史達弗爾德上校告訴我：「但他的分數和軍事訓練不及格。強尼很沮喪。所以他告訴父母。他爸爸便打電話來問戰術官：『我想知道你們為什麼讓我兒子處於這麼不利的位置。』」這聽起來就像渥頓博士遇到的那些被學生會拒絕的父母，卻是發生在美國軍隊裡。

史達弗爾德上校說得很清楚，臆測軍校的規定與計畫是無效的——也就是，學校不會向這位父親屈服——也不會解釋原因。「假設學校向強尼的父親屈服了，然後強尼把這件事告訴朋友鮑伯：『我老爸打了一通電話後，我就轉換成功了。』」這就是所謂的滑坡效應（編註），也可以說是大開閘門、或任何你用得上的隱喻——而西點軍校不會讓它發生。

在西點軍校，父母是珍貴的夥伴，史達弗爾德上校告訴我。他們對學校的信任及善意，影響了西點軍校在當地社區與全國整體的名聲與地位，也可以對成長中的青年提供有力的支持。但有時候，父母不知道應該在哪兒適可而止，也有些人想要鉅細靡遺地了解每項課程的組成內容。「這當然是可以的，」史達弗爾德上校說，「但是並不需要。需要了解課程的，是要學習並通過這些課程的學生。」父母也許不完全信任校方，也不信任孩子、不信任世界，因此想要「陪伴」在孩子身邊，試圖確保想望的結果。而至少到目前為止，即使有父母逾越了界線，西點軍校還是會守住底線。

和平工作團（Peace Corps）也有這種狀況。過去五十多年來，這個組織持續把美國的年輕人送到海外，讓他們在兩年的工作期間做些對世界有益的事，並增加許多個人歷練。在以往，父母跟工作團聯絡表示關切是很不尋常的事，現在則是稀鬆平常了。

凱特．拉夫特瑞（Kate Raftery）在二〇〇〇年代是和平工作團負責東加勒比海與祕魯的地區指揮，除此之外，幾十年來她也斷斷續續在該組織擔任過一些職位。有時候，要是某個志工表現不佳，身為地區指揮，凱特得做出決定把這個人送回家。「我接過幾位父母的電話說：『你正在毀掉我孩子的人生。他們想要服務兩年，你現在卻要把他們送回家。』我說：『我相信，等你的小孩回到家，你跟他們談過後，就會知道這樣的決定，不是像我在星期五把他們叫來、又在星期天把他們送回去如此簡單。這是在經過好幾個月的談話和努力，試圖幫助他們有所進步後，所做出的決定。現在這段對話，你需要跟你親愛的孩子談，而不是跟我。我把你的孩子當大人對待，我鼓勵你也這麼做。』」[11]

我們的孩子，我們自己

當孩子長大，要出去闖蕩世界時，總是「隨侍在側」的父母可能會發現，自己還是難以停止這樣的行為。畢竟，比起他們還是孩子時，真實世界的賭注高多了；如果我們一直「隨侍在側」，等到他們長大了，行為舉措也更為影響深遠時，父母卻突然放手，似乎是相當殘忍的事。有些父母真的無法停止，「隨侍在側」的作為已經內建為他們的一部分。這不再只是我們如何教養孩子的問題了；這與「我們是誰」有關。而我們的孩子，雖然已隨著時間長大，現在還是相當倚賴我們，而且似乎比以往更需要我們「隨侍在側」。

但說真的，有時候，我們喜歡為孩子「隨侍在側」，因為他們的需要——不論是真實的、預想的，或者製造出來的——給了我們人生的目的與意義。一位名為強納森的父親，住在維吉尼亞州一個高壓力、高社經地位的麥克萊恩（McLean）社區，他認為那裡的父母是以孩子的表現、需求和成就來定義自己。「孩子每件事都仰賴父母，而父母自己也安於這個角色，因為他們覺得自己的價值與這份關係密不可分。」[12] 我們想要培養一種親密感，但結果卻可能製造並促成了這項需求。

我們不再知道，該在哪裡畫下底線。聖荷西的教育家歐爾．喬治森，亦即先前提到「霸凌」標籤被過度使用的那位學者，認為父母出現在學校活動中，只是為了觀看與欣賞孩子經驗的開展，但

編註：一旦開始便難以阻止或控制的一連串事件或過程，通常會導致更糟糕、更艱難的結果。

要是分開可能對小孩比較好時，他們卻很難做到。例如，歐爾所屬學校的中學生要展開過夜旅行，前往優勝美地（Yosemite）、卡塔莉娜島（Catalina Island）或華盛頓特區，而他發現目前正有一股潮流興起，也就是父母會在同一時間安排一趟與孩子的校外教學同步的旅行。他們住在孩子旅行目的地附近的飯店，不是擔任這趟校外教學的隨行監護人，而是跟在孩子附近，「以防萬一」。這不是什麼大問題，對孩子的發展卻不健康。「這傳達給前青春期孩子的訊息是，他們還沒有能力做到這個年齡所渴望與需要的獨立。」[13]這就是那種會讓你歪著頭、訝異地問道：「啥？」的狀況。我擔任新生主任時也遇過類似的情境，例如當孩子加入某個大學社群，而要行使意義重大的儀式或傳統時，父母也會現身。

以史丹佛每年的「樂團行進」（Band Run）活動為例——這是在新生訓練第一天深夜舉辦的活動，聲名不佳的史丹佛樂團會像童話故事中的魔笛手一樣跑過校園，沿路從每間新生宿舍撿選幾位學生。跑完的時候，所有新生班級再加上一幫高年級的學生，都會被趕進校內的「內四方院」（Inner Quad）這一區，跟著學校的戰歌〈All Right Now〉學著跳進正確的地方。邊線處則備有高爾夫車，以防萬一有人受傷。最近幾年，我看到有父母會試著躲在電燈柱旁或樹幹邊觀看，或者一邊跟著跑，想要跟上這場有趣的活動。

西點軍校有一項儀式和傳統，是將學員納入「灰色長隊」（long gray line）（譯註），而西點軍校校友也以此自稱。史達弗爾德上校告訴我，自從他加入灰色長隊將近三十年來，許多事情都變了，例如行軍十二哩（約十九公里）回到西點軍校，這是每年夏天標誌著學員完成基本訓練的勝利終點。[14]「這很不容易，」他告訴我：「他們背著大約三十到四十磅（約十三到十八公斤）重的背包，再加上頭盔、武器和其他裝備。當學員終於回到西點軍校，會強烈地感受到屬於自己的驕傲，自豪著『我做到了』。不同的是，現在有一些父母會說：『我要跟著強尼或蘇西走回去。我們要一起走回去。我們要成為他經驗裡的一份子。』」

我可以聽到上校最後發出了一聲嘆息。他也有自己的孩子。他知道世界是如何改變了。他尊重這些父母，「我可以了解他們的愛、付出和支持，」他告訴我：「但他們非常不智地減損了一個人可能獨自完成這些事的體驗與成就感。」我知道他是對的，發自內心地贊同，因為我在家裡親眼看到，也在學校親身經歷過。

我們在校外教學、在史丹佛的「樂團行進」和西點軍校的長途行軍中「隨侍在側」，是否只是為了防範人生中的萬一終將發生，即使這機率微乎其微？我們是否只為了重溫自己的童年？或者，我們只是單方面地為小孩奉獻，如果孩子不在那裡讓我們看、讓我們指導、協助或寵愛，我們的生命就會很單薄、沒有朝氣，而且失去歡樂？觀看他們的活動和體驗，是否就是我們人生中最大的意義？

二〇一三年，作家麥可．哲森（Michael Gerson）在兒子即將啟程就讀大學的前一晚，在《華盛頓郵報》專欄告解了這段存在的糾結。關於他的兒子，哲森寫道：「他正在適應隨著大學生活而來

譯註：long gray line 就字面上來看，是指歷年來穿著西點軍校灰色制服的畢業生與在校生組成的長長隊伍，同時也隱含著西點軍校建校以來對於「責任、榮譽、國家」效忠的光榮傳統。一九五〇年時，一部拍攝西點軍校故事的電影即以此為名，中文片名為《西點軍魂》。

的調整與改變。他的人生真正要開始了，而我也將步入放手讓他長大的漫長歲月。換言之：他將擁有美好的未來，在其中，我的角色自然地隱微了。沒有他在身邊，我的未來是不可能更好了。」[15]

當你讀到這一段文字，無法不為哲森的痛苦而動容。然而，哲森只是在告解，抑或多少是在吹捧自己身為父母的貢獻呢？退到孩子的旁邊，讓他們成為我們世界的中心，是否已經成為衡量我們有多愛他們的方式？若是如此，我們所展示的究竟是我們的愛，抑或是我們的需求？我們是否有義務為孩子擋掉這份原始的需求？

校外教學、史丹佛的「樂團行進」和西點軍校的長途行軍，全是為了學生而舉辦的。父母沒有必要為了孩子「隨侍在側」。如果父母在場與他們一起體驗，孩子會有最真實的經歷嗎？我們是否能壓抑想要隨侍在側的需求，而享受他們稍後轉述給我們聽的樂趣，或者完全不必告知也無妨？我們是否能確定，即便沒有時時「隨侍在側」，自己和孩子也可以保持良好的關係？

4

屈服於升學軍備競賽

我們住在一個深感缺乏的時代。我們不再活在美國夢裡了。
如果你的孩子獲得那份工作或那個大學名額，我的孩子就沒有了。
在如此情境下，父母會想盡辦法確保自己的孩子進入常春藤名校。

一旦孩子進了中學，不論是哪個學期的任何一個午後，我們都會害怕——而且這可能成真——如果孩子得了一個B，或者沒能進入菁英球隊，還是看似未能完成童年清單中的所有待辦事項，就無法進入我們為他們設想的那一類大學（而我們為他們設想的大學，通常是我們讀過的，或是我們相信能提供「最好的」教育、畢業生會有「最好的」就業機會，或是期望自己在跟朋友喝咖啡聊是非時，最有資格大聲吹噓……的大學）。於是，我們覺得自己必須和隔壁的父母做得一樣多，或者稍微多一點，才能讓孩子順利進入理想的大學。所以，當心底有個聲音告訴我們「別做那件事」——例如面對是否該直接為孩子寫功課這種道德難題，或是因為打理行程、接送工作以及保持頂尖而身心俱疲的時候——我們更大的恐懼是，如果自己沒有參與，可能就有什麼地方出錯。

大學入學軍備競賽的參加者心態就像這樣：「如果我讓孩子自己寫這個報告，他可能做得不好，甚至做得很差，沒有錯，我希望他從中學習，下次做得更好。但他是要和整班的孩子競爭的，他們之中有很多人的父母，會幫孩子大幅修改報告，或者乾脆替孩子完成。我的孩子也許會學到東西，但他們的孩子會得到較高的分數，獲選參與資優課程，在那裡可以接觸到比較棒的事物。他們的孩子會進入我希望我的孩子進入的大學。」

如果我們可以帶著一幅孩子學習走路過程的圖像度過此生，恰似雙眼隨時戴著一付谷歌眼鏡，我們就能獲得必要的提醒：孩子需要透過嘗試新事物、被允許失敗、自己站起來、然後再試一次……一步步學習與成長。但大學入學的聖杯，卻似乎完全矇蔽了父母的思考——這裡的聖杯是指名校的入學許可，而這份許可明顯地拒絕認同，跌跌撞撞的體驗正是在犯錯中產生智慧，在智慧中允許過錯。

珍的女兒就讀湯瑪斯傑佛森中學（Thomas Jefferson High School），這是一所位於維吉尼亞州北部的公立學校。珍告訴我：「我以為女兒會比現在獨立許多。我很希望她能自己做早餐、裝自己的午餐、洗自己的衣服，但她現在的生活太緊湊了。如果我想要她能好好睡一下，就得試著幫上她的忙。她不需要一個媽媽；她需要一個助理，幫她好好打理生活。」[1] 珍的女兒搭校車來回通學的時間需要九十分鐘。在通學、做作業、上課、三餐與睡眠之間，珍的女兒除了那些會對中學成績造成影響的事情之外，根本沒有時間做別的事。

我們想要孩子進入的大學，名額有限、僧多粥少。因此，軍備競賽開始了。為什麼我們只對少數幾所學校感興趣？那些分析有什麼錯？還有，我們可以為此做些什麼？這些部分我們將在稍後討論。現在，我想先集中焦點探究，為了確保孩子完成童年清單中的每件待辦事項，並且取得完美亮眼、足堪炫耀的紀錄，我們會竭盡所能做到什麼程度。

為家庭作業補一針

我們從招生結果得知，大部分名校會選入成績全是A、或幾乎全是A的學生。所以，我們想盡辦法要確保得到這樣的成績。

有些父母採取預防措施，敦促孩子選擇比較簡單的課程。在富裕的曼哈頓鄰近地區，一位名為蘿拉的母親告訴我：「當某位老師以不給A出名，父母就會告訴孩子退掉那一門課。他們告訴孩子要選比較容易過關的課，這樣才會拿到A。」這似乎和父母在教養書上看到的內容完全相反。以此做為申請名校的策略也可能適得其反，因為當招生主任被問到，他們比較想在成績單上看到A，還是想看到學生選修最具挑戰性的科目？令我們驚愕的答案是：「兩者都想！」

不論孩子選了什麼程度的課程，當他們寫作業時，我們會忍不住想幫忙。有一種比較溫和的幫忙方式是：問他們有多少功課，然後幫忙檢查是否都完成了，當他們寫功課時坐在旁邊，在他們有困難時提供建議。更有甚者，有些父母會幫忙孩子重寫或訂正，或者乾脆幫他們代筆寫完。如果你三不五時會幫孩子寫作業，你並不孤單，可以找到很多同伴。

我們會擔心孩子作業的品質，但在許多社區，功課的份量是個更迫切的問題。史丹佛客座教授丹妮絲．波普是一位作家，也是非營利組織「挑戰成功」（Challenge Success）的共同創辦人，她在二〇一四年發表了一份關於家庭作業的研究。這項研究的樣本是採自加州十所位於中上階層社區的高中名校、共四千三百一十七名學生，他們平均的家庭收入超過九萬美元（約新台幣二百七十萬元），而且當中有九三%的學生會繼續升上二年或四年制學院或大學。這些學生平均每晚要花三·一小時寫功課。（你可能會懷疑，只有三·一小時？我們很多人看過更高的數字。）

一位麻薩諸塞州菲利普中學（Phillips Academy）的學生告訴我，他在十一年級（美國高中第三年）時，每天花五小時寫作業。一位帕羅奧圖的九年級生（美國高中第一年）告訴我，他的生物老師在開學第一天就誇口，他的課能讓她順利銜接大學的科學課程，但得每晚寫作業才能達成這個目標。我兒子莎耶在九年級時，通常每晚都需要用三小時寫作業，有時候還需要五小時。當作業本身的負擔似乎已難以負荷，就更別提孩子想要做或需要做的其他事情了——例如課外活動、好好吃頓晚餐、放空時間，以及小兒科醫生說青少年需要的九小時睡眠——那父母該怎麼辦？

二〇一二年，一位史丹佛教授，也是三個孩子的父親，跟我說起他有一次幫忙處理作業的經驗。當時我們正在參加一場史丹佛招生與財務支援政策委員會的會議，而高中生所體驗的壓力份量正是議題之一。這位教授傾身對我說，有天晚上已經過了睡覺時間，而他那三個在帕羅奧圖公立學校就讀的孩子，每個人都還有一堆功課沒寫完。他怎麼辦呢？他告訴讀小學的孩子去睡覺，告訴讀國中的孩子寫小學孩子的功課，再叫讀高中的孩子寫國中孩子的功課，而這位教授自己就幫高中孩子寫功課。當然，這問題很大。但是當體制本身如此崩壞，又為什麼要批評這種短期的補救措失？

老師們知道我們幫孩子寫作業，也試著設法阻止我們。在為這本書所做的團體採訪中，我曾訪問了維吉尼亞州費爾法克斯（Fairfax）的幾位父母，這裡是全國最頂尖的學區之一，我跟一位名為霍里（Holley）的父親談話，他也是一位教學助理。「老師想要孩子在教室寫作業，因為他們知道，如果學生把功課帶回家，繳回來的就不是他們自己的作業了。」[2]這不僅是道德的問題，霍里告訴我。家庭作業的目的是要告訴老師，學生對這個科目的理解程度；當父母幫孩子寫功課，老師就完全不知道孩子是學到哪裡了。

我的朋友艾倫．諾德曼在紐約州洛克蘭德中學教英文，在超過四十年的教學生涯中，她見到父母干涉作業的情形在過去十五至二十年間爆增。「父母現在會監看每項作業，而且有一大堆父母為孩子寫作業。他們貌似要幫忙，孩子卻覺得很無助。即便父母沒有幫忙寫，但他們若因分身乏術而聘請家教協助孩子做功課，也是一樣的意思。這會助長孩子心中的依賴感與無助感，最後他們就會覺得自己做不來。」[3]是沒錯啊，但作業通常很難、很花時間（學生需要時間做其他重要的活動），而且作業通常都要批改分數。學生的作業表現會影響他的ＧＰＡ。而且史丹佛不會接受完美以下的學生。而且——這裡就是軍備競賽的起始點——所有其他的父母都在幫他們的孩子。

揮舞噴膠槍

學校專題是一種最後會公諸於眾、以供閱覽的作業。它們成了一種咄咄逼人的展演，顯示出我們為了確保孩子成功，會參與到什麼地步。

每個加州小學的四年級學生，都會在社會科學習到西班牙教會的歷史：十八世紀末到十九世紀初，西班牙人從墨西哥向北走，沿途興建了做為傳教站的大型泥磚建築，並且將現在所知的加州劃歸為殖民地。而這個單元課程的總結，就是完成「教會專題」的作業，孩子要做出這種泥磚與紅瓦屋頂建築的立體複製品。

就像任何一個類似的學校專題，「教會專題」的目的是評量孩子對這個主題的理解，以及完成這項作業的創意與精準度。孩子會利用各種材料製作這些大型建築；有些人利用樂高積木建構，有些人會用麵團來做。我甚至看過一個孩子烤了一個蛋糕，用白色糖霜畫出泥磚塊，用紅色糖霜畫出紅瓦屋頂，再用糖果做出天主教的十字架。而就像時下各種類似的專題作業，教會專題也成了父母們展示自己有多會當小孩的機會——在這個案例中，是扮演小四的學生。

當我去看莎耶和艾芙瑞的教會專題作品展示，至少有一半的作品，設計精美的程度直逼建築師或工程師，只有可能出自父母之手。我對著先生（他本身就是個設計師，而且很令人佩服地克制自己不參與孩子的專題）使使眼色、哼哼鼻子，把手指向「那種」專題作品。每一年，我都很好奇這些父母以為他們在騙誰，而且希望老師會清楚指出，父母的參與是完全不恰當的，如果父母越線，就要在小孩的分數上做警示。但結果很不理想，只有最資深的教師會起身反對多金的父母揮舞他們的噴膠槍。

希拉蕊．古斯坦（Hillary Coustan）住在伊利諾州芝加哥北方的埃文斯頓（Evanston），即西北大學的所在地。她是一位律師，也是羅耀拉大學與西北大學的客座教授，畢業於菲利普艾斯特中學、密西根大學與史丹佛法學院。她也是兩個小男孩的母親，聰明、心思細密，而且很直爽。有一天，我和她在電話上談到她關於小學專題作業的經驗。雖然她的孩子還很小，她卻已經對父母插手的現象非常熟悉。[4]

她的兒子艾里（Eli）在四歲時參加了一項幼兒課程，末了每個孩子都要完成一次報告，介紹某種海洋生物。「重點是要經歷這個專題的製作過程，然後在一群親朋好友面前說明。」希拉蕊告訴我。艾里被指派了鯊魚這個題目。「我希望幫他想出一個他可以自己做，做的時候會自豪，而且不需要我從頭幫到尾的方案。」在這個年齡，艾里有些精細的動作還沒法做得很好，所以他不會畫圖，但會用剪刀。希拉蕊決定畫好一隻鯊魚的正面和反面，讓艾里把它剪下來，塗顏色，釘起來，然後中間塞一些報紙。

幾天之後，到了報告時間。在這群大約十五個的小孩中——全是四歲或五歲——有不少人帶著相當令人刮目相看的作品，有三折的海報板、塗上可卸膠的照片，還有用漂亮的字體打好的研究與分析。而艾里，帶著他那隻小小的填充鯊魚，驕傲地站在那裡。那天晚上，整場報告會中不時有觀眾發出竊笑聲：有些可能是針對表現寒酸的艾里，其他則是對於作品顯然出自父母之手的事實發出的抗議。小艾里完全不為所動。直到今天，那隻填充鯊魚還掛在艾里房門上一個明顯的位置。

在幼兒園裡，艾里想要參加學校的科學展覽。就像鯊魚專題一樣，希拉蕊希望他做一個確實可以自己完成的專題。艾里能理解、也喜歡摩擦力的觀念，所以他們選了這個題目。他找到一些玩具小車，放在斜坡的頂部，又找了一些要放在斜坡下方做成路面的不同材料，像是浴巾、錫箔和木板。他知道，重點是要測試車子在遇到不同的表面時，可以跑多遠。但他要怎麼處理數據呢？希拉蕊想著。艾里不知道什麼是平均數，她提醒我：他還在幼兒園。所以，希拉蕊建議他畫長條圖，來顯示車子跑的不同距離。艾里就這麼做了。

當艾里和父母一起到了科學展覽會場，在艾里隔壁的小學生做了一座精緻的火山，顯示出不同的化學物質有不同的噴發方式，還用科學專有名詞寫下了這些化學物質的名稱。當時那個孩子的父親正氣急敗壞地在修復一些東西，而孩子只是呆站在一邊。當人們路過觀看這個火山專題時，這個孩子也做不出什麼說明。

第二年，希拉蕊被指派為這項科展的籌辦人之一。她希望讓科展成為熱絡的場合，讓孩子討論他們的專題、想法和結論，真正當個科學家，而不是只能站在三折報告板旁邊虛度一個晚上。所以，她與籌辦的夥伴邀請了外界的科學家來擔任科展的評審。

這次科展在晚間舉辦，而且對父母和大眾開放。評審在當天早上先抵達展場，他們四處走動，仔細觀看每個作品，並且花時間用適合該年級學生的談話方式，和每位小小科學家討論；視他們對自己專題熟悉的程度而定，孩子會回答，也或者答不出來。學校清楚表明，在評審階段，父母不可以靠近展區。而評審的評分基準之一——這在科展消息發布之初即已告知父母和學生——就是作品是否確實為學生自己所做。

按鈕上的手指

父母和老師為學業成績爭執，始作俑者應是網際網路廣大快速的傳播力。我們把科技當成我們的眼線和武器。

大部分的學區會使用某種學生資訊軟體，其中包括父母入口網站，讓父母能夠登入察看孩子的出勤記錄、分數等。我從來沒有上網檢查孩子的記錄，這是我希望自己能減少，而非增加參與的場域，而且我希望孩子能視需要知會我，就像我以前向父母回報一樣（或者不回報；我了解這有其風險）。坦白說，我也無法處理那些額外的資訊，不論是就時間分配來說，我真的抽不出空，或是以情感面而言，我也不知道取得了這些關於孩子的資訊，應該要有什麼行動。因此，有人說我是特立獨行的局外人，還說許多父母不只登入，還定時登入。

之前我曾提過，一位住在亞特蘭大的母親告訴我，她在兒子考完試後幾個小時上網，就知道兒子考不及格，而她的兒子甚至還沒回到家，也還不知道成績。她立刻傳簡訊告訴兒子，而兒子回訊息說：「媽，我以為我考得不錯。我不知道出了什麼問題，但現在我得專心上其他課。」幾個月後，當這位母親告訴我這件事，她擔心的並不是那次考試不及格，而是父母入口網站如何搞砸了她和兒子的親子關係。

史丹佛中學（Jane Lathrop Stanford Middle School, JLS）是帕羅奧圖的三所公立中學之一，很多父母照三餐查詢孩子的分數。莎朗．歐非克（Sharon Ofek）是史丹佛中學的校長，她平衡了父母現在就想知道的需求、以及教師們得繼續教學的需求。例如，當父母從父母入口網站得知孩子沒交作業，得了零分，他們可能會寄一封電子郵件給老師說：「你應該先告訴我，我的孩子沒交作業。現在我希望你每次都能通知我。」[5]對父母而言，這只是一個普通的請求，但如果這位老師每天要寄電郵給所有沒交作業的學生父母，就要花很多時間在父母身上，而少掉很多時間教導孩子。「對一位每星期要見到好幾百個小孩的老師來說，這個似乎不算冒昧的請求，就會變得極具挑戰性了。我們要如何把學習的責任交還給學生？」歐非克問道。

在麻薩諸塞州渥頓博士學區所發生的一場棘手的兒童監護大戰，即顯露出學校從父母那兒收到的電子郵件，數量有多麼龐大。身為學區總負責人，渥頓在一位父親發出與他兒子相關的所有電郵中，收到了一張法院傳票。這名父親希望利用他前妻寄給學校的一些信件內容，做為指控她的證據。然而，這張傳票也透露出一樁不太一樣的事實：在這個男孩九年級和十年級的兩年之間，這位父親寄了超過兩百封電郵給老師和行政人員。反諷的是，這位母親只寄了大約十封信。[6]科技改變了許多事，但學生每天的在校時間還是只有六或七小時。老師和行政人員要如何處理這些因為與父母互動，而增加的巨大工作量？

飽受干預的學校

父母對教學與打分數的枝微末節多所干預，「影響了教育工作的執行，」渥頓博士說。他曾在幾個學區服務，而最常見的情況是，老師利用電子成績單輸入學生每天的家庭作業、測驗和考試成績。有些學區選擇使用入口網站，讓父母可以連結取得孩子的電子成績單。當學校決定提供父母這些路徑，等於更助長父母認為，他們有必要隨時知道孩子的大小事。於是，如果某位老師在學期中修改了成績單，就會引發父母嚴重的關切。他們會寄電子郵件、或者打電話詢問：「為什麼你這樣打分數？為什麼你改了這個？為什麼這個還沒批改，或者還沒評量？」這類不停的臆測日復一日，會把一些老師的熱情磨光。

「我們正走在鋼索上，」渥頓博士說：「我相信我們應該透明化：老師的評量要公平、有效、具可信度，而且在某種程度上，我們的作法應該去隱私化。另一方面，老師也需要教學自由與彈性——如果我們需要老師因材施教以滿足個別孩子的需求及優勢等，就不能每件事都用顯微鏡來檢視。」

渥頓博士見過一些學校對此達成了某種平衡，例如對線上成績單的運用訂出嚴格規範，並向父母溝通說明：「我們上傳的頻率是這樣；我們通知的方式是那樣……」若少了嚴格的規範，學校最後會花費太多時間和力氣回應一小群父母，而瓜分了他們對其他所有孩子和父母的關注。這些控管也能讓教師的生活比較正常。「對一些教師來說，」渥頓博士用一種洩氣的聲調說：「父母能線上連結到成績單，會讓他們神經緊張。」

未在教學與父母之間設立堅定而清楚界線的學校，可能招致嚴重的後果。（當然，這也意味著學生的學習將成為災難。）十多年前，一所紐約市附近的小型私立學校，他們的校長認為，取悅父母比繼續堅持教學的完整性來得重要，而他的解決辦法是什麼呢？他鼓勵教職員給分數時，只給A或B，不論會有什麼後果。父母果然開心多了，學校的氣氛也和緩許多。但在事情曝光之前，這名校長就因為其他不相關的原因遭到免職。當新的領導團隊發現，學生的GPA和SAT（Scholastic Assessment Tests）（譯註）分數並不相襯時，前校長的給分「政策」才被廢除，事態也回到正軌。因為有一群家財萬貫的父母對他頤指氣使，讓這位校長誤入歧途。我猜想當他決定倉皇逃走時，必然大大鬆了一口氣。

譯註：GPA是指Grade Point Average（學業成績平均點數），為在校時的平均成績，有四分點與五分點級制。SAT則是指Scholastic Aptitude Test（學術能力測驗）或Scholastic Assessment Test（學術評估測試），為申請大學的入學資格考試，其成績也與申請獎學金相關。

戰略防衛計畫

有時，為了進入名校的軍備競賽，父母會使出障眼法。尤其在升學競爭激烈的社區，父母可能會覺得，對於自己——自己的孩子——正在做的事，最好別向其他父母據實以告，尤其是關於課外補習。

「喔，強尼沒有找到體能教練，」我們這樣說，實際上強尼每星期都跟著體能教練上兩堂課，日後才更有可能進入菁英隊伍。「喔，珍妮放學後沒做什麼事。」我們這麼說，事實上她參加了由一位天才老爸成立的超級機密機器人社，這樣才更有機會加入校內名聲顯赫的機器人社。最好的資源似乎很稀少，而我們希望把「好康」掩藏起來，以便在申請大學時，為強尼和珍妮增加競爭優勢。

當孩子做錯事時——偷竊或破壞公物、讓別人受傷，或者使自己或他人置身險境——父母的防禦心態也可能很強。當然，私底下我們可能想親手扭斷他們的脖子，但父母保護孩子的本能，在孩子看似被逼到牆角時，會變得相當堅強。

有時候，我們發現有必要深呼吸一下，做正確的事：傾聽真相，和相關的當事人談話，和孩子坐下來，談談價值、行為、後果，然後執行那些懲罰。但有時候，因為擔心這個事件會留下「永遠的記錄」——這是我們不計代價想要避免的情況——我們會出面擺平一切，而孩子只是溫馴或洋洋得意地站在一旁。我們絕不能讓這次的事件，害他被拒於大學門外。

酒精和毒品經常成為孩子惹上麻煩的問題中心。許多學區對未及法定年齡飲酒和吸食毒品，採行全年無休的嚴格管理，亦即如果警察逮到學生喝酒或吸毒，即便事情不是發生在學年期間，校方也會做出應有的懲處，例如撤銷該生參加運動或課外活動的資格。

成為學區總負責人之前，渥頓博士在麻薩諸塞州另一個學區擔任校長，在那裡，對於是否要採取全年無休的管理政策，曾有過激烈爭辯。「在運動、學生會和榮譽榜表現活躍的學生，會做一些完全逾矩的事，例如在派對上喝得醉醺醺，以至於得送醫院。當我們給予懲處，諸如喪失一季的運動參賽資格、或者摘掉他們的隊長頭銜，就會有父母帶著律師進學校，抗議這項決定。」[7]最後，渥頓博士所屬學校的教育委員會婉拒了全年無休的政策，聲明這種作法過於侵害學生權益。而其中有一部分原由是，委員會十分清楚，社區中那些經常出入派對的小孩，他們的父母會為孩子被逮到喝酒或吸毒而招致的任何懲處，奮戰不懈地提出法律上的抗辯或是指控。

孩子——特別是青春期男孩——經常做出錯誤的決定，這也是長大成人的正常歷程；他們會有衝動想做壞事或瘋狂的事，但由於他們的前額葉皮質仍在發展，因此他們還無法意識到其中隱含的危險，所以無法運用我們所稱「合宜的判斷」。當父母帶著恐懼、睜大眼睛看見他們所冒的風險，無論那是否會導致惡果，他們卻只想著：「嗯，目前看來這似乎是個好主意。」對我們的孩子施予懲處是很重要的，這是讓他們學會不做那些事的唯一方法。

如果我們反其道而行，聘請了律師為孩子不良的行為辯護，也許能達到某種短期的「勝利」，我們覺得放心了，不會讓這次事件破壞了孩子進入「正確的」大學的機會。然而，當可以教導的時刻沒有給予當頭棒喝，孩子反而會在逃避推託中養成倫理與道德上的缺失。

為他們站上前線

許多大學教員不接受這樣的前提——完成大學先修課程（Advanced Placement, AP）的學生，等於已經上完他們應該在大學修習的「同等」課程。這些系所的教員不會因此給予這些學生主修科目的「分數」或「學分」，也不會讓他「先修」大學裡更高階的課程。例如，史丹佛的英文、歷史、心理和生物系都不接受AP學分，這項規定至少可溯及至二〇〇六～二〇〇七學年（這是公開記錄所知最早的年份），還有可能更早。而二〇〇六～二〇〇七年，也是史丹佛經濟系接受個體經濟學或總體經濟學AP學分的最後一年。

不論其是否足以替代大學課程的功能，學生大量修習AP課程，通常是因為這種課程有最好的師資，而且會受到大學招生主任的青睞——他們想物色修習最具挑戰性課程的學生。而且，由於要求較為嚴格，這些課程會使GPA顯得更有份量（通常是一分提高一個等級，使B看起來像A）。因此在高中，沒有任何學業成績，會比AP課程和其他高階課程如國際文憑（International Baccalaureate, IB）、榮譽班（honor class）（編註）等更被重視；當然，也沒有任何學校成績單的競逐廝殺，會比這些課程更為激烈。

所以，會聽見學校主任這麼說，或許也就不足為奇了：以案例而言，在家裡完成的作業與在課堂完成的作業，兩者落差最大的情形——這是父母代孩子完成作業最常見也最明顯的證據——是出現在榮譽班、AP班或IB班。家庭作業與在校作業的質量在這些班上的差異度最為懸殊，因為賭注是如此之高，所以許多父母會幫孩子完成作業。當孩子面對高中最巨大的學業跨欄時，有些父母不會讓孩子冒上失敗或失控的風險。那該怎麼辦呢？我們於是站在孩子的位置，替他們面對挑戰。

學校透過要學生將報告提交到turnitin.com之類的網站，以杜絕學生把第三方作品當成自己作品的剽竊行為，因為這個網站會掃描內容，回報這份文件是否複製了別人出版過的作品。但揭露剽竊行為的軟體對於父母的參與就沒轍了。（而且，說到有關孩子的事時，父母若被稱為「第三方」，這對過度參與的父母來說，是很難接受的概念。）

貝絲．蓋農（Beth Gagnon）經常看到父母很難劃出這條界線。[8] 她在新罕布夏州的波士頓外圍地區開了一間婚姻、家庭和兒童心理治療診所，她的診間擠滿了盡全力要幫助孩子完成清單項目的父母。當父母向貝絲承認，孩子申請私立高中時，是他們幫忙寫作文，貝絲便用幽默的方式讓父母想想，這種為孩子挺身而出的衝動，是否可以、或者應該永遠結束了。記住，這些父母來找貝絲是想尋求治療，找出自己問題的解決辦法。而貝絲應對的標準流程如下：

貝絲：「如果你全部都幫他們做了，孩子在大學裡怎麼辦？甚至，他們怎麼進得了大學？」

父母：「到時候我也會幫他們寫！」

貝絲：「要寫到什麼時候？我很確定，宿舍舍監會把你踢出去。你的年齡完全不適合那裡。」

編註：AP、IB和honor class都是美國高中的高階選修課程，因較具深度與難度，學業成績須達一定門檻才能選修。AP是大學先修課程，水平相當於大學課程，通過AP考試所換取的學分，有時可同等換取相應的大學學分。IB是國際文憑組織IBO（International Baccalaureate Organization）設計的全球統一課程，注重學生素質與能力的培養、以及興趣的發展，同樣設有考試機制。Honor class的程度則介於常規課程（regular class）和AP課程之間。

這時應該會出現一些笑聲，而且如果依照貝絲的方式引導，他們應該會有一點反省，然後可能會針對現實好好檢視自己，以及承諾在這方面做些努力。但無論貝絲在治療期間的力道多麼有效，她的個案還是得回到現實世界，不斷面對父母必須竭盡所能有些作為的壓力。

許多大學招生人員想要錄取對他們學校展現真正興趣的學生。而孩子要是忙碌、害羞，或者純粹不感興趣，這就是父母積極參與——或者假冒——的場域。依拉・葛拉斯（Ira Glass）是芝加哥公共媒體（Chicago Public Media）的全國性廣播節目《美國生活》（*This American Life*）的主持人。二〇一三年，她採訪了喬治亞理工學院大學部招生主任里克・克拉克（Rick Clark）。里克告訴依拉，他和他的團隊經常收到來自父母的電郵和電話，而他們會假裝是自己的孩子。可能有某個男孩來信，為他最近來參觀學校而感謝校方，但信件是從媽媽的電子郵件地址發送。或者有某封電子郵件會使用「真棒」（awesome）和「酷」（cool）之類的詞語，而這是里克和他的團隊幾乎沒看過高中生使用的語言。也有某位母親假裝是自己的青少年女兒，在大約講了十五分鐘的電話之後，不小心洩底說：「如果她……我的意思是『我』，想在申請表上列出更多的活動項目，該怎麼做？」[9]

加強鞏固

如果內在的道德尺度沒有偏移，我們可能不會付錢請某個人來完成孩子的家庭作業，但可能會聘人來協助孩子，盡力以最優異的成績光鮮亮麗地讀完高中。孩子們可能有絕大多數（在某些情況下，是每一科）科目都要請家教，不只是為了補救C、D和F的成績，而是要把B變成A、A-變成A+。負擔得起的家庭，孩子可能會為SAT準備多年，包括報名昂貴的考試準備課程和多次模擬考，以便提高分數。據說曾有人拿到超過十萬美元的家教酬勞，以輔導一個高中生通過AP、SAT和所有SAT學科的測驗。

如果孩子讀的是公立學校——這些學校的升學輔導顧問經常要輔導一百五十名至四百名學生，相較之下，私立學校的升學輔導顧問所負擔的人數只有前者的一小部分——我們也可能會有衝動想聘請一位「私人升學顧問」，以提示孩子申請大學的所有注意事項。這些私人顧問會一對一諮詢，並且提供週末論文寫作訓練營之類的活動。私校孩子的父母也會聘請這些顧問。有些顧問會提供在道德上令人存疑的保證，說他們在某些知名大學具有「影響力」。而根據二〇一三年的調查，有二六%的大學申請者利用了這種人力資源，比十年前尋求此類服務的孩子多了三倍。[10]

二〇一四年夏天，一位矽谷的女士在史丹佛的公告欄上貼了一張布告，徵求一個可以指導她十四歲兒子的大學生，她形容兒子有「高智商和各種天分，沒有特殊的需求，具有以成人的水準談論複雜科目的能力」。這份工作需要在週間下午陪伴這個年輕小伙子，「以確認他有運動、整理文件夾、預先做好計畫，聊聊一般青少年的議題……並且幫助他提高對責任、後果和應變的理解。」這位母親要找的是大學裡GPA至少三．五的學生，並支付每小時二十五到三十五美元的酬勞（對於正就讀或已就讀碩士班、或者有教學／教練經驗的人，這份薪水相對較高）。

當然，我不知道這位母親何以認為需要為孩子提供這種指導，但合理的推論是，這與大學和以後的人生準備有關。我的問題是，為什麼童年本身的準備不夠？為什麼孩子需要特別的訓練者？我們如此大費周章為孩子做準備，是為了什麼偉大的未來？如果讓這個孩子獨自一人會怎樣——他似乎頗為成熟？即使我看得很清楚，光是讀這位女士的徵人啟事，我的內心也有一小塊地方恐慌了起來。看看這位家長為她的孩子提供了什麼。我應該試著做一樣的事嗎？

而那種恐懼的感覺，正是投身學業軍備競賽的父母所抱持的心態。有一位紐約客解釋了自己看到這種情況時的恐慌。「我們住在一個深感缺乏的時代。我們不再活在美國夢裡了。如果你的孩子獲得那份工作或那個大學名額，我的孩子就沒有了。在如此情境下，父母會想盡辦法確保自己的孩子進入常春藤名校。」

是的，史丹佛、麻省理工學院和其他常春藤聯盟類型的學校名額太少。但是，正如我將在後續章節中討論的，稀有性並不意味著沒有進入這些學校的學生，未來就因此受限。歐巴馬總統在二〇一四年和大女兒瑪莉亞（Malia）巡迴幾所大學時，呼籲大家注意這個事實。「我們告訴她，『不要假設妳必須進入這十所學校，或者妳沒有進那些學校就會很糟糕。外面還有很多學校。』」[11] 當然，美國總統在看待女兒未來的安全保障時，自然更有遠見，但對於我們其他人所面對的不合理狀況，這其實是很合理的建議。

和他們一起投入戰場

正如其他二十世紀過度教養的形式，這種為孩子儲積課業軍備的情況，不會在孩子高中畢業後就結束。為孩子進入大學而奮戰的父母，變成了為孩子在大學裡打拚的父母。在史丹佛和全國各種排名的大學裡，都可以見到父母宛如大學生般，出沒於校園、幫忙做大學生該做的功課；他們挑揀他們認為能讓孩子成功的課程、選擇孩子的主修、編輯孩子的報告、打話給教師質問成績，還帶律師來為孩子被指控的行為辯護。父母越來越費盡心思參與孩子的課業，與大學生常相左右，有時我不禁暗想，到底是誰在這兒上大學？

一旦孩子進了大學，下一個戰線就是研究所和就業市場。如果孩子習慣了接受我們的幫助，一旦來到求職階段，他們也會想要——並且需要——得到比以往任何時候更多的協助。

二〇一四年，經濟終於從二〇〇八～二〇〇九學年肇始的經濟大衰退（Great Recession）逐漸復甦。在全職工作方面，這次經濟衰退對千禧世代的打擊，更甚於其他世代。[12] 二十歲到二十四歲的大專或大學畢業生，失業率上升幅度最大。[13] 歷時數年才在就業市場起步的緩慢進展，不僅造成短期傷害，在經濟衰退時期從大學畢業的人們，也看到自己終生的整體長期收入會減少一〇%。[14] 此外，這群年輕世代畢業時，所背負的學生貸款要比以往任何世代更多。他們正在尋找支薪工作的時代，是一個雇主不提供工資，只有無酬實習工作的年代；而且，他們正與多數擁有大學文憑的人一起競爭求職：美國二十五歲到二十九歲的大學畢業生，在一九七五到一九九五年的二十年之間，僅增加了三%（從二一．九%增加到二四．七%），但從一九九五年至二〇一二年，則躍升近一〇%（二四．七%到三三．五%）。[15] 若以一生中的同一個年齡階段來看，千禧世代比起前兩代（X世代和嬰兒潮世代），也是現代以來財富和個人收入水平較低的第一代。[16] 簡單地說，前景並不美麗。我們許多人看到這些標題，便會想著，我們怎麼能讓自己的孩子落入這般田地？所以我們無微不至地幫助他們抓住短期的勝利，卻忽略了長期的代價，也就是：他們將來是否能為自己做任何事情？

密西根州立大學的就業研究中心（CERI）調查了全國勞動力市場，聚焦關注職業生涯的早期發展，以及雇主要如何更有效地讓大學畢業生轉換跑道、適應職場。根據CERI主任菲爾．加德納的說法，直到二〇〇〇年初，也就是網路泡沫化和九一一攻擊導致的經濟衰退之後，父母才開始重度參與孩子的職場生活。[17]

但到了二〇〇五年左右，加德納聽到了一些媒體報導，述及父母涉入大學生求職和工作生涯的誇張行徑。做為研究員的他，想要把聽聞落實成數據。因此，在二〇〇六～二〇〇七年，CERI對雇主提出的年度調查問題，即包括了父母參與徵才和雇用的程度、以及父母可能投入的活動等，[18]共有七百二十五名雇主回應。（請記住，此調查進行的期間，是在經濟大衰退尚未發生、親子之間也尚未密集發送簡訊／通話之前的經濟成長時期，據說前兩者都使父母過度參與年輕人生活的狀況越見增長。）

在七百二十五名雇主中，有二三％回答，在雇用大學畢業生時，「有時」或「很常」看見父母。小公司幾乎沒有遇見過這種情形，但有三分之一的大公司（以員工超過三千七百人為定義）見過父母參與。（這或許是因為大公司較有可能參加校園徵才與就業博覽會，而父母參與這兩種活動的情況十分普遍。）

透過CERI的調查，加德納試圖測量父母各種參與方式的發生頻率。調查顯示，父母做的事有：取得公司訊息（四〇％），代表學生提交履歷（三一％），爭取子女應得職位或加薪（二六％），參加就業博覽會（十七％），抱怨公司沒有雇用子女（十五％），安排面試（十二％），談判工資和福利（九％），爭取晉升／加薪（六％），出席面試（四％）。

母親比較可能做蒐集公司資訊的前端工作，以及安排面試或參觀公司，而父親較可能在談判期間、以及兒女受訓時出現。根據CERI的調查報告，「對於幫孩子提交履歷的家長，有位雇主提出以下建議：『請告訴你們家的孩子，你已經向某一家公司提交履歷。我們曾打電話給履歷資料庫中的一名學生，卻發現他對我們一無所知，對公司的職位也沒有興趣。』」[19]

「部分家長會在一些適當的地方提供幫助，」加德納說：「他們協助尋找工作機會、鼓勵他們的孩子，並提供情感支持，有時也提供臨時的財務援助，但他們不會代孩子去求職。在十到二十年前，你不會看到父母參與談判起薪和雇用條件，但現在你會。」雇主向加德納述說，過度參與徵才與聘任的父母不會善罷干休，他們會持續到「第三幕」（工作場所），為孩子做公司指派的工作。「我們採訪了一些父母，他們說，『也許我們真的錯了，因為孩子現在已經三十幾歲，卻仍然希望我們幫他們找工作。』」

這個教訓是：即使未來有一天，我們渴望退出軍備競賽——如果我們後知後覺地明白，自己的成年子女應該要能處理一切——但我們將很難撤離這個戰場。孩子們已經習慣我們無役不與，如果我們撒手不管，他們將毫無處事能力。

5
我們想得到什麼結果？

我們是否可以，一會兒就好，回到一九七〇與八〇年代的良性忽視狀態？
回到孩子們自己準備三片蛋糕，或吸二手菸、或端雞尾酒給那些口齒不清成年人的時候。
回到他們未被注意，或是他們被愛、卻沒被監視的那些晚上。
就我記憶所及，那些未受關注的溫暖夏夜是自由輕快的。
在無聊、孤獨、無人監督、沒被安排好的漫長時間裡，有些東西綻放了；
是在那些空檔和餘裕裡，我們成為了自己。[1]

——凱特・洛芙（Kate Roiphe），《讚美混亂》（*In Praise of Messy Lives*）作者

一直到不久之前，美國孩子的童年仍充滿了美好的自由。孩子們不僅活了下來，而且成長茁壯，領導我們的國家，成為全世界最偉大的經濟力量。學校很重要，孩子們很用功，甚至非常、非常用功，但學校不是唯一。孩子們自在漫遊於他們的世界，探索感興趣的一切。運動就是運動，玩就是玩。這些活動都促進了孩子的認知、心理和社會發展，而且大多數是發生在成年人的視線範圍之外。如果你是凱特・洛芙這樣的X世代，會懂得這一點。如果你是千禧世代，那這些敘述聽起來就會像是歷史或小說。

就像洛芙一樣，有時候，我也很嚮往那和自己記憶中一模一樣的童年。看見孩子是在我們所構築的恐懼與期望中長大，而不是在那記憶中的自由之下長大，則令我頗感憂傷。我渴望孩子能體驗我們度過的童年，意識到他們——還有我們所有人——可能因為擁有這種自由而過得更好，即使我每天的選擇，經常都在違反這種願望。我在想，這

另一種童年是否有可能還存在於這個國家的小城鎮——在這些地方，生活比較不像跑步機，而更像是自由奔跑；人生比較不像是個目的地，而更像是一段旅程；對我們其他人來說，這樣的童年又是否會像復古時尚或家具，是可以挽回、可以復原的。當我們擺脫桎梏、釋放最真實的自我時，真正重視的是什麼？我經常想著，孩子的童年對我們來說，就如對他們一樣重要。

二〇〇八年的某天，我在穿越史丹佛大學校園時，遇到一對母女，她們看起來像是迷路了，我於是問她們是否需要幫忙。「是的，」這位母親回答：「我們正在找電機系大樓。」「啊，從這條路走下去，大樓就在那裡。」

我一邊解釋，一邊指著路。我總是渴望與潛在的新生接觸，所以試著讓那位女兒也加入對話，但效果不太好，母親則繼續跟我聊她女兒的學業計畫。等我們聊完時，那個女兒只緊張地說了幾句道謝與再見的話，然後我們就分開了。

在交流的過程中，我得知這位年輕的小姐並不是青少年訪客，而是一個二十五歲左右的大學畢業生，正想要攻讀博士。但她的母親卻把話都說完了。

在二〇一四年《紐約時報》的一篇評論中，撰文者鍾·葛林斯潘（Jon Grinspan）比較了今日與過去的教養，然後問道：今日過度教養的方式，是否能展現我們身為美國人而感到自豪的價值觀？「這是美國當代文化的其中一面——恐懼憂慮、偏好興訟、掌握操控——這是我們不敢吹噓，卻在養育孩子的過程中顯露出來的，這也違背了我們自認是一個開放、進取國家的形象。」[2] 我們吹噓的，是孩子的完美，即使在此同時，我們對他們自力更生的能力只有薄弱的信心，而這種能力是以往每個世代的人們都該具備的。相對於信任他們，我們反而更信任自己的技能、計畫和夢想，才是構建他們人生的正確工具。

「孩子應該從父母那兒得到兩樣東西：根與翅膀。」德國作家、詩人和哲學家歌德如此說道。該是時候了，我們要開始審視，「給孩子翅膀」代表什麼意義；我們要去想像，當孩子長大離巢、乘風飛往任何地方時，我們希望他們能成為什麼樣的人、做什麼樣的事；我們也要探問，父母和孩子是否可以永遠相愛，但各自獨立生活，以及這樣的結果又有什麼收穫。

母親有時間和意願陪伴已成年的女兒參觀研究生課程，是一件相當美好的事；若女兒歡迎母親的參與，這甚至更為美妙。在我注意到這對母女時，艾芙瑞大約是七歲，而當我繼續往開會地點走去，卻發現自己尋思著：當艾芙瑞二十多歲的時候，我會在她的生命裡扮演什麼角色？我能想像的是，我希望陪在她身邊，參與她刺激的冒險——也許是協助，但更有可能是在她以自己的方式闖出一番天地時，讚賞這個可愛的女孩。

不過，另一部分的我遲疑了。我想要艾芙瑞能憑著自己的力量，克服萬難進入某個研究所，然後在完成這趟旅程，體驗其中的細節、挑戰和喜悅之後，用她上氣不接下氣的興奮聲音打電話給我訴說一切。當那對母女轉進工學院大樓時，我很好奇，童年時無所不在的父母，在繼續陪著孩子邁入成年歲月後，那種「分離」是否還有可能發生。

當我回想起在史丹佛大學和自家社區裡認識的成千上萬名年輕人，以及那一對我想好好養大的兒女，我知道我們都希望孩子一切安然無恙，但是我們為他們準備好的，不會是他們將面臨的現實世界。在滿檔的時程裡，他們不會學到選擇、或者構建可能性。他們不會學到責任、或為自己的行為負責。他們沒有機會跌倒、或者培養韌性。他們對那些並非全靠自己完成的事，覺得很有成就感；

再不然就是認為沒有我們，自己無法完成任何事。此外，他們無法承受壓力，沒有自由、沒有玩樂。一意孤行地為他們去除所有生命的風險，把他們彈射進體面的名牌大學……我們剝奪了孩子構建和認識自己的機會。或許可以這麼說，我們抵押了他們的童年，以換取我們為他們想像的未來……這是一筆永遠無法償還的債。

第二部

Why We Must Stop Overparenting

為什麼必須停止過度教養

6
我們的孩子缺乏基本生活技能

沒有人能給另一個人生活技能。
我們每個人都要藉由在生活中親手實作，靠自己來獲得這些技能。
當我們還沒讓孩子，還有我們自己，
為遲早會來臨、孩子不得不自力更生的那一天做好準備，
這對我們雙方都是一份殘酷的領悟。

在一九九九年出版的《教養成人：讓孩子準備好進入真實世界》（*Raising Adults: Getting Kids Ready for the Real World*）這本書中，社會學家與長期教會青年工作者吉姆．漢克（Jim Hancock）指出，如果我們認為自己是在教養孩子，那麼，我們最終得到的，就會是那個「孩子」；相反地，他敦促父母的工作是教養出「成人」。[1] 這聽起來不言可喻，但我會自問，我或者任何以此為目標的人，是否還知道「在世上當個成人」真正的意義是什麼；或者，孩子要如何發展成為那樣的人。

法律上，我們以各種方式定義「成人」，從年紀大到可以不需經過父母同意結婚（在美國大部分的州是十六歲），到為國家慷慨赴義（十八歲），以及能夠喝酒（二十一歲）。但從一個人發展的程度來看，行為與思考像個大人，究竟是什麼意思？

幾十年來，社會學對成人定義的標準，幾乎是依據社會規範而來：完成高中學業、離開家庭、

經濟完全獨立、結婚，與擁有小孩。一九六〇年，七七%的女性和六五%的男性在三十歲之前就全面達到了這五個里程碑；而到了二〇〇〇年，只有一半的三十歲女性和三分之一的三十歲男性完成相同的事。[2]

這些傳統定義的成人里程碑顯然是過時的：婚姻不再是女人經濟保障的必備條件，而孩子也不再必然是經由性關係而來。一個人不再經由結婚，或者擁有孩子，或者只做了兩者之一而長大成人。這個里程碑也是出自異性戀的價值規範，因為男女同性戀者也能組成有意義與締結承諾的伴侶關係，並且撫養孩子，雖然這在許多州的婚姻制度裡仍是被禁止的。如果我們是以年輕人不再渴望的里程碑來衡量「成年」，這本身不會有太大的意義。我們需要一個與時並進的定義，而且也許得透過徵詢年輕人的意見來找到它。

在二〇〇七年一篇發表於《家庭心理學期刊》（*Journal of Family Psychology*）[3]的研究裡，研究人員詢問了十八歲到二十五歲的年輕人，他們認為最能代表成年的標準是什麼。就重要性依序來看，他們的標準是：(1)承擔自己行為後果的責任；(2)與父母建立如成人般的平等關係；(3)經濟自足，不再仰賴父母；(4)獨立決定信念／價值觀，不受父母／其他人影響。研究人員接著問這些年輕人：「你認為你已經成年了嗎？」只有十六%的人說是。這些受訪者的家長也同時接受民調，而被問到他們十八歲到二十五歲的孩子是否已經成年，幾乎所有的父母都跟他們的孩子給了相同的答案。根據我擔任大學新生主任時期所觀察到的將近兩萬名十八歲到二十二歲的孩子，我也同意並且認為這個現象是有問題的。

在史丹佛最近一個秋季課程開始時，發生了一件事：有個大一新生到校幾天後，他從家裡用

UPS寄運過來的幾個箱子，也送達並放置在宿舍外的人行道上。但這個年輕人就讓這些箱子躺在那裡；它們又大又笨重，每個箱子都需要兩個人才搬得動，他不知道要怎麼搬進房間。而正如這個男孩後來向宿舍輔導老師所解釋——還好是他的母親打了電話，住在他那棟宿舍的教職人員才調了一些助手來幫忙——因為他不知道怎麼請人幫忙搬箱子。

這是個教養失敗的案例。孩子們不會突然在十八歲生日午夜鐘響時，就因為魔法而獲得生活技能。童年應該是訓練場。父母可以協助，但不是總在旁邊幫忙、或者用電話告訴孩子怎麼做，而是應該讓開來，讓孩子為自己想辦法。

在新罕布夏州波士頓外圍地區執業的心理治療師貝絲．蓋農也這麼認為。她的私人診所擠滿了為孩子擔心的父母，而他們都是以過度協助來回應孩子。

「我們有媽媽每天載孩子上學，『因為外面天寒地凍』。」她告訴我。聽出她聲音裡的沮喪，我害怕地想著，貝絲要是知道我們在燦爛的加州陽光下也做了同樣的事，會做何感想。「孩子在各個年齡階段，都應該要獲得並完成某些發展性任務，」她開始說著，「雖然很多父母受過高等教育，而且很聰明，但他們對於什麼才是孩子適當的發展，並沒有周全的概念。」[4]

貝絲．蓋農非常關注父母干預孩子發展生活技能的問題，因此她為家裡有孩子剛上國中的父母舉辦了一個工作坊。她說：「沒有人說你不能幫忙，但如果你還在幫十二歲的孩子切肉，就需要停止這種行為。」她又補充道：「曾經有父母寫電子郵件給我說：『謝謝妳的工作坊，我剛剛讓兒子自己切肉了。』」

自己上學、請求陌生人扶住門，或者幫忙搬個箱子、自己切肉，是成人在日常生活中需要自己做的事。他們也需要做好準備，應付各種危急情況。

想想兩種成年人需要有能力應付的狀況，這本身就是一種生活技能：（1）我們在離家時生病了；（2）我們的車壞了。當然，我們可能希望已成年的孩子永遠不會有這種經歷，但既然這些事難以預防，我們是否能反過來，讓孩子做好如何因應的準備？

我們沒有。

蘇珊是一位在華盛頓州中部醫院工作的急診室醫師，而十九歲的女大學生是她「最不喜歡的病人」。蘇珊善良、有愛心，也是兩個孩子的母親和第三個孩子的繼母，他們都還不到十八歲，所以我有點驚訝會在她的話裡聽到如此咬牙切齒的情緒。「一般來說，大學生算是很健康的族群，而且在家裡受到父母無微不至的照顧。當學生因為上呼吸道感染跑來掛急診，你會以為世界末日到了。因為你如果不給她們抗生素，不認同她們真的生病了，她們會非常沮喪，即使她們只是得了小感冒，只需要喝點流質的東西，躺下來休息幾天。」[5] 蘇珊繼續描述大學女孩一把鼻涕一把眼淚地滴在急診室冰涼的地板上，一邊拿著手機，可能是在對朋友或家人大吐苦水，訴說她們的不幸。「她們根本沒有應付狀況的能力。」蘇珊說。

如果莎耶或艾芙瑞十九歲時在急診室有這種表現，我會感到很羞愧。當然，急診室很可怕、很陌生，通常也是個令人生氣的官僚機構。但是當你身處此地時，最好能為自己說話。時間快轉幾年越過大學，我們的孩子可能會有他們自己的孩子。他們需要能夠保持鎮定，有本事負責地、自信地，並受人尊重地立足在這個世界上。

此外，如果你計畫開車旅行，在路邊拋錨就是生活中的現實。塔德·伯格（Todd Burger）是美國汽車協會（American Automobile Associate，AAA）西部山區的總裁，轄區包括阿拉斯加州、蒙大拿州和懷俄明州，他對於千禧世代駕駛的需求有些抓狂。「今天的孩子毫無準備。」他如此告訴我。塔德來自蒙大拿州，擁有一座牧場，家裡也有青少年。他談到自己最近接觸互動的年輕人大多缺乏生活技能時，語氣中有一些嚴肅與疲倦。

美國汽車協會的使命是提供緊急道路服務，而不是全套解決方案。這意味著他們會幫你換上備胎、為你的電池接電，或者幫你把車拖到某個地方，但不會為你的愛車問題提供全方位而長期的因應之道。然而，全配服務就是年輕駕駛想要的。「那種心態就是：『我完全不懂，不過我老爸付錢了所以快點修』。我們最明顯的感受是，他們不信任我們。我們站在那裡，但他們卻掏出手機，向臉書朋友求援。我們真的不知道該拿他們怎麼辦，真的不知道。」[6]

我跟全國各地的父母談過，他們曾語帶驚訝地說了一些事，例如：「我的孩子是個高三學生，卻不知道如何搭地鐵。」「如果我帶我家的青少年到城裡，然後說：『你自己找路回家，』他們會急得哭出來。」「我的孩子從來沒學過煮飯，因為她每天晚上都得寫功課。」「我最大的恐懼是女兒再過一年半要上大學了，我不知道她早上要怎麼起床。」最後這一位母親又補充道，她告訴女兒：「妳得自己做早餐。」女兒問為什麼，她則回答：「我需要知道，妳知道該怎麼做。」

這就是我的重點。我們需要知道，他們知道該怎麼做。

但是，我們要怎麼樣才能達成這個目標？

沒有人能給另一個人生活技能。我們每個人都要藉由在生活中親手實作，靠自己來獲得這些技能。當我們還沒讓孩子、還有自己，為遲早會來臨、孩子不得不自力更生的那一天做好準備，這對我們雙方都是一份殘酷的領悟。沒錯，在緊湊的生活節奏中，有諸多似乎能確保孩子成功的必行事項，我們很難看出要如何挪用空間和時間，來提供生活技能的課程，但我們還是必須這麼做。當孩子——儘管已超過法定年齡，他們通常還是很像孩子——搬出家裡，上了大學或進入職場，我們真的會希望他們在陽光明媚的人行道上徬徨失措，不知道怎麼把貨運箱子搬進屋裡，而唯一想到的就是打電話給我們，知道我們能替他們想辦法嗎？這種解決方案是可以長此以往持續下去的嗎？

另一種清單

如果我們希望孩子在十八歲時，能夠試著在世界上立足，沒有手機這條臍帶做為他們因應各種狀況的最佳解決方案，他們將需要一套基本的生活技能。根據我擔任新生主任時的觀察，以及全國各地家長和教育專家的建議，以下列舉了一些孩子在上大學之前需要具備的實際處事能力。此外，我也列出了當前父母阻礙孩子用自己雙腳站起來的那些「拐杖」：

1. 十八歲的人必須有能力與真實世界裡的陌生人交談——教師、主任、輔導員、房東、店員、人力資源經理、同事、銀行櫃員、醫療保健人員、公車司機、技師。

拐杖：我們教孩子不要跟陌生人說話，而不是教導他們如何從大多數的好人中辨別出壞人的微妙技巧。結果在孩子真正有需要時，也不知道該如何以有禮的態度與眼神的接觸，向陌生人尋求協助、指引或方向。

2. 十八歲的人必須有能力找到他的道路與方向——前往校園、暑期實習所在的城鎮，或者在國外工作、學習的城市。

拐杖：我們都要開車或陪伴孩子到每個地方，即使是他們自己可以藉由公車、自行車或雙腳到達的地方；因此，孩子不知道從這裡到那裡的路線，要如何安排交通工具、解決混亂狀況，什麼時候該為汽車加油、如何加油，或怎麼制定與執行交通計畫。

3. 十八歲的人必須有能力管理自己的任務、工作量和期限。

拐杖：我們提醒孩子家庭作業什麼時候要交、要做，有時還幫他們寫，甚至直接代勞；因此，孩子不知道如何安排優先順序、管理工作量，或是若未定期提醒，就無法在截止日期前完成。

4. 十八歲的人必須有能力對家事做出貢獻。

拐杖：我們不要求孩子幫忙很多家事，因為照表操課的童年在學業和課外活動之餘，每天的時間已所剩無幾；因此，孩子不知道如何照顧自己的需要、尊重他人的需要，或者為團體福祉付出他們應盡的心力。

5. 十八歲的人必須有能力處理人際問題。

拐杖：我們介入為孩子解決誤會、平撫傷痛的感覺；因此，若沒有我們的干預，孩子就不知道如何應付和解決衝突。

6. 十八歲的人必須有能力因應各種起伏——包括課程、工作量、大學程度的學業與工作、競爭壓力、難纏的老師、老闆，和其他人。

拐杖：當事情變得困難，我們就插手幫忙完成任務、延長期限、和大人對話；因此，孩子不知道在正常的人生過程中，事情不會永遠如他們所願，而且就算不如所願，他們還是可以活得好好的。

7. 十八歲的人必須有能力賺錢、並且管好錢。

拐杖：孩子沒有兼差的工作；他們從我們這裡拿到零用錢，買到任何想要或需要的東西；因此，孩子沒有發展出完成任務的責任感、無法讓不是天生就會愛他們的老闆加以信賴，也不懂得珍惜物品的價值，以及如何管理金錢。

8. 十八歲的人必須有能力冒險。

拐杖：我們已為他們鋪展整個人生的路徑，避開一切陷阱、防堵所有絆腳石；因此，孩子們沒有培養出失敗為成功之母的智慧，不知道成功只會來自嘗試、失敗與再次嘗試（亦即「恆毅力」）以及挺過批評（亦即「韌性」），這些都是來自狀況異常時設法加以解決所獲得的歷練。

記住：孩子必須有能力完成以上這一切，而不必打電話向父母求助。如果他們只會打電話問我們該怎麼做，就等於毫無生活技能。

孤兒典範

我成為大學的新生主任，是因為喜歡支持孩子成長為他們應該成為的人，不受環境或他人期望的約束。我原本以為最需要幫忙的，會是家裡的第一代大學生、或是低收入的孩子，他們肯定能從新生主任提供的輔導和支持中獲得助益。但實際上，最需要幫忙的竟是我身邊那些表情極端困惑的中產或中上階層家庭的學生，不論什麼狀況，只要爸爸或媽媽出面處理，他們便鬆了一口氣。這些父母介入上大學孩子生活的方式，其實是在綁住他們，而不是推動他們向前邁進。所以我非常認真地讀了二〇一二年《高等教育紀事報》（*Chronicle of Higher Education*）所刊載的一篇挑釁意味濃厚的文章：〈不要接送：為什麼孩子需要與父母分離〉（*Don't Pick Up: Why Kids Need to Separate from Their Parents*），這是由英文系教授泰莉．凱索爾（Terry Castle）撰寫，文中提出受過度教養所苦的年輕人，應該以孤兒做為榜樣。[7]

泰莉已經在史丹佛大學教授英國文學超過三十年了，她之所以會寫這篇文章，是因為看見了當時在大學生身上發生的某種新現象。她對於學生在上課前後不停與父母聯繫，感到十分困惑；而同樣令她困惑的是，學生對如此頻繁溝通的渴望。她以英國文學中一個常見的主題——孤兒主角，在學術圈被稱為「孤兒形象」（the orphan trope）——做為她的論述平台。（想想《簡愛》、《孤雛淚》、《長襪皮皮》（*Pippi Longstocking*）和《哈利波特》。）她論述道，也許這些虛構的孤兒，可以教我們這些真人一、兩件事。畢竟，故事中的孤兒過著自我摸索的生活、歷經驚險的旅程、有著得來不易的堅持和圓滿成就，而且，是在沒有父母幫助下達成；或者，就如凱索爾指出的，也許正是因為父母缺席才能達成。

這個想法不僅是從杜撰的小說人物中提取的理論；美國全國公共廣播電台最近也指出，有些當代領袖，例如前總統歐巴馬與柯林頓、大法官索尼婭．索托馬約爾（Sonia Sotomayor）和紐約市長比爾．白思豪（Bill de Blasio）等，他們都是童年時失去了父親或母親，後來則在各自的專業領域締造最高成就。[8] 對於這些作家麥爾坎．葛拉威爾所稱的「傑出孤兒」，失去父親或母親是「讓他們躍進人生的一種鞭策、一道推進劑。」[9]

「無論是好是壞，」凱索爾寫道，「在早期小說中所嵌入的激烈、解放的概念是，父母就是要來被愚弄和違抗的……即使是最受崇拜的傳統，也是等著被打破；創造力被賦予在個人而非群體之上，在年輕人而非老年人身上；思想是自由的。隨著孩子對父母的初次反叛，個人權利的宣告，即以象徵性的方式和其他表現管道，不可避免地開始了。」[10] 當我想起今日美國孩子的童年，卻看不到一丁點如凱索爾描述的那種「初次的反叛」。我的學生似乎未曾「宣告（他們的）個人權利」；相反地，他們像是處於一種平靜、溫順、暫停的狀態，等著父母的進一步指示。

根據二〇〇九年皮尤研究中心（Pew Research Center）的調查，今日的父母與二十歲上下的孩子發生嚴重爭執的次數，比起他們記憶中自己在這個年紀與父母嚴重爭執的次數，要少了許多。在家有十六歲到二十四歲孩子的父母中，只有十分之一的人數表示，他們的意見「經常」與孩子嚴重分歧。在三十歲以上的成年人中，則有兩倍（十九%）數量的人說，自己年輕時曾與父母大吵過。[11] 然而，凱索爾寫道：「孤兒的人生教給我們的——至少教會了我——是有意識地去除個人的遺傳、將接收到的想法『異化』、培養反抗與揭穿的意願，或只是單純讓父母失望，這是發展智力與情感自由的絕對先決條件，而且，現今比以往任何時候更需如此。」

在我的周遭——我所在的城鎮、孩子的學校，甚至在我家——我很納悶孩子可以在哪裡、又如何有機會發展智力和情感自由？因為父母就隨侍在側和孩子一起度過童年、體驗童年，以確保這段童年是安全無虞、按部就班的，一切都依照計畫進行。是的，每個人似乎都處得很好，孩子也喜歡我們……哎喲，他們超愛我們的。

在二〇〇九年一份針對全國大學生所做的研究中，當被問及認為誰是英雄時，受訪的學生們壓倒性地提到父母（五四％），上帝和耶穌遠遠落居第二（八％）。[12]選擇父母的原因主要是出自他們所做的犧牲、給予孩子的機會和鼓勵，以及在世界上的成就。[13]而在一九九三年所做的同一份研究顯示，只有二九％的學生視父母為英雄，而那些在一九九三年被列為英雄的對象——分布於政府、娛樂圈和運動界等的公眾人物，還有老師與教授——幾乎已經不在今日的名單裡。

你看，父母和成年孩子頻繁地互道：「嗨，你好嗎，我愛你。」這樣的對話是溫柔而且珍貴的，誰不想要呢？手機不會導致過度教養。早在大部分父母學會發簡訊之前，我就已經以寫作、演講在談論過度教養的問題。但總體來說，我看到在學期中的每小時、每天、每週和每個月，學生始終依賴著父母，把他們當成第一個報到處、當成首要資源、當成頭號依靠，那就像是某種衝動或反射行為，如呼吸一般的自然。

如果真要說，今日孩子的童年感覺就像反烏托邦，像某個奇幻的未來故事，父母的過度保護、過度指導和支持鼓勵，已經導出了（非）邏輯性的結論。一位成功的企業家父親向我坦承，他的人生是冒險成功的完美案例，但他無法制止自己為孩子繪製人生的完整路徑，並且鋪平沿途的顛簸。我想到一九七二年出版的小說《超完美驕妻》（*The Stepford Wives*）——這是一個女權主義婦女變成百依百順妻子的寓言故事。[14]而我們是否正在養出一群超完美兒童？

凱索爾的文章如此總結：「我個人的觀點仍然是可以想見的扭曲、憂慮和叛逆。在我看來，父母必須技巧高超、思慮周全，即使我們愛他們，他們還是做錯了許多重要的事。弔詭的是，即使他們沒錯、即使他們百分之百正確，最迫切的首要之務還是一樣：要度過『成年人』的人生、過著有意義的生活，我認為，執行某種象徵性的自我放養（self-orphaning）還是必要之舉。」

凱索爾既不是心理學家、也不是人類學家。她是一位英文系教授，不是兒童教養專家。當然，我並非只是看到表面上她對必須自力更生的孩子所做的讚美。無庸置疑，父母需要參與孩子的生活，而父母的忽視、遺棄或虐待，對我來說，是比過度教養更嚴重、更尖銳的問題。但是，凱索爾從想像的世界帶來一種觀察，在那個世界裡，孩子的成長過程雖然傷痕累累，卻也因此繁盛茁壯，這可以幫助我們思考孩子應該如何成長，如何從完全依賴我們，變成一個獨立的成人。

畢竟，孩子必須培養的關鍵生活技能之一，就是少了我們也能活下去的能力。

7
他們的心理受創

當孩子沒有被給予空間，靠自己的努力通過考驗，便無法好好學習解決問題。
他們無法學會對自己的能力保持信心，而這可能影響他們的自尊。
從來不必奮鬥的另一個問題是，
你就無從經歷失敗，而且對失敗、讓他人失望感到無比恐懼。
低度自信和恐懼失敗，都可能導致憂鬱或焦慮。

二〇一三年，新聞裡充斥著大學校園心理健康亮起紅燈而令人憂心的統計數據，特別是因罹患憂鬱症而用藥的學生人數。查理·葛芬（Charlie Gofen）是芝加哥拉丁學校（The Latin School of Chicago）已退休的董事會主席，這是一所私立學校，學生人數約一千一百人。葛芬把上述的統計數字以電子郵件發送給另一所學校的同事，問他：「你認為你們學校的父母，會寧願他們的孩子在耶魯大學憂鬱，還是在亞利桑那大學快樂？」這位同事很快回答：「我猜，七五%的父母寧願看到他們的孩子在耶魯鬱鬱寡歡。在他們看來，孩子可以在二十多歲的時候化解情緒問題，但沒有人可以回頭拿到耶魯大學的學士學位。」[1]

我們是一片好意，我們深愛孩子，只希望把最好的給他們。然而，屈服於對安全的恐慌、大學入學的軍備競賽，或許還有我們自己的需求，在這些因素串連作用之下，什麼對孩子是「最好」的概念，已經完全走樣了。我們不想讓孩子撞到頭、或者經歷傷痛的感覺，但我們還願意繼續冒險，讓他們的心理健康出狀況嗎？

以下是查理．葛芬可能對同事提及的統計數據：

在二〇一三年針對大學輔導中心主任所做的調查中，[2]九五％的受訪者表示，具有明顯心理問題的學生人數，已成為其所屬學校日漸重視的議題；七〇％的受訪者回報，他們校內患有嚴重心理問題的學生在過去一年裡增加了，而且有二四．五％的學生服用精神藥物。（改變腦中化學水平的藥物，以影響心情和行為，其中最常用的是抗精神病藥物、抗憂鬱劑、ADHD藥物、抗焦慮藥物和情緒穩定劑）。

稍早在二〇一二年，相同的調查則回報，自二〇〇〇年以來，造訪學生心理衛生中心的人數增加了十六％。而且，自二〇〇〇年以來，諸如憂鬱和焦慮的嚴重心理健康問題，已經取代人際關係問題，成為大學生尋求校園心理健康服務的主要原因。

二〇一三年，美國大學健康協會（American College Health Association）調查了將近十萬名來自一百五十三個不同校區大學生的健康問題。[3]當被問及他們過去十二個月以來的經驗時：

- 八四．三％覺得快被自己必須做的一切所壓垮
- 七九．一％覺得疲憊（不是因為肢體活動）
- 六〇．五％覺得難過
- 五七．〇％覺得孤獨
- 五一．三％覺得極為焦慮
- 四六．五％覺得情況沒有希望

- 三八・三％覺得怒不可抑
- 三一・八％覺得非常沮喪，無法正常工作
- 八・○％認真考慮過自殺
- 六・五％曾經故意割傷或以其他方式傷害自己

這一百五十三所接受調查的學校，分布在全美國五十州的校園，包括小型的文學院和大型研究型大學、宗教學校與非宗教學校，以及從小型、中型到非常大型的學校。心理健康危機不是耶魯大學（或史丹佛或哈佛）的問題；這些心理健康的不良現象，發生在每個地方的孩子身上。大學生心理健康問題的增加，可能反映了我們催逼孩子追求學業成就的程度，但因為這個現象最後是分布在各層級校園裡的孩子，所以問題似乎並非是出自進入名校的付出，而是根源於美國孩子童年的某些狀況。

過度教養與心理健康

「沒錯，但我們怎麼知道過度教養是否會導致心理健康問題增加？」你這樣想是對的。答案是，沒有研究可以證明其因果關係，但一些最近的研究顯示了其中的關連性。

二○○六年，由加州大學洛杉磯分校臨床兒童心理學家兼精神病學與教育學助理教授詹姆斯・伍德（James Wood）所發表的一份研究發現，父母習於接管孩子可以、或可能獨立完成的工作，會限制孩子體驗「精熟」的能力，孩子的分離焦慮也更為嚴重。[4]

二〇一〇年，一份德州大學奧斯汀分校（University of Texas at Austin）所做關於「直升機教養」的研究，[5]開宗明義即承認，這方面的研究迄今仍然缺乏，有必要將軼聞傳說落實到實驗證據。德州大學研究人員派翠西亞・索默斯（Patricia Somers）和吉姆・塞托爾（Jim Settle）訪問了全國大學和學院教務處與學務處的專職人員，他們一致估計，校園中直升機父母的盛行率在四〇～六〇％之間，而索默斯與塞托爾想對其中的有害型和有益型父母行為做出區分。「以下情況可以增加正向結果：在孩子適當的年齡時隨侍在側；父母和學生展開對話；學生有權力自己行動，父母只在學生需要額外的幫助時才插手。」他們稱此為「正向的父母參與」。相對地，「負向的」直升機父母則「不恰當地（有時是暗中地）插手孩子的生活和人際關係。」

同樣在二〇一〇年，新罕布夏州基恩州立學院（Keene State College）心理學教授尼爾・蒙哥馬利（Neil Montgomery）調查了全國三百名大學新生，發現有直升機父母的學生對新的想法和行動比較保留，而且較為脆弱、焦慮和不自在。「被賦予責任，而不是由父母不斷監控的學生——所謂的『自由放養的孩子』——則呈現相反的結果。」蒙哥馬利說。[6]

二〇一一年，田納西大學查塔努加分校（University of Tennessee at Chattanooga）的泰瑞・路莫揚（Terri LeMoyne）和湯姆・布查南（Tom Buchanan）所做的一項針對三百名學生的研究發現，有「盤旋」或「直升機」父母的孩子，較有可能服用焦慮和（或）憂鬱症藥物。[7]會進行這項研究，是因為他們在教室裡的觀察。「我們開始遇到一些很好的學生，非常有能力、繳交的作業很優質……但是當需要獨立決定時，如果你沒有給予具體指示，他們有時似乎會很窘迫。」

二〇一二年，《青春期期刊》（*Journal of Adolescence*）發表了一份對四百三十八名大學生所做的研究報告，發現「這種侵入性教養形式與成年初期發展困難相關的初始證據……因為它限制了即將成年者的機會，難以去練習與發展成為自力更生的成年人所需的重要技能。」[8] 一份二〇一三年刊載於《兒童與家庭期刊》（*Journal of Child and Family*），對二百九十七名大學生所做的研究發現，有直升機父母的大學生，憂鬱的程度明顯較高，生活滿意度則較低，而這種幸福感的減少，被歸因於是學生「對自主和能力的基本心理需求」遭到侵擾所致。[9] 二〇一四年，另一份來自科羅拉多大學波德分校（University of Colorado Boulder）研究人員的報告，首度將高度結構化的童年與較弱的執行功能（executive function），兩相串聯起來。[10]（執行功能是指我們決定要執行哪些目標導向的行動、以及何時執行的能力，這是許多患有ADD/ADHD的孩子缺乏的技能。）「孩子花費越多時間在結構鬆散的活動中，他們的自我導向執行功能就越好。反之亦然，結構化活動可望導致較差的自我執行功能。」

洛杉磯貝特楚瓦（Beit T'Shuvah）毒癮治療和康復中心的一位研究員在最近進行了一項研究，發現生活富足的青少年和青年（例如貝特楚瓦中心所在地的那些孩子）憂鬱和焦慮的比例，與被監禁少年的憂鬱和焦慮比例有所呼應。[11] 該中心主任哈莉特·羅塞圖（Harriet Rossetto）如此解釋這些結果：「如果從出生開始，你所有的選項都被指定了，所有的決定都被做好了，然後你就被丟到這個世界去上大學，這就像一個曾被殖民統治的國家，當它獲得獨立，便很快分崩離析。孩子去上大學，但不知道自己為什麼在那裡，或者應該在那裡做什麼。處在這樣痛苦的地方，他們會很茫然，便試圖用藥物，或酒精、賭博及自殘等其他有害的活動來麻醉自己，表達他們的空虛和絕望感。通常，會成為吸毒者的人，只是因為他們不知道還可以做什麼。」[12]

生活技能不足會影響自信

當父母一直想為孩子處理生活上的雜事：叫他們起床、接送、提醒期限和該做的事、繳帳單、問問題、做決定、承擔責任、與陌生人說話以及面對權威人士等，孩子一旦被鬆綁而進入大學或職場時，可能會受到相當的驚嚇。他們將體驗挫折，感覺自己像個失敗者。而殘酷的反諷是，他們將無法好好應付這種失敗，因為他們向來沒有太多機會練習失敗。

當一個看似身心完全健康，但受到過度教養的孩子上了大學，而且不知如何因應自己可能遇到的各種新狀況：和他對「乾淨」有不同認知的室友；要求修改報告，但不會具體說明哪裡「有錯」的教授；突然不再友善的朋友；想參加暑期研討會或服務計畫，但不能兩者都參加的選擇……他們可能會面臨真正的困難，不知道如何處理分歧、不確定性、情感受傷，或者如何決策的過程。沒有能力處理事情——調適不安、思考選項、和某人詳談、做決定——本身就成為問題。

凱倫．艾伯博士（Dr. Karen Able，此為化名）在中西部一所大型公立大學擔任輔導與心理服務中心的專任心理醫師，在那裡，約有九〇%的學生住在校園，或者從僅隔幾哩遠的住家往返通學。因為工作性質敏感，她要求匿名。[13]

根據她的臨床經驗，艾伯說：「過度教養嚴重傷害了大學生的心理健康，他們無法在向父母諮詢與獨立做決定之間取得平衡。」

她說明了自己會如何與學生展開會談。「剛開始他們會覺得，如果自己需要幫助，就應該立即與父母聯繫。從心理學上來看，我們知道他們不是真的需要協助，如果他們可以熬過不知所措的苦惱與焦慮，基本上就是在練習這種技能，並且到了某個時間點就能學會自己解決。我會與學生一起練習他們尚未具備的批判思考、信心與獨立技能。但如果他們最後還是打電話或發訊息給父母，就不是以我對他們的期望來練習這些技能，這也意味著他們還是沒有獲得這些技能。」

凱倫．艾伯和我並不是建議成年孩子永遠別打電話給父母。惡魔就在談話的細節裡。如果他們打電話來問問題、或不知如何做決定，我們是告訴他們該怎麼辦？或者，我們會仔細聆聽，根據對情況的認知問一些問題，然後說：「所以，你認為該怎麼處理？」艾伯補充說，社群媒體和簡訊加劇了這樣的趨勢：學生會首先轉向父母求援，而不是自己認真想想辦法，並且還要求父母立即回應。「一切都發生得太快，讓學生沒有機會去自己思考，情況應該是如何。」

在事事都需要求助的問題背後，潛伏的隱憂是學生無法自外於父母而建立自我。對一些年輕人來說，這種自我意識可以慢慢發展；但對有些人來說，無法區別出自我，可能導致更嚴重的心理健康問題。

「當孩子沒有被給予空間，靠自己的努力通過考驗，便無法好好學習解決問題。他們無法學會對自己的能力保持信心，而這可能影響他們的自尊。從來不必奮鬥的另一個問題是，你就無從經歷失敗，而且對失敗、讓他人失望感到無比恐懼。低度自信和恐懼失敗，都可能導致憂鬱或焦慮。」艾伯說。

想像孩子離開我們的視線後可能發生的這些景況，可能使我們心裡萬般糾結。我們還應該做些什麼？當孩子離家後，如果感到困惑、迷惘、害怕或受傷，而我們又不在旁邊，會有誰陪著他們？

這就是重點，而且比我想像中更緊要，因為最近開始有研究數據顯示，「自己想辦法」是保全心理健康的關鍵要素。孩子必須為自己處理當下。知道孩子惹上麻煩、甚或更糟糕地陷入危機，真的會讓父母坐立難安；但從長遠的觀點來看，這才是對他們最好的解藥。

造成心理傷害的三種過度教養

心理學家兼作者麥德琳．雷文博士（Dr. Madeline Levine）在加州馬林郡（Marin）有一間診所，馬林郡位在舊金山金門大橋的北邊，以風光秀麗、接近葡萄酒鄉與生活富足聞名。雷文因《紐約時報》暢銷書《給孩子，金錢買不到的富足》（*The Price of Privilege*）和《好好教孩子》（*Teach Your Children Well*），躍升為全國知名人物，在這兩本書中，她詳細敍述了生長在中產和中上階層社區的年輕人感受的壓力與緊張。她應家長教師聯誼會（Parent-Teacher Association, PTA）、學校董事會與社區中心之邀，在全國各地巡迴演講，告訴父母要冷靜下來，退一步想。[14] 正如雷文所說，潛伏在孩子生命中最大的傷害，不是在街上極少出現的變態陌生人，而是父母為孩子做太多，因而導致心理健康和兒童福祉受損。

雷文近幾年在數百個社區與成千上萬的父母談過這個話題，在二〇一四年一月一個冷冽的夜晚，我也成為這些父母中的一員。自從我加入「挑戰成功」理事會以來，她一直是我的朋友。「挑戰成功」是她與丹妮絲．波普共同創立的機構，旨在關注孩子所面對的壓力。所以我主要是去歡迎她來到我們的社區，到場表示對她的支持，而這次的講題為「真正成功的教養」。不過我去參加這場演講時，心裡也想著自己要寫的這本書，想知道父母們對於她提出過度協助所造成的傷害，會有什麼反應。

這場演講[15]是在亨利甘恩高中舉行的，這是全美頂尖公立高中之一，也是我兒子莎耶目前就讀、以及女兒艾芙瑞即將就讀的學校。所以，我不僅是以演講者的朋友、對演講主題感興趣的作者身分出席，同時也是以家長的身分參與。我的先生也來了，還有其他數百位父母。雷文博士以一段關於父母的觀念為我們熱身，內容大概是如此：

「現在有一個廣為流傳、很有說服力的故事，說成功是從正確的學校到正確的大學、然後到正確的實習、正確的研究所、然後到你命定的天職，一整條筆直的路線。」

「如果這是你走過的路徑，請舉手。」約有五%的人舉起了手。

「是的，」她說：「無論是哪一群人，其中都只有一到十%的人走的是直線軌道。大多數更常見的路線都是迂迴繞道的。」

「但孩子們不知道這件事，」雷文繼續說：「對孩子來說，你看起來像個天才。他們不知道你掙扎過、失敗過；這是我們對孩子隱藏的最大祕密。孩子需要聽到我們每天都會面臨的挑戰。我們應該分享自己走過的軌跡，尤其是失敗的時刻。」當父母想到自己的經驗與態度並不相稱，緊張地傻笑了起來。雷文很適合這份工作。她講了大約一個小時，然後就是相當充裕的問答時間。

雷文拋出的訊息是，我們應該提供適合孩子的機會，支持孩子成為自己，而不是試圖讓孩子符合我們認為他們應該是什麼樣的想法，而且，要擁抱嘗試和犯錯的好處。這對我而言是一個令人安慰的訊息，我認為對許多在場的父母也是。

接著她分享了我們可能正在過度教養的三種形式，這些作法會在無意中導致心理傷害：

- 當我們為孩子做他們已經可以自己做的事。
- 當我們為孩子做他們幾乎可以為自己做的事。
- 當我們的教養行為，是從我們的自我出發。[16]

雷文說，當我們採取這種教養方式，就剝奪了孩子發揮創意、解決問題、發展應對技能、建立韌性、思考什麼會令他們快樂，以及明白他們是誰的機會。簡而言之，這剝奪了他們成為一個人的機會。雖然我們過度干涉以保護孩子，實際上也達成了短期效益，但這樣的行為其實傳遞了某種極度摧毀靈魂的訊息：「孩子，沒有我，你根本無法做任何事情。」這會加重孩子的憂鬱與焦慮，甚至使他們成為攻擊者，或抱有自殺的念頭。[17]

當雷文說完這些，室內的氣氛已經從緊張轉移成更濃重的「我們全都身陷其中」的感受。我也意識到，或許有些人已經找到勇氣，在自己家裡的餐桌上——也就是我所說最根本的基石——做出一些改變。在餐桌上，父母可以相當程度影響孩子的生活品質，即使我們不能改變家門外的社會規則。

接著，雷文開放現場問答。在幾個問題之後——有一個是關於如何激勵成績為C的學生，另一個是關於小孩在幼兒園的團體時間不能乖乖坐著──有位母親想請教雷文，如何激勵四年級的孩子。問題是這樣的：「我的女兒真的很喜歡寫作，老師說她才華洋溢。我一直試著鼓勵她參加寫作比賽，但她不肯。她說她不會得獎，只喜歡自己寫作的樂趣。但我認為她可以表現得很好。我要如何讓她參加比賽？」

丈夫和我都皺起眉頭互看了一眼。現場起了一點騷動，有些人環顧四周，好像發出信號說：「她根本沒聽懂。」但是雷文正面迎接這個問題，大笑起來，回答說：「妳女兒喜歡寫作。這是一件很棒的事情！別吵她，讓她寫。」一小群父母鼓掌叫好，先生和我也在其中。然而，從掌聲大小聽來，同意雷文的說法並覺得這麼說很自然的人，顯然比不同意的人要少。他們想的是：不要強迫她比賽？這是什麼意思？妳不知道妳住在帕羅奧圖嗎？

受困於對「失敗」的恐懼

有些父母實行專制的教養方式，規定了學業和課外活動目標的窄路，並懲罰無法持續表現優異的孩子。這樣的父母往往忽視或不相信我們一直在討論的心理健康問題。我在不同族群和社經地位的父母身上，都見過這種態度。

在蔡美兒最暢銷的回憶錄《虎媽的戰歌》（*Battle Hymn of the Tiger Mother*）中，所描述的是她稱之為「華裔美國人式」的一種高度結構化教養方式。她要求我們相信，當父母的方向、目標和價值觀完全代替孩子自己的時候，孩子的表現會最好。[18] 在蔡女士有名的清單中，兩個女兒永遠不能：

「去別人家過夜、參加朋友聚會、參加學校話劇演出、抱怨不能參加學校話劇演出、看電視或玩電腦遊戲、自己選擇課外活動、成績低於A、沒有在體育與戲劇之外的每科都拿第一、演奏鋼琴或小提琴以外的樂器、不彈鋼琴或不拉小提琴。」

這些聽起來都有點可笑，直到你發現，蔡女士確實做了這些事。她自豪地寫出，她使用詆毀式的語言和其他技巧來訓練女兒練習小提琴和鋼琴，以及女兒們的眼淚、抗議和妥協。她告訴讀者，這些方法從長遠來看都是值得的，因為兩個女兒「成功」進了卡內基音樂廳（Carnegie Hall）和名校。

吳華揚（Frank Wu）是位教育家與社會運動家。對於大多數我所訪談的對象，我都不會論及種族，但既然蔡美兒提出這種專橫的教養風格是「華裔美國人式的」，我想徵詢這個族群的意見，而吳華揚和蔡美兒一樣，都是華裔美國人。

吳華揚現任舊金山加州大學哈斯汀法學院（UC Hastings College of the Law）院長，而且與其他學校有廣泛聯繫，包括密西根大學法學院、歷史悠久的黑人大學霍華大學（Howard University）、為聾人學生成立的高立德大學（Gallaudet），以及一所只有二十六名男性學生的兩年制大學深泉學院（Deep Spring College）。吳先生現在快五十歲了，他在美國及海外都看夠了所謂受傷的老虎——專橫的「虎爸虎媽」的孩子——而他自己也是這樣長大的。[19] 他並廣泛地談論與書寫自己的經驗。

「我為《赫芬頓郵報》（*Huffington Post*）寫了一篇文章，名為〈我的亞洲移民父母教我的每件事結果都錯了〉（*Everything My Asian Immigrant Parents Taught Me Turns Out to Be Wrong*），」吳華揚告訴我：「我以為讀者會用番茄丟我，相反地，所有其他的亞裔美國人都點頭稱是，我才意識到：『哇，我真的講到重點了。』」已經晉升到專業領域的頂尖地位，成為教授和院長的吳華揚說：「我母親現在還希望我會去讀醫學院。」他不是在開玩笑。他解釋說，就如同許多亞裔美籍父母一樣，他的父母認為，法律和人文科學是給不夠聰明的人讀的，聰明的人應該去讀理工科（科學、科技、工程、數學）。「虎爸虎媽的策略可能適用於不同的時間、地點或世代，」吳華揚意有所指地說，他同意那適合掙扎困頓中的家庭，他們剛死命地逃離壓迫政權，迫切地想要找到移民的第一個立足點：「但現在這樣卻是在『幫倒忙』。」

吳華揚說到虎爸虎媽對成功典型的僵硬定義。「如果你成為神經外科醫生、鋼琴演奏家，你非常幸運。是你的父母推了你一把。要不是有人叮嚀你寫功課、練琴，你不會有今天的表現。但在每一個這種成功故事的背後，大概有九十九個孩子的人生，已經因此而毀了。」吳華揚知道。他從九十九個孩子那裡聽到的故事，約莫就像這樣：「亞洲移民絕對會傾注自己所有的一切給孩子，經常付出很大的代價。這個孩子長大成人後，進入好學校、找份好工作、結婚，有間不錯的房子。從外表上看來，這個人是完全成功的，但是父母卻感到羞愧，因為這個人雖然成功了，但不完美。」

在畢業生致辭代表的人選宣布時，吳華揚告訴我，不是表現平庸的孩子沮喪，而是第二名到第十名的孩子幾乎崩潰。「受壓力傷害的不是不成功的人，而是高度成功的人，因為他們不是第一名，所以覺得自己沒有價值。」

當我們在電話裡談到這一點時，早已超過原本預訂的談話時間，但我們還是繼續聊著，吳華揚腦海裡浮現更多的故事，他以時而哲學、時而幽默的字眼繼續說著。但下個會議他就快遲到了，所以他如此總結：「這是說不通的，因為我們有九九％的人不會成為那頂端的一％。如果選項是你必須拿第一，否則就不值得嘗試，那麼我們永遠不該起床工作。因為這是一個不理智的標準設定，當人們發現，不管自己達到什麼成果都永遠不夠時，他的一生也就毀了。」密西根州立大學人類發展與家庭研究所副教授秦寶蓮（Baolian Qin）——她本身也是華裔美國人——已經完成了學術研究，證實吳華揚所提到的傷害，其中包括接受「虎爸虎媽」教養的孩子，會有更高比例的壓力和心理問題。[20]

越來越多關於孩子心理健康的數據，只是確定了我們鮮少要求孩子的生活技能，卻高度要求他們堅持我們所做的學業計畫、並取得更佳成績，因而所造成的傷害。他們感受到壓力，無法控制自己，而且沒有應付這種壓力的韌性；我們則繼續施壓，彷彿這個創傷沒有發生，彷彿孩子這種掙扎的痛苦是——或者將是——「值得的」。

一般美國學區的輔導中心公告，都會貼上他們提供哪些青少年輔導服務，或者有哪位知名青少年壓力專家即將到訪的訊息。我最近在費郡公立學校（Fairfax County Public Schools）就看到這樣一則公告。費郡公立學校位於維吉尼亞州北部，靠近華盛頓特區，學區內有一些全國頂尖的公立學校。他們正在宣傳一個探究青少年壓力、健康和韌性的研討會，其中包括分組會議，各別討論的議題有「壓力與生活／學校平衡」、「平衡學業期望」和「通過大學申請考驗」，以及因應憂鬱症的推薦書籍。而研討會的結論是：「參加的學生可以拿到社區服務時數。」

我讚賞學區提供這些課程。多虧了學校和其他社區團體，我們有數十萬人已看過《無目標的競賽》這部二〇一〇年由維姬·艾伯雷（Vicki Abeles）拍攝的紀錄片，近距離觀察「成就文化」所帶來的壓力。[21] 觀眾離場時，哽咽地說著自己面臨的情況有多麼糟，眼眶裡充滿淚水。但我們現在又為此做了什麼？

我們需要面對這個問題。想想看：學生因為參加探討大學申請壓力的研討會，而得到社區服務時數，藉此讓升學輔導顧問留下深刻印象，這正證明了我們所面臨的反烏托邦式「超完美」情勢。孩子們努力減輕高中生活的壓力，竟成了他們值得進大學的證明？

對於孩子學業非常專橫的父母，正在造成嚴重的傷害。威廉．德雷西維茲在他二〇一四年突破性的宣言《優秀的綿羊：耶魯教授給20歲自己的一封信，如何打破教育體制的限制，活出自己的人生》（*Excellent Sheep: The Miseducation of the American Elite and the Way to a Meaningful Life*）一書中，如此寫道：[22]「（那些學生）終其一生都受困於對失敗的恐懼——通常一開始，是受困於父母『對失敗的恐懼』，」德雷西維茲寫道：「未達標的代價——即使只是一時的挫敗，不只是實質的損失，也影響個人存在的價值。」

那些德雷西維茲所謂的「優秀的綿羊」，我稱之為「無能的存在」。而且我認為，這正是英文教授泰莉．凱索爾在撰寫下面這段話時所發現的：「培養反抗與揭穿的意願，或只是單純讓父母失望，這是智力與情感自由的絕對先決條件，而且，現今比以往任何時候更需如此。」身為大學主任，我在緊閉門扉的後面，看到這種智力和情感自由的匱乏。「優秀的綿羊」就在我的辦公室裡。

學生憂鬱症的上升潮

隨著一九九〇年代後期，在過度教養下長大的千禧世代開始進入大學，學生的心理健康問題，成為參與學業諮商和學生生活的我們所需處理的第一要務。漸漸地，不良的心理健康影響了學生在教室、宿舍或校園社群正常活動的能力。在二十一世紀最初幾年，學生心理健康的改變動態，成為我們的專業會議中最熱門的議題。來自全美四年制大學的行政人員——大型與小型，公立與私立，名校與人人可進的學校，宗教學校與世俗學校——聚在一起，尋求彼此和專家的答案。每所學校都受到影響，沒有人會說：「我們學校沒有這種狀況。」（我特別要指出，這些問題是發生在四年制大學，社區學院不能一概而論。我的假設是，因為社區學院服務的學生群，包括了工人階級學生、有孩子的學生，以及在人生後期重返校園的學生，這些人可能原本就有更具挑戰性的人生歷練，自有一套應對的技能和本事。相較於有著更多「傳統」大學生的學校，社區學院裡較少見到心理健康出狀況的學生。）

從二〇〇六年到二〇〇八年，我服務於史丹佛的心理健康工作單位，我們致力檢視這個問題，並提出方法來教導老師、教職員工和學生，如何進一步理解、注意和回應心理健康議題。我們還打算爭取更多的經費，聘請可以投入更多時間處理較嚴重案例的治療師。

偶爾，我也會陪著學生從我的辦公室走到心理輔導中心，我會和這個學生坐在那裡，直到一位隨傳隨到的治療師可以看到他或她。許多沒有緊急需求的學生，我則會把他們轉介給心輔中心，推他們一把，試著說服他們去聊聊。通常這些學生都是學業成績優異，忙於課堂和課外活動，追求極具聲譽的暑期工作。但在跟我談話時，他們似乎往往沒什麼存在感，回應都很制式，態度也很保留。

在我擔任主任那幾年，聽到許多大學生說，他們相信，他們必須「學科學（或醫學或工程）」，就像他們必須彈鋼琴，還有要為非洲地區做社區服務，還有……還有……更多的還有。我和一些對自己的履歷列出的項目完全不感興趣的孩子談話，有些人或許會對主修的科目缺乏興趣而感到困擾，卻不在乎自己任何的權利，他們說：「父母知道什麼對我最好。」

有個孩子的父親威脅說，如果女兒不主修經濟，就要和她的母親離婚。後來這個學生花了七年時間讀完經濟系，而不是一般人的四年。過程中，父親鉅細靡遺地管控女兒的每個活動，包括要求她每個週末得去叔叔那兒做校外學習。在父親的堅持下，某個平日的上班時間，女兒還得去拜訪她的一位經濟學教授。有一天她忘了打電話向爸爸報告結果，稍晚她回到宿舍時，叔叔卻已經在宿舍大廳等她，不太自在地「強迫」她打電話給爸爸，告訴他最新進展。後來這位學生告訴我，「由於對人生缺乏掌控權，我有相當嚴重的恐慌症。」不過她確實是主修經濟，而她的父母最後還是離婚了。

有些學生靜候時機，等到他們終於可以擺脫父母的掌控（通常是藉由進入家長同意的研究所）。有些學生會對父母表達憤怒。我在他們的眼裡看見聽天由命。我感覺到他們恍然大悟後的困惑——他們發現自己活在一個充滿可能性的世界，這個世界卻不屬於他們，因為他們被綁在一條皮帶上，被牽著往父母規劃的路徑走——他們花了好幾年，學習如何達成與實現父母雄心勃勃的夢想，卻不被允許夢想自己的夢想。他們通常很聰明，總是很有教養，這些學生會坐在我的沙發上，努力撐住易碎、脆弱的自己，屈服於外表的成功對他們而言只是悲慘人生的事實。

有個很好的例子是菲絲（Faith），她在美國東北部長大，是一個中上階層家庭裡三個孩子的老大。她來到我的辦公室，說起父母要她上醫學院，每學期審查她的課程安排、規劃她的課外活動、預先審核她暑假的工作選擇。當她述說這些事時，下巴緊縮、眼神變得激動。我避免擅自論斷，只在回應時皺一下眉毛，然後繼續問問題。我還不確定為什麼菲絲想見我。她強忍淚水解釋，若她告訴父母，自己對他們為她在今年夏天安排的醫療實習不感興趣，事情會變成怎樣。我點點頭，微笑著，將問題聚焦在她有何感受。當她說到，只要她成績好，父母就會對年幼的弟妹鬆綁一點時，眼神稍微亮了起來。我問她迄今為止的學業成績，她以完全不見自豪的神情說：到目前為止，她在史丹佛的成績全超過四．〇。

這段談話讓我很心碎。菲絲坐在我的辦公室，端正清秀、非常有教養。但當我看著她，聽她說話，她似乎像是一個快要溺水的人，努力把頭撐浮在水面，臉上還得帶著一抹微笑。當然，所有這一切為完美付出的努力，即使是在一個學生不認為自己喜歡的領域，長遠來看，還是有機會變成「值得的」；或者，一個樣樣不精通的孩子，可能會在日後遺憾自己被允許放棄鋼琴。在本書稍後的章節（第十七章），我會談及設定適當的期望。現在，我的重點是：當嚴厲、不一定適合的期望被施加在孩子身上，而他們一直努力去達成這些期望，那會發生什麼事？不少有過這種經歷的學生，都會去尋求心理諮商。有些人會因而輟學一段時間，有些人則會完全崩潰。

若談起成功的實際度量方法，我認為一個城鎮的青少年自殺率，要比拿到最高分數或SAT成績的孩子有多少，是更理想的指標。每當我穿越帕羅奧圖的火車鐵軌時，我就想到這件事。最近幾年，有好幾位青少年在這裡結束生命，其中大部分都是就讀我孩子上的學校——亨利甘恩高中。

保全人員如今會在平交道駐點。當火車通過時，火車司機和保全人員相互行禮，火車司機會鳴笛致意。當我坐在車裡等待過平交道，看到他們互相致意、聽見孤寂的火車鳴笛聲，眼眶便會泛起淚水。我們必須停止把孩子推到如此的境地。

8

他們正對「讀書藥」上癮

在大學生涯的某個時刻，亞當曾屈服於壓力、嫉妒和誘惑。
「凌晨兩點，你在圖書館裡覺得自己快要掛了，
但那兒坐了一排排的學生正挑燈夜戰，奮力衝刺。」所以，他開始服用阿得拉。
「就個人而言，我不覺得服用阿得拉是件值得驕傲的事，」他說，
「但你在東岸將很難找到一個有錢的大學生，是沒試過這東西的。」

在美國，大約有十一%的兒童被診斷有「注意力不足過動症」（attention-deficit/hyperactivity disorder, ADHD），而其中有過半（占所有兒童的六．一%）會服用阿得拉（Adderall）、利他能（Ritalin），Vyvanse或modafinil等興奮劑，以提高注意力和集中力。[1] 有了ADHD的診斷書，學生可以獲得學業上的優惠，例如延長考試和完成家庭作業的時間。

我的兒子莎耶在四年級被診斷有ADHD。他每次寫作業都是天人交戰，尤其是作文。每天晚上，他會呆坐在餐桌旁，盯著遠方，或者用鉛筆摳指甲。他很聰明，我以為他應該能輕鬆完成學校的作業；看著他一事無成，我實在很痛苦。而更加痛苦的是，他的奮戰對他爸爸、妹妹和我的影響，因為我們都得努力維持一個不受干擾的環境，讓他專心學習。

我非常不耐，很想解決這個問題。我好想找到一勞永逸的方法，不是為了課業上的競爭——他

還是可以妥善應付——而是可以讓孩子從每天晚上漫長的家庭作業鬧劇中得到喘息，為他年輕的生命帶來一些自由時間，並允許我們其他人好好呼吸。

我想也許阿得拉對他來說是必要的，就像我發現自己需要咖啡因一樣。我知道咖啡因不是擁有最健康生活的選項，但它是能幫助我完成工作的東西。這就是我想要給莎耶的。我怕因為不讓他嘗試藥物，而使他處於劣勢。但我先生擔心藥物可能對長期健康造成影響，鼓勵我們轉而把焦點放在策略、治療和其他可能提高莎耶專注能力的方法。

無論用藥與否，我們的困境即是家中有ＡＤＨＤ小孩常遇到的問題。但是這些孩子的父母，不是唯一考慮是否使用ＡＤＨＤ藥物的人。在二〇〇六年接受ＮＢＣ新聞採訪時，哈佛醫學院小兒科教授詹姆斯．培林博士（Dr. James Perrin）表示，父母為青少年的孩子尋求ＡＤＨＤ藥物，是越來越普遍的情況，即使這些孩子沒有任何ＡＤＨＤ的實際症狀。[2]有些正常的孩子，也在服用ＡＤＨＤ藥物。

一位住在曼哈頓，名叫潔西卡的媽媽被這種可能性激怒了。[3]她說，她知道在她所住的富裕社區裡有些孩子「完全正常」，但他們的父母卻大手筆花了一萬美元做一連串的檢測，以便「給」孩子這個診斷。潔西卡擔心那些孩子之後會「在ＳＡＴ考試得到二三五〇分，而他們應考時得到的額外時間，並不會註記在成績單上，所以大學並不知道。」潔西卡告訴我，「這樣是不對的。」

醫生和心理學家很難確定ＡＤＨＤ究竟是什麼。診斷主要仰賴於定性和高度主觀的方法，端看教師和家長在孩子的行為中觀察到什麼。確診率在富裕社區中較高，然而，這是因為這裡的父母在孩子出現問題時，可以負擔得起醫療解決方案？或是生長在富裕家庭的童年，會在某種程度上加劇了ＡＤＨＤ的潛因？還是父母想要——而且就如潔西卡指出的「可以購買」——診斷所賦予的「優惠」？當然，所謂藥物和額外考試時間的「優惠」，只有非ＡＤＨＤ孩子才會感覺得到；對那些真正有疾病的孩子，這些只是大致讓遊戲規則公平些。（對於實際患有ＡＤＨＤ的孩子，父母和老師都在尋求某種調整與方便，正如他們得為視力差的孩子配副眼鏡一樣。）

ＡＤＨＤ診斷是一場可以玩的遊戲嗎？有人以向富裕社區的父母開出ＡＤＨＤ診斷維生嗎？也許是。或者，它只是一個在曼哈頓部分地區和其他社區存在的都市迷思，因為在這些地方，教養看似是不容許任何閃失的賭注。果真如此，這在倫理和醫學上是大有問題的。以適當的方式幫助孩子，與設法讓孩子成為另一個人，以便他們可以進入一所「更好」的大學，這兩者之間的界線在哪裡？與此問題同樣重要的、也是潔西卡和全國許多其他父母察覺到的是：這種騙局正在發生。而這份察覺與隨之而來的恐懼——擔心那些孩子若因服用興奮劑而獲得額外的考試時間，我們的孩子就無法領先——便促燃了以服藥贏取高分的軍備競賽。

以服藥贏取高分

雖然沒有實際的統計證明，會有多少父母為孩子尋求這些讀書或考試藥物，但研究指出，青少年確實會自己找「高分藥丸」、「讀書藥」和「聰明藥」。網址為drugfree.org的「無毒品兒童之友」（The Partnership for Drug-Free Kids）在二〇一二年進行了一項研究，顯示每八個孩子裡有一個孩子（十三%）在他們一生中，至少有一次誤用或濫用利他能或阿得拉；而每四個孩子裡有一個孩子（二六%）相信，處方藥可用來幫助讀書。[4]

為課業吸毒的作法，延續到了大學。二〇一三年，由美國大學健康協會針對十萬名大學生所做的調查指出，有八．五%的學生未得到醫師處方箋，擅自使用阿得拉等興奮劑；[5] 前一年有項針對全國五千名大學生的研究，則顯示有十四%的學生如出一轍。[6] 在二〇一三年的一則新聞報導中，美國公共廣播電台檢視了一些調查數據，發現大學生自稱使用興奮劑以提高學業成績的人數，在各項報告中各占八到三五%不等的比例。[7] 全國數以百計的學校學務處主任，稱此為所屬學校「最大的毒品問題」。[8]

二〇一三年，一篇由詹姆斯．L．肯特（James L. Kent）在部落格「嗨翻天」（High Times，聲稱是大麻消息與大麻文化的頭號資料庫，隨你怎麼想）稱阿得拉是「美國最受歡迎的安非他命」，並透過謝莉（Sheri）和丹（Dan）的故事，報導大學校園裡使用阿得拉的文化：[9]

> 謝莉是大學三年級的學生。她早上上課，下午在一間咖啡廳工作。謝莉有注意力缺失症（ADD），若沒有服用藥物，早上就很難起床，甚至無法完成最尋常的日常作息。她服用的藥物是阿得拉，若是有三十毫克的阿得拉XR（延長釋放，即長效型）膠囊更好，但謝莉沒有健康保險，無法負擔多出幾百塊看醫生的錢，以及每個月本身就需兩百至三百美元的處方藥。但是謝莉很幸運，因為她認識丹，他把阿得拉XR以每錠五到十五美元賣給大學生，實際價錢視他們一次買多少而定。丹的生意很好，因為阿得拉是美國很受歡迎的安非他命，特別是在大學生圈子裡，這種藥物可

以讓他們努力維持長時間的專注，以準備期末考。

在街頭交易的阿得拉藥頭能以低於零售的價格賣給大學生，對於像謝莉一樣沒有保險的學生，每個月阿得拉處方箋的零售價格是每顆六到八美元。丹是從還附屬在父母健康保險裡的學生、或是軍中人員那兒買到阿得拉處方藥，這些人能像領月薪一樣領到這些藥物。有了軍人或保險的折扣，你就可以用每顆不到一元的價錢買到阿得拉XR，然後以原價三到五倍轉賣出去。丹知道他可以從對的人那裡，靠著每顆三十毫克阿得拉XR，拿到十五到二十美元的利潤，所以，一瓶便宜的阿得拉XR就像他的儲蓄帳戶，同時也是他的投資組合和可用的現金。如果他沒時間或沒錢吃飯，只要拿出一顆阿得拉XR，接下來六小時就不會再覺得餓了。

用藥丸頂住壓力

為數驚人的大學生可能認為，他們得服用興奮劑才會成功，但不是所有人都對此樂觀。

亞當（Adam，此非真實姓名）最近畢業於美國東岸一所著名的公立大學。他從朋友那裡聽說我在撰寫這本書後，便來找我，想談談阿得拉被學生廣泛地玩樂性使用（意思是沒有處方箋）的情形，以及為什麼年輕人會這麼做、這個習慣可能導致的問題。因為話題過於敏感，亞當想要匿名。[10]

我對亞當提出的第一個問題是，學生如何拿到這些供玩樂性使用的阿得拉。他說：「我認識的人都有拿到這種處方箋的朋友。每個朋友圈裡至少有一個。」亞當就認識某個孩子，她的父母會為她拿處方，即使她沒被確診，而只是為了學業上的優惠。他補充說，很多合法持有處方箋的孩子會拿到過多的藥，就有額外的可以分享出來。他澄清說，這是一種昂貴的藥物，他只看過有錢的孩子服用它。」

「拿到好成績的壓力很大，另外也還有一大堆其他的事得做。所以，我們所有人之間有某種聯繫和結盟。如果大家都在做明天要交的大型報告，或者你有多到不行的作業得寫，還是期末考要到了，大家就會互相幫忙。有人會說：『嘿，我有阿得拉，如果我們今晚需要它。』或者：『一起努力吧。把庫存拿出來喲。』」

亞當的語氣沉重而謹慎。他說，跟我說這些事讓他不太自在，但他想談論這個問題，因為他非常關心自己的同儕。他描述在阿得拉影響下，朋友的個性是如何被改變：他們是怎麼從正常的學生，變成只專注於手邊的課業，把手機放在一邊整天讀書，把所有個人和人際關係的問題全拋諸腦後。

正如亞當所看到的，阿得拉提供了看似無限的短期效能。我問亞當是否看出任何缺點。「當然，」他告訴我：「令人沮喪的是，這是一個用力工作／用力玩樂的藥方。它會給你超人的能力⋯⋯超人，確實是如此。動手把報告做完、享有積極活躍的社交生活和課業生活，做好每件事。」那誰會沮喪呢？那些接受自己身而為人的限制、沒有服用藥物，並且獲得較低分的孩子。「我認識的那些頂尖聰明的孩子，也質疑這一切的倫理本質。」

我自己也一直在與這種短期利益的誘惑拉鋸著。當莎耶進入中學，課業已經增加到我認為可能會壓垮他的地步⋯⋯讓六年級（相當於美國國中一年級）的學生每晚寫三小時的家庭作業，到底是合乎哪門子道理？我開始覺得，身為父母而不尋求藥物協助，簡直是怠忽職守。

有一天，莎耶特別分心，我問他身體裡面是什麼感覺。「很像你在電視收不到訊號時，看到的模糊影像。」他回答。把藥拿出來的時機到了，我趁勢問道：「如果有個神奇藥丸會把你的分心帶走，你想要嗎？」「要！」他大喊。然後，他停了一下。「等等，」他抬頭看著我，「這東西會改變我的大腦化學變化，會讓我變成不同的人，所以……不要。」眼淚在我眼眶裡打轉，一個那麼喜歡科學的孩子，他知道他所說的真相，並為那個自我說話。這眼淚也為我自己而流，因為儘管我多麼急於想讓莎耶試試這些藥，好讓我們都可以稍微鬆一口氣，但答案還是不行。

亞當和他的一些朋友也擔心自己大腦的化學變化。不論他們有處方箋或只是玩票性質的使用，亞當告訴我，他的朋友們都質疑阿得拉未知的長期效應。「這方面的研究很少，真的很令人害怕，」他說。他們也談論到，當自己畢業進入職場時會發生什麼狀況，是否仍得依靠這種藥物，幫助他們管理年復一年的工作負荷、期望和表現。「這是我們要選擇如何度過自己的人生的問題。」

他這句話讓我充滿了希望。我對年輕人能自我實現、為自己做決定並接受後果感到欣慰。我們所有人用自己的方式度過生命的關卡、賺取生活所需、支付帳單、應付途中的風風雨雨，這些經歷都極為豐富與寶貴。即使我們只是非常謙卑地追求，當它們是因自己追求而得時，都很有啟迪性。這些孩子端坐於名校的聖殿，質疑阿得拉在他們生命中扮演的角色，確實給了我希望。

「我們談論制度有多麼不公平，」亞當告訴我：「這並不代表阿得拉是好東西，而是我們真的有好多事要做。服用阿得拉只是個方法，讓我們擋掉來自父母、教授和朋友的壓力。這只是一種對抗我們所承受壓力的方式。」

在大學生涯的某個時刻，亞當曾屈服於壓力、嫉妒和誘惑。「凌晨兩點，你在圖書館裡覺得自己快要掛了，但那兒坐了一排又一排的學生正挑燈夜戰，奮力衝刺。」所以，他開始服用阿得拉。

它真的有用，但他還是覺得有點矛盾與內疚。其中一點是，他覺得這樣不太尊重教授。所以亞當只在人數眾多的大班級裡才能稍微自在地服用，因為這時他比較不會覺得與教授有直接連結，不會對不起教授。這是他與阿得拉和平共處的方式。「就個人而言，我不覺得服用阿得拉是件值得驕傲的事，」他說。「但你在東岸將很難找到一個有錢的大學生，是沒試過這東西的。」

如果孩子變成了自己原本這個並不完美、但很典型的人類的化學製造版本，如果他們覺得需要這麼做，才得以在世上功成名就，這種藥物的使用，到何時何地才會結束？

9
我們在傷害他們的工作前景

現今年輕人在職場上發生的問題，
除了父母的各種參與、插手或抱怨，有時候也是出在員工本身。
例如，有些員工的認知偏差，
可能是源自從小就一直被告知要做什麼，從來不被允許冒險。

二〇〇五年左右，當我與大學裡的同事認清了直升機父母不是一股流行，這種趨勢將揮之不去，我們在心底開始揣想：受到過度教養的年輕人，在職場上會發生什麼事？如果父母覺得大學的賭注如此之高，他們得事必躬親，而學生也需要並且歡迎父母的參與，那麼，職場似乎是更大的挑戰。直升機父母真的也會跟著年輕人飛到那兒嗎？如我們所見，答案是肯定的。[1]

千禧世代在職場上被稱為「蘭花族」[2]（無法在溫室外存活）和「茶杯」[3]（易碎，然後就毀了），但以我來看，對於這些受到過度教養後，再被送進真實世界的年輕人，最精準的比喻是「小牛肉」（veal）——這是由麻薩諸塞州教育家喬．馬路札克（Joe Maruszczak）創造的一個名詞——意指他們在調控的環境中成長，而且是「被牽去屠宰」。我們沒人參加過一種課程叫做「如何抓住孩子不放」，但過度教養對於孩子的職場生涯似乎是很糟糕的準備。

二〇一四年，為了探究接受過度教養的孩子在職場上的表現，加州大學弗雷斯諾分校（California State University Fresno）管理系的教師調查了四百五十位大學生，他們被要求評估自我效能的水準、父母參與的頻率、父母涉入其日常生活的程度，以及對某些職場狀況的反應。「這個研究顯示，有直升機父母的學生最顯著的不同是，他們對於自己完成任務、達成目標的能力缺乏信心，研究人員指出，這對未來的雇主應該是一記警鐘。研究發現，在大學仍受直升機教養的學生，更可能依賴他人、應對策略不佳、缺乏軟技能，如雇主重視的責任感與認真態度。一項特別有意思的發現是，過度教養與求職及工作行為的適應不良相關。」[4]

父母該怎麼辦？

二十一世紀的職場是全球化、步調快速，而且不斷變化的。想要成功，必須比以往任何時代更為積極主動、能夠解決問題、從逆境中恢復。員工需要能得到所有這方面的協助，不論他們是幾歲。在這種環境下，對於求職年輕人的父母、以及員工的父母，最重要的問題是：我們要如何在這方面提供協助，而不是阻礙？

以提供建議、忠告、回饋的方式給予協助是有用的，但我們只能做到這裡為止。當父母插手年輕員工必須自己做的事，可能會適得其反。二〇一四年，一位母親在分類廣告網站「克雷格列表」（Craigslist）提供了上千元的酬勞，要給任何一個可以幫兒子找到工作的人。他的兒子是遭遇不幸的那種人嗎？身體有殘疾？正從嚴重災難中復原？並沒有。他不僅大學畢業，還是從一間知名的法學院畢業，在兩家律師事務所實習，也是加州律師協會會員。希望沒有任何他的客戶會發現他母親刊登的廣告。我不知道大家是怎麼想，但我希望為我辯護的律師，是靠他自己找到工作。

人力資源部的警世故事

二〇〇五年，一位常春藤名校畢業生理查（Richard）畢業兩年後，事業平步青雲，在紐約一間知名的投資銀行上班。他的年薪有二十五萬美元（約新台幣七百五十萬元）——這時正是二〇〇八年經濟大衰退之前——工時超長。理查的母親珍（Jan）認為，薪水是其次，理查的工作太辛苦了。所以，珍做了一些徵信調查，找到理查老闆相當隱私的市話號碼，並在某個週末打電話向他抱怨。這位老闆在電話上相當有禮，但心裡火冒三丈。理查星期一回去上班時，便發現自己無法像平常一樣，被允許搭乘直達摩天大廈頂樓的銀行電梯，反倒是保全人員把一個裝滿他辦公桌上私人物品的紙箱交給他，箱子上有一張紙條：「問你媽媽」。

理查的老闆是個壞蛋嗎？看起來是。他可以用不同的方式處理嗎？可以。理查希望母親插手干預嗎？誰知道？但這些都不重要，因為老闆握有實權，就像每個老闆一樣。這個例子是父母干預年輕人職場生涯可能導致的結果中最糟糕的情況，這也是當我們想大肆施展自己在孩子童年裡行使的威權與控制時，對潛在後果所發出的預警。雖然大學接納了各種程度的父母參與，但我發現許多雇主一點都不想要。他們只在乎這個員工能做什麼，而不是父母。也許，職場可以順利成為過度教養終告結束的地方？

蘇珊娜·盧卡斯來自費城，目前和小孩一起住在瑞士——就是之前我提到，在瑞士戶外遊戲場經常看見溜索、錘子和釘子，幾乎要抓狂的那位媽媽。她本身是企業人力資源部門的主管（以前稱為「人事部門」）。我會認識她，是因為她正根據自己身為前藥廠企業人力資源經理的專業資歷，從事相關議題的專職寫作。[5] 盧卡斯的網路文章每月有數十萬點閱次數，她的見聞是來自各式各樣招考與管理員工的人力資源經理，其中有些人也遭遇過年輕員工的問題。她說，父母來電詢問自己的小孩為什麼沒被錄取正職或實習工作，這種現象如今已是稀鬆平常。每當接到這種電話，蘇珊娜直截了當的回應是：「因為是你和我聯絡，不是你的孩子；我需要有動機、有衝勁的人。」[6]

在瑞士待了五年後，盧卡斯對於育兒的觀念，終於擺脫了「美國人的原生恐懼」，轉而接受瑞士的作法，包括鼓勵幼稚園年紀的小孩獨自走路或搭乘大眾交通工具上下學，為四歲兒童組織「森林遊戲團」，每星期不論晴雨，規劃四小時在森林裡的戶外活動，讓孩子能看見木頭並自己堆木頭、在柴火上烤熱狗當午餐。

盧卡斯的文章〈為什麼我的孩子將是你孩子的老闆〉（Why My Child Will Be Your Child's Boss）曾談到，在瑞士的童年體驗是如何教會她的美國兒子自己下決定、做風險管理、克服挫折，而她很清楚，這些技能將使兒子在職場上勝出那些比較軟弱的美國同儕。[7]

蘿拉・密契爾（Lora Mitchell）是俄亥俄州中部的一位人力資源主任，她負責招募的是為養老院、州監獄與心理健康機構提供急難救助的救護車隨行緊急醫療技術員。[8] 最近幾年，一些年輕人，男女皆有，都帶了父母來參加這種技術員的面試。「顯然父母不知道，我們可以在他們等候面試時聽見他們的談話。」她說。他們會對孩子說這一類的話：「你做得到，沒問題的！」對人力資源部來說，這可能會使他們對應試者留下不好的印象。

更大的問題是，還有父母「明確地主導路徑」，先是填寫申請表，面試時也想要坐在一旁。「如果一個急救工作者為了完成面試，需要父母陪伴，這個人也極有可能在面對緊急狀況時，無法做出獨立的決斷。當你要設法對付一個重大罪犯或心智不穩定的病患時，總不可能還要打電話問媽媽怎麼做。」當應徵者人數超過職缺時，蘿拉會略過那些把父母一起帶來的應徵者；但要是人手不足，她可能就別無選擇，只能雇用這種人。

蘿拉也遇過一些年輕員工，會期待主管「教養」他們。蘿拉這麼說，是指他們開始要做某件特定的事情時，會希望主管把每個枝微末節解釋得清清楚楚。「這種人通常都待不久。」

卡蘿．柯尼基（Carol Konicki）是新墨西哥州阿布奎基（Albuquerque）一個健康醫療機構的人力資源經理。[9]幾年前，一位年輕女孩捱過了卡蘿的新人訓練，當中包括了針對健康照顧與其他福利的深入討論。那天結束時，她沒有把人事表格交回，反而問卡蘿，她可不可以把表格帶回家。

第二天早上，卡蘿的電話響了，來電者表明身分是這位年輕女孩的母親。「我立即想到的是，發生了什麼可怕的事嗎？」卡蘿說。這位母親說，她需要和卡蘿一起確認這些福利，她解釋道：「我的女兒聽不懂，而且很怕妳。她不敢回去問妳這些問題，所以我得問清楚，才可以幫助她。」卡蘿回憶新人訓練時的情景。在她記憶中，那是一場完美溫馨的互動，而這位年輕女孩竟然感到害怕？

卡蘿有些惱怒，而且覺得這樣不太恰當。但她還是繼續向這位母親說明。第二天，卡蘿請這位女孩過來：「我和妳媽談過。妳還有任何問題嗎？」卡蘿試著向女孩暗示，在職場中，合宜的關係是建立在員工與人力資源經理之間，而這位員工因為把母親扯進來，在一開始就就打壞了自己的名聲。「但這名員工對於所發生的事，一點都不覺得慚愧或尷尬。」卡蘿後來又想到而補上了一句：「我無法想像我會為兒子打這種電話！」

當父母自己決定與雇主聯絡，我們無法確定這是一位太多事的父母放心不下小孩，或是一個不成熟的成年人向母親求援，也許還請母親插手。這兩者有很大的不同：前者只會使雇主煩躁，而後者會讓人懷疑這名員工的能力。

荷普．哈迪森（Hope Hardison）是國際金融服務公司富國銀行集團（Wells Fargo）的人力資源主管，該集團的員工超過二十六萬人。有天下午，當她打開信件時，不禁好奇自己面對的是哪一類型的父母與「員工」（在富國銀行稱為「團隊成員」。）[10] 那是二〇一三年的冬天，荷普收到一位母親的來信，質疑她女兒的績效考核。「這位團隊成員年紀超過十八歲很久了。這讓我很傻眼。我很好奇她知不知道自己的母親寫了這封信？不管知不知道，都不是件好事。」

荷普本人並不認識這名團隊成員，但依然為她覺得可悲；在這種情況下，父母的行為會對員工造成負面效應，不論這名員工對此信知情與否、或是否希望這封信被寄出去——就像那位可憐的理查，他的母親害他被投資銀行炒魷魚了。荷普那天回家時，在這封信上感受到了值得寬慰的另一面。「我正要去參加我十二歲孩子的家長日活動，這封信提醒我不要成為『那種父母』。」她笑著說。

但有時候，員工確實仍非常依賴父母，此時便會讓人想認真思考，這名員工是否適任。「為美國而教」（TFA）的總顧問崔西－伊莉莎白．克雷說，他們的團隊成員有時會從一開始，便試著讓父母成為自己與TFA的中間人。[11] 他們會對TFA說：「我已經和父母談過這項新的雇用訊息，可以讓他們在電話上發言嗎？這會比我向他們重複再講一遍省事。我想要他們的建議。」

當然，孩子想要我們的建議。當然，我們也想給他們建議。然而，雇主想要在年輕的員工身上看見成熟與自信。雇主想要員工擁有處理事情的本事，也就是能靠自己處理事情。

當年輕員工需要把父母拉進來一起討論與招聘相關的例行事務，可能會使其暫時被視為警戒對象。例如上述在TFA的互動，新的團員想要父母接聽電話，這「會引發我們的疑慮，不確定這個人是否能在即將就職的挑戰性環境中成功適應。在我們與各區域溝通時，會提醒這名團員即將任教區域的所屬工作人員，他或她似乎非常依賴父母。」而這項提醒可不是件好事。

我們做的事幫了倒忙

我的母親從事科學教育——指導中學老師如何教科學——而從她那兒我知道，教學是出了名極具挑戰性的專業，全國有許多老師只教了兩年就離職。TFA的存在，就是要為大多數位於郊區、資源不足的學區提供額外的教師人力資源，而在這些地區最能強烈感受到貧窮及其所造成的影響。TFA招募了全美將近六千名最優秀、最聰明的大學畢業生，把他們送進誠如某些TFA前輩所說，可能會是他們一生中最具挑戰性的職場。想要知道千禧世代是否足以勝任最搶手、最傑出、最挑戰的工作，沒有一個地方會比TFA更能夠深入探究。

TFA的領導階層非常清楚，身為他們的成員可能要承受極大的情緒挑戰。如同其他重要的服務工作，如軍人、警察、消防隊或急診室照護，出乎意料與不可預見的事經常發生，而且必須被即時處理。基於這份工作的本質，TFA只雇用具有「恆毅力」和「韌性」的年輕人：這兩個流行語最近很受關注，意指個人是否能忍受艱難的挑戰，並且鍥而不捨。TFA非常期望、也很尊重，他們雇用的年輕人能從父母那兒得到重大的情感支持。TFA也因為這些父母擁護者受益許多，有助於穩固某些計畫與特定學校的教師資源。

即使如此，TFA對父母干預團員職涯的加劇程度，仍感到相當吃驚。他們認為，團員向父母抱怨職場的挑戰，這完全是人之常情；但是，若父母聽了這些抱怨，而擔心起來，覺得這是他們該插手的問題，這就成了年輕人持續依賴父母的警示。「我總是在下班時，遇到父母為了已成年的孩子插手介入。」舊金山灣區的TFA執行總監艾瑞克．史克羅金斯（Eric Scroggins）說。[12]

父母打來找艾瑞克的電話，通常會談及諸如此類的事：父母從女兒那裡聽到她在每天上下課途中，會遇到一些不太討喜的人物；或者她因為破壞學校的規定，在上課時間離開校園處理私人事務，結果被校長訓斥了一頓；或者她和某個學生或老師互動不良。家長會對艾瑞克說：「這裡不適合我女兒，她沒有安全感。」或者：「你必須更換她的工作。」或者：「她沒有得到適當的支持，你們應該要提供。」或者：「應該要有個人每天和她一起在教室裡。」

有時候，父母有機會和艾瑞克，或是也會接聽這些電話的崔西—伊莉莎白談完後，就覺得好多了。但有時候，這些擔心的家長還會繼續僵持下去。他們可能開始大聲咆哮，說他們的孩子是為一個「完全無能的」校長工作，這個學區的政策「在我們公司是絕對不被容許的」，然後總結說，「這是令人震驚的行為」，「必須立即處置」。

這些TFA的領導者能夠同理，父母見到孩子陷入困境時會很難受，而且許多父母的擔憂，是源自對低收入社區的恐懼。他們會盡力協助父母了解：首先，他們只是聽到一方的片面之詞；第二，學校有許多自己的規定和文化，可能與父母的專業經驗不同；第三，因為TFA團員是受雇於他們任教的學區，所以TFA即使想要，也無法提供這些解決方案。

艾瑞克告訴我，說到底，如果所有的學區都運作得很完美，就不需要ＴＦＡ了。從某個角度看來，這個經常運作不良、資源不足、極為挑戰的環境——以及高賭注的重要工作——正是他們的孩子報名參加的目的。「但日復一日下來，父母可能會相當訝異與沮喪，孩子竟然要『受制』於它。」

有些ＴＦＡ的團員也可能像投資銀行的理查那樣，並不知道父母打了電話到辦公室。「當他們從我們這兒聽到這些事，」艾瑞克說：「他們才明白，自己對父母說了些什麼而導致父母打電話過來，會讓他們在我們眼裡顯得有點不成熟。通常，事情到這裡就結束了。這對團員是一種學習。我們試著幫助他們了解，他們說的話可能對父母造成的影響。」

艾瑞克分享的這些父母與ＴＦＡ的事，讓我想起在史丹佛與丹妮絲·波普為即將入學的新生父母舉辦的座談。我們會帶著父母了解學生可能打電話回家的情況，說明如何傾聽與分辨學生是否要求父母「採取行動」，或只是想「吐苦水」、需要某人的傾聽。通常，孩子只是想要我們聽他們說話，感受到我們的關心與愛，這就足夠給他們力量，繼續回到學校，完成任何他們需要做的事。我們可以把他們撫養成健康、自我實現而且獨立的個人，但依然可以在他們的生命中扮演傾聽的角色。

清單式童年的負面效應

有時，職場的問題其實是出在年輕員工本身，和父母的出現、打電話或咆哮並沒有關連。例如有些員工的認知偏差，可能是源自從小就一直被告知要做什麼，以及從來不被允許冒險。

「如果你告訴他們要做Ａ、Ｂ、Ｃ和Ｄ，他們會做得很好，而且很認真努力地做。」ＴＦＡ的總顧問崔西—伊莉莎白告訴我。[13]但如果你告訴他們：我們得要做到D。我們會示範A和做一半C給你看。你要發揮創意，自己想辦法。』他們真的會不知所措。他們的心態是：「告訴我是哪一條路，我會跟著走，即使那真的很困難。但是，要我闖出一條路，自己想辦法？這我做不來。」這就是清單式童年造成的負面效應。

「我想我們現在看到的是，自主性與獨立性的缺乏，」崔西—伊莉莎白說：「有些團員來的時候，少有真正自主的經驗，這使得他們在應付學校裡的人際關係時，能力較為不足。教師休息室裡的教師平均年齡是他們的兩倍，此外還有性別與種族的問題。我們希望他們能建立同事的關係，或看起來像是同儕，而不是當個『小孩』」。崔西—伊莉莎白提到了TFA期望一名二十二、三歲的員工已透過人生經驗與所受教育獲得的個人職能管理特質：成熟、責任、主動、可信賴度等。「如果他們不具備我們可以倚賴的完整特質，將會增加我們工作的困難度。」

崔西—伊莉莎白把這種必要技能的缺乏，歸因於學院與大學裡的「客戶服務、顧客服務關係」。「我們常常覺得大學嚴重影響了我們和其他的雇主，因為學生在大學接受的服務水準，在現實世界裡是無法相提並論的。一名新團員可能會有這樣的心態：『每個人所做的事，不是都應該要對我最有利嗎？』當他們發覺，競爭的利益才是主角，他們的需求可能不是最重要的，真的會非常震驚、沮喪挫敗，覺得這樣的互動很不公平。而這時，我們就會接到父母的電話。他們會覺得自己的孩子沒有被公平對待，因為通常的情況是，這些孩子都未曾獲得如大學時代客製化的待遇。

當崔西—伊莉莎白說出這些狀況時，我必須承認這有一點刺耳——不只有一點。我似乎就是她在批評的、在大學裡提供課程與支持的人員之一。從遠觀的角度來看大學，我可以理解：一方面大學城有龐大的壓力要提供更多服務，以換取相當的學費、食宿經費；而在另一些方面，我們的努力也可能走偏了，演變成無微不至。但我不認同年輕人的這種心態是根源於此，我這麼告訴她。抱有這種心態的學生帶著它進了大學，而要在四年內將之前十八年所受過度教養的影響一筆勾銷，是很困難的事。

職場文化可能不會改變

有些企業擁抱千禧世代與他們父母之間的關係。谷歌（Google）和領英（LinkedIn）發起了「帶父母來上班」[14]的活動。《哈佛商業評論》有一篇文章報導了百事可樂的執行長，因為她讓父母一起來參加招募過程，並且寫信「謝謝他們讓孩子來參加」。[15]

許多企業走在前端，調整他們的工作場所，以符合千禧世代不同的行為模式。才華洋溢的南希·奧托貝羅（Nancy Altobello）是安永會計事務所（Ernst & Young）全球副總裁，她也做了一些調整。千禧世代占了南希十九萬名專業員工的一半，她也毫不掩飾對他們的喜愛。但就如任何理想的關係一樣，她得先了解他們，才能走到現在這一步。[16]

「十年來，我們絞盡腦汁，想辦法和千禧世代磨合出最佳的工作狀態，檢視他們想要工作的時數、想在哪裡工作、他們在團隊裡的角色，以及他們的聲音是否被聽見。」在經濟大衰退後重新調整，並體認到千禧世代將很快擔當起勞動力中很大的比例，南希和她的同事們設法去適應千禧世代，同時讓他們盡情施展才能。

「他們來的時候，希望被告知要做什麼。如果他們沒有看到全貌，就不會參與。他們很關注公平，所以透明很重要。他們想知道每個人的權責劃分。我們也發現，他們極為渴望，用不同的方式工作、而且保有彈性。這並不一定意味著少工作一點——他們最感興趣的是，能全盤掌控自己的工作。所以，我們很注重設定情境、解釋我們最終期待的目標，然後授權給他們去思考如何達到那個目標。我們的經驗是，如果你給他們有趣而富挑戰性的工作，他們也了解要怎麼達到企業目標，他們就會和任何世代一樣努力，或者更努力，而且會以非常傑出的方式呈現。」

南希明白，為什麼今日父母在員工的生命中扮演更吃重的角色。然而她也覺得，有時候是過頭了。「去年有位父親打電話跟我說，『我只是希望妳注意我女兒待在那兒的時數。如果她知道我打電話，一定會很生氣。』我隨即調查了這件事，發現這位父親說的沒錯。但我會比較喜歡這個年輕女孩告訴父親：『我現在真的不知所措。我需要幫忙，但仍想維持我的良好形象，那我該怎麼辦？』如果父親和她一起坐下來，協助她準備與我們的討論，情況會好一點。這是父母最為稱職的角色。」

身為父母，我們可以期望孩子最後會遇到像南希·奧托貝羅這樣的老闆，而不是像那間投資銀行的壞蛋。但這是無法控制的，我們的職責是好好撫養他們，讓他們就算身處惡劣的環境，仍有長大茁壯的機會。

10 過度教養也讓父母焦慮緊張

我們為什麼會對一件早在教養問題留言板和同儕審查研究出現以前，
幾千年來人類都已經做得很成功的事，仍然感到慌亂失據？
為什麼有很多爸媽把為人父母視為某種危機？
「危機」這個字眼可能太強烈了，但數據顯示，也許不會。[1]

—— TED 講者珍妮佛．希尼爾（Jennifer Senior），《完全歡樂，但不好玩：現代父母的矛盾》作者

過度教養不僅傷害了我們的孩子，也同樣傷害我們。今天的父母擔心恐懼，而疲憊、焦慮和憂鬱更是不在話下。

心理學家談到了撫養小孩所導致的「教養矛盾」——一方面是無與倫比的快樂，另一方面則是焦慮和抑鬱。[2]當然，父母的快樂是無可檢測的，但我們的憂鬱卻是可以量化：美國父母憂鬱的比例是一般人的兩倍，沮喪的父母大約有七百五十萬人。根據二〇〇六年刊載於《兒科保健期刊》（*Journal of Pediatric Health Care*）的一項研究，懷孕與養育子女的婦女超過三分之一有憂鬱症狀。[3]

此外，《教養雜誌》（*Parenting*）在二〇一三年刊載了一篇文章，標題為〈贊安諾錠讓我成為一個更好的媽媽〉（贊安諾錠〔Xanax〕是一種抗焦慮藥物），因而引起一陣騷動。在此文中，這位婦女詳述了每天的壓力和恐懼使她疲於奔命，最後只能服藥；一位批評家認為，精神病學和製藥廠已經把正常人的悲傷變成了憂鬱障礙，我們不應尋求藥

物來適應「為人父母每天必經的大起大落」。[4] 我認識的許多父母，若聽到有人說這種大起大落根本沒有什麼，都會因此惱怒氣憤。

孩子看到了我們的焦慮。研究員艾倫．葛林斯基（Ellen Galinsky）詢問了一千個孩子，他們最想改變父母行程表的哪些部分。「很少有人想要更多的見面時間；最多的願望是想要媽媽和爸爸少一點疲憊和壓力。」[5]（孩子也受到我們的壓力所影響。研究顯示，父母若心理健康欠佳，孩子本身也會是承受心理健康負面結果的高風險群。[6]）

獨自教養的危險

「孩子並不是問題根源，」作家珍妮佛．希尼爾在她二〇一四年的TED演說、及其著作《完全歡樂，但不好玩：現代父母的矛盾》（*All Joy and No Fun: The Paradox of Modern Parenthood*）中如此說道。[7]「關於育兒，現時此刻才變成問題。如果每件事我們都不去試試，就彷彿什麼都沒做。」

在二〇一一年出版的《需要成人監督：父母與孩子的私人自由與公共約束》（*Adult Supervision Required: Private Freedom and Public Constraints for Parents and Children*）一書中，衛斯理學院的社會學副教授馬克拉．B．盧瑟福（Markella B. Rutherford）藉由檢視育兒雜誌的讀者信箱專欄，追溯了一個世紀的育兒行為。她認為，我們遺忘了撫養一個小孩需要整個村莊力量的概念，而且，我們不再依靠非正式的社群網絡協助我們在公共領域養育「我們的孩子們」，而是各自被遺棄在私人領域養育「我的小孩」，焦急、孤單地尋找方法，為孩子面對外在世界做最好的準備。[8]

一份二〇一二年發表於《兒童與家庭研究期刊》（*Journal of Child and Family Studies*）的研究，調查了一百八十一位五歲以下孩子的母親，把焦點鎖定在導致心理健康負面結果的教養行為與態度。研究人員發現，採取「密集式的教養態度」，比較可能招致負面的心理健康結果。更確切地說，「相信女性是最重要的家長」的母親，對生活滿意度較低；[9] 而認為育兒具有挑戰性、需要專業知識和技巧的母親，比「認為身懷絕技並非必要」的母親，更容易焦慮與憂鬱。[10]

社會學家安妮特．拉蘿（Annette Lareau）仔細觀察了日常生活的教養，描述中產與中上階層父母是為了「協同式栽培」（concerted cultivation）而結婚，將養小孩視作一項「計畫」[11]。在二〇〇五年出版的《完美的瘋狂：焦慮時代的母親》（*Perfect Madness: Motherhood in the Age of Anxiety*）中，作者朱蒂思．華納（Judith Warner）創造了「媽咪的奧祕」（Mommy Mystique，以調侃美國作家貝蒂．弗來丹〔Betty Friedan〕提出的「女性的奧祕」〔Feminine Mystique〕）一詞，意指不斷栽培或控制孩子，直到在努力中失去自我的這種驅力。[12]

心理治療師貝絲．蓋農就在她的診所裡看見了這種「協同式栽培」和「媽咪的奧祕」。「高學歷婦女把她們的技能傾注於教養，成為自己心目中養育子女的專家。我發現，高度投資在孩子身上的婦女，即使承受著沉重的壓力、焦慮或憂鬱，就算我只是建議她們後退一步，對她們也是很大的侮辱。我必須在幫助她們與冒犯她們之間小心平衡、謹慎行事。」[13]

處於恐怖平衡的婚姻

史黛西．布汀（Stacy Budin）已經見識過父母所承受的極度緊張和壓力。[14] 她是帕羅奧圖的一位精神科醫生，每天都有焦慮的父母走進她的診所。她客戶的婚姻狀況經常是處於某種恐怖平衡。第一個孩子剛出生時，一對夫妻的關係可能會先被擺在較不重要的順位；隨著時間推移，當孩子們的生活成為更優先的事，夫妻關係若繼續被擱置，可能就會日漸枯萎。一旦發生這種情況，夫妻和孩子都會受到影響。「如果你太專注於小孩，而失去與另一伴的連結，你不可能會有健全的家庭生活。」布汀知道很多人都是「撐在那裡」維持著婚姻，直到最後一個孩子上大學。

唐（Don）的婚姻就是沒有撐下去的那一種。當他回顧這段婚姻到底是哪裡出了問題，他把諸多責難歸咎於妻子的過度教養。[15]

唐是矽谷科技業的資深執行長。四十歲之前，他就升到了科技業副總的職位，履歷洋洋灑灑，包括曾在惠普、eBay 和 Salesforce.com 等大型科技公司工作，過著優渥生活，在女兒高中畢業時就送她一部賓士車當畢業禮物。

但唐的人生並不是從一%的金字塔頂端開始。「我在一個藍領家庭長大，每次父親被解雇，家裡就靠教會和政府救濟。記得有好多次家裡的乾衣機、或是洗衣機壞了，我們就不得不背著裝滿衣服的垃圾袋走到洗衣店；再不然就是車子拋錨了，或者被斷電……總有東西是壞的。」唐十一歲就開始工作了——採漿果、整理院子、做各種雜活，以工資支付園遊會的門票，購買他的朋友「不會恥笑」的上學服裝。唐是個功課普通，比較擅長運動的學生，他被大學錄取，成為美式足球校隊，但獎學金只夠吃泡麵、花生醬和果醬麵包，所以他找了一份工作，勉強維持收支平衡。接下來，他又找到一個科技公司的實習機會，因為表現突出，所以被請回公司上班。他對美式足球不再熱情，卻對科技產生了熱情，他開始往上爬，最後終於功成名就。

過程中，唐遇到了一位家庭背景相似的女孩，和她結了婚。但是，每當談到撫養兩個小孩的問題，對於如何幫助孩子「成功」，他們的意見完全南轅北轍。唐的太太想要盡可能地幫助小孩，對她來說，這就代表讓小孩盡情享受自由時間而不用做家事，以及緊迫盯人地確定小孩的功課都有完成。唐則認為這兩件事看似在幫忙，其實卻完全是幫倒忙。「我回顧自己的人生，百分之百相信，是自己具有的責任感，教會我如何自力更生。有時候你得做不想做、但還是要承擔下來的事，而這會教導你謙遜、工作倫理、責任以及堅持不懈。」

「我的前妻覺得，她總是得看著兒子和女兒，告訴他們該做什麼，事事耳提面命。要是他們沒做她一直提醒的事，她就會很沮喪，然後繼續跟孩子說：『你必須開始寫功課。』——沒反應——『你真的必須開始寫功課了。』——還是沒反應。這些不斷重複的提醒和要求，左耳進，右耳出，一點效果也沒有。」

唐很失望，但或許也不訝異女兒在一所菁英公立大學讀完第一年就被退學。他把女兒失敗的主因，歸咎於沒有責任感與承擔力的童年。「我六、七歲時就在家裡做各種雜事，但我沒看過今天的青少年做這些。我蓋樹屋，幫老爸做東西、修東西；現在，沒人知道怎麼拿鐵鎚。」

唐和前妻已經分開五年，目前與她共同擁有高中兒子的監護權。當兒子待在唐家裡時，前妻打電話給他，要他去父母入口網站檢查兒子班上要寫什麼功課，確定他全都交了，然後再打電話給老師，確認兒子說他已經做的事和線上系統寫的有沒有出入。唐提到這些時，深深地嘆了一口氣。

「我會說，關於教育小孩，我前妻付出的比較多。但我想要給孩子空間，為了我個人，也為了小孩。我不想要每天都去父母入口網站報到，那太荒謬了。孩子應該對自己的功課有責任感。如果沒交作業，得承擔後果，那是他們該解決的問題。但現在，你可以看見每一分鐘的軌跡。我認為這個方法是錯的。在職場上，我們稱此為微觀管理（micromanaging），與此相對的則是賦權（empowerment）。如果我在公司監控某個員工工作的每個細節步驟，就是微觀管理；如果我給員工很大空間，讓他們承擔風險、自己做決定，則稱為賦權。如果我能賦權給員工，為什麼不能也賦權給我的孩子？」

美國的壞媽媽

將美國的教養方式與全世界其他地方的教養方式相比，就會明白我們已經走偏了路，遠離我們可能認為的人類常規。

在南加州聖塔克拉利塔（Santa Clarita）鎮上教許多孩子拉小提琴的一位匈牙利女士，問一個學生的母親：「為什麼這裡每個人都這麼緊張？」這位媽媽解釋說：「這裡經常都是這樣。」[16]一位以色列媽媽告訴我，她在以色列求學、從事高科技與專業工作多年後，搬到帕羅奧圖，「與其說是搬到這兒工作，實際上我覺得自己像是加入了一個高成就婦女團體。她們閒閒沒事，整天到處接送小孩，在小孩的履歷上下工夫。」[17]多功能休旅車可說是這個時代的終極象徵：我們保護孩子免於道路和陌生人的危險，接送他們去每個必須參與的活動，以便進入我們為他們所渴望的高等學府。

在二〇一二年出版的《為什麼法國媽媽可以優雅喝咖啡，孩子不哭鬧？》一書中，作者潘蜜拉．杜克曼鼓勵我們效法法國人，把培養孩子自主放在第一位，並在孩子為自己摸索、想辦法的過程中找到價值，如此能讓父母保有個人自我與心智健全。[18]

在二〇〇九年的《壞媽媽》（*Bad Mother*）這本散文集中，美國作家艾莉特．華德曼（Ayelet Waldman）則哀嘆婦女不停地評斷自己和其他父母，並描述自己不因教養而失去自我的努力，她對教養孩子採取自由放任主義，將她與丈夫的關係置於與孩子的關係之上。[19] 然而，她卻因為大膽說出母親有權利保有個人自我與心智健全，也就是法國母親能自在擁有的那些權利，而遭致公眾的嚴厲批評。

二〇一四年，我打電話給華德曼，想知道自她那本爭議作品發表以來的五年中，她的想法是否有些轉變。但我從她的聲音立即得知：她鎮定自若，一點都沒有被那些批評蟄傷。「為了獲得那個完美的畫面，我們正在鞭打自己、焦慮緊張，」她說的是美國教養，「但這樣行不通。我們正在努力追尋一個無法企及、不真實的果殼，卻忽略了真正的果仁，那軟而綿密的東西。」她告訴我那軟而綿密的東西，是來自對簡單事物的愛、笑聲和成就[20]——聽起來彷彿就應該如此簡單。

當我問父母，為什麼他們會投入過度保護、過度指示、走一步牽一步的狂熱，他們回答：「這樣孩子可以幸福和成功。」當我又問道，這樣感覺如何，他們則回答：「壓力太大了。」我繼續問，為什麼壓力是值得的？他們回答：「這樣孩子可以幸福和成功。」我們被這類重複的贅述所籠罩，就像狗追著自己的尾巴，因而慌亂失措，難以破解這不合邏輯的論調：這個充滿壓力的過程將有助於孩子的幸福，更別說是我們自己的。

作者珍妮佛．希尼爾提出警告，不要把孩子的幸福與自信當成目標，這會使我們成為「他們自尊的監護人」。她說：這是個難以捉摸的目標，因為我們不能像是教耕田或騎車那樣，教給他們快樂或自信。「幸福和自信可以是其他事物的副產品，但它們本身不能真正成為目標。把孩子的幸福寄託在父母身上，是很不公平的負擔。」[21] 而且，我還想補充：反之亦然。

父母的自我放錯地方

許多的父母，特別是身為母親的我們，是用自己讀大學、或者研究所的方式，再不然就是選擇以職場之道，來「從事教養」。換言之，也就是採用我們運作學生社團或公司會議的方法：傾全身之力，勤跑家長教師聯誼會或足球點心時間，認真促進孩子的生活，彷彿他們是我們這間小小私人公司的指標、或是可交付的成果。孩子看起來怎麼樣、他們吃什麼、穿什麼、參加什麼活動、達成什麼目標，都成為我們的映像，反映出我們如何看待自己。彷彿他們的生命，就是我們的成就；他們的失敗，就是我們的錯誤。

我們許多人是從孩子們跳舞、揮棒或者參加考試，來獲得自我意識和人生目的。這裡有一些我從全國各地的媽媽們那兒聽到的例子：

- 薇漢米娜（Wilhemina）是位住在達拉斯的媽媽，她三歲的孩子參加學校的演講比賽，而且獲勝了。「現在是第二年，我們得保持這個榮譽。輪到她時，我的心跳得很厲害。我心想：『妳在做什麼，她只有四歲！』那種感覺是：確保她表現優秀，有一部分是我的責任。」[22]

- 加州門洛帕克（Menlo Park）一位名叫梅麗莎（Melissa）的媽媽，將朋友使用社群媒體的方式，稱為是「滔滔不絕而堅定的平台，大力吹噓孩子和自己的成就。」[23]
- 西雅圖一位名為蒂娜（Tina）的媽媽說：「這是一種不可思議的文化。人們為自己的孩子做公關，或許也為自己做公關。」[24]
- 南加州一位名叫毛里娜（Maurina）的媽媽，四十多歲才有了第一個孩子，她比周遭的媽媽們年長十到二十歲。「我不是每次都會得到獎盃的那一代人。你不是贏就是輸，你可能得到或沒得到……無論如何，你都要學會忍耐與接受。但現在，那些媽媽和爸爸一輩子都被說他們有多棒。而他們似乎也需要被告知，自己是多好的爸爸或媽媽。他們就是這樣。孩子應該是這一切關注的受益者，事實卻非如此，因為這些父母是出於自己的利益才這麼做。」[25]
- 一位達拉斯的媽媽妮基（Nikki）有五個孩子。「我需要產出冠軍水準的孩子，讓他們成為各自領域的佼佼者，」她繼續說：「以某種方式創造影響力、改變世界。我有責任創造出擁有這種能力的人，他們是我留給世界的遺產。」[26]

我們不僅用孩子的成就來衡量自己的價值，還把成就的標準設得這麼高，而需要我們不斷的、密集的參與。

而且，叫孩子起床、接送他們上下學、提醒他們作業的期限、幫他們送忘記帶走的作業和午餐、不論晴雨站在他們比賽的場邊、與教練和老師討論複雜的議題、為他們或和他們一起寫報告和文章，固然會使我們其中一些人覺得有其價值（目前是如此），但這些需要時間、心神和努力的責任卻會耗盡我們。

達拉斯的企業家米亞（Mia），也是一個大女孩的母親說：「我發現當女兒長大，每個決定都關乎能否證明我是個好母親，就像是一個好母親的角色在對抗一個真正的人。」[27]

同樣住在達拉斯的妮基，曾是企業工程師，並育有五個孩子。她說：「我把教養做到極致，這攸關我個人，如果孩子沒有獲得信心或前途無可限量，我會覺得身為父母實在愧對他們。我似乎迷失在母親這個身分裡了。我想，我忘了自己也是人，我沒有去做那些應該為自己做的事。」[28]

薇赫米娜是達拉斯的一位律師合夥人，也是兩歲兒子的母親。她說：「每個月會有一、兩次，我整晚熬夜，只為了留在這場比賽裡，而不是為了超前。我每天清晨五點起床，即使是週六週日也一樣，我不知道自己還可以持續多久。」[29]

這些評述，和朱蒂思．華納所描述的美國母親全包式本質兩相呼應。[30] 母親們褪去了個人的身分，以求符合現代母親的形象。

矽谷一位名為昆恩（Quinn）的母親，向我描述這種全包式本質如何將她推到崩潰邊緣。[31] 她想要成為那種「什麼都做」的媽媽，而她的三個孩子相差六歲，所以為他們做每一件事，就意味著要做很多很多事。她試著當個「超級媽媽」，在當地公立學校的家長教師聯誼會擔任要職，籌辦學校拍賣、書展、參加每次的校外教學、載孩子到處跑，隨時知道他們的行蹤。

「我所做的每件事，都和孩子相關。我不知道自己喜歡什麼、我抱怨自己不像其他人一樣有錢、討厭我的丈夫、覺得我正與所有其他媽媽競爭，而且極度沒有安全感。我會出門為自己買一套新衣服，在臉上掛上微笑，然後去接孩子。」逛街買衣服是昆恩可以為自己做的一件小事，這似乎是失控人生中，還有一點點選擇的事。

對昆恩而言，要某種程度跟上在孩子學校裡立下規範標準的那些人，已開始讓她付出代價。「當妳是矽谷這個地區的某個女人，而不是公司的執行長，會覺得自己必須完成這一切，以證明妳是有能力處理某些事的。家長教師聯誼會的政治很殘酷。誰在做什麼，為什麼這麼做……誰沒做什麼，為什麼沒做，要因為某個媽媽的各種喜惡，做出不同安排；還要互相微笑、點頭、一起喝咖啡。這些都讓我累癱了。基本上，我已經失去理智了。當你發現自己出現在書店裡的勵志書櫃邊，這可能就是個徵兆。」有一天，一位昆恩的密友告訴她：「妳實在很可悲耶，妳對每個人發火，妳對一切反應過度，妳很難相處。」朋友的這些逆耳忠言，是喚醒她的鈴聲，昆恩說：「她說得沒錯。」

「希望孩子功成名就是很自然的，」帕羅奧圖的精神科醫生史黛西．布汀說，「不健康的部分是來自於我們社區的高度驅力，希望孩子出類拔萃，在某個方面、或是所有方面，都發光發熱。孩子要達成這些目標的壓力如此巨大，母親於是把它當成了人生重心，要保證這些高遠成就有所實現。有些母親似乎除了孩子的SAT分數和各種成果，就沒什麼其他好談論的了。而一旦收到大學入學通知，除了少數最有資格吹噓的人，那些競爭、誇耀和比較，對所有人來說都會難以承受。這對孩子不是好事，對母親也不是好事。」[32]

更何況，用以評量這場成就大賽的標準，還是一項非常、非常崩壞的大學入學體制。

11
大學入學體制已經崩壞

家長與大學入學體制聯合製造了升學壓力，而其中最普遍也最明顯的作為，
就是堅持與濫用 SAT 分數來度量學生的價值。
為了幫助學生獲得課業軍備競賽所需的彈藥——
更高的 SAT 分數、更好的在校成績、先修課程分數、更吸引人的大學申請論文……
一種規模龐大的大學預備產業已然出現。

紐約最好的餐廳是哪一間？這個問題沒有正確的答案，所謂「最好的」，當然要視情況而定，看你是怎樣的人，想吃的是哪種餐點。同理也可適用於大學，但是拜《美國新聞與世界報導》（*U.S. News & World Report*）每年出版的「最佳大學專刊」之賜，你不會知道這一點。

過去三十年，這本雜誌大發利市的方法，就是靠著說服越來越焦慮的父母和學生：所謂的大學體驗，僅是某些可測量項目的總和結果，而這項結果與學生在校內感受到的教育品質毫無關連。[1] 億萬富翁莫提摩．祖克曼（Mortimer Zuckerman）是該雜誌母公司的唯一所有人，而他的公司藉由我們對這份（錯誤）訊息的飢渴，賺取巨額的獲利。二〇〇七年，當《高等教育紀事報》針對該雜誌的大學排名合理性所引發的爭議，試著採訪祖克曼的意見，「他變得相當草率無禮，而且充滿防衛心」，在一分半內就結束了訪談。[2]

在美國，大約有兩千八百所官方認可的學院

與大學。任選十位你崇拜的、或者你認為成功的人物，然後去領英（LinkedIn）查詢，可能會發現他們分別就讀七到十所不同的大學。若你想向學者請教，孩子到哪裡可以接受最好的大學教育，他們會告訴你，能讓學生經常與老師密切互動的大學——課堂上、研究中，或是指導關係裡——都是可以去的地方。全美各地到處可見優秀的大學教育，不論是在小型文學院、社區學院、公立與私立學校，甚至是在名氣最響亮的學校。名氣可能很受用，但不總是最好的。學術界的圈內人都知道，若要評估教育的優質程度，最佳大學排名是沒有意義的，但這些排名卻極具說服力地導引著申請者，擠向美國各優秀大學之中的一小部分學校。

是的，在我們討論過度教養與其傷害時，最棘手的問題，就是大學入學申請。現在該是我們好好談論它的時候了。

當我在一九八四年申請史丹佛大學時，競爭已經相當激烈。大約有一萬九千名學生申請約二千四百個名額，而當中有一千六百人接受了大學的錄取許可。這兒的錄取率是十二．六%，報到率是六七%。到了二〇一四年，有四萬四千名學生申請約兩千兩百個名額，錄取率是五．〇二%，創下史丹佛與全美國的歷史新低。招生名額減少，是因為近年來，有更多史丹佛錄取生接受入學。史丹佛已將新生班級人數增加到將近一千七百名，以期報到率可以在二〇一四年提高到七七%。招生與財務支援主任理查．蕭（Richard Shaw）告訴我，史丹佛實際的報到率是七九%，這可能會讓我的前同事急著為那些多出來的學生找床位。[3] 身為校友與前主任，我為史丹佛在過去五十年從一所地區型大學，成為全國性、乃至世界知名的大學深感興奮。但要擠進這道校門，簡直難如登天。和現今大部分的史丹佛校友一樣，我會看著那些數字，然後哀嘆道：「我現在進不去了。」

席多妮亞．達爾比是史密斯學院的招生主任，我們在前文提過她，談到哪種申請資料會讓招生人員眼睛一亮、感到興趣，而哪些又是父母想要孩子體驗的活動與機會。她在當地的高中和社區中心對學生和家長演講，講題是如何準備大學入學申請。在談到為學生找到適合的學校時，她告訴聽眾：「如果氣象報告說，有百分之五到十的機率會下雨，你會穿雨衣嗎？不會？但如果人們聽到有百分之五到十的錄取機會，他們不會預設自己是那其他的百分之九十到九十五。」[4]

這也許會令你驚訝，但是直到二〇一四年春天，席多妮亞在電話上跟我說了同樣一段話之前，我一直期待孩子會進入這些名校的其中一所。我的盤算是這樣的：先生和我都讀了史丹佛，我為什麼要期待孩子有不一樣（更差？）的選項？我一直這麼覺得，在小孩出生前，也或許更早以前就這麼想。但在跟席多妮亞談話之後好幾個星期，我腦袋裡一直反覆思量著那百分之五到十的數字。有那麼多的孩子在校成績和學測分數都非常優異，還有其他大學校方想在年輕孩子身上看到的特質，我於是開始比較理性地思考，如果我的孩子要闖過這一關，需要哪些條件。

先前，我為何那麼確定我的孩子會戰勝這些機率？我又為何那麼確定我要他們殺出重圍？如前耶魯大學教授，也是社會評論家威廉．德雷西維茲所見，當我們推著孩子去做某件不太可能的事——而且通常是不適合他們的事——這對小孩將是傲慢、高壓、誤導而且錯誤的。「我們是否要繼續維持教育資源的人為稀少性，然後逼迫孩子為剩餘的位子彼此競爭，因而陷入恐怖與絕望？」德雷西維茲在他二〇一四年的著作《優秀的綿羊》中如此問道。[5]

被扭曲的年度大學排名

大學文憑在今日是必要之物。一九七五年，美國二十五歲到二十九歲的人，有二一．九%擁有學士學位，今天這個數字是三三．五%。[6]從五分之一求職者擁有這個學位，到三分之一求職者都有這個學位的轉變，意味著以往憑著高學歷就能得到高薪的白領工作，但如今，學士文憑只是讓你有資格參加競賽。

是的，大學很重要。但日益加劇的二十一世紀大學入學壓力，有許多似乎是肇始於我們對好大學普遍的錯誤認知。每年九月，《美國新聞與世界報導》會出版「最佳大學專刊」，標榜精準地列出一千四百所大學與文學院的排名。一所學校的排名成績有七五%是以看似客觀的數據為憑[7]（但有時候是由學校或《美國新聞與世界報導》自己操弄出來的），如留校率、師生比、班級大小、SAT/ACT（譯註）分數、報到率、每位學生支出、畢業率與畢業生回饋；而最後二二．五%的成績，是來自「聲譽」調查，由資深行政人員為其他學校的教學計畫，以一分（邊緣分數）到五分（傑出分數）進行評比，這個過程在大學校長之間被視為「選美」。

當「最佳大學專刊」每年秋天發行時，便席捲網路囊括了一千萬點閱數，而其他每個月份只有五十萬。大學校長與董事會研究這份資料時，了解排名的上下異動將直接影響學校的財務底線，而大部分讀者則是高中生和大學生的家長，他們誤以為這些排名就是每所大學教育相對價值的真正指標。

大學申請過程已經變成像是一種國際軍備競賽。成績、SAT分數、申請論文、課外活動、推薦信、付學費的能力（！）和其他等等，就像是堆積起來的武器。而某些武器（GPA四．〇）被認為比其他武器（GPA 三・五）更強大；誰擁有最多、最強大的武器，就能獲勝。他們會贏得什麼？他們會贏得其中一所排名頂尖學校的入學許可，還有就跟儲備軍火的國家一樣：得到權力。世上的權力寶位。被誤導的想法於焉產生。

在《美國新聞與世界報導》專刊排名前二十五的學校，會有最多的申請者，因為它們被認為是最頂尖的學校；這些學校也會一年比一年更需嚴格篩選，因而可以誇耀其入學新生的平均SAT/ACT分數極高且持續增加，平均GPA則接近或超過一般被認為完美的程度（四・〇）。借句佛洛依德的話來說，威廉・德雷西維茲稱此為「『對微小差異的自戀』：人們製造出來的無意義差別，讓他們覺得自己比其他與他完全一樣的人優秀。」[8]雖然這些分數做為衡量一個人的標準並無意義，卻是學生在整個申請過程中唯一能影響的部分，所以對申請者而言是如此重要。學生與父母以這些「微小、無意義的差別」為目標，採取各種作為，因為他們知道，這種差別可以影響學生是否有機會進入那些篩選嚴格的大學。他們也被誤導而相信，這些大學會提供成功人生所需最好的教育和機會。這場軍備競賽導致學生上了更多先修課程，爭取每項作業和測驗可能的每一分。經常，學校有多位拿到最高GPA的學生，要算到小數點萬分位才能分出高下。有個孩子則被同儕與家長批評，因為中文是他的母語，他才能在進階中文拿到較高的分數，成為畢業生致辭代表（這也是一項強大武器）……這可真是小心眼啊。

譯註：ACT 是American College Test，即美國大學入學考試；SAT 則是Scholastic Aptitude Test（學術能力測驗）或Scholastic Assessment Test（學術評估測試），兩者均為申請美國大學的入學資格考試。

追求完美的持續壓力

由於大學入學體制是如此，學生（與父母）都感受到了以臻完美的壓力——無論是家庭作業、實驗、報告、小考和大考。連中學生都受到影響，在數學方面，許多學區開始根據六年級（美國國中一年級）的表現，為學生「分跑道」（tracking）或「歸類」（laning）。在六年級沒拿到好成績的孩子——因為他們的技巧、缺乏興趣、教學不彰、生活環境，或者發呆——將無法在八年級修代數（現在某些學區的標準更高，是不能修幾何學），未來上高中時也將被拒於最高級數學的門外，而這是許多大學會要求學生選修的最進階課程（並且要得到A）。當學生的大學錄取結果不如預期，他們和父母可能會發現自己怪罪起六年前的學習情況。

我有過這種經驗。身為九年級生（美國高中第一年），我兒子莎耶的數學——幾何學——不是超級厲害，他於是無法在十二年級（美國高中第四年）修習大學先修課程微積分。我為此擔心了五分鐘，然後發現孩子不喜歡數學，但一般的幾何學得不錯，如果這間大學不接受他，只因為他沒在每個科目都修到最難的課，那就隨他們去吧。（或者，至少在某些時刻我可以這麼強硬。而其他時候，我可是和其他人一樣焦慮的。）

二〇一三年時，芝加哥拉丁學校十二年級的畢業生布蕾克．楊（Blaike Young），在校刊上寫了一篇文章，將自己與同學所面臨課業軍備競賽的壓力，類比為一九五〇年代瘋人院內病患的遭遇。

四月的某一天，我和當時讀十二年級的布蕾克談話，她和同學正在考慮要接受哪一所大學的錄取通知。拉丁學校有個傳統，會讓十二年級生在五月一日那天，穿著未來就讀大學的運動衫上學，而他們很在意這件事。[9]對布蕾克和她的同學來說，最重要的就是他們即將就讀大學的名氣。「我們知道，研究顯示其他地方有較好的教育品質，但我們會忽略它。總歸就是要讓人印象深刻。每個人都知道每個人的每件事，有了社群媒體，什麼都無法保密。」

當我們開始聊天，布蕾克的聲音愉悅且有禮。她感謝地說，自己很幸運能就讀最好的私立中學，很開心那漫長而無趣的大學入學申請結束了。「終於，我可以為了學習而學習，」她告訴我：「不是為了進入哪裡，或者為了向其他人證明任何事。」

回顧過往，布蕾克想起早在小學四年級時，她就「對大學很抓狂」。「作業多到很不正常，每天晚上得寫好幾個小時。」到了高中第三年（十一年級），寫作業的時間有時甚至高達七小時。過去八年，她一直得「努力，努力，努力，努力，努力」，而她將此歸因於同儕團體和芝加哥的學習環境。想到她的入學結果，布蕾克停頓了一下，說自己很後悔數學能力沒有更強一點，她怪小學一年級的數學課：「我那時候從來沒聽懂數學課。如果一年級數學被教得好一點，我現在就能進數學比較高段的班級了。這件事到現在還是讓我很煩。」

布蕾克將要進入全國排名數一數二的公立大學，但我可以聽出這個過程在她身上留下的烙印。我們的訪談進行了近三十分鐘，她從一開始的開朗，變成此刻的遲鈍，她的態度疲憊、語調無奈。

布蕾克是在高中第三年（十一年級）的春假寫了〈瘋了，瘋了？拉丁學校的壓力程度〉這篇文章，起因是對歷史科大學先修課程在春假時指定的作業感到沮喪。她將高中學生的心理健康狀態比作瘋人院的病患，並不是基於數據。「那真的只是個希望，但願我們真的有證據能顯示自己已經拚到極限了，這是一個人能做到最好的程度了，我們知道自己夠用功了。這是我們需要知道的。我們感覺到的焦慮程度是如此誇張，誇張到了極限。學校的同學都在談論自己『得了恐慌症』或『無法呼吸』。有的人還以此為傲，真的有點病態。」

布蕾克文章以一個明確的願望做為總結：「我希望童年終將修復。也許未來，我們不必再受制於令人癱瘓的壓力，只有正向的壓力促使我們向前。」我問她，她指的修復童年是什麼意思。「自由。你再也不會有暑假。你得工作、實習，不再能單純地享受暑假。你不能沒有家庭作業，那是不可能的。沒有地方可以讓你只當個孩子，你被每件事綁住。你不能只是玩樂，甚至只是一時一刻的無憂無慮，因為你被電話、學校、標準綁住。沒有隨興所至的空間，你不能在夏天跳進游泳池。就像：『不行，我得去工作。』你無法快樂，你會因為還沒做被界定為重要的事，而有罪惡感。」她覺得自己被制式化了。從某個觀點來看，她的確是。

當我正感謝布蕾克能撥空與我談話時，就聽到我們家前門的輔助鎖輕輕打開的聲音，我的高中生莎耶回來了，而他即將面對的是三到四小時的家庭作業。當我下樓迎接他，心中想著，身為母親和教育者，我對這個問題也有責任。身為人人都認為值得的這個制度中的一份子，我想向布蕾克道歉。後來，我和莎耶分享了與布雷克的訪談稿，對於她最後感性提到的修復童年，莎耶說：「沒錯，她說到重點了。」

SAT有什麼意義？

家長與大學入學體制聯合製造了升學壓力，而其中最普遍也最明顯的作為，就是堅持與濫用

SAT分數來度量學生的價值。（如果你的SAT分數很高，確實能夠得到更多大學的財務支持。）為了幫助學生獲得課業軍備競賽所需的彈藥——更高的SAT分數、更好的在校成績、先修課程分數、更吸引人的大學申請論文——一種規模龐大的大學預備產業已然出現，其形式包括商店街上的輔導中心、週末一萬四千美元的論文指導、到府指導的個人家教，每年產值達數十億美元。[10]

芭芭拉．柯羅那（Barbara Cronan）是紐約美國大學理事會（College Board，亦即大學入學考試委員會）的行銷主管——這是制定SAT、PSAT（譯註）與AP考試的組織。（另一個與SAT類似的測驗ACT，則是由另一個競業組織ACT, Inc主持運作。）美國大學理事會的宗旨是幫助孩子——包括第一代移民的孩子，以及來自資源匱乏環境的孩子——理解大學教育的重要性、怎麼申請，以及如何支付學費。芭芭拉是她們家中第一個上大學的人，對於能成為這個機構的一份子，她相當滿足欣慰。[11]

美國大學理事會將PSAT與SAT視為平衡機制，讓各種背景出身的學生都有機會進入具有競爭力的大學。學生會在高中第二年（十年級）或第三年（十一年級）考PSAT，而比起其他標準測驗，有更多的孩子考PSAT。美國大學理事會將PSAT分數的資料販售給大學，這樣一來，具有某種水準資質的孩子就會進入大學的雷達螢幕，尤其是來自資源不足社區和學校的孩子，若非如此，他們恐怕難有進入這些大學的管道。於是，大學簡介廣告源源不絕地寄達各個家戶和電

譯註：PSAT：即preliminary SAT，SAT的預考。

郵信箱，直到招生季結束一、兩年後才會停止。這也是美國大學理事會何以對他們的測驗產品及其在大學入學申請中扮演的角色，深信不疑。

然而，大學拿這些測驗數據來做什麼？目前普遍的批評是，大學購買PSAT成績資料，以便寄送學校簡介給那些絕對不會錄取的學生，好衝高申請者人數，接著便能提升其「嚴格篩選」的水準，將學校在《美國新聞與世界報導》的排名往前推進。至於SAT在大學入學申請中的價值，則是它標榜能預測學生順利因應大一課業的可能性。實際上，每位與我談過的招生主任對SAT都有某種程度的非議，因為它測量的不是天資，而是學生為考試學習的能力，說到底就是財力。這麼說吧，SAT的分數會隨著學生的應考準備與重考次數而進步，當學生能負擔的應考準備與考試愈多，他們的分數就愈高，這意味著SAT的分數與社經地位高度相關，而非是認知能力。受到讚譽的作家艾莉特．華德曼在《壞媽媽》這本著作裡，揭露了她自由放任的教養方式，讓人另眼相看，她對這個主題也有話要說。「當我想到自己花了多少錢，讓我細心撫養的孩子做應考準備以參加標準測驗，這是很不應該的。大學持續使用一種只能度量父母的神經質和支付學費能力的測量工具，實在是很荒謬。」[12]

大學知道SAT測出的是富裕程度，而評比大學的相關機構也心知肚明，把SAT高分視為這所學校擁有有能力支付學費的高收入家長的證明。

美國大學理事會也清楚這一點。因為這違背了他們的宗旨，對此他們相當不悅。二〇一四年，他們徹底重新設計SAT，試圖讓這項測驗在某種程度上脫離考試準備產業的擺布，因為這個產業專為富人服務。理事會希望新的測驗更能測出學生應用知識的能力（而不是記憶事物），就如他們在大學和人生中所需。他們期待這項改變，能使該測驗並非只顯示學生的準備程度，而是展現他們本質上的理解能力。但他們也認同考前準備的價值，而與可汗學院（Khan Academy）合作，免費提供SAT的考前服務給所有需要者。美國大學理事會正努力將測驗與理念同步。SAT是否真能成為平衡機制，而非特權者用以進入名校的工具，還需要時間觀察。新版測驗已於二〇一六年上線。

測驗與排名所招致的批評

雖然很多大學長官並不認同SAT的宗旨與價值，但有更多人駁斥他們每年收到的《美國新聞與世界報導》排名調查所標榜的價值——尤其是他們被要求評比其他大專院校的「選美」部分。有許多人相信，一些全國最優良的教學，是發生在「沒人聽過的」學校裡。那麼，校方何以不停止隨著《美國新聞與世界報導》起舞？原因與他們不願在招生時給予SAT較低比重是相同的：這麼做會傷害學校的排名，所以除非其他學校也做出相同決定，否則沒有學校會貿然施行。這些學校似乎也無法聯合起來做出改變，但他們倒也不是沒有嘗試過。

羅伊．賽克（Lloyd Thacker）在二〇〇四年成立了「教育保護協會」（Education Conservancy），以期處理大學入學申請的壓力問題，並重新連結高等教育的價值。[13]他招攬了一群有志一同的大學校長與招生主任，看看是否能有所作為。羅伊的熱情與急切顯而易見，但你不會冷漠地覺得那只是異想天開的狂熱。他的對手是整個國家的心態、大學領導者的恐懼，以及億萬富翁的財力。

有少數學校已經選擇退出《美國新聞與世界報導》的調查——其中以奧勒岡州的里德學院（Reed

College）最為知名——這些學校拒絕寄出自己的數據、或是對其他學校的意見，並承受繼之而來的評比打擊。位於紐約州布隆克維的莎拉勞倫斯學院（Sarah Lawrence College）已在二〇〇五年停止接受SAT成績，因其「對於預測學生在本學院的表現助益極少」，卻會「導致入學申請過程明顯偏袒能負擔昂貴家教課程的學生」。《美國新聞與世界報導》當時曾知會莎拉勞倫斯學院，如果不送出SAT分數，他們會假設該學院學生的分數比同類學校低，而給予該學院比同類學校約低兩百分的平均SAT分數。[14] 換言之，《美國新聞與世界報導》想故意編造一些事實，來懲罰不肯合作的莎拉勞倫斯學院。[15]

賽克期望集結這些孤軍奮戰的努力，挺身對抗排名的箝制。如果大部分學校太害怕，而不敢採取像里德學院和莎拉勞倫斯學院那樣的行動，也許可以結合眾志發揮力量。不久後，賽克出版了《不排名大學：終結大學入學狂熱》（*College Unranked:Ending the College Admissions Frenzy*）[16]，這是一本大學領導人合著的散文集。這些領導人也共同發明了一種全面性的大學搜尋工具——BigFuture。這是一個扎實的互動性網站，比《美國新聞與世界報導》囊括更多的資訊，由美國大學理事會維護（www.bigfuture.collegeboard.org）。儘管有了這些努力，《美國新聞與世界報導》的大學排名目前仍是人們搜尋美國大學訊息的最主要來源。

二〇〇七年，美國公共電視網「新聞一小時」的葛文・伊菲爾（Gwen Ifill）搭上批判大學排名的高漲聲浪，採訪了《美國新聞與世界報導》的總編輯布萊恩・凱利（Brian Kelly）。她問凱利，他的大學排名專刊是否「是行銷工具……就像《運動畫報》（*Sports Illustrated*）的『泳裝專刊』（*Swimsuit Issue*）之類的東西？」凱利回答說：「妳知道，從我們的角度來說，我們當是在做生意。我們是新聞組織、是出版商，但我們也要賺錢。我們販售自己產出的新聞，所以我們不會羞於這麼說……但是妳知道，一旦實際的排名發布後，事情就不是我們能控制的了。」[17]伊菲爾很聰慧地把《美國新聞與世界報導》的大學排名專刊類比成《運動畫報》的年度泳裝專刊；因為這兩本單期刊物，都是整個雜誌集團財務健全所仰賴之命脈。[18]

和羅伊・賽克一樣，鮑伯・史騰伯格（Bob Sternberg）也在朝修復體制的路上邁進。史騰伯格是康乃爾大學（Cornell University）的人類發展學教授，他發表了一種成功智能的理論，比做為SAT分析評估根本的一般智能更具廣度。[19]根據他多年研究標準測驗及其在大學入學申請過程的運用，加上他曾經擔任耶魯教授、塔弗茲大學（Tufts University）文理學院院長、奧克拉荷馬州立大學教務長的資歷，史騰伯格告訴我：「通常，向篩選嚴格的大學提出入學申請的學生，有三分之二在學業成績上都是合格的。根據他們的SAT是七一〇分或七三〇分，或者GPA是三・七或三・九，來決定是否錄取，實在是很枝微末節。倘若我們想要創造一個更理想的社會，只看SAT分數或學業成績，是無濟於事的。」

史騰伯格和同事在這幾年發展了一系列評量計畫，稱為「彩虹」（Rainbow）、「萬花筒」（Kaleidoscope）和「全景」（Panorama）（視採用學校而定），以衡量他這套更具廣度的智能理論，其中包括由SAT衡量的分析技能，但也能衡量出創意、實務／常識，以及智慧／倫理技能。二〇〇〇年初期，他和同僚在大學理事會的支持下，以「彩虹」評量對大約一千名參加者進行研究，結果顯示，他的測驗比單用SAT來預測學生在大一時的表現，準確度增加了一倍，各種族群的表現差異也降低了。這些結果帶來了希望，而這項研究也被史騰伯格所屬專業領域中最好的期刊選為社論。[20]但後來，大學理事會中斷了對這項計畫的支持，他們的考量是，史騰伯格的測驗將無法「提升」到全國實用的水平。

賴瑞・莫默（Larry Momo）是紐約聖三一學校（Trinity School）的大學輔導主任和哥倫比亞大學的前招生主任，他也受夠了這個體制。[21]他曾經在大學理事會的論壇上，站起來挑戰新任的主席，請他做點事，以減少標準測驗在大學申請成績中所占的比例。他也想要改變大學錄取的方式。「第一次審核後，一旦判斷申請者的課業能力足以因應，為什麼不把分數從審查項目移除，只要看所有其他的項目，這樣就不會有人在會議上一直盯著它們？如果因為這樣做，而拉低了學校某一年的平均分數，那又怎樣？」

唯一能啟動這種改變，又不至於造成重大負面影響的單位，就是那些最為知名，即使該校的SAT平均分數下降，聲譽依然不墜的大學。這個議題可以用一整本書來討論，但並非是本書所要探究的內容。

他們被借貸的童年

SAT制度的崩壞，只是大學入學申請過程崩壞現象中的一部分，在這當中，豐富的高中學習經驗，因為分數而被犧牲了：健康童年與青年發展，也因為腐敗錯誤的理念而被犧牲了。在《優秀的綿羊》一書中，德雷西維茲寫道：「事情變成這樣：菁英份子以自己孩子的童年幸福為代價，買下了自我的延續。孩子需要跳過的圈圈越多，讓他們跳過的成本也越高，越少有家庭做得到。但是，他們跳過越多，也越悲慘⋯⋯你以為做掉了其他人的孩子，但其實到最後，也把自己的孩子搞得一團亂。」[22]

這個體制已經崩壞了，我們的孩子借貸了他們的童年。但事情不必然非得如此。一定還有其他的選擇和方法，我們將在本書的第三和第四部分來討論。我們必須非常努力、同心協力，往改變的路上前進。為了孩子，也為了我們自己。

第三部

Another Way

另一種方式

12
最佳的平衡點

在山脈呼喚你之前，在你離家之前，
我希望教會你的心去信任，就像我教會自己。
但有時我會問月亮，它上回在哪兒照拂到你，
然後搖搖頭，笑著說：「這一切過得太快。」

——演唱者／作詞．作曲　達兒．威廉斯（Dar Williams）
《*The Beauty of the Rain*》專輯之〈The One Who Knows〉

達兒．威廉斯是我最喜歡的歌手之一。她的歌詞通常是迷你的故事，聲音刻蝕著令人屏息的真實感，而且她的吉他彈得很好。這首〈The One Who Knows〉我已經跟著吟唱數百次了，但沒有一次唱到最後一段時（見上）不哽咽。父母的愛刻骨銘心、強烈，而且美麗。很難理解我們如何能面對孩子的離家，更別提有時候甚至不知他們身在何處。但我們給了他們生命，而生命是要活出來的。

畢竟，我們是哺乳動物。也許，我們是穿著衣服、帶著手機的哺乳動物；但不管怎樣，我們是哺乳動物。在野外，我們的哺乳同類撫育牠們的幼獸，直到牠們能照顧自己。不論撫育期是多長，數週、數月或數年，在某個時間點，這隻年輕的哺乳類獨立了。事實上，哺乳類親代的工作，就是撫養幼子，讓幼子在未來親代不在身邊的情況下也能淬鍊茁壯，並得以撫育下個世代，而後即功成身退。這是生物的必然性。但我們的同類在放手這個部分，做得比人類好太多。

當然，我們不住在野外，而且很幸運，我們和孩子的生死問題，不會成為二十一世紀中產與中上階層美國人行為的主要動機。是的，外面很可怕。恐怖主義陰魂不散，經濟有時很危急，中產階級正在萎縮，大學文憑是找份好工作的必需，學生貸款對許多人來說是巨大的負擔，而且在這瞬息萬變的資訊與科技經濟裡，很難預測哪種工作才是明日之星。再說，從蕭條的經濟、年輕人的失業率到高物價生活，都是很好的理由，讓我們提供給成年孩子一些經濟援助，直到他們能自食其力；讓我們運用自己的人脈與知識，幫助他們跟職場打交道；也讓我們允許他們在艱困時期搬回家住。

然而，如果我們失去哺乳動物的基礎本能，沒有把孩子安置在一個能讓他們展開成人生活的情境，甚至有一天他們還會有伴侶和自己的小孩，那他們會變成什麼模樣呢？今日的父母為孩子保護、指導與處理這麼多事，已經使他們無法獲得發展為成人所必要的歷練與成長。更準確一點地說，我們這樣的幫助與支持，已奪走了一般青少年與年輕人對於獨立的需求。今天的孩子，多半都會感謝我們的存在，這種感覺真是超棒的。但我們能否讓下一代孕育出對於獨立的渴望？克拉克大學（Clark University）心理學教授傑佛瑞．詹森．亞奈特（Jeffrey Jensen Arnett）是「成年初顯期」（emerging adulthood）（編註）一詞的創始者，他寫了一本新書名為《三十而立：二十幾歲孩子的父母指南》（*Getting to 30: A Parent's Guide to the 20-Something Years*）[1]真的假的！父母指南？達爾文一定要從墳墓裡滾出來了。

編註：亞奈特所定義的這個時期約介於十八歲~二十五歲之間，現今社會因遲婚、遲育和求學時間延長等現象，使得處於此階段的年輕人在財務與生活上仍未完全獨立，也還在摸索自己的角色定位與發展方向。

自我的核心

在孩子十幾二十歲時，我們希望他們還愛著我們、想見到我們，但也希望他們擁有自食其力的本事與許多技能，以及「我認為我可以，我認為我可以！」的心態。表達這種心態的另一個說法是「自我效能」（self-efficacy），這是一九七〇年代由心理學家亞伯特．班度拉（Albert Bandura）在人類心理學領域發展出來的概念。自我效能意指相信自己有完成任務、達到目標、處理情況的能力[2]——這代表你相信自己的能力，而不是相信父母協助你做這些事、或是幫你做這些事的能力。

自我效能不是只像《小火車做到了》（*The Little Engine That Could*）童書裡那台湯瑪士小火車一樣相信自己。自我效能是對自我實現的真實感受（不是過度吹噓也不是貶低）。它是學到：當你初次沒有成功，其實可以再試一遍，然後就可能會進步，甚至達到相當成就、或是爐火純青的程度。自我效能和自尊不一樣，後者是相信自己的價值。自尊會影響自我效能，但自我效能是建立於實際執行工作，並目睹因這份努力締造的成功。[3]自我效能大多是透過童年時能有重複嘗試與犯錯的機會而建立的。事實上，對不斷在發展的人類來說，這就是所謂的「童年」在人生中具備的意義，是它自始至終都在提供的功能——直到最近，因為我們這些父母開始為孩子做了這麼多人生功課才漸消失。

不論你相信與否，孩子有一天會十八歲，雖然你愛他們、喜歡為他們做事，但你不會想讓他們到了十八歲還在依賴你，也不會想說分就分，把他們丟進現實世界，就此揮手道別。我們應該從童年初期開始，就以一種諄諄教誨、與年齡相符的方式，撫育並教養他們，灌輸他們如何在世上做個成年人的概念。

所以，我要再問一次，「成為一個成年人」是什麼意思？我們在第二部的〈我們的孩子缺乏基本生活技能〉這一章，已經開始檢視這個問題。為了獲得指引，我向一位我認識且十分景仰的人物請益——威廉．戴蒙（William Damon），他是史丹佛大學的教育學系教授，也是史丹佛青少年研究中心的主任。威廉是全世界首屈一指的人類發展學者，他自己的幾個孩子現在也三、四十歲了。根據威廉的研究，他將「青春期」（adolescence）的定義描述為：「從生理開始變化發育，一直到對成人的社會角色做出堅定承諾的這段期間。」[4]我在二〇一四年秋季繁忙的某一天，去史丹佛校園拜訪威廉，請他解釋這段話的後半部「對成人的社會角色做出堅定承諾」是何含意，以及父母要如何幫助孩子成熟而做到這一點？[5]

威廉解釋說，成人的社會角色是一種根本上「與你無關」的角色。有很多事都屬於這個範疇，包括當父母、對某種職業（工作）盡職，或加入軍隊。這些角色所具有的本質是，你必須摒除個人關注與樂趣的考量，對它們負有責任和義務。那麼，我們要如何看待為人父母的工作，才能讓自己撫養的孩子對這些社會角色做出堅定承諾，而不是一直活在延長的青春期（而且繼續依賴我們）呢？

教養的方式

一九六〇年代，加州大學柏克萊分校發展心理學家黛安娜．鮑姆林德（Diana Baumrind）研究了不同的教養技巧及其對孩子的影響。她在一九六七年發表的論文中，清楚闡釋了三種明顯不同的教養類型：放縱型（permissive）、威權型（authoritarian）和威信型（authoritative），這種分類方式在接下來的十五年裡，一直被視為該領域遵循的標準。一九八三年，心理學家艾莉諾．麥寇比（Eleanor Maccoby）和約翰．馬汀（John Martin）修改了鮑姆林德的分類，以「放任型」（indulgent）取代了「放縱型」，並增加了「忽略型」（neglectful）。現今全世界的發展心理學家，大部分都認為這四種類型是最終版本。

這四種教養類型，一方面描述了父母對子女要求的程度，另一方面也描述了父母對子女回應的程度。它們可以由一個簡單的座標圖來表示，X軸左邊是要求較少，越往右邊要求越多；Y軸下方是回應較少，越往上回應越多。這四種教養類型分別描述如下：[6]

威權型：要求高、回應低。這些父母很嚴格，要求服從與尊重，只要不服從就施以處罰。他們不解釋自己行為的道理——是「我說了算」的類型。他們重視成就、命令、紀律以及自我控制。他們的孩子在家裡有諸多責任，在外則少有自由。這些教養特質在農業社會與工業時代格外重要；今日這種類型的教養則在工人階級與貧窮家庭、移民家庭，以及非裔美國家庭和墨西哥／拉丁美洲家庭較為普遍。不過，富裕的華裔美國人，自稱為「虎媽」的蔡美兒，如果她以恐懼為出發點、完全漠視女兒興趣的教養方式是事實而非嘲諷（她曾指出她的書《虎媽的戰歌》中有一部分是在諧擬調侃，所以我們無法確知她到底有多威權），應該也是落在這個類型。

放任型／放縱型：要求低、回應高。這些父母傾向於關照孩子的所有需要，而且順從他們的一切請求。他們不想建立規則或期望，因此沒有樹立紀律的基礎或需求。他們會幾近嘮叨地提醒，但威脅要對孩子的行為所做的處置卻極少兌現。他們常說要懲罰，卻經常「投降」，不願意說不、或

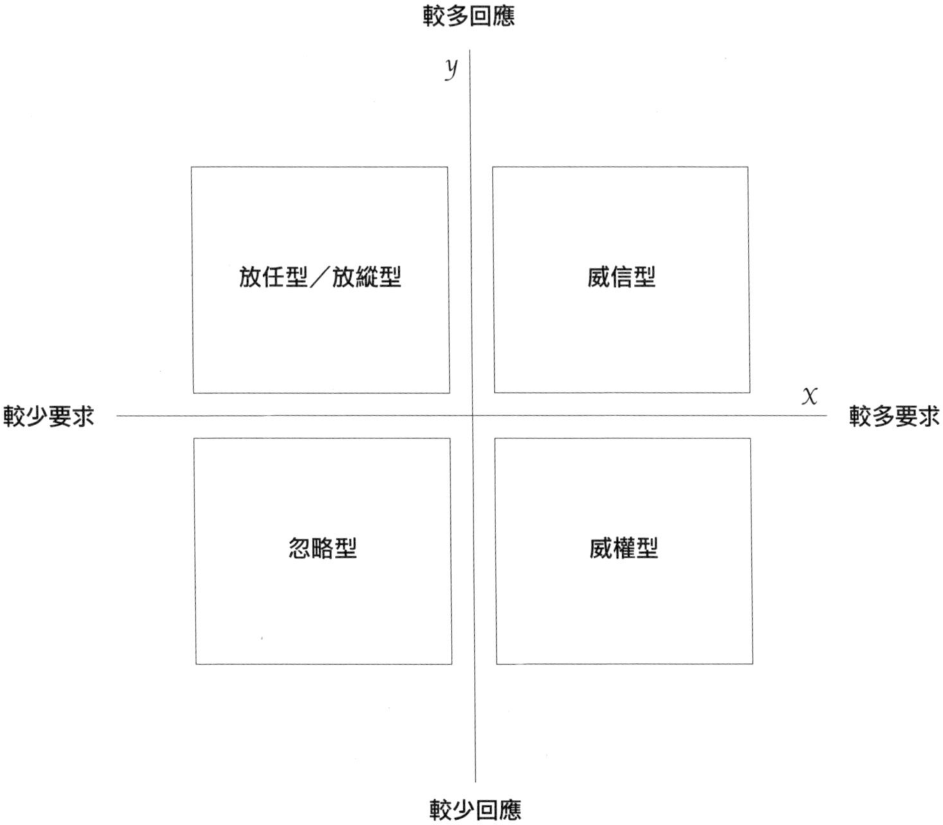
較多回應
y
放任型／放縱型
威信型
x
較少要求
較多要求
忽略型
威權型
較少回應

者執行懲罰，而且覺得自己的孩子不可能做錯事。有些父母經常隨侍在側，想要孩子喜歡他們，表現得比較像朋友，而不是父母。有些則是表面上和孩子在一起，卻未實際參與孩子真正在做的事。放任型的父母通常比其他父母更富裕，教育水平也比較高。

忽略型：要求低、回應低。這些父母說好聽一點是「放手」，最糟的狀況則是會因忽略孩子而觸法。他們不參與孩子的學校與家庭生活，情感上也很疏離，常常不見人影。他們或許也無法可靠地為孩子供應衣食住行等所需。他們很可能過著貧困的生活，或是有憂鬱、焦慮等心理健康問題，這也是導致他們忽略孩子的原因。

威信型：要求高、回應高。這些父母設定了高標準、高期望與高限制，他們很重視這些，並且帶有懲處。但他們也有著溫暖的情感，會回應孩子情感上的需求。他們和孩子講道理，為了讓孩子學習而與他們互相磨合。他們給孩子探索、失敗與自己做決定的自由。

直升機父母的特質傾向，是歸屬於「威權型」和「放任／放縱型」這兩種類型，可能是其中之一，也可能兼而有之。如果他們對孩子的學業、課外活動和家庭生活嚴密指導，灌輸孩子對失敗的恐懼，而不顧他們想追求的願望，這些父母就是威權型的。如果他們把焦點放在取悅孩子、讚美孩子、保護他們免於失敗或傷害，事事護著他們，而忽略了讓他們建立技能、堅定的工作倫理或品格，這些父母就是放任／放縱型的。第三種「忽略型」的父母，則和直升機父母正好相反，因為他們表現出來的，是對孩子發展需求的漠不關心。

第四種「威信型」的父母，聽起來像是「威權型」和「放任型」的組合，而事實也是如此。和威權型父母一樣，威信型父母會執行規定，但不同的是，威信型父母會解釋這些規定背後的原因，把孩子視為獨立、有理智的個體，並在情感上溫暖地對待孩子。威信型父母也有一些放任型／放縱型父母的特徵——他們參與孩子的人生，回應他們的需求；但他們不像放任型父母，不會讓孩子逃避。威信型父母用嚴格平衡溫暖，用自由平衡指導。因此，記者亞曼達·瑞普立形容「威信型」父母是介於「威權型」與「放任型」父母之間的「最佳擊球點」[7]。

在《教出最聰明的孩子》這本探討世界教育強國的紐約時報暢銷書中，瑞普立檢視了教養扮演的角色，藉此解釋美國學生的課業表現為何會比其他數十個國家的孩子遜色。她描述威權型父母「在課業上過於重視反覆練習」，而放任／放縱型父母則以「呵護備至、彈跳無憂的童年模式」來養育小孩。她歸結出威信型的教養方式是最為理想的，能在嚴格與關愛的平衡之中，獲得孩子的信任與尊敬。她以另一位研究者的著作來支持這個結論。這位研究者是西北大學（Northwestern University）的吉拉尼·曼達拉（Jelani Mandara），他在一項針對近五千名美國青少年與其父母所做的研究中，發現由威信型父母撫養的孩子，學業表現較佳、憂鬱的癥狀較少，也較少出現攻擊、叛逆或其他反社會行為。[8]

我們可以看看這些教養方式及其所呈現的證據，很快地歸結出我們認為自己屬於哪一種類型，以及想要成為哪一種父母。但事情沒這麼簡單。許多人會因為感覺到自己像是孩子最好的朋友，而獲得真正的樂趣。許多人害怕如果不強迫孩子讀書、去追求我們確定是最好的一切，他們就會在人生中失敗。蔡美兒自己則說：「所有像樣的父母，都想要為孩子做到最好。只是中國人對於如何做到這一點，剛好有完全不同的想法。」[9] 確實如此，我們都努力在做對的事。

所以，這本書的第三部分所要介紹的，是如何完成威信型教養的明確方法。這並不容易，需要好好練習。我們會跌跌撞撞，然後獲得巨大的滿足感與成就感，又再次跌跌撞撞。然而，藉由放自己一馬、拓寬我們對成功的定義、專心致力於要如何無條件愛著孩子和自己，我們確實可以撥亂反正。

這其中涉及了——我們要拋卻自己能控制或製造孩子生命中所有事情的錯覺，放手讓他們學會自立自處這件重要的工作；我們要讓他們為自己動手，並因此培養能力與信心；我們要教導他們為自己思考，而不是仰賴其他人告訴他們什麼是什麼，或哪些才是重要的。我們也必須是夠格的成人，能為孩子的人格和努力立下標準與期待，並且執行這些標準與期待；我們要接納自己的不完美、還有孩子的不完美，無論是我們或他們，都無法永遠做對事情，當我們能接受這一點，人生會更加喜樂歡欣。

我們都被賦予了這項非凡又謙卑的任務，要協助一個年輕人開展生命。當他們為了成為一個茁壯、成功的成年人而學習著必備的技能與心態，在這段苦樂交織的過程中他們最需要的，就是我們的愛與支持。威信型教養所處的「最佳擊球點」——介於放任型與威權型之間，而且是忽略型的反面——將幫助我們撫育孩子在人生中真正成功，屆時，我們不僅會為他們感到驕傲，也會為自己感到驕傲。

13
給孩子非結構化的時間

我們是如此獨立，被給予如此多的自由。
但現在我們卻無法想像將這些自由送給今天的孩子，這是社會重大的損失。
而我希望，我們可以重獲自由玩耍與鄰里遊戲的歡樂與體驗，
那曾是我這一代視為理所當然的成長記憶。
這將是我們能給孩子的最好禮物之一。[1]

——希拉蕊・柯林頓，二〇〇一年

一個過度安排、照表操課的童年，無法為真正的自由遊戲提供時間或機會。相反地，遊戲是由父母規劃或安排，預計在某個父母和孩子都有空的日子進行，而且父母會全程陪伴，還常會設想遊戲的點子，並在一旁看著，以防有小孩相處不睦，或是誰調皮搗蛋。由父母安排遊戲，在我們行程滿檔的生活中似乎有其必要（如果它沒排上行事曆，就不會發生），但即使我們必須為遊戲製造與保留時間區塊，我們也真的應該在孩子遊戲時，離他們遠一點。遊戲是第一項孩子們該完成的，真正的發展「任務」。

遊戲很重要

美國歷史學家霍華德・查達柯夫（Howard Chudacoff）是遊戲的權威之一。他在二〇〇七年的著作《遊戲中的孩子：一段美國歷史》（*Children at Play: An American History*）[2]中，檢視了過去四

世紀遊戲與美國孩子童年的關係，並且詳述今日的自由遊戲，已到了根本毫無自由的程度。他追溯一路以來的演變，從即席自由遊戲，到正式的、有組織的、有人監督的遊戲，最後歸結道：「至少對青春期前的孩子來說，我們需要更縝密地思考，如何讓遊戲——用湯姆．莎耶的話來說，就是某件不被認為應該做的事——成為童年的私領域……也許，我們應該思考如何、何時給予孩子更多的獨立性，讓他們探索自己的環境、創造玩的東西、與其他孩子互動，單純地享受當個孩子。」[3]

波士頓學院（Boston College）的教授彼得．葛瑞（Peter Gray）將查達柯夫的思維往前更推進一步，滔滔不絕論述起自由遊戲對孩子的心理健康有多麼重要。[4] 葛瑞說，對於健康的心理發展而言，孩子必須參與一種自由選擇、由自己主導、只為活動本身而從事的活動。「不是有意識地為了達成某個明顯與活動本身不同的目的。」如果你不確定什麼才叫遊戲，葛瑞妙語如珠地說：「當有個大人在那裡指揮，那就不是遊戲。」[5]

理查．洛夫（Richard Louv）是「兒童與自然網絡」（Children & Nature Network）的主席，這個非營利組織致力於重新建立孩子及其家庭與大自然之間的連結。在二〇〇五年的暢銷書《失去山林的孩子：拯救「大自然缺失症」兒童》（*Last Child in the Woods: Saving Our Children from Nature-Deficit Disorder*）中，他詳述了戶外活動的絕佳好處，以及孩子越來越常待在結構化的環境與室內所累積的傷害。他寫道，在我們重視與架構時間的努力中，可能不經意地「殺掉了白日夢時間」。

甚至連聯合國也關注遊戲的重要性，並發表在《兒童權利公約》（*Convention on the Rights of the Child*）中：「兒童有權利休閒與遊戲。」[6] 我們經常認為聯合國的存在，是為了協助遙遠國度裡那些受極度匱乏所苦、或人權遭到侵犯的人們，確實是如此。但是，我們也不該再對孩子的休閒與遊戲時間正被剝奪的現況視而不見，它不只在我們眼前發生，而且是拜我們的心態、我們的努力所賜，由我們親手造成。

總之，遊戲很重要。

如何讓孩子遊戲

孩子何時可以自由玩耍、以及要在哪裡玩，這顯然要配合孩子的年紀、能力／特殊需求、你家裡和鄰近的環境，以及有多少可用的時間。把這些限制納入考慮，想想以下專家建議，可以提高自由遊戲程度的方法，這對孩子的心理健康、個人發展以及進入成人世界的準備，都是非常重要的：

1. 重視自由遊戲。不論你的孩子是五歲或十五歲，做父母的你都必須重視它。就像睡眠，如果它沒有受到重視，就會被蠶食，讓位給其他更緊迫、看起來更重要的事。擁抱遊戲吧，它是孩子發展的必需，並且思考如何將自由遊戲嵌入你的家庭行事曆。問問自己，在哪裡你可以讓孩子擁有更多的自由。

2. 了解你的孩子。你最了解你的孩子。他或她已經準備好享有什麼程度的自由？定下你覺得自在的限度——時間長短、地點、活動型態——明白你想在安全的考量與身為父母的職責之間取得平衡，以協助孩子在自由遊戲中養成獨立性與處事能力。

3. 與其他父母達成協議。

- 你的孩子想和其他的孩子一起玩。因為有太多孩子和大人的生活都過度安排，首先，你可能需要幫忙確認，孩子可以找到某個玩伴。所以，你得和孩子朋友的父母協調，在週末或下課後找出空閒的時間，這樣自由遊戲才能展開。得為自由遊戲安排時間，也許聽起來很矛盾，但在我們和孩子的生活不再那麼壓縮之前，恐怕都得想辦法為自由遊戲找出時間，以確保能夠進行。
- 與其預設遊戲總是需要事先安排，試試隨興的機會。讓你的孩子打電話到另一個孩子的家，看看對方是否剛好可以一起玩。這個方法在週末比較行得通。要是有電話打來你家，試著彈性調整當天的安排。

4. 提供材料與工具，鼓勵想像遊戲。大部分現代的玩具已經從遊戲中帶走了想像力。例如，一籃子上千片等著孩子組合成任何東西的樂高積木，能夠助長想像力的發展，附上說明書讓孩子按部就班組成某種結構的就不行（除非孩子反常地忽略說明書）。提供木頭積木、塑膠杯、布、鍋盆、洋娃娃、盒子、運動器材、樂高積木、林肯積木、Tinkertoys組裝遊戲、藝術與手作媒材……但是讓你的孩子自己決定怎麼玩這些東西。有個玩笑是這麼說的，小孩喜歡製造商的包裝盒，更甚於裡面的玩具，而這是有道理的；包裝盒可以是一艘船、一部雪橇、一間房子、一張床、一座堡壘、一個洞、一個舞台、一座山。而玩具只是製造商做出來的那個東西。

5. 讓你的孩子決定怎麼玩、玩什麼。如前所述，準備好各種東西，讓他們有得玩。重點是：讓孩子自己玩。如果你一定得做點事，可以伸手指向他們能玩的東西，但不要指導他們怎麼開始玩，或是幫他們想出玩法。讓孩子自己思考、做他們想做的事，即使那似乎很可笑、沒有創造性，或對你來說是不重要的。你甚至可以讓孩子覺得無聊——想辦法擺脫無聊，可以培養他們解決問題的能力，而這會是他們人生路上所必需。

6. 在你和孩子之間製造一段距離。如果你覺得需要看著孩子在家裡、院子裡或其他戶外地方玩，練習和他們保持一段比平常更遠的距離；而且隨著孩子年齡漸長、你也越來越習慣，請持續地拉長這段距離。記住，陌生人誘拐兒童的統計數字是被媒體誇大的，在現實生活中發生率相當低。如果你陪小孩去公園，那就坐在長板椅上，看看書來分散自己的注意力。克制自己，不要去插手孩子因為分享或輪流所引發的紛爭，孩子需要自己設法解決；也不要急著在當下描述他們的每一件經歷，讓他們過來你這裡，告訴你他發生了什麼事。當他們過來時，你可以提出適當的問題、表現出興趣，並幫助他們對這些經歷與學習，培養更深刻的理解。（在後續教導孩子思考的章節中，我們會更深入探討要如何提問。）

7. 培養退避而不是突進的能力。你的孩子可能會受傷，那沒關係。準備好一個擁抱或一塊急救繃帶，以及他們會安然無恙的保證，而不是去避免推撞、刮傷、瘀青等這些孩子自由玩耍時必然會發生的事。

8. 創造自由戶外遊戲的文化。

- 認識更多的鄰居。不只我們當父母的和以前不一樣，我們的鄰居也和以前不一樣了，與其說是鄰居，他們更像只是和我們存在於同一個空間的人。你和左鄰右居有熟識到可以去借一條奶油或一杯糖嗎？這種關係在過去是好鄰居的模範定義。（也許罪魁禍首是我們良好的飲食習慣，因為現在沒人吃奶油或糖了！）如果認識的鄰居還不多，可以舉辦一個街區派對，向大家介紹自己和孩子。一旦你認識而且信任這些鄰居了，讓他們知道你的孩子會更常到外面玩，如果他們有任何問題，可以怎麼找到你。

- 指定安全的戶外空間。和鄰居、朋友及轄區內的警察聯合起來，讓住家附近的空間更為友善安全，孩子可以在此奔跑、探索與創造，盡情玩耍。這個地方可以是街道其中的一段或是一整條街，一連串相接的前院或後院，一個公園，空的停車場，學校運動場，或是幾個街區中間的廣場，端視你所住的社區、你的舒適圈、孩子的年齡，以及他們是否已做好更獨立的準備，來劃分與界定。在某些市鎮，當地的政府主管機關還會同意正式封閉某條街道，在指定時間內禁止車輛進入，讓孩子在這裡玩。
- 委派父母在街區照應。如果你已指定好地點和時間，讓孩子到戶外遊蕩，找找看有哪位父母可以在這些時段照看小孩：不是如影隨形跟著、指導他們怎麼玩，或者干預插隊或撫慰傷心，而是提供一些監護、點心和幫忙找洗手間，同時在必要時，讓孩子感覺到有大人在身邊——尤其是小小孩。
- 給孩子一支手機。如果孩子有手機，當他們出門在外，離開你的視線和聽覺範圍時，你會覺得安心許多。確定他們記得家裡的住址和電話號碼，而不是只依賴那些按了智慧型手機上的按鍵後，才會跳出來的東西。
- 執行電子產品使用限制。沒錯，手機是方便的工具，可以保持聯繫，可以在晚餐時間到了或是該做行事曆上的下一件事時，把孩子拉回家；但是，在天氣晴朗的日子，看見一群孩子坐在戶外草地上盯著自己的手機，也很讓人難過。你是父母，請立下規矩，聯合孩子朋友的父母，徹底執行。

9. 獲得靈感。

・拜訪一些特意設計過，可供孩子探索、創造與敲敲打打的地方，例如加州柏克萊的探險樂園（Adventure Playground）、紐約綺色佳（Ithaca）的兒童花園（Children's Garden）。讀讀漢娜・羅辛二〇一四年的文章〈被過度保護的孩子〉，[7] 其中曾提到一個在英國被稱為「土地」（The Land）的地方（編註），想想要如何創造一個這樣的地方，或是提供更多非正規的方法，讓孩子可以在自家社區裡這樣玩。

・送孩子去參加以自由遊戲為主題的夏令營。其中之一是基菲爾・托利（Gever Tulley）的「小工匠學校」（Tinkering School），這是在加州半月灣（Half Moon Bay，在太平洋沿岸，距離舊金山南邊半小時車程）舉行的過夜夏令營。

・考慮讓孩子就讀重視學生自發學習與遊戲的學校，例如全國各地都有的蒙特梭利學校。

10. 鼓勵社區的改變。成為你們社區中自由遊戲的提倡者。在你的讀書會、家長教師聯誼會和社區中心裡談論這件事，和當地的民選官員與執法機關進行商討。社區可以做些什麼，為孩子們提供一個安全、友善的環境，讓他們可以遊戲，而且變得更獨立？社區可以做些什麼，來鬆綁孩子們遵循的行事曆？你又能幫上什麼忙？

11. 示範遊戲。大人也會遊戲（或者說，應該遊戲）。當孩子看見你和朋友坐在前院或後院的野餐

編註：請參考本書第一章044頁。

椅上，或者坐在門廊或人行道邊聊天、談笑，一邊喝著你選的飲品，你就是在為孩子示範一個有休閒娛樂、有朋友相聚的喜悅人生。大人的遊戲也包括各種嗜好，以及我們「為自己」或是「純粹為好玩」而做的事。讓孩子看看你放在車庫裡的工具傢俬、彈彈你的吉他、揉一團紗線、拼一千片的拼圖，或是任何你做了，就會為自己的人生創造樂趣的事。（如果你正在想：「哪有什麼好玩的？」那就要提高警覺，想想辦法處理這個問題了。）

你可以做到：「鄰里遊戲」的案例

麥克．蘭薩（Mike Lanza）想把遊戲帶回他位於加州門洛帕克（Menlo Park）的住家附近。麥克是一位成功的矽谷企業家，他和太太決定要讓家裡三個小男孩有機會在自家室內、院子、門前街道和鄰里之間自由玩耍。他們的朋友葛瑞格里．蓋文（Gregory Gavin）是Riveropolis的經營者，這是一家建造家具和雕塑，為學校、博物館和公共場所「帶來活水魔法」的公司。所以，他們買了一組蓋文的河流裝飾造景放在自家前院，靠近街道的地方則有一組舒服的長椅，圍繞著一張大木桌。車道旁邊是一堆粉筆，後院則有一間斜屋頂的遊戲屋，正下方有個嵌在地上的蹦床，而到達蹦床最好的方式，就是從遊戲屋的屋頂溜下去。麥克寫下了《鄰里遊戲》（*playborhood*）這本書，記錄了這些努力，以及他遠大的理想。[8]

一天，我和麥克一起坐在他的前院，想了解更多他的做法，以及他和三個小男孩每天的日常作息。[9]我們說話的時候，他四歲的兒子把三輪車從車道騎到街上，垃圾車的嘎吱聲搶走了我的注意力。麥克留意到了。「不用擔心，」他說：「我的孩子知道要小心，會避開。」什麼？我也得知麥克的二年級兒子會獨自騎車，不僅僅是騎一哩半（約二．五公里）的路到學校，還會騎進城裡和爸爸會合剪頭髮。如果麥克遲到了，這個孩子會坐上理髮椅，自己和理髮師對話；剪好頭髮後，再自己騎到腳踏車店去調整剎車。這個孩子才八歲。你可以想見，我有多麼欣賞麥可，而有些麥克的鄰居則認為他瘋了。

麥克相信，住家附近是孩子可以培養自我控制感的獨特地點。「他們需要被幫助，在這個世界裡發展自我認知，明白如何靠自己處理事情。他們也需要被栽培。住家附近是家裡四面牆之外的一個特殊區域，不會遠到讓我們不知道他們的行蹤，或者和哪些人互動。在這個地方，他們可以試驗不同的事、做不同的東西，成為不一樣的人。」

麥克和妻子經常邀請鄰近的其他小孩，和自己的小孩一起自由玩耍。他有一張照片是幾個孩子成群在街上遊蕩，臉上烏漆抹黑，衣服也都髒了，看起來像一群海盜。他回憶道：「我童年中真切的成長經驗，就是我和朋友在自家附近探索、學習、玩耍，一整天都有心流體驗（flow experience）。做一件事，然後做另一件事，擁有完全的自由。」麥克為自己的三個小孩和鄰居的小孩所設計的「鄰里遊戲」，有些類似他自己的童年。「孩子在做中學，而不是安居繭中等著他們的大腦發展。」他說。

我與麥克道別，同時一邊想著，他的孩子顯然處在一個獨特的環境裡，而且也很幸運。如同漢娜．羅辛在那個懷舊的英國遊戲場所觀察到的孩子，因為這樣的地方還不夠多，麥克的鄰里遊戲提供了另一種讓孩子們渴望與嚮往的玩法。

在學校裡解放孩子

遊戲是解放一個人的心智，享受探索時刻的開展。當孩子上學後，遊戲的宗旨和優點不應該被拋諸腦後。有些學校也把這種方式納入學習之中。

以蒙特梭利教育為例，一百多年來，它將以學生為中心、主動學習的方式，應用於幼兒園到十二年級的學生。學生主導自己的學習，尤其是得自己想出下一步要做什麼。評量方式則仰賴受過良好訓練的老師，而不是標準測驗。蒙特梭利「開展」了學生，而不是「模製」他們。

蒙特梭利的畢業生以其創意與自由思考聞名，他們在各個產業普遍都相當成功，包括——傑佛瑞・貝佐斯（Jeff Bezos，亞馬遜創辦人）、T・貝瑞・布拉佐頓（T. Berry Brazelton，小兒科醫師、小兒精神科醫師、哈佛教授）、茱莉亞・柴爾德（Julia Child，名廚與作家）、喬治・克隆尼（George Clooney，奧斯卡得獎演員、製片人）、尚恩・庫姆斯（Sean Combs，藝名 Diddy，葛萊美音樂獎得主）、安妮・法蘭克（Anne Frank，作家）、凱瑟琳・葛蘭姆（Katherine Graham，普立茲獎得主、前《華盛頓郵報》編輯與發行人）、海倫・凱勒（Helen Keller，政治活動家、作家、演講者、蓋洛普民意調查二十世紀最廣受崇拜的人物之一）、碧昂絲・諾利斯（Beyonce Knowles，葛萊美獎得主）、加布列・賈西亞・馬奎斯（Gabriel Garcia Marquez，諾貝爾文學獎得主）、謝爾蓋・布林與賴利・佩吉（Sergey Brin and Larry Page，以上兩人為Google共同創辦人）、吉米・威爾斯（Jimmy Wales，維基百科創辦人）、威爾・萊特（Will Wright，模擬城市、超級瑪利歐兄弟等多款電玩的開創者與設計師），以上略舉數例。

向《華爾街日報》提到蒙特梭利教育時，電玩開創者威爾・萊特說：「蒙特梭利教了我發現的樂趣。它讓我知道，你可以透過玩積木，對相當複雜的理論產生興趣，例如畢氏定理。這全是根據自己的條件所做的學習，而不是老師一直向你解釋。」[10]

儘管我們已經看到蒙特梭利的學生導向學習方式，是成功人生的跳板之證據，但蒙特梭利尚未成為美國教育的主流模式。雖然如此，它仍逐漸盛行中，不僅是在中上階層與白人社區已占一席之地，同時也在公立與私立學校、多元學生組成，包括低收入學生的地區興盛起來，例如加州奧克蘭的特許學校（Charter School）[11]（譯註）。

一如二〇一四年三月CNN新聞網的報導，蒙特梭利教育也在中國盛行起來。他們的教育部關心的問題是，中國的學生很擅於坐在課堂上記憶知識，卻不擅於從外部思考的探索技巧。[12]在CNN這則新聞之前，《華盛頓郵報》在二〇一三年的一篇報導也提到，中國教育部正呼籲減少學校時數、家庭作業，以及學校對紙筆測驗評量的依賴。奧勒岡大學（University of Oregon）教授趙雍（Yong Zhao）是國際知名的學者、作者與演講者，專注於全球化與科技對教育潛在影響的研究，根據他的說法，「中國已經看夠了過度強調考試與功課對創意、創新、學生身心福祉所造成的傷害。」[13]

如果十三億中國人被鼓勵擁抱自由思考風格的教育，或許在美國也應該如此。

譯註：特許學校是美國一種公辦民營的學校，一方面有實驗學校的精神，但另一方面也有良莠不齊的問題。其成立宗旨是給予貧困學生品質更好的教育機會，多半位於窮人聚居的大都市邊緣貧民區內。

幫助他們體驗「心流」

之前，提出「鄰里遊戲」概念的麥克．蘭薩，曾描述到他渴望讓孩子體驗「心流」。心流是當我們對某件事感興趣、或是有天份，而且這種挑戰及情境只比我們能力所及超出一點點時，我們會體驗到的感受、或是沉浸其中的狀態。這個概念是由正向心理學領域的米海．齊克森米海伊（Mihaly Csikszentmihalyi）所發現與創始。[14] 我是從史丹佛設計學院（The D School）的教授們那兒知道齊克森米海伊的，當時他們正訓練我教授一門設計思考課，而齊克森米海伊的工作是設計課程大綱。

當我們「處於心流」時，我們面臨的挑戰只超過自己的能力水平一點點，而為了努力達到目標，我們失去了時間感，廢寢忘食，覺得正在做的事可以一直繼續，沒有終點。我們從根本上被激勵：那件正在做的事不管是什麼，本身即是報償。在運動中，心流的比喻是處於「得分區」；在音樂裡，則被稱為正在「極度享受」。

美好而老派的自由玩耍，提供了一個孩子可以體驗心流的環境。然而，過著高度結構化日子的小孩，他們的課業、課外活動或強化運動項目，都是行程清單中的一部分，必須加以完成，以獲致其他成果——例如大學入學這個非常明確的目標，或者非常主觀、有時難以捉摸的父母認同，所以這些小孩可能少有體驗心流的機會。

二〇一一與二〇一二年，當時我有機會向史丹佛大學部學生教授心流，而我很訝異，有很多學生說他們好幾年沒有這種體驗了。許多人從遙遠的童年挖出例子，但也有些人在大學裡感覺到它，而且能夠描述如生物實驗室、英文報告、工程問題的課業努力，或是騎長途自行車的課外活動，曾讓他們進入心流。若能注意到我們處在心流中，就意味著能明白自己喜歡做的事是什麼。當我們能夠回顧某種經驗，並且發現當時我們處在心流中，就可以從自身找到線索，知道我們正在做對自己重要的事，這也可以發展成有意義的工作與嗜好。

現在我設定了一個目標，要回頭去看看自己平常產生心流的時刻（依定義而言，身處在心流時，你無法真正注意到它，因為注意的動作本身就會令人分心）。我努力要在生活中體驗最多的心流。更重要的是，我希望看見我的孩子體驗心流；而自由、非結構化的遊戲時間，就是心流能降臨在他們身上的最佳環境。

在喬治．盧卡斯教育基金會（George Lucas Educational Foundation）的網站上，有一段齊克森米海伊的訪問，談論孩子可以如何體驗心流，以及父母可以如何提高孩子有這種體驗的可能性。齊克森米海伊說，體驗心流的孩子，他們的父母通常具有高期望，而且會給他們機會。「例如我們發現，體驗心流的孩子在家裡通常會有個讓他們覺得保有穩私的角落，他們可以獨自待在那裡。起先我們以為，『哦，那是有錢人家的孩子才有的東西。』錯了，比起窮小孩，有錢人家的孩子保有隱私的機會並沒有比較多。這裡指的並不是一個很大的空間，而只是一個讓你有這種感覺的地方：『好的，我在這裡可以做任何想做的事。』可能是地下室、地下室的一角，或是任何地方。在孩子的臥室放一部電視是最糟糕的事情之一，因為他們最後可能會找最簡單的事來做，於是在無聊時，就會打開電視……」[15]

一生受用的益處

遊戲對孩子當下有益，並有助於他們身為學生與思考者的發展，而它也直接建立了職場重視的能力。南希．寇頓（Nancy Cotton）是佛蒙特州的臨床發展心理學家，她在《兒童精神病學與人類發展》期刊（*Child Psychiatry and Human Development*）寫了一篇文章，精闢地掌握了遊戲場域培養成人工作所需能力的四種方式：

- 遊戲提供機會讓孩子學習、發展與精熟建立能力的新技巧。
- 遊戲是孩子的本能模式，用以處理日常生活中不可承受的經驗引起的焦慮，由此建立因應環境的能量。
- 遊戲有助於拓展自我調和潛意識與真實意識的能力，進而提升自我力量。
- 遊戲會重複或確認一種滿足的經驗，點燃孩子對生命的投入。[16]

還記得嗎？（在第九章〈我們在傷害他們的工作前景〉曾提及，）「為美國而教」的崔西－伊莉莎白．克雷說道：部分TFA團員可以相當順利地從A到B到C到D，但請他們自己做到D，他們就不知所措了，這可能就是從自由遊戲中得來的技能。

史都華．布朗博士（Dr. Stuart Brown）也同意這一點，他是國家遊戲研究所（National Institute for Play）的創辦人，該組織的宗旨是提倡遊戲對所有人類生命的重要性。在他二〇〇八年的TED

演說中，布朗解釋，噴射推進實驗室、NASA和波音公司不會隨便雇用一位研究人員或開發問題解決者——即使對方是頂尖工程學校的畢業生——除非他們知道，這個人在童年時曾經用雙手做過一些東西。補東西、做東西、修東西，有足夠的好奇心做所有這些事，以及隨之而起的關鍵學習，被視為是太空產業解決問題的重要先決條件，其他產業當然也是一樣。[17]

漢娜．羅辛二〇一四年的那篇文章，談到給孩子一個遊戲場，具有誘人程度的自由，以及一堆可以讓孩子做東西或遊戲的材料，因而抽痛了全美國人的神經。公共電視網「新聞一小時」節目的茱蒂．伍德魯夫（Judy Woodruff）針對這次的遊樂場見聞訪問了羅辛，以及她身為父母還從中學到些什麼。羅辛告訴伍德魯夫：「情感上，我們喜歡在任何壞事發生之前插手，這是這個時代對好父母的定義。但在我心裡，對於好父母的定義已經有點改變（是從觀察那個遊戲場學到的）。保護孩子的安全，以及為他們製造獨立思考、冒險、養成品格的機會，這也是好父母的一部分責任。我不會因為這麼做就讓他們失望、或忽略他們。這是在為他們的未來做對的事。」[18]

14
教導生活技能

登山客驕傲地在登頂時插旗，因為他費盡千辛萬苦才到達那裡。
如果他是搭直升機上來的，感覺就完全不同了。
在促使孩子一路順遂的同時，
父母也吊詭地確保了他們無法靠自己獲致成功。[1]

——小大衛．麥卡勒（David McCullough Jr.）
衛斯理中學教師、《你並不特別：以及其他鼓勵》（*You Are Not Special: and Other Encouragement*）作者

與比較弱勢的同儕相較，中產與中上階層家庭的孩子，通常是由父母（或者其他照顧者、雇請的幫手）來為他們完成日常的生活照應。我們吸收孩子的這些任務——叫他們起床、清點他們的物品、做飯——一部分是展現我們的愛，一部分是為了讓生活更簡單順暢，或許有一部分也是要確保這些事都不會做錯，有時甚至是出於想讓自己的人生更有意義的需要。我們這麼做，是因為孩子面對著堆積如山的家庭作業和大量的課外活動，僅剩下極少的時間可以打理生活瑣事。並不是弱勢孩子的父母比較不愛孩子，而是他們光為了讓家人有棲身之處、讓餐桌上有食物，就得忙著兼好幾份差，工作時間也不固定。能夠為我們的孩子做這麼多，堪稱是有錢有閒製造的效應。

我們為孩子做每一件事時，都是帶著最大的善意。但若要說到在人生中勝出，準時抵達某地、管理自己的書包或包包、知道如何調理食物等，其實和學校作業、鋼琴課與運動競技一樣重要。不論

孩子的履歷表看起來多麼顯赫，一個缺乏生活技能的年輕人，若少了全天候的管家、個人助理、貼身僕役或父母隨侍在側，就不算準備好在人生中成功。你寧可一輩子待在他們身邊，還是希望當孩子離家、當你將來不幸要告別人世時，你也有信心他們可以自力更生？

生活技能很重要

一個一輩子都被牽著手、總是有人幫忙打理事情的人，沒有機會發展出「精熟經驗」（mastery）——這是心理學教授亞伯特．班度拉的「自我效能」理論所強調的核心部分。「自我效能」是相信自己有能力完成一項任務、達成某個目標，以及處理某種情況。

讓別人幫你做事、對結果毫無控制力，這可能導致「習得的無助感」（learned helplessness），這是心理學家克里斯多福．彼得森（Christopher Peterson）與馬丁．塞利格曼（Martin Seligman）發展出來的概念，用以描述當人們自覺無法控制現況時，會如何失去鬥志。習得的無助感最初被認為只會在負面的事件失控時發生；但最近，塞利格曼則寫道，正面的事件若失控也會有這種無助感，像是當父母不論孩子做了什麼，總是給予讚美與獎勵的時候。[2] 根據塞利格曼的研究，對人們而言，體驗「偶發事件」（contingency）是很重要的，這是指「知道你的作為是重要的，知道這些行動能掌控關鍵的結果。」而在行動與結果之間沒有經歷過「偶發事件」的年輕孩子，將會有「被動、憂鬱與身體健康不佳」的體驗。

「貝特楚瓦」是一間戒毒中心，已經在大洛杉磯地區提供服務數十年，[3] 而從歷史經驗看來，他們的患者主要是三十幾歲或四十幾歲的族群。最近，該中心工作人員發現，年輕患者大量增加，其中有許多人似乎都受苦於「習得的無助感」和缺乏「自我效能」。掛心於這種人口統計的變化趨勢，貝特楚瓦的工作人員在大洛杉磯地區和全美其他地方的學校與社區中心進行了擴大性的預防計畫。他們的目標聽眾是父母，傳達的主要訊息則是——為孩子打理一切這種看似有益無害的行為，可能會把他們導向酗酒與吸毒之路。

瑞秋（非真名）就是這樣一個孩子。我在二〇一四年的春天和她見面，當時她二十三歲，已經戒毒而且清醒三年了，這多半要感謝她在貝特楚瓦得到的支持。我請她詳述這一路以來，是什麼樣的行為與經驗，促使她染上酗酒與吸毒。[4]

瑞秋來自洛杉磯一個富裕且保守的猶太家庭，父母總是對她和妹妹的課業表現寄予高度期望。瑞秋要達成這些期望並不難，她是個主動、勤奮的孩子，就讀國中和私立高中時的成績全都是A。但打從很早以前，她就開始體驗到一種越見蔓延的「無意義感」，她變得飲食失調、吸毒、喝酒，就這樣一天過一天。

「在我長大的過程中，有很多事父母都幫我做好了。即使是很簡單的事，像是鋪床或洗衣服，我都從來沒做過。我根本沒為自己做過任何事。」後來瑞秋靠著控制飲食，得到了一些緩解。她的飲食失調症從十歲就開始了，但有好幾年，她的父母都沒有發覺這個問題。

等瑞秋上了高中，她的父母仍然一直為她處理家裡和學校的事。例如，她若和朋友起了衝突，或者在學校出了事，父母就會介入接手。「總是會有人來『處理』。都不是我自己做的。我只是經歷了那些事，渾渾噩噩過日子，卻未曾真正參與其中，這種感覺很恐怖。」十四歲時，瑞秋開始吸食古柯鹼，同時接觸酒精和其他毒品。「我最會做的就是喝酒和吸毒；這讓我不會感覺到人生毫無意義。」高中最後一年時，瑞秋的母親還是繼續照料她生活中的大小事，尤其是大學入學申請，「就像個祕書一樣。」

大學入學通知寄達時，瑞秋有了好幾個令人興奮的選擇。她決定就讀美國南部一所有名的私立大學。她選修了要求嚴格的醫學預科課程，成績全是A，但也開始嚐到了多年被過度教養的苦果，結果非常淒慘。

「我上大學時，沒有任何生活技能。我在課業上的能力非凡，但就只是如此，其他乏善可陳。我不僅是處在一個不認識任何人的環境裡，還得自己照顧自己，但我不知道該怎麼做。」瑞秋只有靠著每天喝酒，緩和自己不知如何打理生活的困惑。她也染上了「阿得拉」的藥癮。十九歲，在她大二那年的十二月，瑞秋企圖自殺。瑞秋的父母把她從學校拉了出來，帶她去貝特楚瓦戒毒。

瑞秋的故事很極端，卻說明了現今富裕家庭孩子的處境正讓人日益憂心的原因。在二〇一三年發表於《今日心理學》（*Psychology Today*）期刊的一篇論文〈有錢孩子的問題〉（The Problem with Rich Kids）中，研究員桑妮亞・S・盧薩爾（Suniya S. Luthar）分享了她針對像瑞秋這樣，來自高教育、高收入雙親家庭的孩子所做的研究。她發現這些孩子濫用毒品和酒精的比例，遠比他們在社經地位光譜另一邊的同儕，明顯高出許多。（這個結果令盧薩爾相當吃驚，因為與她原本預期的恰好相反。）盧薩爾寫道：「在所有地區的公立與私立學校，中上階層孩子所顯現的嚴重不穩定性，比例之高值得注意。」[5]

如何教導生活技能

關於如何獲得生活技能的資訊很少，這大概是因為一般健康且正常發展的孩子，都會在常規的童年生活中自然而然地培養這些技能，而我們卻才剛開始認知到，這些技能在許多孩子身上都被遺漏了，必須確實地給予教導。

然而，經常接觸有特殊需求孩子的研究人員、治療師和這些孩子的父母，都將生活技能視為理所當然，他們的目標就是要幫助這些孩子取得生活技能，以使他們未來能和大多數人一樣，獨立地在世上生活。這也許是一種反諷，有特殊需求的孩子若得到良好介入，往往能獲得今日「正常發展」的孩子所欠缺的生活技能訓練（以及從一再失敗與嘗試中培養出毅力）。

我的朋友史黛西・亞許蘭德（Stacey Ashlund）就是孩子有特殊需求的父母[6]——她有兩個孩子，其中一個男孩有聽力與視力受損問題。為了幫兒子在成長與發展過程中找到最好的支持資源，史黛西和先生得知有「應用行為分析」（applied behavior analysis, ABA）這種方法。這個行為改變系統衍生自一九六〇年代，由一群華盛頓大學（University of Washington）的教授根據行為心理學家B・F・史金納（B. F. Skinner）的研究，在一九八〇年代應用於自閉症族群。應用行為分析是經由獎賞正面行為的方式來改變行為。

他們也得知了「人際發展介入治療」（Relationship Development Intervention, RDI）這個支持發展遲緩孩子的方法，這是由國際知名的研究學者史蒂文・葛斯坦博士（Dr. Steven Gutstein）所提出。人際發展介入治療把焦點放在因照顧者與孩子的關係循序漸進發展而帶來的成長，特別教導失敗與學習同等重要，重點是過程而非最後的結果。在ABA、RDI與其他資源影響、薰陶之下，史黛西組建了以下策略，來幫助孩子建立技能。

1. 先是我們為你做。
2. 然後我們和你一起做。
3. 接著我們看你做。
4. 之後你完全自己做。

這套方法與策略不僅簡要總結了教養的根本目的，也是讓所有孩子邁向獨立的實用路徑。這也與心理學家麥德琳．雷文的警語互相呼應：不要為你的孩子做他們已經可以做、或者幾乎可以做的事。當我們過度教養，就是延遲了從第一項到第二項的時間，也阻礙了從第二項到第三項的時間，而且可能會永遠到不了第四項。但我們必須得到達。真實的世界將需要孩子能夠執行第四項。

史黛西的兒子後來的表現，遠超過醫生與教育者原本所預期。他資質聰穎，再加上父母找到的優質資源與全力參與——包括如何運用應用行為分析和人際發展介入治療等方法——都可能成功扭轉了局面。不過，史黛西深知這個教導孩子技能的方法，可以應用在任何一個孩子身上，不論他們的需求或能力為何。她的第二個孩子發展十分「典型」（亦即沒有特殊需求），但史黛西和先生都是用同一種明智的方法，來教養這兩個孩子。

孩子必須獲得的生活技能

瑞秋（那位來自洛杉磯，後因毒癮而進入貝特楚瓦戒毒中心的學生）說過，她感覺無助，是因為父母為她做了每一件事。但她的父母究竟是為她做了哪些事，而不是請她自己做？就和之前所說的「如何教導生活技能」一樣，這些生活技能到底是什麼，相關資訊也很缺乏。

二〇一二年由「家庭教育網」（Family Education Network）副主編琳德賽・赫頓（Lindsay Hutton）撰寫的一篇文章中，根據年齡分類，提綱挈領地列出了這些生活技能。家庭教育網成立於一九九六年，號稱是歷史最悠久的教養網站，其經營者是教育出版商培生集團（Pearson）。以下指南即是出自赫頓的文章。記住，要成為威信式的父母，你必須定出規則和期望。這份孩子應該要自己會做哪些事的清單，就是這些期望的理想起始點。[7]

二歲到三歲：簡易雜務和基本自理。這個年齡是孩子學習基本生活技能的開始。孩子應該能夠：

- 幫忙收拾自己的玩具
- 自己穿衣服（加上一些你的幫忙）
- 脫下衣服後，會把衣服放進洗衣籃
- 飯後把自己的餐盤清乾淨
- 幫忙擺放餐具
- 在家人的幫助下，自己刷牙和洗臉

四到五歲：記住重要的名字和號碼。當你的孩子到了這個年紀，安全技能是首要之務。

她應該：

- 知道自己的全名、家裡地址和電話號碼
- 知道如何撥打緊急電話

她也應該會：

- 做簡單的清潔工作，例如在容易摸得到的地方除塵、飯後清理餐桌
- 餵養寵物
- 識別貨幣面額，了解最基本的金錢使用觀念
- 在沒有人監督下刷牙、梳頭、洗臉
- 幫忙基本的洗衣工作，例如整理衣服、把髒衣服拿到洗衣區
- 選擇自己穿的衣服

六至七歲：基本烹飪技巧。這個年齡的孩子可以開始幫忙料理食物，並可以學習：

- 混合、攪拌並用鈍刀切割
- 做一份基本的餐點，如三明治
- 幫忙把雜物歸位
- 洗碗
- 安全使用家裡基本的清潔劑

- 上完廁所後，把廁所整理乾淨
- 獨力鋪自己的床
- 自己洗澡

八至九歲：照料個人物品。到此時，孩子應該為自己的個人物品感到自豪，並加以妥善照料。

這代表他會：

- 折疊衣服
- 學習簡單縫紉
- 照料戶外玩具，如自行車或直排輪
- 在不被提醒下，維持好個人衛生
- 正確使用掃帚和畚箕
- 閱讀一則食譜，並準備一頓簡單的飯菜
- 幫忙列出雜貨採買清單
- 算錢和找零錢
- 寫下電話留言
- 協助簡單的草坪整理工作，如澆水和除草
- 倒垃圾

十至十三歲：取得獨立。十歲差不多是可以開始獨立施展許多技能的年齡。

他應該知道怎麼做這些事：

- 獨自留在家
- 自己去商店買東西
- 換自己的床單
- 使用洗衣機和烘乾機
- 安排與準備多種材料的餐食
- 使用瓦斯爐烹煮，或用烤箱料理食物
- 閱讀標籤
- 燙衣服
- 學會使用基本的手工工具
- 修整草坪
- 照顧年幼的弟妹或鄰居

十四到十八歲：學會更多進階技能。十四歲時，孩子應該對前述所有技能都可嫻熟掌握。

除此之外，她還應該能夠：

- 執行更複雜的清潔和維修雜務，如更換吸塵器集塵袋、清潔瓦斯爐、清除堵塞的排水管
- 為汽車加油、幫輪胎打氣與更換輪胎

- 閱讀和理解藥物標籤與劑量
- 面試與得到工作
- 準備食材和做飯

青年：準備自己獨立生活。當孩子上了大學或搬出去住，必須要知道如何打理自己的生活。在獨自向外探索之前，還有一些他應該習得的其他技能，包括：

- 向家庭醫師和牙醫約診，以及完成其他重要的保健約診
- 對財務有基本了解，能夠管理自己的銀行帳戶、平衡收支，支付帳單和使用信用卡
- 了解基本合約，如公寓或汽車租賃等
- 定期換油和進行基本汽車維修

當你閱讀這張表時，可能會眉頭一皺，我就是如此。看著這張表，再回顧養育莎耶和艾芙瑞的這些年，我發現丈夫和我為孩子做了太多，而不是讓他們擁抱自己能做越來越多的喜悅。我承認，我們自己來做往往更容易，而且我們也喜歡為他們做。當我們意識到自己的錯誤時，孩子正值青少年階段，而他們所欠缺的生活技能，被他們改以分析論理的辯駁來彌補。「為什麼是現在？」他們問道：「如果這很重要，我們為什麼沒有從小就這樣做？」（他們已習慣於我們的放縱／放任傾向。）雖然我真的忍不住想祭出威權型父母那句「因為我說了算」的口頭禪，後來還是設法字斟句酌地給了一個更合理、更具威信的答案：「因為你們需要知道怎麼做這些事，而且我們早就應該要教你。」

我負起了責任，現在他們也要做同樣的事。我準備遵循史黛西所列出的提示項目來教導這些任務。我知道有一些任務，我還卡在第一和第二項「為他們做，以及和他們一起做」的階段，而且需要把目標推進至第三和第四項。

達成第三項：接著我們看你做

如果史黛西教導孩子生活技能的前兩項——「先是我們為你做、然後我們和你一起做」——執行起來相當容易，那麼第三項「接著我們看你做」可能就需要我們在信心上躍進一大步——不僅要相信孩子，也要相信即將執行這項任務的環境，尤其當這個環境是在我們掌控範圍之外。

二〇一〇年九月，莎耶要升上六年級，進入國中階段。他得在學期開始前一天去學校報到，而當天要是只有和莎耶同年級的兩百個孩子出現，事情就簡單多了。但父母全都來了，好幾百位的家長，再加上年齡不等，一起來湊熱鬧的弟弟妹妹。沒錯，比原先報到人數多出兩、三倍的人，就這樣排在幾乎原地不動的隊伍裡。六年級學生喜歡逕自去找朋友，然後無所事事地等著像我這樣的父母完成報到手續。沒錯，我就是那種父母，等著要去做孩子可能已經會自己做的事。

這是一個卡在第二項（和他們一起做）的明顯例子，但我有理由相信莎耶可以做得更多。在長長隊伍裡排到中途時，我把他叫了過來，讓他讀完表格，簡單告訴他，當他把表格交給隊伍前面那張桌子後的人，可能會有什麼情況。等我們快排到了，我已經準備執行第三項：不過我沒有盤旋在他身邊，聽取報到人員的問題和指示，而是直接告訴莎耶，在他繳交表格，並回答工作人員可能會問的任何問題時，我會在後面等他。繳交表格之後，還有其他步驟和另一排拍攝學生證／年刊照片的隊伍等著他。我告訴他，他得自己去確認後續步驟要如何完成。結果一切都很順利。回到家，我真氣自己何必要跟他站在那裡經歷冗長的報到流程，我真的根本不該去學校的。如果上六年級時，我沒有站在後面，讓他試著自己報到，他七年級時我還是得出現嗎？八年級呢？我要一直陪他到高中？大學？如果六年級要面臨的賭注已經高到我必須在場，但人生的賭注只會更高，那我豈不是要永遠陷在這個角色裡？

亞當．麥戴爾（Adam Mindel）是貝特楚瓦戒毒中心執行管理團隊的一員，並在中心裡負責指導一項父母成長課程，他總是喜歡稱它為「無邊界母親」（Mothers Without Borders）——這是一個吸毒者父母的支持團體，這些父母經常完全介入處理成年子女的生活。「他們不能忍受子女辛苦或害怕。他們用各種方式抓住控制權，不允許孩子想辦法。有的『孩子』已經二十三、二十四、二十五歲了，父母仍慣常地想安排他們的活動，就像還把孩子抱在懷裡。我努力要教會父母做的事，就是把他們的孩子放下來。」[8]

面對第二個孩子時，情況通常會比較好，我們會比較自在地把孩子放下來，更快進入第三和第四項，我對艾芙瑞即是如此。她上六年級要報到的前一晚，我們在家裡討論過整個過程，她覺得自己可以處理，所以她獨自去了學校（第四項）。她和我，兩個人都做得很好。

而關於莎耶，我下一個可以妥善處理的機會，是他升七年級前的那個暑假。當時，他正要前往加拿大西岸參加People to People為期十二天的夏令營。People to People這個組織每年會送美國孩子到其他國家建立不同的文化觀點與理解。收到夏令營的簡介時，我認為這是莎耶培養一些生活技能的機會（同時可以在加拿大學一堆很酷的東西）。

在六個月的期待與規劃，以及十五個小時的新生訓練後，莎耶和我都準備好了。莎耶的爸爸教他如何打包行李，看顧好自己的東西、處理金錢問題；我則試著讓他吃胖一點，因為我擔心這個挑食的兒子在那裡會沒什麼東西吃（結果我錯了）。集合時間是清晨四點鐘在舊金山國際機場。在機場，我們和所有其他的父母一起站在那裡，與十二歲的兒子隔著一段尊重的距離擁抱，假裝不擔心寶貝將要離開我們，去另一個國家幾乎兩星期的時間。

在飛往溫哥華班機的櫃台開始辦理登機手續時，兩種類型的父母立即現形。A組的父母為小孩辦理所有的登機程序，而小孩站在一邊，或認真或不太認真地聽著（誰看得出來？）。B組的父母則遠遠站在後方，讓孩子自己辦理登機。我們是B組。我們的想法是：如果登機手續是困難的，那就讓它在自家的飛機場困難，至少我們還在附近看著，這樣孩子必須在溫哥華轉機時，會對自己的技能有些信心。換言之，在他必須執行第四項之前，我們可以先看看是否能完成第三項。

許多A組的父母一直圍簇在孩子身邊，直到航警人員板起臉孔制止才在安全警戒線前停步。而我的孩子自由自在。我一方面相當害怕他離開我的視線後，在外面的世界、在飛機上、在海關可能發生的事；但另一方面，當我看著他從我們身邊遠去，內心卻也深感驕傲，甚至是讚賞。莎耶在十二天後，帶著昂首闊步的姿態，和百分之九十八完好的行李回到家中。這是一次成功的任務，對媽媽和兒子來說都是。

達成第四項：之後你完全自己做

蘿瑞（Lorie）和艾力克（Eric）是我們的鄰居，他們有四個小孩，從十歲到十六歲都有，最年長的札查里（Zachary）是莎耶的朋友。他們在教導孩子生活技能這方面，要遠比我和先生領先許多。幾年前，札查里來我們家，當時我正在為孩子準備午餐，他宣稱他和三個年紀較小的弟妹，在上學日的早上都得負責準備自己的早餐，也要弄好帶到學校的午餐盒。

我的咖啡杯差點從手上掉了下來。當然，那時差不多才五歲，札查里年紀最小的妹妹，總不會也要照顧自己吧？我錯了。札查里的媽媽蘿瑞後來告訴我，她的孩子從四歲開始，就被期待要自己做早餐，讓蘿瑞和先生艾力克有時間做些運動、沖澡，準備出門。我甚至無法想像那個畫面。最小的那個孩子怎麼拿得到任何東西？下一次札查里來的時候，我於是請他再好好說明一次，讓我知道實際執行的情況。這時，我自己的孩子極力要避開我的眼神，一邊喃喃唸著：「別亂想喔。」札查里神態若定地說：「早餐脆片放在櫥櫃的下面，盤子、杯子也是，牛奶放在冰箱的下層。我還很小的時候，他們就示範給我看怎麼做，弟弟和妹妹也是看著我做，然後依樣畫葫蘆。」原來沒有什麼高深學問。當札查里繼續說著其他自己被期望要做、而且能做的事，聽起來相當驕傲而自信。相對地，我自己的孩子則十分滿意他們只需要茶來伸手、飯來張口的日子。

從二〇一三到二〇一四這個學年，一所位在加州門洛帕克，與我們相隔一個市鎮的公立學校奧克諾爾小學（Oak Knoll School），為了該校的年度主題「建立自信」，而向《學會放手，孩子更獨立》[9]

這本書的作者蘭諾・史坎納茲請益。校內的心理師珍妮・萊恩（Jenny Ryan）在讀過這本書之後，便邀集學校的主管們一起思考，要以「自由放養計畫」的形式，將史坎納茲的理念融入學校社群。

當這個計畫告一段落，我用電話訪問了珍妮以及奧克諾爾小學的副校長克莉絲汀・葛拉西亞（Kristen Gracia）和大衛・亞克曼（David Ackerman）。[10]「我們一直聽到恆毅力（grit）和自立（self-reliance）這兩個流行的關鍵字，」亞克曼告訴我：「我們想讓孩子具備這些特質。但當時我們除了空談，實在想不出培養這些能力的計畫。你要如何讓孩子進行我們可以從中觀察、監督和指導的實務練習？所以我們說：『好吧，我們來辦一個「自由放養」計畫。』」

這些學校的領導者邀請家長加入，請他們想一想，他們小時候做過哪些差事、曾經有過哪些自由，但他們現在卻不肯讓孩子去體驗這些事，而不肯的原因又是什麼。然後，把這些事告訴孩子，讓他們挑選一件想要自己完成的事（要獲得父母的同意）。雖然這個計畫不是強制性的，卻有將近一百五十個孩子參加。這些計畫包括一個人騎腳踏車或走路；讓父母在停車場等候，自己走進店裡買東西；在家為自己或家人準備一頓飯。孩子們選擇的都是已經和父母做過的事、或者父母看著他們做的事，所以，這是執行第四項的機會。

校方選了五位同學出席一個專家小組，分享計畫的細節，並回答一群聽眾的問題。聽眾裡包括孩子、老師與父母。一位五年級的男孩報告說，他很喜歡自己一個人走路去附近的圖書館。他說：「這讓我有一些自己的時間。」一位聽眾問：「你們會緊張嗎？」他們的回答堅決而熱烈。「不會！我不會緊張，是我自己選的！」一位二年級女孩回答。

「身為父母，我們容易杞人憂天，」副校長葛拉西亞告訴我：「當孩子被給予選擇的機會，他們的生命會更開展一些，之後也會更有自信，這是一定的。」心理師萊恩補充道：「後來孩子們真的顯得更神采飛揚了，就像是長高了好幾吋！」

家長和學生們對這次的自由放養計畫讚不絕口。葛拉西亞覺得最棒的部分，是這個計畫給了讓學生和家長嶄新的視野來觀看世界。「現在，家長更有能力去思考『我為什麼害怕？』而不是很快就回答：『不行，你不能做那件事，你太小了。』我們給了他們工具去思考，讓孩子親力親為，是否可以成為讓孩子建立自信的坦途大道。」

放下完美

除了對安全問題揮之不去的疑慮，讓孩子自己打理生活最困難的部分，是放下我們很可能做到，但孩子大多做不到的完美。例如，有時我會怕孩子把碗盤放進洗碗機。但我知道，如果隔天碗盤洗好，他們一打開機器，看見我偷偷地重新擺好每樣東西，他們會很挫敗。比較理想的方式是，等到下次我們一起站在洗碗機旁時，再告訴他們要把碗盤放整齊，這樣才會洗乾淨，並且示範怎麼做。在限制之內容許嘗試、失敗與進步的自由，是孩子（或者任何人）學習如何自己做好事情的唯一方法。完美主義不僅是成功的敵人，更是長大成人的敵人。

在貝特楚瓦社群的支持下，瑞秋開始重建新生活。清醒一年後，她回到學校，在一所洛杉磯的

大學拿到心理學與神經科學的學士文憑。她只花了三年時間，但不再全部拿A。[11]

「我曾經每天用藥，總是努力設法要全拿A——這對我和我的自我曾經非常重要。當我重新回到學校，我拿到了第一個B，而且竟然是倫理學。我曾有一刻這麼想過：等一下，我現在清醒了，卻拿到了B，這不是我始終認定的敗績嗎？後來，我突然覺悟了，還好啊，我可以接受這件事，我不必完美。完美主義其實包藏著自我厭惡的禍心。」

瑞秋現在拿到了加州大學洛杉磯分校的護理碩士學位，可能會繼續攻讀博士。她對自己所研究的演化心理學也很著迷。「幾千萬年前，小孩學習自力更生，為家人尋求溫飽。今天，每件事都幫孩子做好了。我們在生物機制上是被設定成要自力更生、以求生模式來運作，但人們現在的生活方式，卻與基因規劃的一切完全牴觸。有人認為，我們經歷的許多不幸，是源自於不遵循演化的道路，我非常贊同這種想法。當你從小就開始學會做事，這會賦予你意義——也就是我能自己照顧自己的想法。」

15
教導自主思考

〔有個學生〕告訴我，她很想有機會思考自己學習的東西，只是沒時間。
我問她有沒有考慮過不要每科都拿 A。
她看著我，彷彿我給了她一個很失禮的建議。[1]

——威廉．德雷西維茲
社會評論家、《優秀的綿羊：耶魯大學教授給 20 歲自己的一封信》作者

我們經常發現自己幻想著孩子長大後的模樣，他們會做什麼工作？如何建構一個有意義的人生？當我們想像他們在工作上展現能力與成功，成為一個有生產力、盡心盡力的公民，受到社群的敬重，也許有一天還會扮演伴侶、夫妻、父親或母親的角色，我們心中也會湧起與有榮焉的驕傲。

在那個幻想中的未來，孩子需要知道如何思考，也就是——能真正把事情想得透徹，靠自己找出解決之道。他們將需要掌握與檢視事物的能力，或者在大腦中守住一個概念，與它析辯，而且在檢視與析辯之後，如果那是個問題，能決定採取哪種方法來因應；或者，如果那是個概念，他們會同意或不同意、要到什麼程度才會同意或不同意，又為什麼會這樣認為。我們不希望我們的孩子變成機器人，總是機械式地給出答案，或者受別人指使進行一些動作。我們想要他們成為思考者。但今天太多學校盛行死記硬背和填鴨，而在家裡，我們做了太多的過度指導、保護和扶持。

最後，我們也為孩子做了太多他們應該自己做的思考。他們需要自己思考。笛卡兒說：「我思，故我在。」如果我們不讓孩子自己思考，不就是不讓他們存在？

而且，思考不只對存在而言是必需（彷彿這樣還不夠似的！）漸漸地，這在經濟上也是一種必需。

思考很重要

在二〇〇九年的暢銷書《動機，單純的力量》（*Drive: The Surprising Truth About What Motivated Us*）中，丹尼爾・品克（Daniel Pink）描述了有能力解決問題，為什麼是二十一世紀職場員工特別重要的能力。他說明，以「演算式」（algorithmic）執行的工作（意指你被給予一組指示，然後朝單一路徑前進，便會得出一個結果）將會被外包或交給電腦做。而在今日美國，有七〇%成長中的工作都是「探索式」（heuristic）的工作：你必須深切思考這項任務，實驗各種可能性，然後精準地想出創新的解決方案，因為「演算法」根本不存在。[2] 二十一世紀的員工需要能夠自己想辦法。

「批判性思考基金會」（Foundation for Critical Thinking）是個超過三十年歷史、旨在灌輸學生批判性思考能力的教育類非營利組織，他們同意這個論點，而且發出警語：「在一個變化加速、複雜性增強、互依性更高的世界中，批判性思考已是經濟與社會生存的必要條件。」[3]

二〇〇〇年，一位德國研究者安德里亞斯・施萊歇爾（Andreas Schleicher）開發了「國際學生評量計畫」（Program for International Student Assessment, PISA）測驗，以幫助各個國家評量青少年是否具備在二十一世紀的大學、職場與人生中成功所需的思考技能。[4] PISA不請學生回答填空問題、或者給定義（這是學生可以記下來，塞進短期記憶的東西），也不用選擇題的型式（把無限的可能窄化至四或五個選項，而正確的答案通常可以被推估或「想出來」）。相反地，這項測驗請學生們把腦袋裡所有的知識，應用於需要批判性思考與有效溝通的真實世界與情境（例如，某個圖表是否清楚解釋了它想要解釋的目的，某張公共衛生海報是否有效地說服讀者去打流感疫苗）。調查記者亞曼達．瑞普立在她二〇一三年的暢銷書《教出最聰明的孩子：向腦力強國學習教育之道》中說道：簡言之，PISA的目的是在揭露哪些國家教導孩子自己思考。

第一次的PISA測驗於二〇〇〇年由數十個國家的青少年應試，包括美國，後來每三年舉行一次。如瑞普立所說，得到PISA高分與學校的資金、種族或班級沒有關係。在高分國家中，教育者與父母皆倡議學習的嚴謹（有非常高的標準、並對學習這些標準付出努力）與精熟（能夠活用學到的概念，而顯示其深度的理解）。在美國，年復一年，青少年在PISA測驗得到的成績都只是普通，這刺傷了一個以世界領導人自居的國家，而且這個結果橫跨各領域，包括教育、經濟產能、領袖地位與創新能力。美國的PISA分數顯示，美國孩子並沒有被嚴格地要求，精熟的穩定度也不足夠，因此他們沒有學會自己思考。這些結果預示美國孩子並不具備在真實世界中茁壯和領先所需，能夠做出複雜決定或有效溝通的技能。

美國研究中心（American Institute for Research）這個行為與社會科學研究組織，在二〇〇六年發表了支持這些可怕預測的結果。「四年制學校超過五〇％的學生，以及二年制學院超過七五％的學生，缺乏執行複雜語文任務的能力」，例如「分析新聞內容與其他文章、理解文件，以及具備處理帳簿或餐廳帳單所需的數學技能」。[5]

批判性思考不僅是有能力理解新聞、讓帳簿收支平衡（這本身已是過時的概念），它的意義要更寬廣、更豐富。在《優秀的綿羊》這本書中，威廉．德雷西維茲描述了許多年輕人「綿羊般的」狀態，在他的觀念裡，這些孩子跳過由父母、教育者和社會在前方為他們所設的一個比一個還高的圈環，並因為他們的付出，得到了高分和讚賞。雖然通往名校和少數菁英職業的大門是為這些孩子開放的，但德雷西維茲宣稱，他們的心智是封閉的。他們沒有被教導如何在知識的灰色地帶搏鬥，對抗已知事物的是與非。他們做了自認為應該做的事，卻未停下片刻，問一下這是否確實是自己想要的，以及為什麼。其實，最該受譴責的是「為考試而教」的學校教育，以及有著威權型或放任／放縱型父母的家庭生活，因其都處於重視成就更勝於思考學習的社會與文化大環境之中。

學校削弱了思考

在二〇〇一年出版的《上學：我們如何創造飽受壓力、玩物拜金且不當受教的下一代》[6]中，史丹佛教師與非營利組織「挑戰成功」的共同創建人丹妮絲．波普，描述了所謂「為考試而教」的心態在美國幼兒園至高中盛行的情況，以及受這種教育的孩子，行為表現如何像個機器人：訊息以指令的形式進入他們的腦袋，他們再把它回吐到家庭作業、學校考試，或標準測驗。美國聯邦政策「不讓任何孩子落後」（No Child Left Behind）於二〇〇二年頒布後，只是更助長了波普早已記錄的這種「為考試而教」的心態，而非鼓勵培養思考者所需的嚴格與精熟。二〇一〇年在全美廣受讚譽的紀錄片《無目標的競賽》中，製片人維姬．艾伯雷則呈現了波普所研究的這些學生真實的樣貌。

波普的研究顯示，孩子們「上學」，到頭來卻沒有學習，他們因為這種教育方式，經歷了巨大的壓力（不是好的壓力，而是心理學上破壞性的壓力），而建立了「不擇手段」的心態，只為了拿到好分數，或是寫完全部的功課。也因此，波普發現作弊現象非常普遍。如果能讓學生更深入地研習課程素材，家庭作業是很可貴的；但如果它只是一份忙碌的差事，就失去價值了。[7] 然而，「教師、校方與家長，都大大混淆了嚴格與負荷的差別。」[8] 波普最近表示。作家與社會評論家艾爾菲·柯恩（Alfie Kohn）以批判的眼光檢視了大量關於家庭作業的研究，結論是：它完全沒有可資證明的益處。[9] 然而，一如我們所知，家庭作業只會不斷地產生。

批判性思考基金會稱「為考試而教」的教學形態為「知更鳥媽媽」法，因為這種方式類似在心理上為孩子咀嚼每樣東西，然後再放進孩子的智識嘴喙裡，讓他們吞下去。基金會指出，受這種教育的孩子可以複述這些知識，但他們沒有真的學習，他們將缺乏在不同情境裡應用這些資訊的能力，而從這個觀點來看，他們並不是真的知道。根據基金會的說法，之後孩子就會接受這種心態，認為自己無法理解任何事情，除非被清楚地告知如何說、如何想、如何做，要說什麼、想什麼或做什麼。他們需要別人替他們解決問題。除了回應父母、師長和教科書上說的一切，他們不想接受更多的挑戰。[10]

家庭削弱了思考

在家裡，有許多家長對孩子的家庭作業、考試、活動、選擇和任務時，也深陷於「知更鳥」模式，而不是讓孩子自己釐清想法。扼要重述本書第一部的內容，以下是我們的作法：

1. 過度保護：我們是孩子的擋箭牌和防撞護欄。我們為他們評估危險，告訴他們現在安全可以過馬路了、告訴他們萬聖節糖果能不能吃，告訴他們不要爬樹或使用工具。我們為他們避開所有危險，不論是在店裡、戶外、上學、放學，寧願他們永遠在我們的視線之內，而且告訴他們，永遠不要跟陌生人說話。我們處處讚美，永遠站在他們那一邊，不理會發現他們表現低於水準的裁判或老師，把任何的努力都稱為「好棒」。

2. 過度指導：我們告訴他們玩什麼、學什麼、參加什麼活動又要做到哪個程度、哪些大學值得看一下、主修什麼、從事哪一種職業／專業。我們為他們解決麻煩，形塑他們夢想的方式。

3. 走一步牽一步：我們為他們與老師和教練爭執。我們扮演像是管家的角色，擔任他生活中的後勤部隊。我們懷疑權威人士的決定。我們訂正數學作業、修改作文，過度編輯、或者直接重寫他們的申請書。

本質上來說，當我們過度教養，就像是逕自跑進孩子的大腦，然後住在那裡——我們宛如自己在演出電影《變腦》（*Being John Malkovich*）中的情節。我們不斷地、警覺地、堅定地出現在他們的生活中、電話裡，藉此用我們的思考排擠掉他們的思考。我們做這些事，是因為我們認為，愛就應該要像這樣，而確保他們「做到了」——在事業上功成名就，就是抓到人生的金杯。然而，當我們以這種方式教養，童年就不再是孩子學習自己思考的訓練場；他們只是在「做」童年清單上的各種事情。如果我們沒有教導、促使或允許他們思考，就無法讓孩子們做好準備，在大學、工作與人生中成功。

我們可以做什麼？

在學校教育方面，若論及教孩子自己思考，客氣一點來說，情況有點混亂。「跨州共同核心課程標準」（Common Core State Standards Initiative）在二〇〇九年興起，有一部分即是回應ＰＩＳＡ的警告。大體而言，美國孩子皆缺乏批判性思考技能，因而未準備好順利適應大學、工作與人生。位於加州索諾馬州立大學（Sonoma State University）的批判性思考基金會，旨在教導教育者如何指引孩子從事批判性思考，而他們的研究發現，連大部分的教育者都不知道什麼是批判性思考，更遑論如何教導。要改善學校教導批判性思考的狀況，是個複雜的問題，而且也不是本書的焦點。

但是，在自己家裡，為人父母的我們可以、也應該承擔起這個任務，教孩子思考、為自己釐清思緒，而不是讓他們機械式地做完處理資訊與人生經驗的動作。我們可以藉由改進與孩子的對話來達成這個目標，例如討論他們正在學習什麼、經歷什麼、要做什麼決定。

怎麼做呢？基本上，「批判性思考」（critical thinking）這個術語即意指「思考」本身，而且可以簡單地用「想出方法」和「將知識運用到新的情境」來加以理解。批判性思考的源頭可回溯到蘇格拉底，他發展出一種與學生來回提問的形式（其中最有名的學生是柏拉圖），讓學生去探究本身想法的根本原因，對自己推論的正確或謬誤達到更深刻的理解，進而能讓將這種理解應用於不同的情境。

一九九〇年代時，我是哈佛法學院的學生，而我接受的即是「蘇格拉底式」的教學與學習方法。大部分的法學教授都使用這種方法，許多其他科系的教授亦然。這是一種經驗證為真的方法，會使人對事物達成真正的理解，而與其相對的，則是死記硬背或被告知如何解決問題、什麼是「正確」答案，以及該相信什麼。

自己想出一個問題、概念或想法的孩子，可以侃侃而談某件事的來龍去脈，而不單純只是那件事存在的事實，而且可以將其所學應用到新的情境。有些人爭論說，蘇格拉底的方法不適合小孩，因為這會教壞他們去質疑權威。但對其他人來說，例如批判性思考基金會、華德福學校和一些蒙特梭利教育者，蘇格拉底方法的簡易版——透過連續提問以幫助個人理解訊息或者做決定，而非由老師（或父母）提供訊息或答案，是一種幫助孩子自己思考的可靠方法。教育家珍妮佛·福克斯（Jennifer Fox），也是《優點教育的驚人力量》（*Your child's Strength: A Guide for Parents and Teachers*）一書的作者，會同意這一點。她在自己的書中建議：你可以問孩子「為什麼？」五次，以幫助孩子理解事情的重點，[11] 而我稱此為連續提問法。

在對話中練習批判性思考

如果我們想要孩子自己思考，必須願意與他們展開對話，並且克制給答案、說出我們所知情況、直接把問題解決掉，抑或是用其他方法結束對話（以及他們的思考）的本能衝動。當孩子還是嬰兒或仍在學步期，我們不斷唱著獨角戲向他們喃喃說明周遭環境，是非常恰當的，因為那是他們學習語言的過程。然而，一旦他們開始走路，可以進行一些對話，我們會想要他們開口講話，回應我們善意與開放式的問題。

由於對話是練習、觀察批判性思考最好的機制，以下的親子對話例子將為你示範，要如何教孩子自己思考。這些對話運用了連續提問法，而其關鍵點就在於：身為父母的你，不論孩子剛才說了什麼，始終都要對其中隱含的「什麼」、「怎樣」，或是「為何」感興趣。

這個方法不論孩子幾歲都適用，雖然隨著孩子成熟、心智逐漸見多識廣，話題也會越來越複雜。要注意的是，當孩子還非常小，你的問題可能要比較偏向「引導」（你知道自己所問問題的答案，並將他們帶到那個方向），但隨著孩子長大，你對討論的主題可能沒那麼熟悉，即便如此，你所問的一連串好問題，仍將引領他們（和你自己）對情況有更深入的理解。以下是這種連續提問法如何教導各年齡層孩子自己思考的不同版本。（不要感到緊張，我們都很忙，不見得有時間和心境像蘇格拉底一樣坐下來討論哲學，所以你不必永遠和孩子進行這種對話；只要試著在你看到機會、而且有時間時，融入一些連續提問法。）

和學齡前幼兒說話

首先，第一個對話例子說明的是，父母讚賞了孩子知道的事，卻沒有教他思考。

孩子：蝴蝶！

父母：對耶，那是一隻蝴蝶。很棒！是什麼顏色的？

孩子：橘色和黑色。

父母：答對了！你好聰明。

同樣的情境，以下是你可以如何利用連續提問法，開啟一段對話的方式：

孩子：蝴蝶！
父母：喔，那隻蝴蝶在做什麼？
孩子：它在一朵花上面。現在到另一朵花上面了！
父母：你覺得牠為什麼喜歡花？
孩子：因為花很漂亮？
父母：有可能。你還想得到其他的原因嗎？
……

和小小孩的對話可以持續到出人意料的很長一段時間。連續提問能幫助孩子釋出他們已知的訊息，並幫助他們思考與所知相關的下一組概念。他們正在學習。而你的關注本身，甚至就是更大的獎勵。

和小學生說話

在小學時，親子之間的對話經常圍繞著後勤支援問題，比如我的腳踏車沒氣了，我把作業留在學校了……孩子可能希望我們幫忙處理。以下的對話例子是關於一個需要處理的狀況，以及我們可以如何幫助孩子自己找到解決方案。首先，不適宜的對話是：

父母：今天學校怎麼樣？

孩子：還好。但我把書包忘在學校了。

父母：哦，不！我開車載你回學校拿書包。

這位父母沒有教孩子如何思考問題，反而是急著搶在前頭為孩子解決問題。如此一來，這個孩子不僅不知道如何分析情況、想出解決方案，以後更可能再次忘記帶書包回家，因為她並沒有承受到這麼做的後果。（類似的情況是孩子不能準時起床，而父母只是繼續叫他起床，或是在他錯過平常的通學車班時，改而送他上學。）比較理想的對話是：

父母：今天學校怎麼樣？

孩子：還好。但我忘記帶書包回家了！

父母：哦，不妙。

孩子：我該怎麼辦？

父母：我不知道。你覺得你能做什麼？

孩子：我不知道！你會載我回學校拿書包嗎？

父母：對不起，我不行，我今天下午有其他事要做。你認為你該怎麼辦呢？

孩子：我可以打電話給我的朋友，問今天功課是什麼。

父母：很好。

孩子：但作業簿如果放在書包裡，我就沒辦法寫了。

父母：嗯。是啊。

孩子：或者我可以寫電子郵件給老師，告訴她我忘了書包，看看她怎麼說。

父母：這兩個主意聽起來都不錯。

……讓孩子經歷想出解決方案的過程。

這個孩子會學到，父母不覺得他們需要對這個問題負責，他只有自己想出辦法。這種「愛之深，責之切」的方法，對放任／放縱型父母來說可能特別困難，但請記住，這時最愛他們的作法，不是幫他們做，而是教導他們自己做。相較於國、高中，小學沒寫家庭作業很少有嚴重後果（上學遲到亦然）。與其讓她在往後更嚴峻的學業處境中還要繼續面對這些問題，而你又會很想幫她避開更嚴重的後果，最好現在就讓她學會記住要帶書包回家（或者自己起床）的教訓。

與國中生說話

國中生仍然是小孩，但他們正迅速變化成青少年，我們則以「吞世代」（tweens，年紀九到十四歲的孩子）為名，以識別這個中間階段。他們希望我們參與、對他們的生活感興趣，但如果我們似乎過分專注於他們覺得不對勁的事，他們可能會很快把自己封閉起來。

首先，來看看不適宜的對話：

父母：今天學校怎麼樣？
孩子：還好。
父母：你的西班牙文考試怎麼樣？
孩子：我得到A！
父母：太好了！

父母只關心成績，而不是孩子正在學習、或在課堂上發現什麼樂趣。比較理想的對話可能會是這樣的：

父母：今天學校怎麼樣？
孩子：還好。
父母：今天最好玩的是什麼？
兒童：西班牙文課。
父母：很不錯啊！為什麼？
孩子：這是我最喜歡的課！
父母：為什麼？
孩子：我每次都考得很好，作業都不難，我從來不會聽不懂。我經常舉手，當老師真的叫到我，尤其是別人都沒被叫到時，我會覺得：「耶！我被叫到了，來吧！」

父母：你怎麼知道你西班牙文很厲害呢？

孩子：嗯，當老師解釋某件事，我可以猜出她要說的是什麼，因為我已經知道它的道理。我知道接下來是什麼，我還可以向朋友解釋。

……繼續問為什麼和怎麼樣。

一個孩子知道自己喜歡某個科目固然很重要，但正如這段對話所展現，我們真正想要的是，孩子能夠聚焦於他怎麼明白自己知道了什麼。

與高中生說話

高中生的內心世界充滿情感，因為受荷爾蒙的刺激，對他們來說，可能自己本身就是一個謎，對我們也是。通常當我們問高中生今天過得如何，只會得到一個簡短的答案「還好」。身為父母，我們渴望知道更多訊息，也想幫助他們了解他們學習和體驗的原因與過程，以發展出對自己、對他人、對世界更深刻的理解，並能做出更好的選擇和決定。正如與學齡前兒童談論蝴蝶的對話，我們可以反覆（但體貼地、有創意地）詢問「為什麼」或「如何」來回應他們的敍述，以避過青少年典型的單字回答法，直到他們透露自己經歷或學到的有趣訊息。進行這些批判性思考的對話時，我們要表現得像積極的聽眾，而這樣做的額外好處，是向他們展現我們真的關心他們，更勝於生活中一些事務性的問題：例如他們是否完成作業、得到什麼等第，或者他們的隊伍是贏了還是輸了。這些對話變成了優質的相處時光。

首先，來看看不適宜的對話：

父母：今天學校怎麼樣？

孩子：還好。

父母：今天有什麼家庭作業？

孩子：有一大堆數學、一些化學，和一篇英文作文草稿要交（沉重的嘆息）。

父母：但我以為你喜歡讀《大鼻子情聖》（*Cyrano de Bergerac*）。

孩子：是啊，我喜歡讀，但這並不表示我想寫一篇跟它有關的文章。

父母：沒事的，你可以做到。只要想想你喜歡《大鼻子情聖》的什麼和……

孩子：媽，這沒那麼簡單。

父母：我知道。但你很聰明，我只是想讓你有信心完成它。

孩子：我只想趕快做完它。

父母用自己的想法（你喜歡《大鼻子情聖》）取代了孩子自己的想法（我很怕寫這篇文章）；還想用自己的話語建立孩子的信心，而不是讓孩子感覺自身的努力可能改變情況。更理想的對話是：

父母：今天學校怎麼樣？

孩子：還好。

父母：你最喜歡什麼？

孩子：嗯，我們正在閱讀英文版的《大鼻子情聖》。

父母：嗯。為什麼那個故事這麼有趣？

孩子：我們大聲地朗讀出來，而我演主角西哈諾（Cyrano）。

父母：結果呢？

孩子：真的很酷。

父母：為什麼？

孩子：因為我喜歡西哈諾。

父母：為什麼你覺得你喜歡西哈諾？

孩子：我不知道。也許是因為西哈諾為了成全克里斯汀（Christian）和羅珊（Roxanne）的愛情所做的一切——即使他也許不應該這樣。

父母：你指的是什麼？他為什麼這樣做？

……等等。

孩子從他喜歡西哈諾的粗略感覺，進展到為何如此的更細微理解，這將對他在課堂上的討論、以及他必須寫的文章有所助益。

不要讓他們只是「上學」

正如丹妮絲．波普在《上學》一書中所概述的，今天的孩子光是要把工作做完，就有巨大的壓力：他們去「上學」，而不是去學習。他們學習完成任務、產出老師想要在一篇五段的文章中看到的每個元素，或者記住生物學中的每個術語和數學裡的每個公式。他們認為，自己的下一個任務是進入某所學校，以便擁有成功的人生，而這種心態通常會延伸到工作或專業的追求。

我打電話給耶魯大學的招生主任傑夫．布蘭茲爾（Jeff Brenzel），詢問他在大學生當中看到哪些「上學」而非自由思考的情況。[12]

「我在一些學生身上看到這樣的持續性傾向：只想安全過關，將他們在這裡做的事視為某種建立職涯的步驟。這導致他們抱持完美主義，而不情願去試驗、失敗或叛逆，長此以往這對他們沒什麼好處。我懷疑二十年後，他們會有中年危機，覺得自己受到桎梏。無法認知到『教育是需要自己主動去攫取，而不是被送達給你』，這對他們才是真正的傷害。」

我在史丹佛看到、也聽說過這種心態，學生很難面對開放性和不確定的事，只想要繼續已經習以為常的方式，也就是擅長完成他們被告知要做的事。一位教授大一英文的史丹佛教師告訴我，現在在她班上常見的情況是——把報告退回給學生，上面快速寫了一些回饋——你可以多說一點；你是怎麼知道的？這裡的動機是什麼？然後呢？——對於這些評語，大學生只會哀怨地問道：「我不知道妳想要的是什麼。只要告訴我妳要我說什麼。」

校園的另一邊，史丹佛土木與環境工程系的建築設計計畫主任約翰．巴頓（John Barton），也目睹了類似的情況。[13]巴頓教授開了一堂入門的繪圖課程（建築師需要工程技能，但也需要知道如何畫圖），而許多學生來找他時，眼睛睜得老大，擔心自己甚至連下筆都不會。「他們說，自己一輩子沒有上過畫畫課。我現在很常遇到這種情況。」

學生大概都會跟巴頓這樣說：「嗯，我知道自己想進入一所真正優質的大學，而且盡可能多上了大學先修課程。沒錯，學校有美術課必修，但不是在AP級別，所以我參加了爵士樂團、學生戲劇，或諸如此類在大學申請表上會好看一點的活動。此外，我父母不希望我浪費時間在藝能科目。它們會多占去一項AP課程的額度。」

巴頓向學生們描繪了在高中學習的情景。「當你修了大學先修化學課，我猜老師會告訴你，需要九十五分才能拿到A，而且要重視每一項功課和考試。此外，如果你早點來幫他準備實驗室，或者下課後留下來洗燒杯，他或她可能給你一百二十分。這樣一來，你可能本來是C，但仍然可以在課堂上得到A。還有，所有測試是都是電腦閱卷，沒有作文或論說題，而你的實驗室報告是寫在老師規劃的表單上。」

學生們望著巴頓，彷彿他一直跟在高中的班上和他們一起上課，個個點頭如搗蒜。

然後，巴頓告訴學生，他的班級將會如何不同。「我告訴他們，精準性和正確度不重要，但過程和反省很重要。我希望他們打破常規，爬到最高的樹枝上，送別過往的一切。我告訴他們，風險和開放性問題就是我們會在設計中做的事。設計是解決問題的方法，不是『任務』；這會很難，因為他們所接受的教育到目前為止，只有任務。因為他們是史丹佛的學生，聽到這些話並沒有非常反彈，但心底壓力隨之升高。不過這是他們渴望的，於是也就接納了它。他們需要一點時間好讓自己不會再問我「他們能否做某件事」。而我的回應不是『只要請求原諒，不必請求許可』，就是『你可以嗎？』到了第五個星期，有些學生已經會以這兩個答案的其中之一替我代言。那時，我知道自己終於讓他們體驗到了教育的人性面。」

巴頓不讓學生只是「上學」，他教他們思考。但對於一些學生，他得奮鬥很久。

教導他們堅持思考

在所有構成孩子生活的元素中，課業和進步似乎是最嚴峻的考驗，而現在的教學方法強調死記硬背，以便在家庭作業、考試和標準測驗中表現優異。通常，我們會用「你好聰明」來回應孩子的好成績。但研究顯示，父母的這種回饋，實際上不會增強而是有損成績表現。

史丹佛心理學教授卡蘿．德威克博士（Dr. Carol Dweck），是國際公認「成長心態」（growth mindset）概念的先驅──「成長心態」是指一種持續成長、學習並堅持努力的方式。[14] 德威克發現，被說是「聰明」的孩子，其實在後續的表現並不出色，他們會故意選擇比較容易的工作，以避免出現不聰明的證據，德威克稱這種情況為「固定心態」（fixed mindset）。相對地，德威克發現，不是因為聰明被誇獎，而是因為努力被讚揚的孩子──稱讚孩子具體的努力，而且不過度誇大──將能培養出德威克所稱的「成長心態」。

這時孩子學到的是，努力是導致自己成功的原因，如果他們繼續嘗試，經過一段時間，他們會進步，而且將達成更多的目標。這些孩子最終能承擔更困難的事情，並對自己感覺更好。「強調努力，給了孩子一個自己可以控制的變因，」[15]德威克解釋：「他們看見自己能掌控他們的成功。而強調天生智能會奪走孩子的掌控權，也無法對失敗提供良好的解方。」[16]

德威克的網站（mindsetonline.com）按部就班地教導了培養「成長心態」的方法。[15]她說：「你如何解釋挑戰、挫折和批評，是你自己的選擇。你可以用固定心態解釋，認為這是你自身缺乏天賦或能力的原因。或者你也可以用成長心態解釋，認為這是需要提升自己的策略和努力、發揮自我、擴充能力的契機。要選擇哪一種心態，完全取決於你。」成長心態會讓人受到激勵而堅持想出解決之道，導引出更理想的批判性思考。

教導他們思考自身以外的事

孩子的學業、課外活動和個人事務，在今日似乎已占滿我們所有的心思。不過，你也可以藉由和他們談論周遭世界發生了什麼事，並鼓勵他們對此表達意見，來培養批判性思考。

教育家和心理學家如今有個口頭禪：不論家庭成員的行程表有多緊湊，都要找時間一起吃晚餐。研究顯示，家庭晚餐有助於孩子感受到他們在父母心中是重要的，對他們的心理健康有正面影響，而且能讓孩子更有自尊、課業表現更好。除了和孩子聊聊今天過得如何或他們的生活，與他們討論當前的時事，則能提升批判性思考的水平——挑戰理論、對世界感興趣、對他們未知的事物保持謙卑，會使他們渴望知道更多。

一旦孩子進入小學，他們可以表達意見，被挑戰他們所相信的事。你可以視你的興趣、信仰、價值觀、孩子的年齡，決定哪些話題適合你的家庭。以下就要說明你可以如何和孩子討論時事，進而讓他們培養更強大的思考能力。

1. 找一個有不同觀點並陳的話題。這可能來自你讀過的書、看過的電影，全家一起看的電視節目、學校政策、地方報上的議題，或當地家長與教師聯誼會、學校董事會關心的主題。只要至少有幾種不同、合理的觀點，這個對話就能進行。透過與孩子年齡相符的方式提出問題，小心試探家中的小學生可能了解的程度。

2. 問孩子有何想法。詢問孩子對這個話題的看法，以及為何這麼想。他們是根據什麼價值或先驗假設，得出自己的意見？如果他們的觀點沒有勝出，會有什麼感受？後果會是什麼？如果他們的觀點贏了，為什麼情況會比較好？

3. 開始「唱反調」。無論孩子選擇哪一「邊」，現在輪到你來唱反調。這意指你要根據孩子表達意見時運用的話語，以近似的字數份量來表達相反的意見。說明為什麼這是更好的觀點，你是根據什麼價值觀或假設形成你的意見，以及你的觀點堅持與否會造成哪些後果。展現鼓勵和遊戲的態度，不必嚴苛要求或過度批評。

4. 鼓勵孩子回應你的觀點。鼓勵他們提出自己在初次討論這個問題時沒有說出來的其他理由。衡量孩子是否已準備好、是否願意參與這種心智遊戲，不要強迫他們超越舒適圈。（我知道曾有成年女性因為父親是律師，而在餐桌上的對話中為了捍衛自己的觀點，被父親逼到落淚。不要做得太過火！）

5.進階版：轉換立場。現在重新開始，反轉角色，看看孩子是否能滔滔不絕地表達論點和價值觀，去強調他們原來反對的觀點。或者開始一個新的主題，當孩子說完自己原本的想法，再打斷他們並提出挑戰，讓他們從另一個角度開始論述。

在家庭晚餐中討論世界時事，不只是每晚在家裡完成啟發性親子對話的絕佳方式。在《教出最聰明的孩子：向腦力強國學習教育之道》一書中，亞曼達·瑞普立也指出，父母如果會跟子女討論書籍、電影和時事，這個孩子在國際PISA測驗中的閱讀部分成績會比較好。

讓他們為自己發聲

在前面的章節中（第三章〈陪伴他們〉），我曾說過一名史丹佛新生和父母一起來找我討論如何在大學做研究的小故事。在我們討論的過程中，即使我直接向孩子提出問題，而且盡量讓我的眼神和他接觸，卻都是父母在說話。當我們結束二十分鐘的談話，我看不出那個孩子對這件事的看法（如果有的話），或者他到底是否有興趣做研究。唯一明顯的是，他的父母對這個話題非常感興趣。

女兒艾芙瑞曾跟我說過一個故事，當時她是六年級，被選入一群學生代表，要帶著參訪的五年級生逛逛國中校園。結果，沒讓六年級生向五年級生說話，老師反而插手介入，變成都是他在講。接著，他轉身詢問站在旁邊的六年級生，還有什麼要補充。他們說沒有——除了他說錯圖書館的位置，因為圖書館在五年級生進來前就會遷走。老師於是要他們說明圖書館的新位置。整個過程中，艾芙瑞和朋友們站在那兒微笑著，想讓自己看起來負責而重要，卻反而覺得像個傻瓜。老師到底在害怕什麼，如果讓六年級生自己上場說話會發生什麼事嗎？

我們必須避免擋住孩子的路，讓他們在這世界上為自己發聲。以下是我思考的作法：

1. 重視這件事。孩子必須能夠自己思考，並且與他們遇到的人開啟對話、給予回應。無論是分享好消息、解釋自己的興趣或夢想，或者必須提出問題，孩子有一天要能完全自己處理這些事，而童年應該要提供這些練習。

2. 為自己訂下目標。下定決心，只要情況許可，你會讓孩子為自己說話，而且次數會越來越多。如此一來，他們（和你）將會對自己的能力建立信心。每當你做到了，你就是在告訴孩子，你相信他們自己思考的能力。

3. 好好練習。當你知道孩子將要向某個成年人說某件事——那人可能是他們隊上的教練、或他們想參加營隊的領隊，讓孩子提前知道，你想讓他們自己說話，你知道他們可以應付，而且你會在場補充他們遺漏的任何訊息。教師、店員、舞蹈老師和教練都一樣，喜歡孩子帶著問題、想法或疑慮來找他們。讓孩子看到與他們說話的大人臉上的喜悅。注意：你最了解自己的孩子，如果孩子內向或害羞，可能想要你為他們擔起這項重任，如果他們有特殊需求，可能需要你這麼做。但即使你為孩子說話，也要記住，你不是他們，不能真正為他們代言。你可以說：「茉莉告訴我，她覺得……」或者「喬丹告訴我，他有興趣……」

4. 抵抗，抵抗，抵抗！不要用手肘輕碰孩子慫恿他們發言、或在他們耳邊低語，而是要抗拒介入的衝動，給他們自己做的機會。在店裡、或是面對指導老師和教練時，你甚至可以實際用肢體表達自己已退居後方，避免眼神接觸，讓大人明白是你的孩子要說話。

5. 在必要時補充你的想法。在孩子長大之前，你對於某個主題，可能總是知道得比較多，也有自己的意見和想法。你的想法是很重要，但只要做為孩子發言之外的補充即可，而不是取代他們的意見。就像職場上的優秀主管，會讓公司裡最資淺的員工（你的孩子）第一個發表意見，然後支持他們的說法，只補充你認為必不可少的重點。這就是授權。

他們的思想，他們的人生

在史丹佛的時候，每週五下午有三個小時，我會在辦公室裡接受學生的諮詢——他們希望取得課業與個人生活上的建議，例如主修科目或研究所的選擇、競爭激烈的暑假實習機會，或是應該放棄什麼課程或活動，才能有一點喘息的空間或去追求其他事物。不論他們的問題是什麼，我都會用自己的問題來回應，例如：「你為什麼認為你想要這個，而不是那個？」「你的長期計畫會受到影響嗎？為什麼？」「如果你沒有這樣做，會失去什麼？為什麼？」「如果你能做任何你想做的事，你想要做什麼，為什麼？」透過各種形式、多重面向的深入詢問，逐步抽絲剝繭。而我所做的，就是在本章前面討論過的連續提問式批判性對話。

當然，我對學生提出的各種問題，也有我的想法，但我的工作並不是想出答案，而是向學生提出好問題，進一步啟發他們認識自我。我會試著發掘出她這種想法背後蘊含的價值、她對自己的優勢與發展領域的觀感、她的恐懼和她的夢想。之後，我會幫助學生根據對自己的了解，詢問她擁有哪些選擇。我會教她為自己最終做出的選擇說出一番道理，而不是讓她依賴某個權威的意見（我），或是以她「應該」這樣做那樣做，因為「其他人都這樣」，或因為「大家期望我這樣」……這些年輕人常掛在嘴邊的話做為理由。能親眼看著一個人開悟、自己思考、發現道理，確實令人謙卑又振奮。

在《教出最聰明的孩子：向腦力強國學習教育之道》中，亞曼達・瑞普立描述了美國青少年令人沮喪的批判性思考能力，但她也指出在美國一些較小的地區，仍存在著比較理想的教學和學習，學生也拿到極高的PISA分數。瑞普立樂觀地總結道：「無庸置疑，美國青少年有能力在批判性思考的複雜測試中，拿到全世界最好的表現。」[17]

透過更適宜的教學和教養，我們可以給他們這個機會。

16 讓他們學會勤奮工作

我明白我需要有一個更大的計畫，而不是坐等他人來發現我驚人的才華。[1]

—史蒂芬．帕克赫司特（Stephen Parkhurst），千禧世代，電影製片人

他們好自以為是。他們以為自己棒得不得了，只要出場就會有人拍拍他們的背讚賞他們。他們總是要有人告訴他們該做什麼。他們沒有工作倫理。

這是對千禧世代在職場上表現的一般見解。

二〇一三年，一位充滿抱負的二十九歲電影導演史蒂芬．帕克赫司特在《千禧世代：我們很爛，實在很抱歉》（*Millennials: We Suck and We're Sorry*）這支影片中以諧擬方式調侃了老一輩對千禧世代的看法，結果影片一炮而紅，網路點閱次數超過三百萬。[2]在他的腳本裡，帕克赫司特巧妙結合了對千禧世代行為的認可，以及對教養他們長大的父母的批判，所以我在二〇一四年二月打電話給他，詢問他拍攝這支影片的動機。

帕克赫司特住在紐約市，在Deluxe擔任數位技術／放映員。Deluxe是一家在全球各地都有分公司的企業，為電影和電視產業提供廣泛的後製服務。他於二〇〇七年畢業於新罕布夏州的基恩州立學院（Keene State Collage），主修電影製作，那正

是經濟大衰退以來狀況最糟糕的時期。到了二〇一四年，他一方面在Deluxe有全職工作，一方面仍堅持不懈拍自己的電影。他的影片以四位千禧世代各自的獨白開始：「我們很爛，我們知道。我們以自我為中心，我們自以為是，我們自戀、懶惰、不成熟。我們對此非常抱歉。我們是最糟糕的！但願我們可以更像我們的父母。」這些聲音有男性也有女性，白人、住在都市裡、二十幾歲，看起來相當時髦，他們分別在不同的地點說話：明亮的沙發、家前的台階、紐約褐砂石公寓外的人行道，假裝為他們這一代相對優渥的權利、失敗無能和漠不關心道歉。

「我們不知道現在是什麼情況！」他們繼續說，「你們撫養我們長大，讓我們相信自己很特別。如此地特別，我們不用做任何事情就能贏得讚美。我因為出現在足球賽，得到了這個獎盃（拿出獎盃）。這真的很特別。不知道是哪裡出了錯。你們都已經盡心盡力了。」

很快地，影片裡的對白從諷刺自己得到太多讚美，轉移到更宏觀的問題，例如嬰兒潮的政策和作為所引發的經濟與政治影響：兩次戰爭、房市泡沫、經濟大衰退、全職工作消失、製造業被摧毀、沮喪的工會、飆升的大學學費、學生貸款負擔，以及環境被踐踏的星球。

反諷的最高潮落在一個女子沉思著：「嘿，如果有個這麼無藥可救的世代，實在太瘋狂了，是吧？」然後，影片做了總結：「所以，代表所有的千禧世代，我們要為自己如此糟糕而道歉。從現在開始，我們將向嬰兒潮世代看齊。因為你們這些傢伙？你們真的太厲害了！」

帕克赫司特拍了這支影片，以回應近年來所發表，關於千禧世代缺乏工作倫理的大量文章，如二〇一三年喬耶爾・史坦（Joel Stein）在《時代雜誌》所寫的〈千禧世代：我我我的世代〉（Millennials: The Me Me Me Generation），以及二〇一三年珍妮佛・葛拉漢（Jennifer Graham）在《波士頓環球報》

（*Boston Globe*）所寫的〈擁有無用獎盃的這一代孩子〉（A Generation of Idle Trophy Kids）。這些批評多半指向千禧世代本身，彷彿是他們導致了自己的處境。但指責他們顯然是不公平的。我認識幾千個千禧世代的孩子，其中有好幾百人都表現亮眼，我知道他們滿懷希望和善心，而且就像之前的每個世代一樣，他們也想成功。對他們的職場表現所做的負面描述，不止反映他們生命本身的一些缺失，也反映了他們被教養長大的方式。我很高興看到史蒂芬．帕克赫斯特挺身反駁。

消失的工作倫理

然而，撇開譴責，千禧世代沒有像他們的前輩在職場上表現百折不撓與積極合作的說法，並非只是一段輕蔑的語錄摘要。二〇一三年，賓利大學（Bentley University）曾委託進行一項關於勞動力準備的研究，受訪者超過三千一百人，其中包括接受高等教育的企業領袖、公司人才招募者、高中生與大學生及其父母，還有剛畢業的大學生。結果，有七四％的非千禧世代受訪者認為，千禧世代在工作上缺乏老一輩的工作倫理，七〇％認為千禧世代不願意「負起自己的責任」。（相較之下，幾近九〇％的千禧世代受訪者〔八九％〕表示他們確實有強烈的工作倫理。[3]至少，這種認知上的差異頗令人吃驚，也顯示出世代之間對工作倫理的定義有著明顯分歧。）

身為父母的我們，可以協助扭轉這種工作倫理／職場的不相稱狀態。藉由遵循第十二章（最佳的平衡點）、第十三章（給孩子非結構化的時間）、第十四章（教導生活技能）和第十五章（教導自主思考）已經討論過的策略，在準備讓孩子成為職場寵兒的這條路上，你已經大有進展。

在本章中，我們將探討基於之前各章節所構築的策略，教導孩子努力工作，願意主動投入幫忙、參與一份工作直到完成，讓他們準備好成為積極的公民，進入職場。我們希望他們成為——他們也可以成為——能夠說出下面這句話的人：我應該做這件事，而且決心要做好。

建立工作倫理：家事的角色

我們在第十三章裡討論的打理儀容、照顧物品、做飯、保持家中整潔等生活技能，都是每個人照顧自己時必須做的事，對任何人來說也都是首要義務。在本章中，我們將以這份列表做為基礎，進而要求孩子完成更重大的任務，以教導他們主動幫忙、親身參與，為了家族、家庭、團隊或其他群體的福祉貫徹職責。威權型父母已經對孩子提出這些要求，卻是以專橫的方式表現；放任／放縱型的父母則完全不做要求。總之，在教導生活技能時也陶養「百折不撓、積極協助」的心態，能建立孩子的工作倫理，而且也是威信型教養的理想明證。

根據明尼蘇達大學（University of Minnesota）家庭教育榮譽教授瑪麗蓮·「瑪蒂」·羅斯曼博士（Dr. Marilynn "Marty" Rossman）的說法，做家事的孩子在人生中成功的機會比較大。羅斯曼所定義的「成功」是：不吸毒、擁有優質關係、完成學業、展開職業生涯。她依據教養風格的絕對權威黛安娜·鮑姆林德（第十二章討論過的教養研究者）所做的長期研究數據，進而做出結論：那些「最成功」的人，在三、四歲時便開始做家事，而那些在青少年時期才開始做家事的人，相較之下則沒有那麼成功。羅斯曼從未以正式的研究發表這項特殊的成果，但許多學者和作者都陸續引用她對於及早做家事之價值的結論。[4]

喬治·威廉特（George Vaillant）對哈佛學生所做的知名長期研究，從大學時代延伸至整個成年期，得出的結論也是：童年所做的家事對成功人生具有重要貢獻。在一九八一年《紐約時報》的採訪文章中，威廉特解釋道：「工作在一個人的生命中扮演著核心角色。」若做為成年後心理健康的預測指標，其份量之重更勝於顯赫的家庭背景。[5] 精神病學家、作家，也是哈佛大學前教師愛德華·哈洛維爾（Edward Hallowell）說，家事可以建立「能做、想做的感覺」，讓人感到勤奮，而不是無能為力。[6]

所以，家事很重要。然而，今天的孩子花在做家事的時間，明顯比之前的世代少了很多。二〇〇八年，馬里蘭大學（University of Maryland）的一項研究發現，六到十二歲的兒童，每天只花二十四分鐘做家事，比一九八一年下降了二五%。[7] 而《華爾街日報》在報導這項研究時認為：「在社會學變異的冰河國度裡，這樣的數量相當於驟降。」[8]

衛斯理學院（Wellesley College）社會學教授馬克拉·盧瑟福曾查閱一九二六年到二〇〇六年的《父母雜誌》（*Parents*）——這是美國歷史最悠久、目前也最為普及的教養雜誌，以檢視社會對兒童做家事的期望是如何改變。[9] 她發現整個一九三〇、四〇和五〇年代，家事是專家和供稿者撰寫文章的常見主題，孩子們會做很多工作來維持家庭運作，包括看火、餐飯準備、木工、家庭記帳、看護生病的家庭成員。在一九六〇、七〇和八〇年代，家事主題則幾乎從《父母雜誌》銷聲匿跡。到了一九九〇年代，家事重新成為專家與非專業意見探討的主題，但與幾十年前小孩做的家事相比，現在的家事指的是「微不足道的任務」，像是收拾自己的東西、照顧寵物、飯後清理餐桌、為髒衣服分類。自一九九〇年代以來，《父母雜誌》裡有關家事的文章，多半聚焦在如何利用外在獎勵鼓舞孩子做家事，例如以「積分」來「賺錢」，好買些孩子可能喜歡的玩具或其他物品。而在過去，文章中若提到家事，會把它視為家庭生活運作所必需的尋常工作，而孩子會因為「把一份差事做好而感到自豪」。

如果我們是中產或中上階層，日常生活不會被累壞我們祖先的勞力工作所占據，大部分持家的雜事都已經外包給機器、科技或其他我們雇來幫忙的人。取而代之的是，我們的日常生活被孩子的課業和補習活動占據了。賓州大學社會學家安妮特．拉蘿把運動、藝術、家教等活動，以及父母來回接送孩子的付出稱為「協同式栽培」，[10]而且注意到這樣會讓父母有多麼身心俱疲。當這些節目全被排進典型的家庭行事曆，要是還能做完哪件家事，可就真讓人佩服了。

然後是家庭作業的壓力，這通常會自動成為孩子在家裡不用做事的藉口。二〇一四年九月，在「挑戰成功」基金會為教育者、父母與孩子舉辦的年度大會上，《孩子需要的9種福分》與《孩子我不要你功課好，但是要你學會解決問題》兩本暢銷書的作者，心理學家溫蒂．莫傑爾（Wendy Mogel）說道，孩子只需要大喊：「我有考試。」我們便把他們服侍得妥妥當當，彷彿他們是「法西斯獨裁者」或「殘疾的皇族」。[11]「我家的狗把我的功課吃掉了」這個老掉牙的說法已經被丟到一邊；現在的孩子功課堆積如山，沒有時間照顧狗，或者和狗一起玩。

課外活動、測驗和家庭作業都很重要，但同等重要的，是要教導孩子藉由做家事培養某些技能和價值。透過做家事，他們會學到：

- 對家務或團隊工作付出的責任感。
- 處理任務的自主性。
- 配合期限，以及達到特定程度品質的可靠性。
- 把工作做好的決心。
- 遇到挑戰時的堅持。
- 主動投入而非被動等待的價值。

即使不需要孩子的汗水來確保我們這個家庭的順利運作，他們仍必須貢獻、知道如何貢獻，並且感受貢獻帶來的獎勵，以使他們在步入職場、成為社會公民時，對勤奮工作有正確的認知。簡而言之，家事能建立起社群與職場高度重視的敬業態度。

建立「主動投入」和「做好工作」的心態

你的孩子很有可能會理解，學習第十三章所列出的生活技能十分重要。如果他們年紀還小，會喜歡自己做、幫你的忙，而且還想做更多。如果你等到他們八歲或十幾歲才開始，可能就會面臨一些反抗，還會被怨恨因為你要他們做這做那，害他們不能做自己的事。不過你對青春期前後孩子還占有的一項優勢是：他們會看到自己就要高中畢業了，只要提醒一下，他們很快就要離開家，得自己起床、洗衣服、填飽肚子，這或許就足以成為理由，讓他們去學習各種照料自己的生活技能。

然而，工作倫理是要照料好基本事務以外的事。這意指主動投入以協助某種情況，即使那件事對你沒有直接的好處。這也跟我母親常掛在嘴邊的一句老話有關：「如果一份工作值得做，就值得把它做好。」如果建立生活技能意味著，你知道孩子可以為自己倒些柳橙汁，萬一灑出來了，他也會清理乾淨；那麼工作倫理就是指，你知道孩子會在別人灑出一些東西時，主動投入、提供協助，而不是暗想著「這不關我的事」，然後轉身走開。

但是，我們如何要讓孩子萌生這股衝動，想去幫忙基本上跟他們無關的事？除非他們是那種難得一見，天生充滿同情心或有助人義務感的孩子，否則他們都需要被教導。至於要怎麼做，羅斯曼的研究深具啟發性，其他也能提供指引的資料還包括：發明「直升機父母」一詞、並創辦「愛與邏輯研究所」（Love and Logic Institute, Inc）的教養專家吉姆．菲和福斯特．克萊出版的著作，以及許多網路文章──例如派翠西亞．史密斯（Patricia Smith）二〇〇九年在「教育」網站（education.com）發表的〈主動投入！讓你的孩子幫忙做家事〉（Pitch In! Getting Your Kids to Help with Chores）、伊瑟．大衛多維茲（Esther Davidowitz）在「教養」網站（parenting.com）所寫的〈讓孩子主動幫忙〉（Get Kids to Pitch In），以及自由保健作家安妮．史都華（Annie Stuart）為「網路醫師」網站（WebMD.com）所寫的〈拆解與戰勝家事〉（Divide and Conquer Household Chores）。根據我對各種資源的評估以及自己的生活經驗，要如何讓孩子放下做越少越好的安逸想法，轉而善盡自己的職責，以下是我提出的要訣與建議。[12]

學步期與學齡前：博取他們的熱情

對於這些年齡最小的孩子，你的重點是「博取他們的熱情」，生活品味雜誌《*Westchester*》的前總編輯伊瑟．大衛多維茲如此說道。小小孩喜歡覺得自己像大人，所以當你請他們把雜誌堆疊起來、給他們一塊抹布擦灰塵，或者指著一堆髒衣服，請他們拿去洗衣間，再分成白色一類、有顏色的一類，他們會很開心。不要期望完美。藉由讓他們參與和貢獻，他們會培養出完成工作的勝任感，以及自己會遵循指示並因而被倚重的自信心。

小學生：具體說明幫忙的方法

小學生在家裡可以幫你很多。以廚房為例，他們可以把雜貨從車上搬進來，打開雜貨、把它們收拾放好、擺餐具和清理餐桌、把碗盤裝進洗碗機再拿出來。

將每個任務分解成簡單的步驟。例如拆裝雜貨時，告訴他們先按照冷凍庫、冷藏室、食物貯藏櫃等存放位置分類，再請他們把一些物品送達適當的地方——蔬菜和水果通常放在冰箱的下層，所以可以請小小孩負責收拾這類食物，大一點的孩子則可以收拾放在冰箱高處的食物，如牛奶和果汁。請比較小的孩子把你的布製購物袋裝進另一個更大的袋子，下次才容易找到。再提醒一次，不要指望完美。如果你要求他們做某件事，然後仔細檢查每一個步驟，他們就會覺得很無趣。他們不會像你一樣做得那麼好又有效率，請接受這一點，但他們會隨著時間推移而越做越好。

不小心在廚房打翻東西，是讓孩子建立「主動幫忙」心態的好時機。發生這種情況時，呼叫任何一個正在附近的孩子：「我需要你的幫忙。」他們要練習一下清理打翻的東西，才會知道如何幫大忙。所以，你要很具體地告訴他們怎麼幫忙：把海綿弄濕，然後開始擦抹果汁；或是從玄關壁櫥裡拿一支掃帚和畚箕來掃，而你可以抓著畚箕。在任務完成之前，不要停下來休息，然後對這次「好好完成的工作」表示滿意。一定要感謝他們，但不是給予浮誇的讚美，彷彿他們已登上了珠穆朗瑪峰，而是投以眼神接觸和微笑，也可以把手搭在他們肩上，再加上一句友善、簡單的「謝謝」。給予這種類型的回饋，會讓孩子還想再次體驗這樣的讚美。

國中生：在雜務中培養工作倫理

國中生可以試著出門完成某些任務，只要這些差事不會被多事的鄰居擔心你的孩子被「單獨留置」。讓他們在天氣好時幫忙洗車，讓他們鏟鏟前門走道的殘雪。讓他們做些院子裡的工作，如除草、從車道運送土堆到花圃、耙落葉、把萬聖節後腐爛的南瓜丟入堆肥，或者布置節日裝飾。讓他們騎自行車到當地的便利商店買一件你需要的物品。如果在這個年齡之前，他們不常被要求幫忙，你現在可能會看到他們吃驚的表情，或者直接回嗆：「什麼？」「為什麼？」再不然就是提出一個他們不能幫忙的藉口。除非藉口是有理的，否則就要堅持。你的理由只需是：「我需要你的幫助。」很多父母發現，因果關係法有助於激勵孩子，例如父母說：「我需要你的幫助，請耙走這些葉子。做完之後，我們就去店裡買你學校專案需要的材料。」

人生充滿了所謂的「蠢工」，而完成這些枯燥乏味、沒什麼光榮感的任務，是建立工作倫理的絕佳方式。有人必須清理打翻的東西、沖洗垃圾筒或回收箱、處理螞蟻侵擾、移走因為屋頂漏水而發霉的所有箱子，或者鏟走狗大便，那為什麼不該是你家裡的國中生？記住，要表現出你的感激，但再提醒一次，不是讓人嚇得下巴掉下來的溢美之辭，而是一句簡單、真誠的「謝謝。我知道那很噁心，但我很感激。」

在這個年齡，你可以要求孩子預測這個任務的下個步驟、或是思考相關的後續問題，而不是只等著被告知接下來要做什麼。你可以問：「好希望下次垃圾不會再滿出來。我們可以做些什麼呢？」或者，「洗手間的衛生紙用得很快，我們能怎麼辦呢？」能夠主動了解下一步，對孩子成為成功的公民與員工至關重要。如果他們似乎不知道怎麼繼續，就問問他們覺得下一步是什麼。抵擋為他們建立行動清單的誘惑。

高中生：喚起勞動者的驕傲

高中生已經大到可以做你正在做的大部分事情，能夠承擔機械、高度和其他此類風險。在家裡，他們可以清理冰箱（丟過期食品、擦拭架子和冰箱內部）、擦拭烤箱、微波爐和爐子，更換吸塵器的集塵袋。在屋外，他們可以洗窗戶、割草坪，和你一起去屋頂清潔水塔。

你會想看到他們流汗。讓他們把聖誕樹拖到路邊，與你一起用錘子和釘子修補籬笆，幫你整理閣樓或車庫。當他們投入這種身體勞動，將會提高集中力（如所有注意力缺失／注意力不足孩子的父母所知），培養力量和鬥志，在完成體力任務之中感受到勞動者的驕傲。

工作倫理是要捲起袖子，做需要完成的事、參與相關步驟，並且積極主動，而不是等著被問。附近有沒有年邁的鄰居，每天早上得費力地把報紙拿進家門，或把她的垃圾桶推到路邊？告訴你家的青少年一則你曾幫助鄰居的故事，你或許就會發現，孩子也開始在你的生活、或是鄰居的生活中，尋找助人的機會。

這是父母的權利和責任：請不要退縮

1. 示範。不要叫孩子去做事，而你自己卻躺在長椅上。教導工作倫理最好的方法，就是以身作則。主動幫忙是每個家庭成員都該做的事，不論年齡、性別或頭銜。讓孩子看到你工作，要求他們主動幫忙。當你準備在廚房、院子或車庫裡做點什麼，把孩子叫過來：「我需要你幫這個忙。」

2. 期待他們的幫助。你不是管家，你是他們的第一個老師：他們的父母。在孩子身上灌輸工作倫理的最大障礙，可能就是我們自己，尤其我們如果一向是教養光譜上放縱／放任的這一邊，十分重視孩子的幸福和享受，也深切意識到他們的家庭作業和課外活動有多麼繁重。但我們正努力要把孩子養成成年人，他們會需要從家務中學到的技能。家事就像是職場裡的「蠢工」，他們為了盡職，然後爬上升遷階梯而要做的事。他們可能會不喜歡被要求或被告知做東做西，而且肯定比較喜歡掛在手機或其他電子產品旁邊，或者和朋友在一起，還是真的在做某件事，但他們會因為完成你請他們做的事，而產生成就感。

3. 不要道歉或過度解釋。今日中產與中上階層家庭的教養特點，就是父母一直說—說—說。正如我們在前一章看到的，談論孩子在學校的一天，以解析他們體驗和學習的事物，是建立批判性思考能力的絕佳方法；和孩子討論問題，是幫助他們做出決定、展現你關心的良方，也是威信型父母的特徵。但是，家事是威信型父母闡明家庭規則和價值的場域。喋喋不休地說明你請他們做家事的原因和道理，或者你知道他們有多不喜歡，但他們真的需要做，還是你請他們做家事時自己感覺多抱歉，都是毫無用處的。過度解釋會讓你像是需要為自己要求的事辯解。而如果你在要求孩子時、孩子執行的當下，或是孩子做完後道歉，都會削弱你身為父母的權威，因為父母有權利和責任要求孩子幫忙。短期內孩子可能會抱怨，但長遠來看，他們將會感謝你。

4. 給予清楚、直接的指示。找出你想做的事，並且說出來。當這項任務對孩子是陌生的，先解釋步驟，然後退到後面。他們做的時候，不要在旁邊徘徊。不要做微觀管理。你不需要他們完全用你的方式來做，你只是讓他們去做這件事。如果你在那裡推著他們這樣做、或者那樣試，他們就學不會自己做。如果不是由他們真正親手完成，他們就不會有成就感，也不會希望再做一次，或者做更多。如果你在那兒下指導棋，他們也不會學到積極主動。讓他們嘗試、失敗，然後再試一次。告訴他們：「完成的時候讓我知道，我會過來看看你做得如何。」然後，除非這件事有危險性而需要你的監督，不然便走開。

5. 給予適當的感謝與回饋。不要過度讚美。當孩子完成最簡單的事，例如倒垃圾、收拾碗盤、餵狗，我們常會發出：「幹得好，小子！」或「太完美了！」這種誇張的讚美。然而，一句簡單、溫和、明確的「謝謝你」或「你做得很好」就已十分足夠。把你的甜言蜜語保留下來，等到他們真的有所超越與突破，或者締造真正不同凡響的成就再來說。

也許他們做了一件不錯的差事，甚至可能做得相當好，但他們還是需要一些建設性的回饋，知道下次如何精益求精——將來在職場上也是如此。我有一位朋友在谷歌擔任資深主管，帶領一個千禧世代的團隊。當她給予年輕員工建設性的回饋時，她聽到的是：「什麼？這不可能是在說我吧。我從來沒有得到這樣的回饋。這一定是妳或谷歌的問題。」不要讓孩子在職場上第一份工作所獲得的表現評語，成為他們第一次收到的建設性回饋。

你有很多時間，能指出一、兩件他們下次可以換個方式做的事：「如果你這樣拿垃圾袋，小東西會掉下去。」或者，「你有看到你灰色襯衫上的條紋嗎？這是因為你把它和新的牛仔褲一起洗。新牛仔褲第一次最好單獨洗，不然會讓其他衣服染色。」

如果孩子沒有確實完成任務，或者做完了但品質不夠好，你需要讓他們知道。你可以說：「晚餐後的清潔工作是個好的開始。我看到你洗了碗，但那些鍋子還是得手洗，而且流理台要用抹布擦乾。」然後微笑。你不是氣他們，而是在教他們。然後再回去做你正在做的事。

當孩子越來越習慣幫忙家裡的事、開始主動投入，就更要好好運用言語、眼神接觸和肢體動作來傳達：「我注意到妳做了什麼，我真的很感激。」即使在這個時候，這樣做也就夠了。不用加油添醋。只要走開或回去做你正在做的事，你會知道孩子心裡其實很開心。

6. 讓它成為例行公事。如果你設定期望，有些家事是每天做，有些是每週做，其他的是每三個月做一次，孩子會習慣生活中總有一些事需要完成，而主動幫忙會讓他感覺自己有用、愉快，並且得到認可。如果你一直對孩子說：「嘿，我想要你伸出援手，幫我這個忙。」而你看到他們遭遇困難時，也主動幫他們的忙，那麼，當你的孩子發現其他家庭成員、朋友、鄰居或同事有需要時，也會開始設法主動協助。

除了相信自己，也要為夢想努力

史蒂芬．帕克赫司特的影片，是他不能苟同媒體對千禧世代的批評所做的回應。然而，環顧身邊的同儕，史蒂芬發現這些批評有一部分確實不假。「沒錯，我們很自以為是，我感覺得到。」史蒂芬告訴我。[13] 他的父母總是說，他只要相信自己，就會無所不能。有一段時間，他表現得這些話彷彿都是真的；他自尊高漲，沒有工作倫理，於是很快就遇到瓶頸。

「剛從大學畢業時，我不斷換工作，想找到一個可以拍自己電影的地方，卻一無所獲。我認為問題出在我住的地方，而不是我自己，是我還沒找到安身之處。我記得當時還想著：『我已經二十五歲了！為什麼還不是名導演？』我們上大學、做該做的事，卻沒有立即得到我們自認應得的回報。」

二〇〇九年四月，就在金融市場崩潰後，史蒂芬放棄了，他搬回緬因州波特蘭（Portland）的老家。他把拍片的夢想放到一邊，為了餬口，在一間飯店當代客泊車小弟。兩年後，他突然間有個可怕的想法：四十歲時，自己仍然會是個代客泊車的小弟。

在為別人的名車泊車的絕望時刻，史蒂芬突然恍然大悟。他知道，拍片的成功不會自己送上門來。「我再怎麼認為『我很棒』，也沒有其他人在乎。在代客泊車的那幾年，我開始明白，與其到處漂泊，我需要有一個更大的計畫，而不是坐等他人來發現我驚人的才華。」

史蒂芬搬到了紐約，在電影產業Deluxe擔任數位技術／放映員，並藉此建立人脈和技能。雖然他寧願以拍攝自己的電影維生，而不是在幕後為他人作嫁；但他現在知道，這個電影人的夢想需要很多艱難的工作來達成，而他正在展開一個計畫。他還有很多學貸，但對於自己與女友正在紐約創造自己的人生，以及在Deluxe工作和自己拍攝影片，他感到怡然自得。「我覺得自己走在正確的道路上，而過去這麼多年，我根本沒有走上任何一條路，只是在荒野中一直絆倒。現在的感覺就像『這是我的職業生涯，它就在前面。』而不是『嘿，我的職業生涯在哪裡？』」

在求職時表現工作倫理

史蒂芬為了盡職、爬上升遷階梯，願意做「蠢工」。阿蕾莎．格利佛（Alexa Gulliford）希望看到更多像他一樣的年輕員工。阿蕾莎是Groupe Insearch公司的總經理，這是一家企業人才招聘公司，為舊金山灣區的科技公司、金融服務業與零售業者，尋找剛畢業的大學生擔任助理（想想Twitter、Salesforce.com、風險資本公司和對沖基金Sephora與Restoration Hardware）。這些公司想要優秀的年輕人擔任基層職務，所以阿蕾莎要為它們「排序和篩選」應徵者。她很常看到應徵者在面試時談論到「蠢工」（也稱為行政類任務）。而阿蕾莎和她的公司客戶正在尋找的，是渴望捲起袖子、主動投入協助的人才。[14]

阿蕾莎將自己的觀察和客戶的回饋轉化成以下提示，指引年輕人要如何證明自己的工作倫理：

1.對工作本身感興趣。別說：「沒關係，我可以做行政工作。」要說：「我會把行政工作做得非常好。」還有「我很高興能做這份工作，以及其他相關的工作。」

2.願意克盡己職。別暗示這份工作只是你為了踏進門檻而苦吞的一顆藥丸。「跳板」是絕對行不通的字眼，會立刻顯示出你只對升遷和以後的事感興趣，而不是你實際正在應徵的工作。沒人會雇用只想把現職當跳板的應徵者。

3.一旦就職，要積極主動、搶得先機。要能預期下一步。對自己說：「他在這個會議上要求X。接下來我還要做Y，然後是Z。」阿蕾莎說，如果員工不能自我思考：「我知道接下來會如何，我知道怎麼在這場競賽中保持領先。」並且針對那些本能採取行動，晉升之途就會受阻。

聽了阿蕾莎分享的企業招聘經驗，我可以看出照表操課的童年也許對小學的三年級生、甚至國中的七年級生有幫助，但如果我們致使他們相信，永遠會有人做蠢工、會告訴他們下一步，這就是在誤導他們了。阿蕾莎讀出我的心思，又補充道：「我們教孩子等待提示、聽候指令，這其實是在阻止他們養成雇主希望在員工身上看到的那種心態。」

在家勤奮工作，在職場也會順利升遷

漢娜（Hannah）是一個二十五歲的千禧世代，完全擁有雇主希望在員工身上看見的心態。她在德州一家金融服務公司擔任資深專案經理，從杜克大學（Duke University）政治系畢業後，短短幾年便數度獲得升遷。

「我是上了大學才知道，自己被撫養長大的方式有多麼不同。」她告訴我。[15] 她出生在舊金山灣區的富裕家庭，是家中三個孩子裡最年長的。在家裡，應該會有人幫她做很多事，實際上卻並非如此。「父母把我們這些孩子都教得非常獨立。他們交代給我們很多家事，而且強化親力親為的價值，而非總是讓我們獲得幫助。」在大學裡，漢娜看到很多「寵小孩」的父母，他們搭飛機來裝潢孩子的大學公寓，幫他們買雜貨、洗衣服。

在杜克大學就讀大四時，漢娜開始找工作，她把目標限縮為贊助運動賽事的大型公司，並且「決定我願意在那裡做任何事情。」除了把履歷給父母看，「我是自己通過應徵，靠自己的長處找到工作。」漢娜有不少朋友都理所當然地以為，他們會經由父母的關係得到工作。「在今天的經濟環境下，這也沒有什麼錯，但我真的以此為傲——靠自己找到工作、靠自己成功、一開始就自己支付所有的帳單。」她在說這些事的時候，聲音裡充滿了自信。「相反地，很多朋友的父母會幫他們支付房租和汽車保險，所以他們就留在半成年的舒適圈，不必處理當個成年人的壓力或困難。」

漢娜知道，「半成年」在職場不是好兆頭。「如果你開始表現出一般人對千禧世代持有的刻板印象，你在工作上的進展就會受阻。像個孩子被牽著走、在工作場合要求特權，兩者通常會並行出現。如果孩子沒有被迫做家事，或者父母會幫他們解決所有麻煩，職場可能就是他們第一次不得不去面對困難的地方。」

我問漢娜她當孩子時需要做的事，她一口氣說了一大串明細：「每天鋪床；收拾玩具、書籍和乾淨衣服；幫忙洗碗和做晚餐；幫忙洗衣；除草、澆水，幫忙打理園藝；為媽媽跑腿辦事（我會開車以後）；清洗窗戶；春季大掃除；打掃儲物區域；為壁腳板除塵；清潔汽車。」

漢娜繼續說：「脫穎而出、向經理和同事證明自己，這樣的機會無所不在……我卻看到人們走上了另一條路。」她的一些朋友已經「走上另一條路」，而且大學畢業才十八個月，就換了第三份工作。「他們辭職，因為不喜歡那份工作。他們不能理解，第一份工作是入門層級，目的是學習。它可以強迫你成長，或者，你也可以讓父母繼續支持你，在你不斷跳槽時幫你付帳單。」

「我有位同事和我同齡，超級自我膨脹，她工作不夠努力，把許多差事都委派給別人，認為自己的處境是大材小用。當公司評核晉升員工時，她很訝異自己竟然沒獲升遷。之後的一兩個星期，她都在下午兩、三點就離開公司，一直生著悶氣。她抹黑了自己在經理眼中的印象，因為她只是像個小孩一樣嘔氣，而不是努力工作。而她的父母則是笑看她的行為。他們告訴她：『哦，如果妳沒有得到妳想要的，可以直接辭職。』她從來沒有學會主動投入工作。她的父母總是告訴她，她是多麼優秀傑出、令人驚艷。這完全粉飾了她誠實評估自己與同儕之間差異的能力。」

就在漢娜的同事正在公司附近生悶氣時，漢娜繼續被委以重任。她經常被要求一起參加面試。他們公司正試圖篩選那些知道自己想要什麼，並且願意努力工作的人；他們想要的，是另一個漢娜。

17
讓他們規劃自己的路

我可以對兒子施壓，但對我的施壓做出反應，並不是我想要他擁有的技能。[1]

—塞巴斯欽・特倫（Sebastian Thrun）
線上教育組織 Udacity 聯合創辦人與執行長、谷歌自動駕駛汽車和谷歌眼鏡開發者

你長大後想做什麼？要主修哪一科？大人不斷問著小孩和即將上大學的學生這些問題。聽到孩子回答之後，大人也許投以會心一笑、露出懷疑驚奇的表情，或者皺皺眉頭。即使是我們不認識的孩子，我們也很確定自己知道，他們的追求哪些是值得的，哪些不是。

之前我已經向大家坦承，當女兒的幼兒園老師把我拉到一邊，大力讚揚她的畫，我心裡想的是：「對，對，對，但這不會把她送進大學。」艾芙瑞當時只有四歲，但她「應該」做什麼，我在心中已有盤算。我當時還不了解，摒棄她的藝術才能會對她造成什麼樣的傷害。不過很快地，在擔任史丹佛的新生主任時，我便理解到自己的想法是錯的。我曾與多不勝數的學生一起坐著，聽他們描述「大家」期望他們學習或追求什麼。當我問道：「沒錯，但你想要什麼？」好多學生都一邊回答，一邊淚流滿面。我逐漸找到與學生進行正式或非正式談話時，可以給他們的激勵，其中一

句是：「找到你的聲音，重視你所聽到的。」我會這麼說：你要在這世界上成為什麼人、做些什麼事，取決於你自己。從你自己身上找線索，發現什麼對你來說是真正重要的。允許自己成為那樣的人，並且去做那些事。

在家裡，我有了一百八十度的轉變。我不再期待艾芙瑞或她哥哥成為任何特定的「人物」（醫生、律師、教師、企業家等等），不再把他們想成自己可以小心修剪的小樹盆栽。相反地，我開始把他們當成不知名物種的野花，只要我給他們適當的營養和環境，終有一天他們會顯露獨特而燦爛的美。我開始希望我的孩子和學生，將發現史丹佛大學教育學教授與青少年研究中心主任威廉・戴蒙所稱的「使命」（purpose）。

使命很重要

戴蒙的研究顯示，使命感是實現幸福與圓滿人生的必要條件。他把使命定義為一個人的「終極關懷」，當它被確認之後，便成為一個人對所有問題的最終答案——「我為什麼這樣做？」「為什麼這件事對我很重要？」戴蒙也區分了使命和短期願望的差別。短期願望像是某次測驗得到A、跳舞約會、一件新的科技產品、擠進球隊，或進入特定的學校，它可能有、但也可能沒有更長遠的意義。「相較之下，使命本身即為目的。」戴蒙說道。

二〇〇三年，戴蒙和同事展開「青年使命計畫」，這是一個為期四年，針對全美十二至二十六歲族群所做的使命研究。只有二〇%的受訪者已經找到畢生想要做的有意義之事；二五%的人「隨波逐流」，不知道自己真正想做什麼，也沒有探究的意圖；其他人則介於兩者之間。只有二〇%的人找到使命，對戴蒙而言是個太低的比例。他最新近的著作《邁向目的之路：幫助孩子發現內心的召喚，踏上自己的英雄旅程》（*The Path to Purpose: How Young People Find Their Calling in Life*），不僅集結了他在人類發展研究上的精華成果，也是他出於這樣的感慨而寫——現今有太多的年輕人，都懷有某種空虛感。[2]

空虛感的產生，並不是對擁有使命缺乏興趣。Net Impact是一個幫助人們透過自己的職業，在世界上做出改變的非營利組織。二〇一二年，他們做了一項研究，發現七二%的大學生認為，有一份能對社會或環境產生正面影響的工作，對他們的個人福祉是必不可少的。本身為千禧世代的亞當·史麥利·鮑斯渥斯基（Adam Smiley Poswolsky）在二〇一四年出版的暢銷職業指南《青年生涯的突破》（*The Quarter-Life Breakthrough*）已經告訴成千上萬的年輕人，如何鎖定自己的人生，往目標與使命邁進。他寫出自己和同一個世代的許多人都必須找到「有意義工作」的渴望。[3] 對鮑斯渥斯基而言，有意義的工作會「提供個人意義，反映出你是誰、你的興趣是什麼，讓你分享自己的天賦幫助別人，並且在金錢上支持你想要的生活方式。」而且，有意義的工作和「平庸的工作」完全不同，後者只夠支付帳單、過日子，不符合個人的價值觀，也許會讓你獲致金錢上的成功，但「不會讓你對這個世界有獨特的貢獻。」

「好多和我談過話的年輕人最後走上的路，都是迫於父母的壓力，違背個人的志趣。」鮑斯渥斯基告訴我：「這會導致困惑和怨恨，有時也很痛苦。父母也許不知道什麼才最適合孩子（尤其現在的就業市場與嬰兒潮父母所經歷的景況已經大為不同）。」

身為主任，我很樂於協助學生鎖定自己的使命，並在它啟發之下開始追尋有意義的工作。我會告訴他們，忘記你認為「大家」期望你學習的東西、或者從事的職業。我會說，學你所愛，其餘的將水到渠成。

「當你學習自己所愛，」我會說：「就有動機去上每一堂課。你會讀完所有的東西，甚至是延伸閱讀。你會在課堂上發表意見，會利用教授的研究室時間。你會將你讀過的、課堂上聽到的、之後與教授和同學討論的素材全部整合起來，再形成自己的想法。當你學習自己所愛，可能會得到優異的成績，因為你是發自內心受到激勵，想要精熟這個科目和主題。即使你沒拿到好成績，但只要你是學習自己所愛，你所得到的任何等第，都是自己用心獲取的成果，你付出了真正的努力。而不論等第，經由這一切努力，會有教授願意為你寫一封很有份量的推薦信，讚揚你的好奇和決心。除此之外，你也能在工作面試中，用令人信服的方式對這個主題侃侃而談。如果你有勇氣不顧他人的意見，去學習自己所愛，它就會引導你走向你正在尋找的那種成功。」

杜拉克研究所（Drucker Institute）是隸屬克萊蒙特研究大學（Claremont Graduate University）的社會機構，致力於「強化組織以強化社會」，瑞克．沃茲曼（Rick Wartzman）則是該機構的執行理事。他也贊同我的「學你所愛」咒語。[4]當我在二〇一四年與沃茲曼討論他對人生道路和使命概念的洞察見解時，他的女兒剛從大學畢業，而沃茲曼這位備受好評的作家寫了一封公開信，勉勵女兒如何在人生中運用管理大師彼得．杜拉克（Peter F. Drucker）的原則，並且在《時代雜誌》發表。[5]「很有可能，」他在信中對女兒說：「妳所愛的事物會讓妳發揮所長，進而讓妳取得最大的成功。」在我們的談話中，沃茲曼又補充道，如果你從年輕時就開始做自己喜歡的工作，「你就有最佳的機會達到卓越和精鍊，因為你有了更多的時間。」

在此同時，塞巴斯欽．特倫這位自駕車、谷歌眼鏡和免費線上大學Udacity的幕後推手，德國出生的矽谷天才，則相信使命感不只會導向幸福和有意義的工作，也會帶領我們邁向成功。[6] 當我在二〇一四年打電話問他對教養孩子的看法，他跟我說的第一件事是：「我不是兒童教育專家。我知道世界上充滿了看法，而我並沒有比其他人了解更多。」提出這個不尋常的警告後，他繼續告訴我，每當有年輕人問他對工作的建議，他都會給予這個簡單的訊息：找到你的熱情。當他這樣跟我說時，我有點煩膩，雖然「發現你的熱情」曾經是一個可愛的哲學理想，但如今它已變得功利，我們動不動就說要發現你的熱情，彷彿它就躲在書櫃上或岩石底下，而且要趕快找到！所以你是可以跟大學的招生主任搬出這套論調。我把問題推回給塞巴斯欽，想知道這句標準的老生常談對他而言價值何在。

「我的意思是──『傾聽自己、傾聽直覺。』」他說：「很多孩子與自己內心的感受完全疏離；相反地，他們習慣於『告訴我該做什麼，我會去做。』如果你對自己做的事充滿熱情，就會找到一份工作，但這樣的人相對來說少了許多。而當你充滿熱情，你的表現就會比其他人加倍優秀。當你進入職場，想要真正成功，沒有人會在身邊告訴你該怎麼做。你必須非常了解自己，知道自己想做什麼。」

「如何使孩子在人生中真正成功，比進入史丹佛更重要。我發現有為數驚人的一群孩子，他們有完美的家世，卻毫無熱情。看看史提夫．賈伯斯（Steve Jobs）、祖克伯（Zuckerberg）、比爾．蓋茲（Bill Gates），他們的人生道路都不是被妥善安排好的。拉著孩子們在同一個時間做同樣的事，是一種已告毀壞的模式。父母是立意良善，而且自願忍受艱辛，但對孩子來說，他們思想和心靈的獨立、從自主行動中獲得快樂的能力，這一切卻都被棄置了。」

瑞克．沃茲曼和我談到了選擇所愛的潛在負面影響，也就是——你在經濟上可能不會太寬裕。這是個困難的議題，對中產階級父母來說尤其是難以苦吞的事實。等等，孩子的生活水平可能比我們低嗎？他們不能繼續過習以為常的生活嗎？他們將買不起我們現在居住這種社區的房子？也許是。經濟景況與生活費用可能會造成這種結果。不過此時也值得我們加以質問，成功真正的意涵是什麼。孩子也許會住得比較簡陋，可花用的錢也會少一點，但如果她正做著自己喜歡的事，內心也會充滿無可計量的幸福、滿足、喜悅，以及——沒錯，使命。誰能說這不是個有意義的人生？

戴蒙說：「孩子必須要意識到，他們正在尋找路徑，朝自己選擇的使命邁進，而父母無法替他們選擇。」父母不能賦予孩子使命、定義它應該是什麼，或者強行加諸使命感給孩子，「就像父母無法選擇孩子的個性，或者為孩子寫人生的腳本。」戴蒙如此警告。

那麼，父母可以做什麼，來協助孩子們規劃自己的路？

首先，擁抱你的孩子

「擁抱你的孩子」這句話不言自明，但確實值得強調與提示。當我們執意要扛下決定孩子該探索什麼、學習什麼、做哪一行的工作，就等於是在冒這樣的風險——我們只會看見不像自己的他們（那卻是我們想要他們成為的模樣），而無法清楚看見、重視與珍愛真正的他們。

我的朋友珍妮佛‧艾耶（Jennifer Ayer），是帕羅奧圖一所名為「女子中學」（The Girls' Middle School）的私校校長，她也是三個十幾歲女孩的母親。[7]小時候，她是個「深得老師和父母歡心的孩子」，但她不知道自己真正想做什麼。「我知道如何敷衍學校、跳過一個個柵欄，得到所有好成績。我記得有人說我是個天生的領導者，而我很納悶自己到底該領導什麼。一直到了三十歲，我才學會穿越社會的雜音，傾聽自己內心的聲音。」她整理出自己學到的經驗教訓，運用在育兒和教育者的角色之中。「我深信，孩子可以比我更快學會聽見內心的聲音。挫折、掙扎和失敗，在這個過程中極為重要。」

十多年前，珍妮佛因史丹佛幼兒園的募款活動，而邀請「挑戰成功」的共同創辦人丹妮絲‧波普到家裡演說，從此體悟到協助孩子找到熱情的重要。在丹妮絲來訪前，有三個學齡前女兒的珍妮佛從來沒想過，讓女兒遵循她與丈夫走過的相同道路——從小學到研究所一路就讀菁英名校——有什麼不對，又會有什麼風險。「但是丹妮絲演講時，她所說的話深深吸引了我。」珍妮佛告訴我：「每個人都離開之後，我轉身跟丈夫說，『我想讓我們的女兒成為健康、有品德的人，而且在她們離家後仍然熱愛學習。其他都不重要了。』他說：『但是妳的私心還是想讓他們去讀常春藤名校達特茅斯大學（Dartmouth College）。』我回答：『我們必須放手。如果注定如此，它自然就會發生。』身為學齡前兒童的父母，我們改變了心態與教養方式。從那時起，『幫助孩子找尋、發展自己的興趣和天分』，就成了我們始終如一的目標。」

經由與全國的教育者和家長對話，再加上我自己的觀察，我知道這是我們的社會和家庭所迫切需要的：把焦點轉移到這個孩子是誰、他可以做什麼，而不是一廂情願地把心思放在他們根本不是的那個人和不能做的事之上。一次又一次，我經常聽到類似住在紐約上東區的蜜雪兒（Michele）所說的這些話：「我們必須讚頌孩子本來的樣貌，這是這個環境所欠缺的。我們在『錯』的事情上下了太多工夫，這個不足、那個不夠。我們鮮少讚嘆孩子的優點。」[8]

荷莉（Holley）是維吉尼亞州北部的家長，她在聽了心理學家麥德琳·雷文的談話後，把這種改變牢記在心。[9] 荷莉告訴我：「我在麥德琳·雷文的談話和自己的經驗裡發現，我不能因為女兒被說是『有天分』，就以為她在每一科、每一次、永遠都有天分。她厭惡歷史和英語。她喜愛數學和科學。但我還是叫她上英文資優班，結果她拿了D。聽了雷文的談話後，我改變了想法。我為什麼要一直叫她上所有資優課程？我們為什麼要讓他們做自己完全厭惡的事？我意識到，我們不應該期望孩子處處完美。現在，我的女兒正在上化學資優班，她拿到了B，而且喜歡這門課的每一分鐘。」

莎耶在高中第二年（十年級）時，我們也有過類似的處境。當時他要面對許多具有挑戰性的科目，包括資優化學和代數二／三角函數，但他顯然對第三年的西班牙文課有些應付不來，而這一科是我要求他修的。每天晚上，他都要死記硬背，機械式地寫完西班牙文和其他五個學科的作業，而且越來越不理解自己在學些什麼。他一個晚上要花超過四小時的時間寫作業，隨著一分一秒過去，一面疲憊地搓揉已經布滿血絲的雙眼。第二天醒來時，他對學業或生活當然沒有任何正面的想法。他花了兩個週末努力超前西班牙文作業的進度，以便減輕下個星期的負荷，但課業壓力似乎從來沒有減輕過。

觀察了兩個星期，我發現當我們在進行週末的休閒活動時，兒子仍埋首苦讀他的西班牙文，我和先生開始感覺「這不太對勁」，於是決定給他一個救生圈。學西班牙文是我們的想法，這是基於我未能精熟這種語言的遺憾。我們和莎耶談論如何讓生活更平衡，也提議以放棄這個科目做為解決方案之一。他整個人立刻精神了許多，卻又要面對這個沉重的問題：我應該，還是不應該這麼做？那天晚上，他發了電子郵件給升學輔導顧問，並在第二天去找顧問討論——自己一個人去。顧問的說法一如預期，但也可以理解：「大學會想看到你學了某種語言三年。」莎耶反問道：「但我精神極度緊繃，這也影響了我學好其他課程的能力。如果我放棄，就有多一些的準備時間，著手照顧我最在乎的那些科目，好好完成作業。而且，我的西班牙文也沒有好到大學想要看到的理解程度。」莎耶也和西班牙文老師談過。最終，他放棄這一科了。現在家庭作業仍然非常繁重，但已經變成比較容易應付的每晚三小時。他在這件事情上有了選擇，從此以後，他也輕快、自在了起來。

對我和丈夫來說，這不是個容易的決定，我們非常重視孩子對第二語言的學習，這是重要的實用技能，有助於他探索珍貴的文化體驗和其他各種認知。但莎耶每天下午和晚上所承受的壓力變得越來越難控管，而且正在危害他的睡眠和整體生活前景。我們決定，寧可他從自己喜歡的科目中——科學、歷史、英語和攝影——擠壓出最好的表現，也不要看到他因此妥協一切，又被西班牙文榨乾。至於大學方面，有些招生主任可能會質疑這個決定，而認為莎耶不適合進入他們的學校；但我有信心，滿滿的信心，相信適合莎耶的大學會理解，他為何做出這個選擇。

當孩子還小時，傾聽線索

戴蒙和其他人的研究都顯示，大多數孩子都要到中學時期左右，在發展上才會開始省思自我認同、或是考量未來，而這兩者都是得以探索人生使命的先決條件。所以，無論身為父母的你有多麼想鼓勵孩子認識自己，並開始發展最重要的使命感，你就是得等到他們抵達能夠「自我反省」的發展里程碑，而且每個孩子的狀況都不一樣。對於年紀小的孩子，你要做的是觀察他們的性格，讓他們接觸不同的事物，同時對他們感興趣的東西也感興趣。

「父母親該做的，」威廉．戴蒙主張：「是帶著孩子走向有前途的選擇。父母可以幫助孩子篩選選項，思考他們的才能與興趣要如何和世界上的機會與需求銜接。父母可以支持孩子自己的努力，讓他們去探索有意義的方向，並且開拓更多的潛在資源，發現可能的人生使命。父母是配角，而非主角，因為這齣戲的中心舞台屬於孩子。然而，父母可以提供的最佳援助雖是間接的，卻也是無價的。」[10]

谷歌眼鏡發明者塞巴斯欽．特倫的小兒子就自己做了很多的選擇，他參加的課外活動也比大多數孩子少了許多。「我也許能讓我的兒子下一手好棋、有一流的滑雪技術，但是我不想剝奪他自己發現事物的能力。我也許能對他施壓，但是對我的施壓做出反應，並不是我想要他擁有的技能。當我不在他身邊時，他必須能自力更生。我該衡量的，不是我能不能要他做到，而是他能不能做到。與其逼他去想這想那，我更想鼓勵他自己去發現這個世界。」[11]

或者，正如鮑斯渥斯基所說：「父母所能做的最好的事，就是允許孩子有創造性、實驗性，並且追隨他們的喜悅。」[12]

吞世代與青少年：他們是野花，不是盆栽

身為父母的我們，要如何幫助孩子培養戴蒙的使命感與特倫的熱情，又不至於熱衷過頭，變成為他們規劃人生道路？根據戴蒙的研究和鮑斯渥斯基的建議，以及我個人的經驗和觀察，要如何支持孩子規劃自己的道路，尤其是大學的外部壓力，以及你家裡那顯得激動易怒的青少年引發的內部壓力越來越高時，以下是我的提示：

1. 接受這不是你的事，而是你孩子的事。把你對成功職業生涯的定義、你想對別人吹噓自己孩子的話語、或者你一直假設或希望孩子會成為的人或會做的事，全都擺到一邊。這是不小的壯舉。它需要根本的信仰，相信孩子的人生並不屬於你。許多父母在這件事上過不去，但你必須挺過去。能夠把孩子的人生和你的人生劃分開來，對他們和你的心理健康，都有很大的貢獻。

2. 留意你的孩子究竟是怎麼樣的人。他們擅長什麼、喜愛什麼。孩子珍貴、獨特的人生正要展開，而且有著無限的可能性。無論是在家或外面的世界，孩子精熟什麼、有何興趣，線索處處可見。例如，哪些科目他們讀得很有精神，會興奮地討論，而且在面臨挑戰時會堅持下去？他們讀什麼類型的書和雜誌？他們在臉書發布什麼主題？上推特推什麼文？或在Pinterest 貼什麼圖？他們什麼時候會好奇、提出問題、燃起興趣？哪些事讓他們如此投入，以致於你很難把他們拉開？他們對世界上的哪些事感到困擾？他們關切什麼樣的不公不義？

此外，注意孩子喜歡參與世界的程度。他們喜歡與人們互動嗎？擅長組織事情嗎？很會解決問

題？是否善於表達要點？對每個細節都感興趣嗎？他們是理想主義，或是務實派？喜歡知道很多訊息嗎？對數字敏感嗎？喜歡單獨一個人？有高度競爭力？很有說服力？喜歡用自己的雙手做東西嗎？喜歡幫助別人嗎？

在他們擅長、喜愛和珍視的事物所形成的交集中，孩子有很大的機會能活出有意義、有目標的人生。屆時，他們會體驗米海．齊克森米海伊的「心流」概念：眼前的挑戰只比他們具有的才能或技能高一些，而他們的興趣和動機是堅強的。他會對自己和自己的貢獻有信心。即使你不很明白他們在做什麼，但他們的快樂顯而易見。這才是重點。

3. 運用診斷工具進行探索。「優勢」（strength）的概念，是指能夠賦予你能量，而且若經善用與磨練，將可獲致專業上成功的生存方式，這是由蓋洛普民意調查公司的唐諾．克里夫頓（Donald O. Clifton）所提出。透過「克里夫頓優勢識別測驗」（Clifton StrengthsFinder test，你如果已經購買優勢識別的相關書籍，就可以在www.gallupstrengthscenter.com 這個網站購買網路版，免費做測試），人們可以知道自己在蓋洛普研究所設定的三十四種人類最常見技能中，最強的五大優勢。作家馬克斯．巴金漢（Marcus Buckingham）是暢銷書《首先，打破所有成規》（*First, Break All the Rules*）和《發現我的天才》（*Now, Discover Your Strengths*）的作者，也是把「優勢運動」帶進職場的先驅者。《優點教育的驚人力量》作者珍妮佛．福克斯在擔任紐澤西州普爾諾私立女子中學（Purnell School）的校長時，也將「優勢」的概念融入整個高中課程與教學。

家長會發現，克里夫頓優勢識別測驗是一項有趣且有用的工具，有助於深入了解每個孩子是如何在世界上找到有意義和有目標的工作。它適合十五歲以上的人測試。類似的工具還有「史氏興趣量表」（Strong Interest Inventory），是將個人的興趣與可能的職業配對；MBTI職業性格類型指標（Myers-Briggs Type Indicator）量表，則能幫助個人更了解他們喜歡如何在世界上貢獻自己，以及他們可能認為值得從事的職業類別。這三種工具都會被全美國的高中升學輔導顧問和大學就業輔導中心拿來運用。對於小一點的孩子，優勢運動則提供了「優勢探索」，這是適合十到十四歲孩子使用的工具。

4. 保持興趣並提供援助。當父母在孩子身上發現到興趣的火花時，套用威廉．戴蒙的說法，我們可以在「煽風點火」這方面，給予極大的幫助，讓孩子和我們自己更清楚理解他們的興趣、以及他們想做的事。家庭晚餐的對話是感知火花、煽風點火的好時機。從談論他們今天過得如何開始，在學校或放學後最好玩的是什麼事？為什麼？運用連續提問，得知那份經驗何以令孩子愉快，同時要克制自己給出答案或假設的衝動。一旦我們開始意識到孩子想發展的興趣，就可以藉由樂於搜尋學校活動、夏令營和其他自我提升的形式來支持他們，幫助他們發展興趣。

5. 知道什麼時候該放，什麼時候該收。沒有人希望自己的孩子浪費才華，或者在事情變得困難時放棄，比方說演奏樂器。但是，在我們決定這是值得投入大量努力、時間，或許還有金錢的事物之前，我們還需要從孩子身上找線索，知道他們是真正對這項特定才藝感興趣。如果孩子對某件事有潛能天賦、也有濃厚興趣，就盡你所能地給予支持。但如果孩子缺乏興趣，這就是個紅旗警示，即使他們也許才華出眾，這也不太可能是他們人生中所欲所想。無論他們在這方面有多麼「成功」，或者你滿懷驕傲地說他們做到了，你要是強迫他們，到頭來他們就可能會怨恨你。

6. 幫助他們找到導師。根據戴蒙的研究，「我們所研究的具有高度使命感的青年，在自家之外幾乎都有『導師』（mentor），他們對於年輕人追尋使命有著重要貢獻。」所以我們也可以敲敲邊鼓，將孩子介紹給在同一條路上走得更遠的人，讓這些人擔任孩子的導師，幫助他們深化、加強自己的興趣。在孩子的生命中，有許多大人都是很好的榜樣，可以示範如何過著有意義、有目標的人生。孩子喜愛科學嗎？鼓勵他們去問問成為科學家的阿姨，她是什麼時候第一次對這個領域感興趣，又採取了哪些步驟來進一步發展它。孩子喜歡飛機嗎？介紹你製造或駕駛飛機的大學朋友給他們認識，提出同樣的問題。孩子有最喜歡的作家嗎？帶她去簽書會，鼓勵她和這位作者見面，並在之後寫一封信，詢問這位作者是怎麼開始寫作的。每個孩子都有一個、兩個或三個老師，熱愛自己賴以維生的工作，鼓勵孩子接近一位自己喜歡的老師，問他們是如何開始教書的。即使孩子對教書不感興趣，與一位有使命感的人物交談，也能幫助孩子了解使命的樣貌，讓他們渴望自己去感受它。

任何年齡的孩子一想到要跟大人講話，可能都會覺得緊張；但我建議學生在研究室時間去拜訪的那些教授，他們幾乎都很樂於回應這個簡單而經過考慮的問題，像是：「你似乎很喜歡你做的事。你是什麼時候、又怎麼知道這就是你想做的事？」這是個活絡氣氛的問題，任何孩子都可以問任何大人，接著對話就可以繼續開展，讓這位大人談談他會建議剛嶄露頭角的年輕科學家／飛行員／工程師／作家做些什麼事，以加深孩子對這個主題的接觸。

7.為他們做好未來勤奮工作的準備。就像千禧世代的製片人史蒂芬．帕克赫司特的例子一樣，父母經常告訴孩子，他們可以成為任何自己想要成為的人，或是夢想會成真；這兩項老生常談都只說對了一半——相信自己和擁有夢想是非常重要的，但這個等式的另一半，沒有捷徑，就是勤奮努力。當我們過度讚美孩子，說他們做的每件事都「棒極了！」或「很完美！」我們便給了他們錯誤的認知，讓他們誤以為將來在現實世界中達成目標也是這麼容易。給孩子一張能兌現的支票和建設性的回饋，是非常重要的。

傳達正確的訊息，告訴孩子要在真實世界成功，實際上需要什麼：勤奮努力、人脈關係、堅持、韌性以及一些好運。戴蒙說：「讓他們知道真正要精熟某件事，就得堅持不懈的重要性，但也要準備好給予誠實、坦率的回饋。」我們必須與他們分享自己所知的現存挑戰與限制，不擾亂他們或讓他們覺得愚蠢，而是讓他們做好準備，知道為了實現夢想要付出多少努力。

例如，一位充滿抱負的職業美式足球員的父親可以說：「兒子，只有三～四％的高中美式足球員有機會進大學踢球，而只有當中的一小部分能進入國家美式足球聯盟……」接著鼓勵他們，告訴他們要晉升到下一個層級，需要多少努力：「如果這是你想要的，你將必須加倍練習、提升實力。我認為，只要你願意投入努力，你可以做到。我會在這裡支持你。」

8. 不要為他們做太多。當你對孩子的興趣感到非常興奮，可能會發現自己想做太多、想讓事情更順利進展。你的孩子必須坐上駕駛座。他們必須是造就者，不論要造就的是什麼。

最近非常流行微型企業或社會創業活動，有一部分原因是我們認為「大學會想在學生申請書上看到這些」。撇開這些動機不談，這些活動也可以是孩子發展更多技能、培養他們剛萌芽的使命感的大好機會。但是記住，如果是你建構起這個企業、訂購要銷售的商品，或者為收集的物品設計存放方法，再把它送到學校或人行道，一路排除障礙，而且在那天結束時，做了所有收拾打包的工作，而孩子只負責做一塊標誌或一張海報，笑著站在那裡收錢或收取募捐的物品，這不會幫助孩子發展上述的任何特質，你也無法進一步了解孩子的使命。我訪問到的一位西雅圖的父母，稱這種行為是：「父母像是二廚，而孩子就像是茱莉亞．柴爾德（Julia Child）（譯註）。」你要做的正確行為，是站在旁邊觀察，注意孩子閃現的光芒：是處理帳務和找錢嗎？是招攬新的顧客？是熱衷與人對話？是談論收集或銷售物品的背後所蘊含的意義嗎？從這些觀察可以看出孩子未來使命的一些線索。

9. 要有你自己的使命。在這裡，為人父母的我們要把自己放在首要中心。孩子太常聽到我們抱怨；讓他們聽見是什麼吸引你工作，而不是什麼讓你遠離工作。你是否從自己的工作中獲致意義和使命？如果有，為什麼？你是否在工作中經歷個人的成長？你有幫助別人嗎？你是否對你的社區，或者更廣泛的社會，做出貢獻？你是否對於能賺錢維持家庭的安全與溫飽而感到自豪？你的工作能表達自我嗎？與孩子分享工作帶給你的使命感與意義。如果你是家庭主婦或主夫，讓孩子聽見你為什麼喜歡教養孩子和處理家務；如果你是在外工作，可以談談當天工作中有意義的事。今天的孩子對每件事往往都是淺嘗即止，最終變成了半吊子，什麼事都知道一點，卻缺乏深度的領會——這是他們若真正感興趣，而且有時間和傾向進一步追求時才會得到的成果。如果你協助他們了解，你是如何成為一個有使命的人，會激勵他們想做同樣的事情。

另一方面，如果你讀到這個問題時，正處於職業生涯的中點，意識到自己並不滿意目前的工作，也可以誠實地跟孩子談談這一點。但不要過分悲觀——你不會想要他們恐懼你的工作或他們的家庭生活會受到干擾，而是要確實讓孩子知道，你未來「真正想做的是什麼」。讓孩子被你對那件事的熱情所啟發，不論它是什麼，讓他們聽見你談論你的計畫，看到你邁出步伐，往夢想成真的方向前進。

譯註：美國名廚，她的故事曾被改編拍成電影《美味關係》（Julie & Julia）。

想和他們保持親近？——得放手讓他們離開

當我們細心規劃，要讓孩子走上我們認為是有前景、能獲得榮耀、地位和金錢回報的道路，我們會以為這才是安全的做法。許多父母急著要讓孩子得到這一切，也因為這是教養成功的證明。於是，我們變成了為別人的人生草擬計畫的建築師。有時候，這種做法會「奏效」——這是指我們的直覺或理想，與孩子原本就有動機要追求的事物互相吻合。有時候，它只是對我們、或者對世俗似乎行得通：因為孩子成為了醫師、律師、工程師、鋼琴演奏家、職業網球選手，或者任何在我們心中對他們的想像。然而，這樣的孩子即使未受折磨，也會經歷某種程度的痛苦，而在某個時間點脫掉眼罩，看見周遭的其他機會，開始主張自己的人生。

如我們所見，威廉·戴蒙非常肯定父母在協助孩子發現使命的過程中可以扮演的角色。但他也警告：「父母不能直接給孩子使命，而且，手段若過於強迫或控制，確實很可能造成反效果。」[13] 二〇一四年夏天，我便聽到了一個嚴重造成這種反效果的案例。有一位我不認識的成人男子透過臉書與我聯絡，告訴我他很高興我正在寫這本書，他很希望在他成長的過程中，他的母親已經讀過這本書。幾分鐘後，我們通上了電話，他說出了下面這個故事。

泰勒（非真實姓名）對許多人而言，是事業成功的典範。[14] 還不到三十歲，他已經是洛杉磯一間知名企業法律事務所的合夥人，同時也是哈佛和史丹佛法學院的畢業生。但說到過度教養如何阻礙孩子尋找使命的能力，泰勒的故事可謂發人深省。他開始用一種堅定、動人、溫和的語氣，訴說自己的成長經歷：

「小時候，我是個極為用功的孩子。父母非常重視這件事，而它本身也沒什麼錯。他們沒有幫我寫作業，但每一堂課，他們都知道我做了什麼，每一項作業，他們都會參與。我十二、三歲時，他們和我坐下來談，告訴我研究所不是一個選項，而是必須，而且就是法學院——他們兩個都是律師。如果那是他們要我去做的，我就得去做。我總是對他們言聽計從。他們發出的訊息是：『就是這條路，繼續走下去，這條路之外的其他事都是不被允許的。』」

在哈佛時，泰勒的主修是政治。「媽媽每天打電話給我好幾次，父母經常來探望我。」這不僅影響他的學業選擇，也影響了他與其他人建立關係的能力。大學畢業後，他在紐約一間選角經紀公司工作了幾年，然後他的父母便說：「現在該去讀法學院了。」

泰勒選了史丹佛，部分原因是想躲開父母，但他們還是跟來了。「他們幫我選了一間公寓。他們和房東談判。他們付了租金。我什麼都不用做。他們甚至幫我裝潢。我的朋友抱怨要自己付錢，但我告訴他們：『那是有意義的。你在世界上有了一些作為。而我到現在仍試著取悅父母。』」

在法學院裡，泰勒發現他的同儕「似乎是基於自己的意志而來到史丹佛。但我會在那裡，只是因為這是媽媽為我安排的下一步。我打從心底知道，這一切幫忙都是有問題的，但我怎麼能說不？我的爸媽在他們小時候都各自失去了父親或母親，能這樣參與我的生活、為我做這些事，為他們帶來許多喜悅。」

在法學院的第一個學期，他的母親仍然每天打電話給他，而且常常一天好幾次。「我向來是個安靜害羞的孩子，但有一天真的到了臨界點，我再也不想和她講話了。當時我完全控制不了高漲的情緒，非常激動地大叫：『我的腦袋裡全是妳的聲音，我必須聽我自己的聲音！』那是我把自己拼湊回來的開始。」

這通電話後，泰勒與母親的關係劇烈轉變。「我有六個月的時間沒和她說話。這對她真的……真的很痛苦。我告訴她：『我不會永遠離開，但這是正確而且必須做的事。』之後，我開始密集地接受治療。」

兩年之中，泰勒有大半的時間都在接受治療。我問他什麼時候第一次發覺自己不太對勁。「還是小孩的時候，每當我做那些只是自己想做的事，例如寫歌和錄製音樂，我就會被責罵。鋼琴課很好，在我母親看來，因為這會寫在履歷上。然而，當我十五歲時帶了一張CD回家，裡面都是我創作和錄製的歌曲，我媽卻說：『他們有說你是下一個貓王嗎？沒有？是啊，我也這麼想。』有時候，外婆會這樣說：『喔，泰勒，你的聲音真好聽。』我媽就會說：『喔，別那麼誇張。』我不懂她怎麼會擔心我有輟學或不上大學的風險。她甚至無法認可我從這項嗜好裡得到的純粹的快樂，總是對這份喜悅潑冷水，極力要淡化處理，以致於連外婆都覺得應該幫我說話……這種態度是有問題的。」

當泰勒回想起他所說的重度憂鬱症，聲音變得沉重起來。「我每天都很感激自己不是受虐兒，但從某種角度來看，那些人至少知道他們應該生氣。我不知道我有權利憎惡或憤怒。這是一種反向的忽視。在治療過程中，我處理了一直存在、但我始終認為不應該承認的感受。這花了我兩年半的時間。」

要去批評由受過教育、深愛自己的父母所提供的豐富機會和諮詢，這對於每一個人，包括泰勒在內，都是很困難的。「你覺得你擁有應該銘記在心的安全感，有人扎實地為你鋪好道路，你以為這是一件好事，自己很幸運。然而，這時你看見真正獨立的人、真正對自己所做的事懷抱熱情的人，然後你發現，你完全不認識自己。你一直努力為母親做個最優秀的你，卻完全沒有其他屬於自己的目標。你覺得父母從未把你當成獨立的個體。從來沒有。你只是他們的分枝，遵循著他們想要你走的路。那不是為了你的安全和保障，而是為了滿足他們的自我。這只會讓你對一個自以為做了一件好事的人，產生憎恨。」

泰勒在法學院的最後兩年，完全改變了自己和母親的互動，他在社交上成長許多。「我喜歡這樣。這跟學習法律無關，而是我在二十六歲時，才開始感受到大學新鮮人就應該體會到的自由。我終於能夠自己去開創一些東西。」

在那兩年之中，泰勒在家中也有盟友。「父親從來沒有壓抑我；他只是被動地照著我媽的話去做。過去，如果我和他談話，內容總是很表面；但當我斷絕和媽媽的溝通時，爸爸就成了中間的傳話人。他會去跟我母親說：『泰勒有他的道理。』而我媽會跟她的朋友說：『泰勒很氣我。』她的朋友會說：『唉，別管他，他現在是二十五歲的男人了。』她的朋友看出這一點了，她卻看不出來；她眼裡只有那個她可以操控的兒子。直到操控的循環完全斷絕了，她才把我當成一個大人來看待。」

「現在，她和我每個星期說一、兩次話。一切都不同了，狀況好多了。她會說：『對不起。我知道我對你妹妹的事處理得比較好。』對她而言，要為此再多說些什麼也很難。我想，她可能會說，她需要更關心自己，少注意孩子一點。我想，如果她從前可以把放在我身上的注意力，移走二〇%放在她自己身上，我們兩個都會好過一些。當你有了孩子，就會變成：『喔，我可以把焦點放在這裡。我可以把這件事做得很完美。我終於有可以掌控的東西了。』」

泰勒把自己終於能改變人生的功勞，歸功於作家艾克哈特．托勒（Eckhart Tolle）對他的啟發。

「在一次訪談中，托勒說有些孩子其實不是他們自己，因為他們過的人生是父母人生的延伸。這些話馬上打動了我。」

威廉．德雷西維茲也同意這種說法。他在《優秀的綿羊》中表示：「有一件事比父母的認同重要許多：學會不需要這些認同。這就是成為一個成年人的意義。」[15]

18
把掙扎常態化

我們會一起哭，一起面對恐懼和悲傷。
我會想要帶走你的痛苦，但我會改而坐在你身邊，教你如何感受它。[1]

——布芮尼・布朗（Brené Brown），研究者、作家、激勵演說家

幾年之前，我的史丹佛同事艾迪娜・葛利曼（Adina Glickman）發現，缺乏面對逆境（包括成績拿到B）能力的學生正逐漸增加。艾迪娜是學業技能指導教練，負責監督課業輔導計畫，在時間管理、克服測驗焦慮與拖延、做筆記等學習技能上提供指引。越來越多學生無法承受自己的表現不像童年時期一樣完美，讓艾迪娜深感憂心，她於是向哈佛大學的艾碧嘉・李普森（Abigail Lipson）尋求諮詢。李普森在哈佛開設了「成功—失敗計畫」（Success-Failure Project），並且製作了一本名為《省思挫敗》（*Reflection on Rejections*）的小冊子。艾迪娜和艾碧嘉都認定，今日有越來越多的學生「被剝奪了失敗的機會」。

如果學生到了快二十歲、或二十歲出頭，才第一次面對自己身而為人原來就有的不完美本質，他們將會缺乏「拍拍灰塵、重回馬背、再試一次、鍥而不捨」的心性，而這是他們在童年時就可以、並且應該培養的能力。艾迪娜繼續發起「史丹佛韌

性計畫」（Stanford Resilience Project），蒐羅了一些史丹佛社群成員——包括本校學生、最高法院法官、最受歡迎的電腦科學教授和我——的影片與文件，建立了一個線上圖書館。這些成員在其中分享了他們的掙扎、失敗與挫折，他們如何是處理與面對這些狀況、又從中學到了什麼。[2]這個計畫的目標是要把掙扎「常態化」，給學生一個觀念：每個人都會碰到痛苦掙扎，一旦親身體驗，不必覺得丟臉。這個計畫也要向我們展現，痛苦掙扎能教導我們功課，開啟新的可能。而稍早的研究顯示，史丹佛韌性計畫對於大學生有正面的影響。

然而，對失敗的恐懼，以及缺乏面對掙扎的能力，不只是史丹佛或哈佛年輕人的問題。這是今日美國與世界上其他地方的中產與中上階層人們，在人生中日益常見的處境。

國際知名的教育家肯・羅賓森爵士（Sir Ken Robinson）二〇〇六年在ＴＥＤ論壇所發表，關於我們如何扼殺孩子創意的演講，一直是該論壇點閱率最高的影片，點閱次數超過兩千八百萬。他在演說中提到：「在我國現行的教育體制中，最不能犯的就是錯誤。（但是）如果沒有準備好犯錯，你永遠不會產出任何原創品。等到成年時，大部分的孩子已失去這種能力。他們變得害怕犯錯。」[3]甚至連想成為軍官的孩子也不能免疫。「我們在西點軍校和軍隊裡也會談論，現在的年輕人不論男女，都比以前缺少韌性。」西點軍校化學與生命科學系主任與教授里昂・羅伯特上校這麼告訴我。[4]「對於一些剛從高中畢業的新成員，如果你提高音量，他們的眼睛就開始噙著淚水，彷彿之前從未有人糾正過他們的行為。你必須要能忍受挫折、重新振作、拍拍灰塵，然後繼續往前邁進。」缺乏韌性的狀況在吸毒者中也很普遍。洛杉磯貝特楚瓦戒毒中心的哈莉特・羅塞圖說：「最能預示成功的，是韌性、恆毅力，以及失敗後重新站起來的能力。如果你一直免於經歷失敗或不快，你會完全不知道該如何因應這些狀況。」[5]缺乏韌性也會影響年輕人在職場的表現。密西根州立大學的學生就業研究專家菲爾·加德納告訴我：「雇主喜歡有工作倫理和韌性的孩子，他們通常是來自中產或中下階層，或者勞工階級。」[6]TFA（為美國而教）的灣區執行總監艾瑞克·史克羅金斯，也抱持相同意見：「我們會選擇具有恆毅力和韌性的人才。我們不是從二十二歲的人口中隨機採樣，而是在高度進取又展現毅力的年輕人之中吸收最優秀的十五%人才。」[7]

回到史丹佛，我覺得目前的情況是像這樣：如果你認同不計代價追求優異學業成績的文化，並以父母的警戒姿態擺平各種生活中的不順遂——遊戲比賽、課業成績或人際關係，再不斷堆疊「做得好」、「真完美」等誇張的讚美，不管孩子完成的任務或成就是否有任何客觀上的益處，你其實是在逼一個大學的孩子走向崩潰。繼起而起的後果，可能是他會拿到B、C、D，甚至是F，或者被室友誤解，被球隊、社團、兄弟會、姐妹會或其他機會所排拒，而此時父母再也無能為力。

還記得史蒂芬·帕克赫司特，那位拍攝千禧世代影片的出色製片人嗎？當他有一天突然發現，自己正在浪費生命當個泊車小弟，一邊想著他不凡的拍片才華何時才會得到認可，他曾想起他母親經常說的話：「只要保持正面心態，好事就會發生。」在他還是孩子的時候，這種想法讓他感覺良好，而當他在現實中奮鬥掙扎，卻對這句話厭惡到極點。[8]「她說的一切都是廢話，那是溺愛型父母的行徑。」他記起當時的想法。他知道母親只是說了那個時代的父母被鼓勵要說的話，而她也盡力了。然而，他對今日父母的建議是，沒錯，當然，要告訴孩子他們可以成就偉大。「但記得也要告訴他們，你需要多麼努力，才能達成這些目標。」

西點軍校的羅伯特上校也同意這項看法。[9]「人們需要扛下自己的責任，接受自己工作的客觀品質。」羅伯特說：「我們不全都是超級巨星，我們也得停止跟每個人說他們是。」威廉．德雷西維茲也對這種超級巨星心態表示哀嘆。「你想到達頂端嗎？」他問：「沒有頂端。不論你爬多高，總是人外有人，天外有天……我現在就可以告訴你，你最後會到達哪裡：中間的某一處，和我們其他人一起。」[10]

剝奪孩子奮戰掙扎、學習堅毅的機會，反過來一心一意要栽培他們什麼都拿第一，然後說他們有多麼優秀，是一個本意良善卻走錯方向的最佳實例。也許我們並未發覺，「保護」孩子免於跌倒和失敗，最終可能會傷害他們。但確實是如此。我們需要重新定義，成功是做個善良的好人，是不論最終輸贏都會全力以赴。我們需要幫助孩子養成面對逆境的韌性。但要怎麼做呢？沒有哪個父母能輕易吞下眼見孩子受難的苦。

有時候，我會開玩笑說，住在我們這種社區裡的父母，如果耳聞大學會重視堅持和韌性這些技能，就會開設一個吃苦夏令營，而不是自我反省、仔細檢討孩子為何沒能在童年時自然地發展這些特質。這有可能發生嗎？進入名校彷彿像是聖杯，有時候我們真的會為了得到它，而做出可笑的事，比方說為孩子寫申請書。但我們無法像購買家教、教練、模擬考和升學輔導那樣，為他們購買韌性。韌性是建構在真正的吃苦耐勞之上，無法購買或製造。

所以，當生活的粗糙稜角已經被我們如此努力為孩子提供的各種特權所磨平，我們要怎麼讓中產與中上階層家庭的孩子準備好茁壯成長，向生命挺身而進、堅持不懈？我們要怎麼教養他們，在面對世界的屠殺時，不要成為逃回家的小牛，而是英勇的戰士？如果他們一直被給予這麼多，從來沒有冀望什麼，要如何渴望臻於優秀、夢想成功？「立志公立學校」（Aspire Public School）的執行長詹姆斯．威爾考克斯（James Willcox）在工作上教育資源不足的孩子，自己也在一個富裕的家庭中養育三個女兒，他深深地嘆了口氣說：「我們得讓孩子失敗，我們得讓他們掙扎。這似乎真的很基本，但做起來很難。」[11]

理智上，我們可能懂得放手讓孩子犯錯或失敗的價值，但這是很令人不快的指令，因為身為父母，我們總是想要有些明確的作為。有個好消息是：我們可以為孩子做些事，使掙扎成為常態、幫助他們建構堅毅，這是他們成年後在世上茁壯時所必需。我們可以幫助他們變得富有韌性。

建立孩子的韌性

韌性是從逆境中回復的能力，是賦予我們意志繼續往前的力量。關於如何為孩子建立韌性的智慧與建議，有各種領域的豐富資源可以參考，例如醫學、心理學、社會工作、青少年輔導、宗教、心靈和文學等。以下是一些例子：

卡蘿．德威克是我們在第十五章〈教導自主思考〉曾提到的史丹佛心理學教授，她首創的「成長心態」概念與練習，是一個很好的起點。[12] 認真化解孩子的「固定心態」——這是因讚美孩子很聰明而起，會導致他們迴避較難的挑戰，因為他們不想接受與這個「聰明」標籤相悖的結果。德威克表示：我們必須改而教導孩子，不是那些與生俱來的聰明才智（他們無法掌控的事）造就了越來越好的成績，而是因為他們的努力（他們能掌控的事）。成長心態的口頭禪是繼續、再試試，並且從努力中學到，你可以到達自己想去的地方。就某種意義上來說，德威克也是在教導學習時的韌性。

《紐約時報》暢銷作家、學者、受歡迎的説書人布芮尼・布朗，道出了我所認為的韌性精神。最近幾年，透過《不完美的禮物：放下「應該」的你，擁抱真實的自己》（*The Gifts of Imperfection: Let Go of Who You Think You're Supposed to Be and Embrace Who You Are*）和《脆弱的力量》（*Daring Greatly: How the Courage to Be Vulnerable Transforms the Way We Live, Love, Parent and Lead*）等深具啟發性的作品，布朗討論了大多數人最難以啟齒的議題：脆弱、不完美與羞恥，成為美國在這方面的思想領袖。[13] 這些是每當有事情出錯、或發生糟糕的結果時，令我們發火惱怒的情緒；如果我們任由這種情緒發展，最容易侵蝕韌性。布朗於二〇一〇年在TED x Houston 發表的演説（目前為TED論壇點閱率排名第四，點閱次數超過一千六百萬），觸動了我們的情感。[14] 透過她的研究，以及同理的敍事方法，布朗幫助聽眾和讀者體會到，接受恐懼、不完美和脆弱，可以如何引領我們走向更喜悅、更幸福的人生。她發明了「全心投入的生活」（Wholehearted Living）這個術語，並描述一個「全心投入」的人，每天晚上睡覺前會想著：「是的，我不完美、脆弱，而且有時候會害怕，但這不會改變我同時也很勇敢、值得愛與擁有的事實。」

賓州大學的學者安琪拉・達克沃斯（Angela Duckworth）發展了「恆毅力」（grit）的概念，這是指朝向非常長遠的目標，持續興趣與努力的一種能力。[15] 她的研究顯示，高度的恆毅力能成就各式不同的結果，例如在西點軍校撐過第一個艱鉅的夏季訓練、挺進最後一輪國家拼字大賽、留在美國特種部隊、留在新手教師群中任教、從芝加哥公立中學畢業、超越各種才能評量的期待與要求，例如IQ、SAT或其他標準成就測驗與體適能訓練。恆毅力也與一生的教育成就相關，並與畢生的職涯改變與離婚事件呈現反向連結。而我認為恆毅力就是「長期」的韌性。

已出版二十多本書的暢銷作家提姆・艾摩爾（Tim Elmore）是亞特蘭大「成長的領袖」（Growing Leaders）這個非營利組織的創建者與主席。他書寫和演講的主題是關於青年與企業的領袖訓練。在他的著作《iY世代：拯救他們未來的最後機會》（*Generation iY: Our Last Chance to Save Their Future*）中，艾摩爾寫到我們告訴千禧世代的「七大謊言」：「你可以成為任何想成為的人；這是你的選擇；你很特別；每個孩子都應該上大學；你現在就可以得到它；參加就是贏家；你可以得到任何你想要的。」他宣稱，這些「謊言」導致了千禧世代成年時的「情緒不穩與社交無知」。[16] 對艾摩爾來說，對孩子誠實與直率，才能建立韌性。

關於建立孩子的韌性，小兒科醫師與青少年發展專家肯尼斯・金斯柏格（Kenneth Ginsburg）寫了一本深入淺出，而且可能是最具權威性的著作——《建立兒童與青少年的韌性：給孩子根與翅膀》（*Building Resilience in Children and Teens: Giving Kids Roots and Wings*），由美國小兒科學會出版。[17] 他在這本書中教導讀者，韌性是由能力（competence）、自信（confidence）、連結（connection）、品格（character）、貢獻（contribution）、處理（coping）與控制（control）所共同構成，他稱之為「7C」。這項概念源自於「正向青年發展」（positive youth movement），這是正向心理學衍生而出的分支理論。

審視史丹佛學生與他們的困窘掙扎，以及我自己多年來的人生與教養體驗，同時歸納卡蘿・德威克、布芮尼・布朗、安琪拉・達克沃斯、提姆・艾摩爾、肯尼斯・金斯柏格與其他人的著作思想，我對韌性的定義，簡言之就是——能夠對自己說：「我沒事。我可以選擇要解決這個狀況，或者另闢蹊徑，還是決定這其實不是我想要的。我還是我。我仍然被愛。生命會繼續向前。」以下則是我對於如何在孩子身上建立這種思維的想法。

培養韌性的方法

1. 出現在孩子的生命中。過度參與的父母最讓人詬病的，就是在必要時徘徊不去或突然出手。然而弔詭的是，有研究指出，這其中有些父母並未和子女建立有意義的情感連結，或者與他們共度有意義的時光。以下這些方法，可以讓你藉由出現在孩子的生命中，來建立他們的韌性：

・**展現你的愛。**當你的孩子放學或參加活動回到家，還是你下班進了家門，把你正在做的事暫時擱置，離開電腦、放下智慧型手機，讓孩子看見他們的存在為你帶來的喜悅。我們需要知道，我們對彼此都很重要。我們所有人都需要知道這一點。有些看似簡單的事，例如眼神的接觸，都是意味深長，這是展現愛的第一步，而感覺被愛，能幫助我們更有韌性。

・**對他們保持興趣。**關注他們的興趣、想法、經驗和煩惱，想辦法每天多認識你的孩子一點。選好你的時間點——放學後、做飯時、晚餐時間、車上時光、遛狗時、睡前時間。將典型的親子對話加長，從「今天怎麼樣？」「很好。」發展成「今天怎麼樣？」「很好。」「真的啊？為什麼很好？發生了什麼事，所以今天很好或沒這麼好？這讓你有什麼感覺？」

・**表達你的關心。**挫折是你對孩子展現無條件之愛的好時機（無論是什麼挫折）。當他們遭遇挫敗，和他們坐在一起。說你明白這很令人痛心。也許做些事讓他們轉移心思。協助他們想一想，下次他們可以如何造就不同的結果。告訴他們發生在你身上的類似故事。但不要落入把糟糕的結果歸咎他人的陷阱——壞老師、偏心裁判、不公平的教練或惡劣的朋友。也不要插手接管問題，而是要告訴他們人生有時候就是如此，但他們依然對自己的努力有很大的掌控權。再次向他們保證你愛他們。

2. 同時，要退後一步。如果他們做每件事時，我們都隨侍在側（或是做之前、正在做、做完後，都要用手機確認），我們其實正間接在傳遞這個訊息：「我不認為你可以不用我幫忙，靠自己完成這件事。」這樣會削減他們的信心。以下的方法可以讓他們透過自己經歷與體會，來培養韌性。

- **讓他們做選擇，決定如何做一件事。**例如：穿什麼衣服（如果他們還小）、天氣是否涼到必須穿外套（如果他們是國中生），要以什麼順序來從事他們晚上的活動、寫作業和做家事（如果他們是高中生）。不要檢查每個細節、盯著結果的每個片段，不要微觀管理。只有經由實際體驗，孩子才可以發展技能，學會信任自己的判斷，做出負責任的選擇，面對困難的情境。
- **讓他們冒險，讓他們犯錯。**犯錯是學習的唯一方法。除非孩子的健康或安全真的受到威脅，當他們做完一件原本很可怕或很困難的事，他們冒的險、犯的錯，都會帶來巨大而真實的成就感。

3. 協助他們從經驗中成長。你不該什麼都不做，你只是不該每件事都做。以下是可以協助他們從自我體驗中成長的方法。

- **在孩子完成某項經歷、決定和選擇之後，與他們展開一段提問對話，讓孩子反芻自己從這項體驗中學到什麼。**如果有問題，協助他們自己思考解決的方法。例如可以說，「嗯，聽起來真的很棘手。你認為你想怎麼處理它？」我們可以提出建議。我們可以用自己人生中的解決方案做示範。但我們不能為他們做。

- **繼續把標準拉高。**人類都想成長與學習，變得越來越有能力。當孩子展現出她的值得信賴與正確判斷，你可以給她更多的責任、機會、挑戰與自由。這樣能建構能力，進而建構信心，而這兩者都能建構韌性。
- **對抗完美主義。**「只要盡你的全力」這句話很不切實際。只要盡你的全力？全力是指你所能付出的最好，沒有比這個更好了。一個孩子，或者我們之中任何一個人，要如何永遠保持如此高水準的表現，而不會發瘋？當我們說「只要盡你的全力」，我們的意思比較像是「盡你在當下的全力」，甚或是更可以原諒的「試著盡力」。這些句子等於認同了，隨時都有許多因素可能影響我們真正用盡全力的能耐，而最重要的是那份嘗試、那份努力。

4. 培養他們的品格。如今，我們太常把焦點放在孩子的學業與才藝成績，還有大學的入學結果，而非他們是怎麼樣的一個人。我們之中有很多人一路奮鬥到中年，還掛念著父母是否以我們的人生為傲。每個人都想要因為自己的本質而受到重視。一個人的價值不是來自在學平均分數，而是出於品格，諸如我們善良、慷慨、公正、願意勤奮努力的程度。品格說到底，就是我們表現的行為舉止，即使沒有人在旁觀看或者評分。有好品格的人在世上會遇見善良、讚美與感謝，這將有助於支持他們對抗將來無可避免的挫折。讓我們在孩子身上培養韌性，讓孩子看見，使我們驕傲的不是他們的等級、分數和獎盃，而是優秀的品格。

- **注意到他們的善良。**要建立品格，可以注意他們的善良行為，在事後和他們一起回想。例如，如果他們在雜貨店裡幫人拿貨架上的東西，你可以在回家途中的車上簡單地說：「你剛才幫了那位女士，你很善良。」或者，如果他們把優先的次序、多玩一回的機會讓給手足或朋友，你可以簡單地說：「我看見你（這麼做）了，你真好心。」這種時候並不適合說：「完美、哇喔、你太棒了！」你需要傳達的只是：我看見了。我注意到了。你是一個好人。當你這樣做時，我會覺得很驕傲。而孩子聽到這些會無比開心，而且想創造更多這樣的時刻。

- **協助他們發展觀點**。注意到世上有人過得比自己差，能讓孩子明白他們該心懷感恩。社會服務不需要遠走他鄉；在你們所住的在地社區，就有流離失所、三餐不濟的人們。全家人一起做社會服務工作，不僅是助人為樂，同時也會幫助孩子發展觀點，在他們消沉失志時、漫長的人生中派上用場。

5. 給予明確、真實的回饋。戰後嬰兒潮的下一代、X世代，以及早期千禧世代的父母，經常被說是過度讚美，而且無法批評孩子或讓他們建立紀律。當「完美」、「優秀」、「好厲害」、「棒透了」、「很好」這些字眼從我們的嘴角溜出時，聽起來像是讚美，但長此以往，它們卻會變成匕首，刺進發展中孩子的靈魂，最後削弱了孩子的韌性。輕易使用這些字眼，會讓孩子對自身的技能與才華有著不準確的認知，使他們對任何可能讓自己變得沒有那麼優秀的事，感到恐懼。於是，就如德威克的研究所顯示，孩子會想在課業和課外活動上打安全牌，而不是嘗試更進階的挑戰（這會讓他們看起來沒有那麼聰明、傑出。）或者，他們會挑戰、再挑戰、挑戰到極點，成為完美主義者，去做你、老闆，或者他們倚重的人想要他們做的任何事。我們希望孩子建立真實且長久的自尊，是來自付出努力、看見好的結果，而不是某個第三者（包括父母親）對他們的想法。接著即要說明，真實的讚美與建設性的批評將如何為孩子培養韌性。

・**如何讚美**。對於學校與活動方面的成就，針對所完成的任務給予明確的讚美，更能表現愛意，也能培養韌性。例如：（1）對小小孩：我喜歡你在那張圖畫裡用了全部的顏色；（2）對小學生：我注意到你整場芭蕾表演都踮著腳尖，就跟老師說的一樣；（3）對國中生：你使用熱熔膠槍做學校作業做得很好，這可不容易；（4）對高中生：你寫的那篇關於《大鼻子情聖》的文章，對西哈諾的情感轉折描寫入微，你真的很認真在揣摩他的想法。類似這樣具體的讚美能夠建立信心，因為這顯示我們有暫停下來，注意孩子確實做了什麼。

・**如何批評**。我們希望孩子學習與成長，一天比一天進步，茁壯發展。而讓他們達成這個目標的唯一方法，就是對他們的表現給予確實的評估。和讚美一樣，我們需要明確地鎖定某種行為或努力，而不是針對人。若我們這麼說：「你把午餐盒留在走道上過夜，現在上面爬滿了螞蟻。請去把它洗掉。不，不是等一下，這樣情況只會更糟。」會比接下來這樣說更能有效糾正行為：「你為什麼都不聽我的?我已經說過不要這樣了。現在長了一堆螞蟻。」當然，如果我們衝進去自己處理那些螞蟻，就沒教給孩子任何事情了。我們是想批評這項行為（它是可以被糾正的），而不是碎唸，或者暗指孩子是個壞人（這是不能改變的）。

6. 以身作則。一如心理學家麥德琳．雷文在我們當地的高中演講時所說，孩子都以為我們是成功的，不知道我們在人生路途上遭遇過的起伏、轉折和挫敗，而且往後也會繼續經歷。將掙扎常態化並建立韌性的最好方法之一，就是讓孩子知道我們目前正在經歷、或是曾經有過的打擊——例如工作上的失意或挫敗、和一位親密的朋友分手，而且這些事也曾讓我們消沉失落。讓他們聽到你說，你可能做錯了什麼、或者應該採取不同的做法，而且你下次就會知道怎麼處理。讓他們聽見你的反省，看見你微笑，並且繼續前進。

讓壞事發生

人非聖賢，孰能無過。我們都犯過錯，也會繼續犯錯。孩子也不例外，事實上，童年正是一座訓練場，孩子在這裡犯錯、學得教訓、發展應對技巧和韌性等各種能力。容許孩子經歷躁動、失敗、跌倒這些重要的經驗，不只是幫助他們學習與成長的好方法，而且是最好的方法。錯誤是人生最偉大的老師。

潔西卡·雷希（Jessica Lahey）是一名老師、《大西洋月刊》與《紐約時報》的撰稿作家，也是《每一次挫折，都是成功的練習：失敗是給孩子最珍貴的禮物》（*The Gift of Failure: How the Best Parents Learn to Let Go So Their Children Can Succeed*）[18]這本書的作者。她在自己教課的教室裡觀察到過度教養的現象，寫了很多這方面的文章。她說，當孩子犯了錯，父母必須謹記：「後果所傳遞的教育意義是一份禮物，而不是代表父母怠忽職守。」她寫道：「經過這些年，我『最好的』學生——在人生中最快樂、最成功的學生——是那些被容許失敗、為錯誤負責，而且在面對錯誤時能挑戰自我極致的孩子。」

那麼人生中的「曲球」呢？我們都會犯錯，但有時候，即使我們把每件事都做對，負面的結果還是發生了。當人生丟給孩子一記曲球，我們要是取而代之跳起來接住它，這樣並沒有幫到他們，除非那確實是攸關健康與安全。他們得學會自己接下、或者避開那些曲球。

二〇〇〇年，都在明尼蘇達州明尼亞波里（Minneapolis）執業的心理學家麥可・安德森（Michael Anderson）與小兒科醫師提姆・強漢森（Tim Johanson），開始發現有一些孩子與年輕人，似乎缺乏從犯錯與曲球體驗中養成的觀點與堅持。在他們二〇一三年的著作《要意：養出準備好面對人生的孩子》（*GIST: The Essence of Raising Life-Ready Kids*）中寫道，父母最主要的任務，是在撫養孩子長大成人的同時，照顧他們的安全；然而，「在許多家庭裡，他們最關心的是安全，接著強調的是表現，對準備則不太看重。」

在安德森與強漢森合寫的《要意》一書中，「準備」是指有能力處理所要面臨的任何事情。他們製作了以下這張表，列出能為孩子提供長大成人正確準備的情境。注意：表中的內容可能會讓你畏縮，卻堪稱是切中要點。

孩子必須親身體驗的錯誤和「曲球」[19]

- 沒有受邀參加生日聚會
- 體驗寵物的死亡
- 打破一個價值不斐的花瓶
- 努力寫一份報告，仍然得到不好的成績

- 在離家很遠的地方車子拋錨
- 看到他種下的樹死了
- 被告知某個班級或營地已經額滿
- 被留校察看
- 錯過一個節目，因為她正在幫奶奶做事
- 出一場小車禍
- 因為一件他沒有做的事受指責
- 因為有人行為不當而取消了某個活動
- 被炒魷魚
- 沒有進入菁英校隊
- 在某件事得到最後一名
- 被另一個孩子打
- 抗拒某件他被教導的事
- 深深後悔說了她收不回去的話
- 朋友出遊時沒被邀請
- 鄰近家庭的小孩一起踢球時，最後一個被選上

你不僅要讓孩子體驗這些事，還要肯定它們的重要性。安德森和強漢森認為，好好教養意味

著：「學著把你可能想努力避免、或者害怕會發生在孩子人生中的事件，視為（建構智慧與觀點的）成長助力」。當這些事件發生時，身為父母的我們應該要靜靜對自己說：「完美，這樣很完美。這是他需要經歷的事，在童年時至少得有一次。」

暢銷作家與心理學家溫蒂．莫傑爾，非常認同安德森與強漢森的看法。在《從B⁻到A⁺的猶太教養智慧》一書中，她說道，讓這種事件發生在孩子身上，等於是「給他們應有的苦難」，這能使他們做好準備，去面對成人生活中將會出現的更大挫敗與困頓。莫傑爾說，在孩子離家前，應該要熟悉「情感波型」，它的走勢是這樣：「我之前感覺很糟，但是現在，因為我和朋友聊天／去跑步／和教授談過／睡了一場覺／處理了室友帶男朋友過夜的事／擬了一個增進我足球技巧的計畫／去了健康中心／確實完成我分內的工作，我覺得舒服多了，而父母和這件事完全沒有關係。」[20]

「我覺得舒服多了，而父母和這件事完全沒有關係。」在莫傑爾想像情境中的年輕人如此做了總結。確實是。即使我們的起心動念是保護與趨吉避凶，我們還是必須後退，把嘴巴封起來，置之不理，什麼都別管。這樣孩子才會發現，自己有能力處理不悅、擬定解決方案，然後繼續前進。

TFA灣區的執行總監艾瑞克．史克羅金斯，已經目睹適當的家長參與，如何促進了韌性的發展。「TFA是讓教師獲得成長與領導才能的絕佳機會。那些最有效能的父母明白這一點，所以想要擔任孩子做決策時的諮詢者，而不是幫忙找藉口。他們會客氣地說：『你已經簽約了。所有值得做的事都有挑戰性。你在期待什麼？你要怎麼找到所需的資源，並且取得可用的支援？』反效能的父母——也就是實現者——則會說：『你處在不公平的態勢，我會幫你擺平這件事和那件事。』」[21]

特權如何使我們不足

相當反諷的一項轉折是，貧窮與勞工家庭的小孩，他們的父母缺乏財力、社會資本和多餘的時間，可以時時妥善運用，以主導完美的結果；但他們有時卻會因為艱困人生經驗的鍛鍊，結果比富裕家庭的孩子更加堅強。這是保羅．塔夫（Paul Tough）在《孩子如何成功：讓孩子受益一生的新教養方式》（*How Children Succeed：Grit, Curiosity, and the Hidden Power of Character*）一書中思考的現象。[22]

總部位於加州奧克蘭的全國性非營利教育組織——立志公立學校，有一項座右銘是「當然要上大學」。該組織為低收入家庭的孩子提供幼兒園到高中的全程教育，而這項座右銘從幼兒園開始，就深植在這些孩子心中。一直到高中畢業、進入大學，這句話他們其實已經聽了一輩子。投入這項志業十五年之後，立志公立學校如今在加州與田納西州經營三十八所學校，成為全國高貧困學校體系中表現最優異的單位之一。過去四年，該校的畢業生全數被大學錄取，他們的教師訓練計畫也成為二〇一四年十月《紐約時報》的頭版報導[23]。

在二〇一四年立志公立學校的年度募款盛會上，該校的畢業生，如今也完成大學學業的芮娜．史東（Rena Stone），分享了這所學校如何形塑她的人生。[24]「立志公立學校成了我的家，讓我充滿安全感。有時候，我會走路到立志君王學校（Aspire Monarch Academy），坐在停車場上。或者，我會坐在芮德（Reed）老師的教室裡，一直到晚上八點，在她想要工作的時候吵她。她從來不會抱怨，反而還會提議開車送我回家。」接著，芮娜分享了一段自己在費斯克大學（Fisk University）遭遇的艱辛歷程。費斯克大學位於田納西州納許維爾（Nashville），是一所傳統上以黑人學生為主的私立文理學院。「我在大二時似乎遇到了路障，拖慢了我的步伐。那是我的突破點，也扎扎實實考驗了我的力量與韌性。這項挑戰很單純：我無法同時支應伙食、住宿和學費。我必須在未來和生存所需的基本條件之間做出選擇。在立志學校，他們告訴我，我可以改變自己的人生結果，而教育就是啟動那個改變的鑰匙。」芮娜選擇暫時居無定所，繼續讀書。後來她從費斯克大學畢業，現在成了一名老師。

立志學校的執行長詹姆斯．威爾考克斯本身是西點軍校的畢業生，來到加州史丹佛攻讀雙學位（教育碩士和工商管理碩士）之前，曾經在軍中服役將近八年。他有三個女兒，都在二十歲上下。他跟我談到了像芮娜．史東這樣的孩子，和其他立志學校的孩子們。[25] 他也提及低收入家庭學生所擁有的多半仍未開發的豐沛潛能、以及他們在困苦與奮鬥中建立的強大衝勁與毅力。他坦率地分享說，他那三個養尊處優的孩子，就是不曾經歷一樣的奮鬥與艱辛，所以從來沒有機會建構相同的能力。

威爾考克斯將韌性視為是一個裝有好幾層工具的工具箱。一層裝的是父母給你的工具，另一層裝的是你就學期間習得的技能，而第三層裝的就是你的人生經驗。每個上大學的學生，都有一個工具箱。

「我認為，像芮娜這樣的學生會從人生經驗中獲取大量工具，而像我三個女兒這樣的孩子，是不會擁有這些工具的。芮娜擁有的工具，是歷經不可思議的磨難所鍛造出來的，在困頓中堅忍，親眼目睹、親身體驗難熬的日子，做過非常艱難的選擇和妥協。大部分中產與高收入家庭的學生，都不會面臨同樣的痛苦抉擇或真實苦難。芮娜在高中時也有一段時間居無定所，我確信那段經驗已成為她的一部分。我的孩子從未有過類似經歷，所以當他們進入大學，第一次體驗到『難熬的日子』，就會缺乏這一整層的工具。芮娜等低收入家庭的學生都擁有未開發的深厚潛能和超乎想像的工具，來探索大學與人生。所以，我們這些人需要想出辦法，如何用創傷較少的方式，給予孩子同樣的工具。」

「另一方面，芮娜上大學時也缺少了中上階層孩子擁有的那層工具，亦即對他們將會成功的期待，那種認為自己屬於大學的信仰體系。如果我可以為芮娜這樣的孩子準備好這些期待——抱持『當然要上大學』的心態——他們便會勢不可擋。有了內心的堅持和恆毅力，他們的心態就不會是『我屬於大學嗎？』而是『別擋我的路。』比起未在人生中深陷掙扎的孩子，他們擁有強大許多的配備。有了大學文憑與優質教育，他們將可以改變這個世界。」

「芮娜與其他立志學校的學生所擁有的人生經驗，是殘酷也是無價的。我們若能支持他們通過難關，他們就將擁有養成堅持與恆毅力的工具，克服一切困難。而且，這種工具是最難複製的。」

但還是有辦法做到的。

19 對大學抱持更開放的心態

我們活在烏比岡湖的泡泡裡，社經地位高人一等，所有父母的文憑都出自名校。
光是我們當地的高中，就可以填滿常春藤聯盟。
這些學生非常誇張。被學校拒絕的孩子，SAT 分數在九成多應試者之上，
他們有空時會治療癌症，還會蓋房子。父母瘋了，孩子也要瘋了。[1]

——威廉・里維拉（William Rivera），維吉尼亞州麥克萊恩的一位父親

我有天晚上和朋友小酌聊天時，一位帕羅奧圖的母親宣稱兒子剛帶了個B回家，她告訴他：「你在想什麼？你以為你拿這樣的成績可以進史丹佛嗎？你會到亞利桑那州立大學；而且，別以為我會付學費給亞利桑那州立大學，我不會！」這位母親顯然對該所大學的評價不高。很顯然，她不知道這所大學是美國產出最多傅爾布萊特學者（Fulbright Scholars）（編註）的前十名學校；此外，《男人百分百》（*What Women Want*）這部史上票房第二高的浪漫喜劇監製蘇珊・卡特桑尼斯（Susan Cartsonis），還有她自己那個手提包的設計師凱特・絲蓓（Kate Spade），也是該校校友。

真實的情況是，我們大部分的人都不知道如何評斷一所大學對孩子的適合程度。我們對著《美國新聞與世界報導》的大學排名垂涎三尺，即使這項排名主要只是反映了這個學校有多難進去，以及一群其他的教育者對它的想法——這就是決定入學門檻有多高的依據。在二〇〇七年出版的《製造階

級：大學入學與菁英教育》（*Creating a Class: College Admissions and the Education of Elites*）一書中，作者史丹佛教育學教授密契爾・L・史蒂文斯（Mitchell L. Stevens）對於普遍將低錄取率視為優良教育品質代名詞的狀況，提出批判。[2] 他寫道，由於缺乏準確的教育品質評比體系，錄取率不僅成了地位的代表，而且就是「地位本身」。他認為這是互為因果的恆真句：「越多人想要獲准進入，它的文憑就越菁英。」《美國新聞與世界報導》所引用的錄取統計數字，完全沒有傳達出某個學校提供的大學教育品質，或者它是否適合我們的孩子，但我們還是對它垂涎三尺。

而我們的孩子也注意到我們對它垂涎三尺。根據暢銷書《只想買條牛仔褲：選擇的弔詭》（*The Paradox of Choice: Why More Is Less*）[3] 的作者，也是斯沃斯莫爾文理學院（Swarthmore College）行為心理學教授貝瑞・史瓦茲（Berry Schwartz）的研究，大部分孩子眼中只有常春藤聯盟，這個概念不是來自《美國新聞與世界報導》的「最佳大學」名單，而是從我們這裡，也就是他們的父母親得到。史瓦茲發現，「父母傳遞給孩子的訊息是：只有最好的才行。他們不經意地傳達了這個標準，孩子卻接收了相同的心態。而進入名校的壓力鍋，比漫無目的還糟糕。我的研究顯示，如果你對選擇的態度是只有最好的才行，就將導致麻痺和不滿。」

史瓦茲到全國各地演講這個主題時，喜歡給聽眾看一幅已故漫畫家里歐・柯倫（Leo Cullum）在《紐約客》雜誌發表的漫畫；他畫了一個年輕女子穿著運動衫，上面寫著：「我上了布朗（大

編註：傅爾布萊特計畫是由美國成立的國際教育交換計畫，每年提供獎助學金給美國及外國學者、學生、教師、藝術家和專業人員，從事研究、教學、演講、實習或攻讀學位，在全球聲譽崇隆，其參與者榮獲諾貝爾獎的人數，迄今已超乎其他同類學術計畫。

學），但第一志願是耶魯。」今天，我們有很多學子就讀很棒的學校，但他們覺得自己其實應該在別的地方。如果你帶著這種心態，會毀了你的大學體驗。這些學校都是禮物，但它們卻沒有被這樣對待，因為學生把全部的時間都花在想著他們應該上另一所學校。最後他們就會變得無端地不滿大學生活。」

在我看來，父母這種導致孩子無端不滿大學生活的想法，是我們的朋友群、種族與社交圈、我們的職場與家庭所持觀點製造出來的產物。這些對地位、聲譽、價值（這些都暗示著品質）的大量意見，讓我們覺得——也害怕——唯有孩子擠進最嚴格篩選的學校之一，我們才能真正為孩子，或許也為我們自己，感到驕傲。這種感覺、這種恐懼，成了我們為孩子戴上的一對眼罩，以便他們能專心度過我們設計好的清單式童年。那是孩子的人生、孩子的旅程、孩子要參加的比賽，而不是屬於我們這些給孩子戴上眼罩，把孩子當成賽馬騎著，直往終點追趕的父母。他們跑得越來越累，咬緊牙根，在跑道上橫衝直撞，用盡全力要打敗不可能的機率；我們則在旁邊輕推、哄騙、駕馭、策馬、揮鞭。偶爾，孩子會完全準備好要跑這場比賽；但也有許多孩子寧願選擇一場不同的比賽，或是選擇在童年愜意馳騁，而非競速狂飆的機會。而有些人……我們知道，幾乎撐不下去。

還記得賴瑞．莫默，紐約聲譽卓著的聖三一學校升學輔導主任和哥倫比亞大學的前招生主任嗎？他看過很多戴著眼罩的學生。[4] 賴瑞說，他知道他的學生可以在多所不同的學院或大學過得非常開心，而他面對的挑戰中有一部分，就是讓學生的家人對眾多精采的選擇採取更開放的態度。但他擔憂的是，在優秀的十二年級生裡有一種增長的趨勢——大學入學申請已變成一種必須贏的比賽，而不是一種必須做的配對。「我們問學生的問題之一，是要他們告訴我們，在他們認為自己有實力競爭的學校中，有哪些是他們中意的選擇。而最近，我們很常聽見這樣的說法：『我要申請耶魯，如果不行的話，我就和大家一樣去哈佛、普林斯頓和史丹佛。』這種態度忽略了這些學校各有不同的學術與校園文化，像是要去贏取一張中獎率超低的大學彩券，我們稱之為『哈耶普史現象』（HYPS phenomenon）（編註）。」賴瑞相信，入學競爭最激烈的那些大學所呈現的低錄取率，以及其他許多人趨之若鶩的急切，正製造出一個大學生階級，他們「內化了大學入學申請的克敵戰略，變得焦慮、不願冒險、思想上太有心機，而且提早老成。」

父母的心態和孩子戴的眼罩，導致更多學生向錄取門檻最高的學校遞交申請書。根據美國「全國大學入學輔導協會」（National Association for College Admission Counseling）的資料，申請七所以上學校的學生人數，在一九九〇年是九％，在二〇〇〇年是十二％，到了二〇一一年是二九％。而申請件數的增加，使得原本錄取門檻已經偏高的學校，看起來要比實際上更難被錄取——這不是因為有更多符合資格的學生申請頂尖學校，而是有更多學生申請更多的學校。[5]（但到頭來，每個孩子只能占據某間學校的一個名額。）因此，這項事實很難避免：進入頂尖名校的比例介於五～一〇％。也就是，機會非常小。

還記得史密斯學院的招生主任席多妮亞．達爾比說過嗎？「如果有百分之五到十的機率會下雨，你會穿雨衣嗎？不會。但如果人們聽到有百分之五到十的錄取機會，他們會認為自己或自己的孩子，

編註：「哈耶普史」（HYPS）是指哈佛（Harvard）、耶魯（Yale）、普林斯頓（Princeton）、史丹佛（Stanford）四大名校。

總有辦法擠進那百分之五到十。」席多妮亞幫助我看清了，我希望孩子進入如此低錄取率的學校，是多麼自欺欺人。

讓我們用不同的數字來看這些比例。二〇一三年，錄取率低於十%的學校有十二所——史丹佛、哈佛、哥倫比亞、耶魯、普林斯頓、美國海軍學院、柯柏聯盟學院（Cooper Union）、麻省理工學院、芝加哥大學、西點軍校、布朗大學和艾莉絲洛伊德學院（Alice Lloyd College），這些學校的大一新生名額加總起來，大約有一萬五千個。而全美國大約有三萬七千所公私立高中。如果每所高中的畢業典禮致詞人，也就是GPA最高的學生，都想在這十二所錄取門檻最高的學校中搶得一個名額，他們的機會也只有四〇%，其他人則完全沒機會。何況，這些學校多半都接受不少國際學生，所以留給美國高中畢業典禮致詞人的機會又更少了，更別說是其他孩子。

我們必須拿開眼罩，打開孩子和我們的眼界，否則——難道你看不到——我們大多數的人終將在整個入學申請過程結束時，疲累不堪、失魂落魄，覺得像個失敗者，也讓孩子自己覺得像個失敗者。但此時，反而應該是他們無比雀躍，期待人生新頁的時刻。

第一步：對機率實事求是

如果我們這些把大學入學門檻看得很重的人，能有勇氣把眼罩拿開一點點，看見大學更寬闊的風景，就會發現大約有三十所最難進入的一級大學，在二〇一三年錄取了一〇～二〇%的申請者。把眼罩再多拿開一點點，我們會發現另外五十多所被認為入學稍有難度的學校，錄取率介於二〇%

和三三%。總結起來，共有一百所學校的錄取率在三三%以下，而被認為是全國二千八百所官方認可的四年制學院和大學中「錄取門檻最高」的學校。相較之下，全國的平均錄取率則是六三．九%。如果一所學校的錄取率是我們考量所在（不過，我們有很好的理由認為不應如此——例如在本章稍後所見，有些學校提供最好的大學教育，卻是尚未被發掘的珍寶，申請者不多，所以錄取門檻一點都不高），那麼，就讓我們把眼罩拿開看遠一點，至少看見所有這一百所「錄取門檻最高」的學校。這些學校吸引了堅強的師資陣容，以及有才華、有動機、有意思的學生。他們的資源豐富，畢業校友生活無虞，有優渥的工作、有朋友，人生很幸福。這不是最重要的嗎？

我已經說過兩次，席多妮亞對於頂尖名校錄取率的直率觀點，對我而言是當頭棒喝。嗯，我可不是唯一因她而改變心意的人。有天，一位新英格蘭州法院的法官走向席多妮亞，對她說：「我記得妳在我們當地的高中演講，那是我一生中獲得最好的建議。因為妳，我已經對結果做好準備了。」我請託席多妮亞讓我聯絡上這位法官。以下是她（基於工作規範，她必須匿名）所說的話：[6]

「我和任何人一樣具有競爭力。我自己讀耶魯，先生讀的是約翰霍普金斯大學，而女兒史蒂芬妮亞（Stefania）的智力表現更勝於我。所以我們揣想，她也會讀那些學校。我希望女兒有這些優勢。」

聽到席多妮亞的演說之前，這位法官原本想在史蒂芬妮亞申請大學的過程中積極參與，雖然就讀公立學校的史蒂芬妮亞一直閃躲父母的干預，也不想跟她朋友一樣接受私人的升學輔導和額外的測驗準備。史蒂芬妮亞最好的朋友在申請過程中都有一個「顧問」，這位法官認為女兒應該也要有一位。史蒂芬妮亞拒絕了。她也拒絕了母親幫她看論文的提議——或者說「要求」。「有哪種父母不會審閱這些？」這位法官問我。她被留在邊線上盤旋，說著：「妳應該讓我做這些事，我可以幫妳！」史蒂芬妮亞不為所動。她要自己處理。

那大約就是法官聽到席多妮亞演講的時候。「我承認，當我如史蒂芬妮亞所願後退一步時，內心並不平靜。我知道要進入這些學校有多麼競爭，我知道妳需要所有優勢，任何妳可能擁有的優勢都不能放過。我很願意出錢。其他人都給他們的孩子這些優勢，我深受折磨，試著拉平這場比賽的態勢。我知道運動場上已塞滿了選手，而史蒂芬妮亞正處於場中塞滿的那一部分。換言之，我想要額外的目標，我試著想辦法，要說服史蒂芬妮亞我是對的。」

聽到席多妮亞的建議後，這位法官「轉向」了，她這麼回憶。「一旦你的心念一轉，感覺便好多了。」她鬆了口氣說：「而且你可以成為更好的父母，對孩子更好、支持他們。」

史蒂芬妮亞申請了好幾所常春藤學校，但未被接受，於是她開始擁抱其他選擇。她選了巴納德學院（Barnard College），紐約市頗負名望的一所小型文理學院，隸屬哥倫比亞大學，二〇一三年的錄取率是二〇．五%。「感謝席多妮亞，讓我們轉向某些『理想』學校，而且看重其他學校的正面成果。」這位法官說：「席多妮亞拯救了我。這些年來，孩子可能做好了得高分、當志工、做選手等每一件事，但仍進不去最頂尖的任何一所大學；如果他們沒有如願以償，會需要你完全的支持，然後說：『妳做了我們喜歡的事，我們很開心。這全是要讓你享受一段美好的大學生活。』這才是重要的。」

這位法官的女兒史蒂芬妮亞在巴納德學院過得很好、發光發熱，體現了作家丹．愛德蒙斯（Dan Edmonds）在二〇一三年於《時代雜誌》發表的文章中所說：「達到課業與課外活動成績門檻，符合高度競爭學校資格的學生，將會進入高門檻的大學，只是比較不可能進入特定的高門檻大學。」[7]換句話說，如果你打開眼罩，就會看見大學入學申請不是一場搶音樂廳座位的遊戲，每個人都有可能找到一個位子。

第二步：誇耀其他的品牌

這位法官承認，當她聽到別的父母說：「巴納德？我從來沒聽過。」心底曾略有波動。「我心想：『什麼，你應該要聽過的。你說你沒聽過是什麼意思？』我還記得，自己當時對別人不認識這所學校有點惱怒。現在，我知道不應該這樣，也從中學到了一些事情。大學入學申請通知寄來的時候，人們會沉浸在當下。許多父母覺得，孩子選擇的學校會是你的反照，讓你保有既得利益。我認為這可能不是一種好的態度。這是孩子的未來，不是你的。你的既得利益，應該是你孩子的幸福。」

如果你知道巴納德學院，就很難想像有人會對它嗤之以鼻，更別說是不知道它的人。這個故事清楚描繪出茶毒我們的「品牌喧擾」，所以才會有些人沒聽過紐約人評價很高的巴納德學院。對另一些人來說，它卻是等同於威斯康辛州的伯洛依特學院（Beloit College）、緬因州的貝茲學院（Bates College）、俄亥俄州的安提阿學院（Antioch），或者奧勒岡州的里德學院。這些只是至少有些人「從來沒聽過」的優質學院當中的五個例子。我們著迷於學院的品牌，彷彿自己是重新迷上設計師品牌牛仔褲的青少年，夢想著擁有其他人似乎都有的牛仔褲。我們太不成熟，或者缺乏自信脫離它，因而無法追隨最適合我們與孩子的選擇。

為了擊敗品牌喧擾，當我在帕羅奧圖附近活動時，試著把前一百名「沒人聽過」的大學校名，不經意地穿插在交談之中。而且，我鼓勵朋友們也這麼做。當明尼蘇達州的聖奧拉夫學院（St. Olaf's College）開始贊助我們當地的國家公共廣播電台，我手舞足蹈了起來！我能想像父母們一面聽廣播，一面通勤上班、或者前往參加小孩的活動，同時對著自己說：「聖奧拉夫？那是什麼？如果它在國家公共廣播電台宣傳，那應該是所好學校吧！」沒錯。一旦有越來越多人開始誇耀我們的孩子在「沒人聽過」的學校受到的優質教育，我們的朋友也會開始注意到。這也能幫助他們拿開眼罩，允許他們的孩子、以及所有的孩子，去研究更全面的可能性，做出最適合自己的決定。

第三步：了解就讀門檻較低大學的優勢

一九九九年，研究人員史黛西·伯格·戴爾（Stacy Berg Dale）與亞倫·克魯格（Alan Krueger）研究了一群被常春藤學校或錄取門檻一樣高的學校接受，卻選擇進入「錄取門檻一般」的學校（前一百名）的學生，後來有何表現。[8] 結果二十年後，這些學生與名校畢業生的收入不相上下。克魯格與戴爾發現，資質聰穎、能夠爭取到頂尖大學名額的學生，後來的收入「差異很少，不論他們讀的是哪個類型的大學。」換言之，是學生，而不是學校，應該對他們的成就負責。[9] 今日，頂尖名校的招生主任承認，有數千甚至上萬名學生都符合他們的入學資格，但受限於這些學校的新生班級名額最少只有一百五十名，最多則為一千七百名，大多數符合入學資格的學生，依舊得去別的地方。

好消息是，克魯格和戴爾的研究顯示，他們的經濟能力會一樣好。說不定從其他度量標準來看，他們還會有更好的表現？

也就是說，去其他學校是否對孩子更有利？有幾位思想領袖是這麼認為的。在《優秀的綿羊》中，威廉．德雷西維茲注意到，在《美國新聞與世界報導》專刊的前二十所名校中，通常有超過九○%的學生在高中就讀的班上是排名前一○%。「我很擔心這樣的學校，」他說：「不是每個成績排名前一○%的學生都是優秀的綿羊，但現有的人數已足夠讓你仔細思考，是否要讓這些人圍繞在你身旁。在名聲次級學校就讀的學生，通常比較有趣、好奇、開放，也比較珍惜他們所獲得的，不會自以為是和好勝競爭。他們的表現比較像是朋友，而不是競爭對手。」[10]

企業招募教父與亞馬遜書店暢銷書《用腦找人》（*Hire with Your Head*）、《聘雇與被聘雇的基本指南》（*The Essential Guide for Hiring and Getting Hired*）作者盧．阿德勒（Lou Adler），也同意這種看法。他引用常春藤聯盟的康乃爾大學為例。[11]「當你遇見康乃爾的孩子，他們都很聰明，但卻是不同類的孩子。他們看起來就是比較理智。他們認為，他們是常春藤聯盟裡的『後段班』，而且根據某些人的標準，其他名校的學生都在他們『之上』。這也許會使他們的本我洩氣，但他們卻展現出較強的人際技巧，比較務實，不會以自我為中心。」

麥爾坎．葛拉威爾說得更絕，他說就讀錄取門檻最高的學校甚至可能對你有害。在他的暢銷書《以小勝大：弱者如何找到優勢，反敗為勝？》（*David and Goliath: Underdogs, Misfits, and the Art of Battling Giants*）中，葛拉威爾解釋，大部分的孩子不應該就讀他們能被錄取的最好學校，因為在每所大學裡，都是頂尖的孩子獲得最多關注、資源與機會，而在研究所時期締造更大的成就。[12]進入一個你將在班上吊車尾的學校，不只意味著你不會得到一些好處，如教職員的關注、在主修中累積優秀經驗，它也會傷害你的自尊。他建議，如果你希望大學成為人生下個階段最有力的跳板，你應該就讀一所自己的成績能在那裡排名前五～一〇%的大學。這個守則的唯一例外，是具有少數族群背景的學生。對他們而言，只要就讀名校似乎就能為畢業後的選擇提供助力，不管他們就學時在班上排名第幾。

哈佛法學院（研究所層級）[編註]一年級學生所就讀的大學名單，反映了葛拉威爾的觀點。該院在二〇一六年大約有五百四十名學生，來自全國一百七十一所不同的大學。[13]他們所就讀學校的完整名單——你會看到一些你聽過的學校，以及更多你肯定沒聽過的學校——請參考附錄A（394～395頁）。全國第二大大學畢業生雇主TFA的雇用資訊，也顯現出相同的觀點。TFA於二〇一三年聘用了來自高達八百所大學的五千名新任教師。你可以在附錄B（396頁）找到其中被錄取最多的六十所學校。

然後是谷歌。谷歌人力資源資深副總拉茲洛·博克（Laszlo Bock）在一次與《紐約時報》專欄作家湯馬斯·佛里曼（Thomas Friedman）的訪談中表示，決定你是否被錄用的因素，不是在學平均成績或你就讀的學校，而是你的技能——例如靈敏學習的能力，知道何時要像領導者一樣推進或後退，以及擔當與謙遜。[14]佛里曼這樣描述谷歌的用人哲學：「注意。文憑不能代表你具有勝任任何工作的能力。這個世界只在乎你如何用自己所知的方式做事（不管你是怎麼學到的），而且因此成功。」博克向佛里曼提出一個可能肇因於顯赫成功家族的陷阱：「成功的聰明人很少經歷失敗，所以他們沒有學到如何從失敗中學習。」

失敗這件事，再次探出了頭。

第四步：參考其他的大學排名指南

《美國新聞與世界報導》的排名箝制了我們，但它的計算方式，與大學教育的品質、更廣泛的大學生活經驗，或是畢業生後來的職涯與人生發展毫無關連。一個年輕人能否在一所學校裡找到真正的適合感與歸屬感，因而充分善用大學經驗，讓人生起飛茁壯，其中的變數遠比《美國新聞與世界報導》的調查方式更為龐雜。

身為父母，如果對於什麼才是好大學，值得我們灑下大錢，能有更寬廣的看待，那麼在孩子申請大學時，我們會紓緩許多，我們與孩子感受到的壓力也會減少許多。

《美國新聞與世界報導》的競爭者眾，每個調查都試著提供一種感覺，讓人想像在某一間學校當學生、受教育的狀況。其中包括《菲斯克大學入學指南》（*Fiske Guide to Colleges*），這是目前銷售最佳的大學指南，作者是愛德華．B．菲斯克（Edward B. Fiske），前《紐約時報》教育版編輯。《菲斯克大學入學指南》引以為傲的是，他們根據駐在全國數百所大學中的廣泛聯絡人，對每所學校做了主觀的分析，最近並開始依照學習經驗的品質與價格標籤（他們稱為「最超值」〔best buy〕）來

編註：美國的法學院（law school）是等同於研究所層級的教育體制，學生必須取得大學部四年本科學位，才能攻讀法學院。而大學也會開設一些法律預科基礎課程，供計畫報考法學院的大學生修習。

排名。《富比士》（*Forbes*）雜誌也發表了「美國最佳大學」排名，其依據是學校提供的教育品質、學生體驗和畢業後的成就。「利基」（Niche）網站發表的是「普洛勒大學排名」（"College Prowler" rankings），這份結果對三十萬名以上的學生和擷取自其他來源的客觀資料進行調查，排名在前的學校在學生快樂程度、學術強度、社群多元性、校園健康環境以及低學貸違約率方面，表現較好。《普林斯頓評論》（*The Princeton Review*）的排名則只有學生的意見，依據的是針對全國十三萬名學生的調查，從最佳課堂經驗、教授群、財務支援，到政治、社交狀態，以及校園景觀和學生快樂程度，都在調查之列。

另一種完全不同的名單是《改變人生的大學》（*Colleges That Change Lives*），這是一份簡短的學校名單，僅涵蓋四十所非常小的學校，這些學校盡心致力於建立一個生活與學習的社群，使大學生能與教職員、同儕緊密連結，投入嚴謹工作，為職場做好萬全準備，並成為積極入世的公民。[15]這份學校名單最早是由前《紐約時報》教育版編輯洛倫·波普（Loren Pope）所匯整，隨著他在一九九〇年出版了詳載二百所學校的暢銷書《常春藤名校之外：找到適合你的大學》（*Looking Beyond the Ivy League: Finding the College That's Right for You*），波普已成為大學入學申請領域的全美首席專家之一。[16]為了產出最適合大學生的學校名單，波普勤走校園，去感受那裡的完整形貌、精神特質和環境氛圍。由波普欽點而雀屏中選的四十所學校，都能在學生、校友、教職員與行政人員心中引發這樣的共鳴——「這所學校改變了我的人生」。

波普於二〇〇八年過世，而在此之前，非營利組織「改變人生的大學」（Colleges That Changed Lives, CTCL）已經成立，要繼承他遺留的志業。這是一個小規模運作的機構：網站由志工更新，執行長是兼職的諮詢人員，而且沒有支薪員工，但他們有足夠投入奉獻的資源與工作人員一起幫忙，以確保波普的理念能夠存續。在CTCL名單上的大部分大學，錄取門檻不算嚴格，申請者的錄取率大約在五〇～八〇％。有些學校錄取率較低，是因為名氣較大（例如奧勒岡州波特蘭的里德學院）。該組織的網址是www.ctcl.org。

另一個令人眼睛一亮的參考資源是《校友因素》（*The Alumni Factor*），這份調查是從二〇一三年才開始，提供另一種與典型大學排名有所反差的資訊（www.alumnifactor.com）。這是一位本身是企業大亨的父親所設立的調查機制，他發現《美國新聞與世界報導》的大學排名資訊極為貧乏，無法讓他的孩子做出有意義的選擇。該調查轉而將焦點放在不同學校的畢業校友進入社會後各自發展的情況，以及他們對自己與人生的感受，針對超過二百二十五所學院與大學的數十萬名學生，調查以下的生涯成果：

- 智識發展
- 社交與溝通技能發展
- 友誼發展
- 對成功生涯的準備
- 立即的工作機會
- 願意向一位有可能就讀的學生推薦這所學校
- 金錢方面的價值觀

- 你會為自己再選擇這所大學嗎？
- 畢業生家庭平均收入
- 高收入畢業生家庭的比例（年收入大於十五萬美元）
- 畢業生家庭平均淨值
- 畢業生家庭高平均淨值的比例（大於一百萬美金）
- 畢業生整體幸福感

除了這些因素，《校友因素》也根據校友對社會和政治議題的觀感，來為大學排名——例如移民、槍枝管制、同性婚姻、平權法案、墮胎、執法時的種族認定、學校禱告與媒體偏見等。可能就讀的學生及其父母，可以藉由了解校友對這些議題最有可能贊成與反對的傾向，看出這個學生在該校的校園、教室與宿舍的社會政治氛圍中，會覺得被接納或是被排拒。

也許，「終極結果」才是《校友因素》最吸引人的部分——這是根據兩項特性的組合做出的大學排名，代表這些學校的校友已獲得巨大的財務成功與智識能力、財務成功與幸福感，或是友誼與智識能力等。以下列出的十七所學校（依英文字母排序），即是在所有六種「終極結果」中位居排名前五十的學校：

- 巴克納爾大學（Bucknell University）
- 聖十字學院（College of the Holy Cross）

- 達特茅斯學院（Dartmouth College）
- 蓋茨堡學院（Gettysburg College）
- 明德學院（Middlebury College）
- 波莫納學院（Pomona College）
- 普林斯頓大學（Princeton University）
- 萊斯大學（Rice University）
- 斯克利普斯學院（Scripps College）
- 斯沃斯莫爾學院（Swarthmore College）
- 美國空軍學院（United States Air Force Academy）
- 美國海岸警衛隊學院（United States Coast Guard Academy）
- 美國陸軍學院（United States Military Academy，即西點軍校）
- 美國海軍學院（United States Naval Academy）
- 聖母大學（University of Notre Dame）
- 華盛頓與李大學（Washington and Lee University）
- 耶魯大學（Yale University）

山姆．莫斯（Sam Moss）是私校升學顧問協會（Association of College Counselors in Independent School）的理事長，也是《校友因素》最早的採用者之一。莫斯是喬治亞州羅馬市（Rome）達林頓學校（Darlington School）的升學輔導主任，這是一所有百年歷史的預科高中，學生來自二十二個州與四十個國家。莫斯在升學輔導領域已有四十年資歷，在他的書架上，有每一種你想像得到的大學指南。他告訴我，《校友因素》「完全改變了我與學生和家長能有的對話。」

山姆這麼輔導他的學生：「你看，如果你申請了一所錄取門檻超高的『理想』大學，你必須了解，你和其他人一樣優秀，但有百分之九十五的人會被拒絕。那些被拒絕的人，看起來就跟被接受的人一模一樣，你不能認為那是一場失敗。它就像樂透。如果我贏了，我會欣喜若狂，但是，當其他地方有更大的機會，而且你在那些學校裡也可以一樣成功快樂，我就不會用接下來的九個月擔心受怕。」最後一段話正是《校友因素》清楚表明的，他告訴我。「無論他們關心的是金錢上的成功、智識上的成就，或者人生的幸福，有一大堆學校的校友都達成目標了。《校友因素》讓孩子和家長用不同的眼光看待大學。這是結果和投入之間的對抗。我最喜歡的是，它不請受訪者評比其他學校，它只請他們評論自己的學校，以及他們對自己所受教育的滿意度。」

山姆第一次聽到《校友因素》，是在他回去田納西州的斯瓦尼南方大學（Sewanee-University of the South）參加同學會。他記得那個週末，大學校長小約翰．麥可卡戴爾（John McCardell Jr.）告訴聚會的畢業生：「有一種評估大學的新方法，而且我們的校友似乎對學校評價很高。」由於山姆的工作正是給予學生選擇大學的建議，他於是豎耳傾聽。麥可卡戴爾——他之前是佛蒙特州明德學院的校長——理應對斯瓦尼大學在《校友因素》中的排名結果感到滿意：文理學院第十六，智識發展第一、社會發展第一、校友推薦度第二、友誼發展第四、成功生涯準備第九。我得承認我從沒聽過斯瓦尼大學，但知道這些之後，我開始興致勃勃地探究，得知該校有引以為傲的二十六名羅德學者

（Rhodes Scholar）（譯註），還有一位知名校友是薩繆爾・皮克林（Samuel F. Pickering）——他因其獨特的教學方式，成為電影《春風化語》（*Dead Poet Society*）中文學課老師基廷（Mr. Keating）這個角色的發想原型，並由已故影星羅賓・威廉斯飾演。斯瓦尼大學也是將測驗成績列為非強制項目的學校之一（這點我們會在本章稍後討論），並且有著非常親民的六一%錄取率。

領英LinkedIn的大學排名——二〇一四年秋天首次公布——很可能也在升學顧問、申請學生與父母之間，掀起很大的漣漪。領英是當前全世界最大求職社群網，在美國有一億名使用者，在全球則超過三億，比起其他資訊來源，他們擁有最多的資料，能讓畢業生掌握在任何一項產業被聘用的最大機會。從領英排名也可以看出，主修各領域科目的畢業生後來發展如何——包括英文或哲學等所謂的無用領域。這項排名不會只以響亮的一聲「是的」，來回答「我會被錄用嗎？」這個問題，也會展現主修這些科目的學生在生涯選擇上的「長尾效應」。而他們的全新大學排名，依據的則是近年的畢業生在每個可想見的領域中，能成功從事夢想工作的機率。

我們截至目前所討論的每一種排名，都是針對某種品質或數量的調查，而領英的排名則是來自一個不斷成長、更新，囊括上億名專業人才的職業資料庫。從這個角度來看：「它的訊息永遠是最新的。」克莉絲汀娜・艾倫（Christina Allen）這麼說。艾倫是領英前任的產品經營長，負責監管新的排名產品。[17] 這些校友的職涯成果，代表的是一種空談不如實證的概念，說明了成功的人才來自

譯註：一九〇二年由英國前南非開普殖民地總理塞西爾・羅德（Cecil John Rhodes）設立的國際性研究生獎學金，每年挑選各國菁英大學生前往牛津大學進修，取得獎學金者即為羅德學者，該獎學金素有「大學生諾貝爾獎」的美譽。

各式各樣的學校，他們的主修也千奇百樣。艾倫說：「這些資料與系統之美，是讓你可以看到更寬廣的學校名單，或者看看那些父母希望你別去選的科目領域，然後你就可以提出反駁：沒錯，那些畢業生後來的職涯確實發展得很不錯。」這些資料充滿了驚奇。艾倫說到一位在領英工作的電腦工程師，他是來自愛荷華州的瑪赫西管理大學（Maharishi University of Management）——這並不是一所大多數人想到資訊學位時會立刻在腦中浮現的學校，但這位老兄是一位極為出色、訓練有素的電腦科學家，艾倫因此深受吸引。「當我檢視資料裡的瑪赫西畢業生，我看到他們是在微軟、谷歌、亞馬遜這類公司擔任相當高階的獨立工作者和管理職務。」相對於由《美國新聞與世界報導》領軍的名校刻板印象，領英的資料（www.linkedin.com）可能會吹皺一池春水。

第五步：考慮不重視測驗分數的大學

除了放寬值得慎重考慮的大學名單，那些對申請者採全人觀點，而非讓分數主導審核的大學，也值得我們仔細檢視。申請這類大學不僅可以減輕過程中的壓力，也有助於學生與大學之間的媒合。

根據「公平測驗：全國公平與公開測驗中心」（FairTest: The National Center for Fair and Open Testing）[18]的資料，有超過八百所學校將SAT/ACT列為非強制、或是「彈性」資訊。如果你繳交SAT/ACT分數，這八百所學校會參考，但他們更感興趣的是其他學術能力與潛能的評量成果，例如高中成績、論文、推薦信，以及其他類型的測驗。在該組織的網站中（www.fairtest.org），可以找到將測驗列為非強制資訊的大學與文理學院，其中也包括以下這些追求排名者所熟悉的學校：

- 美國大學（American University）
- 亞利桑納州立大學（Arizonan State University）
- 貝茲學院（Bates College）
- 鮑登學院（Bowdoin College）
- 布蘭迪斯大學（Brandeis University）
- 布林茅爾學院（Bryn Mawr College）
- 克拉克大學（Clark University）
- 聖十字大學（College of the Holy Cross）
- 迪金森學院（Dickinson College）
- 富蘭克林·馬歇爾學院（Franklin and Marshall College）
- 曼荷蓮學院（Mount Holyoke College）
- 匹茲學院（Pitzer College）
- 斯瓦尼南方大學（Sewanee—The University of the South）
- 史密斯學院（Smith College）
- 維克弗斯特大學（Wake Forest University）
- 衛斯理大學（Wesleyan University）
- 伍斯特理工學院（Worcester Polytechnic）

二〇一四年，有一所學校因為完全不將測驗成績列入申請文件，而上了新聞頭條；換言之，他們不想看到你的分數。就是這樣。這所學校是位在麻薩諸塞州安默斯特（Amherst）的漢普郡學院（Hampshire College）。[19] 在漢普郡學院宣布這項決定的新聞稿中，招生兼財務支援主任梅莉迪斯・楚恩布里（Meredith Twombly）聲明：「ＳＡＴ本質上是某一年某一天的某一次測驗。學生在高中的學業成績、他們的公民參與、來自師友的推薦信，以及透過申請論文所呈現的自我能力，都勝過ＳＡＴ能告訴我們的所有訊息。」漢普郡學院也在「改變人生的大學」名單之列，知名校友包括Netflix的公關長強納生・費德蘭（Jonathan Friedland）、紀錄片製作人肯・伯恩斯（Ken Burns）、認知科學家蓋瑞・馬庫斯（Gary Marcus），以及奧斯卡得主、女演員露琵塔・尼詠歐（Lupita Nyong'o）等等。二〇一四年，漢普郡的錄取率是七〇%。

距離紐約市北邊數小時車程，位於哈德遜河畔安嫩代爾（Annandale-on-Hudson）的巴德學院（Bard College）[20] 也在二〇一四年因其「革命性大學招生實驗」[21] 上了報紙頭條。該校給予申請者兩個選擇：沿襲美國大學申請系統（Common App）的途徑，或者回答二十一個申論題中的四題。若申請人選擇了後者，他們的論文會由巴德學院的教員批改，如果每則申論都得到B^+或更高，「你就錄取了，結束。不需要標準測驗，不需要ＧＰＡ，不需要以捏造的志工服務充數的履歷。」[22]

二〇一四年，在《頁岩》（*Slate*）雜誌的文章中，瑞貝卡・舒曼（Rebecca Schuman）稱巴德學院的新入學考試為「全國唯一進入名校的真正另類申請」。[23] 她繼續說：「巴德學院的入學考試，所瞄準的正是那種——因為各種原因而不適合地獄般完美牢籠的學生。但相反地，一如巴德學院學生事務副校長兼行政主任瑪麗・貝克蘭（Mary Backlund）告訴我的，他們是『真正喜歡學習的人』，卻可能『無法忍受他們視為「瞎忙」的高中課業，而轉向投入某些不被視為「課業」的活動，像是音樂或藝術、或只是自己閱讀。』」巴德學院二〇一四年的錄取率是三八%。

關於實施不同作法的名校，我最喜歡的案例之一是麻薩諸塞州美德佛市（Medford）的塔弗茲大學。塔弗茲大學目前的錄取門檻，與前述兩所學校是不同層級：二〇一四年的錄取率只有一七%。但我在此處提及它，是因為它是名校中的一個楷模，只把測驗視為整體申請過程的元素之一，而非讓它主導評選結果。「我們願意將測驗放在一個比較有彈性的架構中來看待。」該校大學部招生主任李．柯芬（Lee Coffin）說。[24] 我之所以認為柯芬的方法正確無誤，是因為二〇一四年時，他們錄取了一位我認識的帕羅奧圖高中學生，他很聰明傑出、而且認真努力，卻被排名更高的學校忽略了。我也因為塔弗茲接受「空檔年」（gap year）的概念而喜歡這所學校。空檔年讓高中生在上大學之前，有機會建立成熟度、自信心與領導力。[25]

柯芬在他的領域裡素有「復古主任」之稱。當許多主任對於更全觀式的大學招生程序仍停留在紙上談兵，柯芬則以「走該走的路」而聞名。大部分的大學都盯著自己在《美國新聞與世界報導》的排名，想盡辦法要吸引更多申請者（同時也拒絕了八〇%～九五%的申請者），將排名推進。柯芬相信，塔弗茲的董事會與大學校長相對來說是「非常理智的」。他幾年前受聘時，校長告訴他：「我不會執著於申請人數、錄取率，或者利潤。我感興趣的是，你可以每年都讓塔弗茲的課堂，比前一年度的班級有更高程度的智力參與。」

從那時起，柯芬便熱切地投入這項任務。「我們的第一項任務是，證明這位申請者是否能順利適應我們的課程——確知他們能成功學好我們為其準備的嚴謹內容。」然而，和許多學校一樣，該校一萬九千名申請者中，有七五%的人符合資格。所以，柯芬告訴我，接下來，他們要尋找能反映塔弗茲建校理想的那些特質：關心社區、利用智能改變世界、能夠成為創意思考者，以及表現善良。「善良？」我對柯芬說。「是的，」柯芬回答我。「我們不想要一個冷酷無情機器人組成的大學社群。」史丹佛的招生與財務支援主任理查．蕭經常向我表達相同的理念。為了確認善良這項特質，柯芬會審視每個申請者在成績與分數以外的表現。

他為什麼不走馬看花地挑出學業成績合格名單中的前幾名，然後就輕鬆收工呢？這肯定會省下許多時間。一如柯芬和全國各地的招生事務同僚所說，其中一個原因就是要「塑造一個課堂」（shape a class）。而且，他想找到學業成績優異，但不一定是「那堆裡面『最好的』學生；最好的往往在其他方面乏善可陳。我不打算只因為他們是數字上的超新星，就承認他是超新星。你透過積極的考試準備，拿到很好的在學平均成績和超高的標準測驗分數，但你是否在思辯上積極參與？」一位塔弗茲大學的政治系教授告訴柯芬，他注意到該校申請杜魯門（Truman）[譯註]和羅德這兩種知名獎學金的高年級學生，呈現出一種有趣的模式。「成績最好的學生在面試時，表現不見得會比成績落後於他的人優異。換言之：成績A^-的學生要比A的學生好，或者成績A的學生比A^+的好。成績落後半步的人，智力參與較高，而且有話要說，他們似乎是發展比較完整的人。而被訓練成很會考試又拿A的人，一旦請他們脫稿演出，表現卻不總是那麼出色。」

柯芬請問申請者：「什麼事會令你感到幸福？」這是附加論文的題目選項之一。批評者認為這個問題很無聊，但對柯芬來說，「幸福是人類的原始需求。詢問一位高中生『什麼事會令你覺得幸福？』是如此重要的問題。」一位年輕女孩寫的是舊書：它們的氣味、觸感和展讀書頁的聲音。另一個年輕人寫的是他照顧三個弟妹的情形。在所有附加論文的選項裡，這個問題最受歡迎，而且是錄取占比最高的一項。

重視適合與歸屬

在我的學術職涯中，充滿潛能的學生和他們的父母會尋求我的建議，想知道該怎麼選擇大學。我的標準答案是：「一切都和適合與歸屬有關。」我想說，在簡報、影片、校園巡迴等官方行程走完後，去這些學校走一走，找一些沒有和學校套過招的學生，然後說：「你好，我想申請這所學校。你認為如何？」在這個破冰問題之後，再接著問：「那麼，如果可以，你想改變它哪一點？」第二個問題的答案，能透露許多這所學校的事。（這也可能顯示這名學生個人的傾向偏好，所以要請問三、四個不同的學生。）最後，你不僅會得到豐富的學校訊息，同時也會得到很多關於你自己的訊息。什麼訊息讓你有共鳴？你對什麼沒興趣？你會希望知道教職員的訊息：他們會參與大學部的教學，或是由研究生授課？你的大學同儕如何：你想和那些孩子在教室、宿舍、校園、實驗室、社團裡相處嗎？或者只是一起閒聊？最後，我告訴學生，問問你自己：「我在那裡可以做我自己嗎？我會因為自己的本性而受到尊重嗎？」最後兩個問題的內心感受，就是我所指的適合和歸屬。

譯註：一九七五年美國國會為紀念第三十三任美國總統杜魯門而設的獎學金，提供對象是有領導潛能與致力公共服務的大三學生。

現在，我已經離開了史丹佛大學，親身參與了一些大學入學申請輔導，努力為學生服務（雖然是他們的父母聘雇我），以作為一種中毒過程的解毒劑。一項產值高達數十億美元的產業，致力於告訴孩子如何製造他們的童年，以便「成為」大學似乎需要的那種人。自稱「一手包辦者」以專業人士的名義攫取掠奪，和其他第三者（包括父母）為孩子大幅編輯、或直接代寫申請過程中最個人、隱私的內容，以及申請論文。

身為主任，我不喜歡與人工製造的孩子互動；身為家長，我對這整個概念反感。我不能改變這個體制，但是，當我有機會與一個高三生坐下來，我會關注眼前這個真實的孩子，努力把他們放在申請過程裡的首要中心。他們是誰？不是他們認為自己應該是誰，而是他們真正是誰？他們的動力是什麼？世上有什麼事情困擾他們？什麼事情吸引他們？他們怎麼知道他們所知道的？我們到處丟出「找到你的熱情」這句話，彷彿大多數的十七歲孩子都有一種熱情，或者應該快點找到一種；但事實是，這時候的孩子多半還沒有目標。他們是年輕的生命，自我意識才剛萌芽，開始懵懂知道，他們將來想在世上成為什麼，以及做什麼。他們能樂在學習是最重要的。他們很好奇，他們想要成長、想要服務，有一天在世界上做出有使命感、有意義的事。他們還在想出那件事，正走在半路上。對我而言，這樣就足夠了。如果透過連續的提問，我可以幫助高中生識別這些關於他們自己的真相，他們就能寫出一篇受大學招生人員賞識的有意義論文。

家長們感謝塔弗茲大學的李．柯芬，因為他「執行一套人性化的招生程序」。我們可以從柯芬的做法、漢普郡與巴德學院的招生方式，以及那些將SAT/ACT視為非強制或彈性資訊的學院得知，確實是有其他的大學招生方式，會讓人覺得整個過程不至於那麼痛苦難熬。而我們可以從《校友因素》、「改變人生的大學」和領英大學排名中明白，無論是從個人或財務的角度來衡量，在人生中成功的成人，他們就讀的學院和大學來自四面八方，有些我們聽過，大多數則是我們不知道的。我們可以從所有這些訊息中發現的是：如果我們可以專注於鼓勵孩子，尋覓他們會感受到適合與歸屬的學校，有許多工具能幫助他們找出答案；如果我們拿開那些使我們和孩子只看到名校的眼罩，並且能為孩子申請並錄取的學校感到驕傲——如之前那位法官所做的——一切都會水到渠成。

在發展為成年人的人生裡，大學經驗可能是充滿美妙、改變生命的漫長四年。明尼蘇達州布雷克學校（The Blake School）的升學輔導主任法蘭克．薩克斯（Frank Sachs）說：「大學是一個要尋找的配對對象，不是要贏得的獎品。」）的確。所謂的獎品，就是我們的孩子到了一個真正適合他們茁壯成長的地方。

20
傾聽他們的聲音

停下手邊的事，專心傾聽。
做眼神的接觸。只要聽，不要打斷，即使他們說了難聽的話。
聽他們說完後，複述一次他們說的話。

隨著父母們日益鐵了心，決定製造出可能有機會進入《美國新聞與世界報導》排行前二十名大學的孩子，安．弗谷森（Anne Ferguson）則是一直站在前線保護孩子的高中升學輔導顧問之一。她是麻薩諸塞州菲利普中學（也被稱為「安多弗」〔Andover〕）的升學輔導副主任。我在二〇一四年二月以電話訪問她時，她也正要與一群學生和家長展開大學入學申請。

「當我們第一次和十一年級的學生會面，會請他們做幾件事：『在索引卡上，寫下當你想到大學時，最先想到的詞語。』最多的回答是『SAT、壓力、自由、獨立、申請』。然後我們問：『如果你可以對父母說一件事，那會是什麼？』孩子們在索引卡上振筆疾書，寫下的有：『我知道你們愛我，你們想要做到最好，但你們可以後退一點嗎？』」接下來，安與這些十一年級生的父母會面，請他們拿一張索引卡寫給孩子。如果她沒有先給父母看學生的索引卡，父母寫的內容會像這樣：「努力拿到最好的成績！」「我知道你認為自己進不了哈佛，但努力看看。」然而，如果她先分享了學生的索引卡，父母寫的就會是：「完全由你做主。」「我會全力支持你。」

當安與父母們分享學生的訊息，他們都打了個冷顫。然後，他們會寫下更加鼓勵的話語給孩子，「這時氣氛變得非常溫暖而且曖昧，父母說：『那才不是我們做的事，』而且每個人都承諾要做對的事。」然而，當申請過程開始加溫，「那堂父母課的神奇魔力便消退了，許多父母又回到原本神經質的面目。」

安看得出父母的焦慮感染了孩子。一位十一年級生來到安的辦公室，提起申請大學的話題。當安一邊整理自己的思緒與資料，試著決定要如何與這個孩子繼續討論，她看了他一眼，見到他坐在椅子上，兩手抱著頭。她先是不說話，把資料放一邊，然後問他還好嗎？這個孩子說他不好。他告訴安，父親想要他進入安多弗中學，因為這樣他就可以繼續進入哈佛。接著他坦承：「我的數學不好，進不了哈佛的。」這個男孩說，他睡不好，經常做惡夢。

「我們升學輔導顧問的工作，是努力做個守門人，照顧孩子。」安告訴我。她會試著與男孩的家人溝通：「這樣對你的孩子壓力太大了。為什麼不讓他好好享受這個歷程，然後看看結果？」同時，她也用同理的語氣，對這位在她辦公室裡兩手抱著頭的孩子說話。「我知道你不會相信，但是，沒有什麼事比你的健康更重要。上哪一所大學不重要，如果你的身體不健康，你也撐不過大學。」他相信了她。我猜想，能和一個關心自己的人在一起，讓他紓緩許多。

很多身為父母者，習慣在孩子的人生當中施展許多控制力，以達成特定的目的。但隨著更多孩子申請更多學校，大學也越來越難抉擇，而進入某個特定學校的祕方已經無人知悉。結果，大學申請遊戲的態勢，再加上對它無法掌控，更造成父母的「恐慌」。安知道，只要她能讓父母的想法更開闊，看見更寬廣的美好可能，整個過程就會減輕很多壓力。但是，要在有如雷區的地方探索，對父母、孩子和安都是極高的挑戰。

在人人非常努力、有企圖心、競爭激烈的社區，例如我所居住的地方，很早就開始不花時間傾聽孩子的聲音了。有一位名為梅芙（Maeve）的媽媽，之前住在帕羅奧圖，為了擁有較不緊繃的生活品質，後來搬到了奧勒岡州的本德（Bend），我問她對於不同教養環境的印象。[1]「在帕羅奧圖很好的一點是，父母有意識地與孩子維持溝通的關係，而且可以在他們身上投資很多時間；」她說：「而不好的地方是，我們不停東奔西走，聽不到孩子說什麼。我們發現，周旋於忙碌事務與外部責任，我們無法真正地在家裡溝通。我們希望有機會能做自由隨性的溝通，彼此沒有目的性地陪伴。」

一位住在加州聖塔克拉利塔，名為莫瑞娜的媽媽，也跟我說了類似的話：「我們催促他們出門，囑咐他們準備上棒球課，盯著他們把功課寫完。家，不再是一塊綠洲。家，成了一場災難。」[2]如果我們……我們所有人，在家的父母與在外工作的父母，可以從外部活動的某些狂亂中抽身，以便空出更多時間有意識地與自己親愛的人相處，那會如何呢？

如何真正傾聽你的孩子

美國心理協會（The American Psychological Association）建議，傾聽與談話是健康親子關係的關鍵，尤其是與青少年。以下是根據該協會的「給父母的溝通小技巧」[3]提供的建議。

1. 空出時間。如果你有兩個以上的孩子，花些一對一的時間在每個孩子身上。找一個你知道孩子最願意說話的時刻。睡覺前嗎？開車去球場前？週末早晨，沒什麼要事必須處理的時候？當你找到適合的時間點，便可開啟對話。不要用梗在心裡的問題開頭，先表現一下你想知道他們正在做、或者對他們重要的事。青少年經常覺得，父母只想談分數、表現，或是申請大學，讓他們看見你的關心：他們的興趣、喜悅和擔憂。這樣一來，你將站在一個好的立基點，可以提出你在意的話題，例如他們什麼時候開始起草大學申請論文。

2. 讓他知道你在聽。停下手邊的事，專心傾聽。做眼神的接觸。只要聽，不要打斷，即使他們說了難聽的話。聽他們說完後，複述一次他們說的話。你可能會說：「所以，聽起來你真的很喜歡這個……」或者：「我聽你這樣說，這真的很有壓力……」問他們是否需要你的建議或特定的幫忙來解決問題，或者他們只是希望有人聽他們吐苦水。

3. 用他們會聽的方式回應。孩子經常會用說話說一半來考驗我們，看看我們如何反應，再繼續說下去。如果你專心聽，而且鼓勵他們繼續說，你可能會聽到完整的故事。當我們開始激動或生氣，孩子會對我們不理不睬，所以注意你給他們的印象。注意他們的感覺，也要努力把持自己的情緒平衡。說你的感覺和想法，不要否定他們的觀點。不要爭論誰對誰錯。你可以說：「我知道你不同意我的想法，但這是我的感覺。」

在為這本書做研究的過程中，我有機會聽很多年輕人說話。為了讓父母練習「傾聽」的能力，以及知道為什麼傾聽如此重要，接下來我要提供三個年輕人的故事。雖然很難決定該分享誰的故事，不過我選了一位大學新生、大四生和一位畢業生，他們具體表現了我認為父母都想在成年孩子身上看到的價值與能力。

布蘭登——坦然做自己

布蘭登（Brandon）來自德州達拉斯的郊區，那裡的高中美式足球運動就像電影《勝利之光》（*Friday Night Lights*）所演的一樣。他在高中校隊裡打過多種位置：強衛與游衛、接球手、角衛、邊鋒、線衛。二〇一四年夏天，我和他談話時，他正值十九歲，剛在休士頓錄取率超低的名校萊斯大學（Rice University）度過第一年。[4]

布蘭登的母親在讀大學時就懷了他，「她會把我從一個人這裡，送到另一個人那裡，」他輕笑著說：「我從小就能自由探索我想要的，學習我想學的，做我想做的事。」他在德州南湖（Southlake）的公立卡羅高中（Carroll Senior High School）讀了三年。當母親與繼父在他十一年級（美國高中第三年）時離婚，他搬到灣區，與父親和繼母同住。他在聖馬刁（San Mateo）度過十二年級（美國高中第四年），並且就讀同樣是公立學校的亞瑞岡中學（Aragon High School）。

「我總是表現得很獨立。六年級時，我純粹因為興趣吹起小號，而不是因為父母逼我做，好領先別人一步。我吹了兩年，吹得不錯，但不像美式足球這麼喜歡，所以我放棄了。父母可以接受。很多我在萊斯的同學，曾經拉小提琴或彈鋼琴，但是當我問他們為什麼在這兒就不玩音樂了（在我們禮堂樓下的交誼廳有一架鋼琴）？他們說：『我沒興趣，是父母叫我彈的，不是我選擇的。那只是我一直在做的例行公事。』

「高中時，我選了很多進階課程。十一年級時，我痛恨英文，打算選化學和數學的大學先修課程，我告訴母親，我不會選英文。她反問我：『你的理由是什麼？』當我說我不想那麼用功時，她卻說：『你應該要一直很用功。你不該這麼說的。』她一直問問題，用我回應的話當問題，像是一直提問的輔導人員。她逼問我，但我還是做了自己的選擇。

「我的繼父是個比較權威式的人。他像個總教頭。他在場外訓練我，盡他所能讓我準備好上場參加戰役──關於人生的戰役。但在場上，他是無能為力的。我要移動的方向，取決在我自己。

「寫大學申請論文的時候，我都是自己來。我讓父母讀了一次，然後我媽那可怕的紅筆就來了。我跟她討論，然後每次都一樣，我上樓去，自己決定哪些地方要改、哪些不改。我經常略過紅筆處，因為我覺得自己的方式比較好。不論是我的功課或是大學申請，紅筆從來就不是最後的權威。

「我很多朋友的父母參與大學入學申請的程度，和他們的孩子一樣投入。他們一起寫論文，或者花錢請某個人來寫。論文應該是直接來自學生的內心，而不是父母聘請的某個人。它應該是代表這個人特質的最單純形式，他們應該要揭露自己真正是誰。

「當申請學校的時間到了，我選擇可能比較會成功，以及有我想要的資源的學校。我申請了史丹佛，因為那是一間很棒的學校，但我沒有被錄取。我申請了幾間常春藤學校、萊斯大學和幾所加州州立大學。到最後，不是父母決定我要去哪裡受教育。這不是他們的人生，也不是他們的教育，是我的。這是我的想法，我一直這麼看待這件事。」

布蘭登沒有被招募進萊斯大學打美式足球。不過稍早時，他們有接觸過他，問他打球的意願，但他想將課業置於運動之前，所以婉拒了。「諷刺的是，四個月後當我想參加時，已經太晚了。」所以他加入了橄欖球隊。「我和很多酷傢伙混在一起，在校園裡遇到很多新朋友。這真是一個對我很好的選擇。可以的話，我會在這裡待滿三年。」布蘭登的語氣滿是爽朗，彷彿任何事都是可能的。

布蘭登是醫學預科生(編註)，依他的估計，班上有七〇%的人都是。為了達成醫學預科的要求，他正主修生化學和細胞生物學。「我也對拉丁文非常有興趣，所以另選了古典學做雙主修。也許我會在大四時到羅馬鑽研檔案。我對神經系統的健康也有興趣，所以也許會做一些神經方面的研究。」布蘭登聽起來就是單純的興奮。

「我看到很多非常僵化的學生讀醫學預科，因為他們的父母就像這樣——『你會成功的，醫學預科最好了。這件事你別無選擇。』我的父母都在財務金融界工作，我猜想他們會希望我做那一行。但我可以探索、學習自己想要的。如果我注意到某件有趣的事，我會決定：嘿，我想要學更多相關的事。我可以自由運用智力，興趣是由內而生的。」

布蘭登認識一些學生，他們說在自己長大的過程中，父母一直「盤旋」在旁。「他們不是被任何內在的東西驅動。知道你想做什麼，以及如何動手去做，這是一種生活技能。要把應用帶進課堂。有父母過度參與的孩子，上大學時在這方面會有問題。我遇過一些可能會說他們『想當醫生』的孩子，升學輔導顧問已經告訴他們需要修什麼課，但他們還是不知道怎麼自己做準備，以進入醫學領域，因為他們不懂方法。他們從來不必思考怎麼做，總是有人告訴他們怎麼做。我有個朋友每天和他爸爸媽媽說話，報告他的行程和那天做了什麼事。他沒辦法設定自己的目標。即使到了現在，他還要問爸爸媽媽，某件事這樣做對不對。我真的想給他一些建議，但我必須讓他成為他自己。」

「我不想抹殺我父母扮演的角色，」他結論道：「他們是很棒的父母。他們真的很支持我，用盡各種辦法。關於撫養我這件事，他們所做的最好的選擇，就是讓我選擇自己的路。」

艾瑪——我所謂無用的文憑

我們沒有一個人想要孩子拿一份「無用」的文憑，讓他們的餘生淪落到煎漢堡、繼續睡我們的沙發。所以，當我看見二〇一四年《時代雜誌》刊登了一篇文章，名為〈為什麼我讓女兒拿到一份「無用」的大學文憑〉（Why I Let My Daughter Get a "Useless" College Degree），我便想知道詳情。[5] 一星期後，我以電話和作者蘭黛・霍德（Randye Hoder）以及她獲得「無用文憑」的女兒艾瑪（Emma）聯繫上了。[6]

我們談話的時間是二〇一四年春天，就在艾瑪剛從斯克利普斯學院（Scripps College）畢業沒幾天；這是位在洛杉磯市中心東南邊的一所小型菁英女子文理學院，另有四所姐妹學院——波莫納（Pomona）、克雷蒙特・麥金納（Claremont McKenna）、比瑟（Pitzer）、哈維・瑪德（Harvey Mudd）。艾瑪所謂的無用文憑是美國研究。這剛好也是我的主修。

編註：根據美國學制，大學生要取得四年本科學位才能攻讀醫學院，醫學預科（Pre-Medical，簡寫為Pre-Med）並非是科目或學位，而是為進入醫學院所做的準備，泛指想申請醫學院的學生及其相關的課程或活動。而大學生必須按照規定在大學時先修習完醫學預科的基礎課程。

艾瑪的學院經驗從東邊二千哩的歐柏林學院（Oberlin）開始，這是另一所位在俄亥俄州，評價很高的文理學院。雖然歐柏林學院並不適合艾瑪，但在那裡第一學期的一堂「美國研究概論」課程，卻讓艾瑪轉向這個領域，後來更成為她智識的歸宿。

「當我開始大學生活時，並沒有『我要當律師，我要當醫生……之類的想法』。」艾瑪告訴我。瀏覽過歐柏林的課程後，她被美國研究課程涵括的主題所吸引，包括殖民主義、美國原住民歷史、監獄產業複合體以及城市糧食問題。單是課程大綱中的主題廣度，加上一位「極具魅力」的教授，就讓艾瑪深受吸引。「美國研究讓我展開探索，最後走上我想要的研究之路。」當她決定從歐柏林轉學，很高興發現斯克利普斯學院也有很精采的美國研究課程。當她來到這裡，便積極地與系主任見面，表明自己要以此為主修。而她的研究焦點則變成食物、政治與文化。

如蘭黛在《時代雜誌》中說明的，她與先生都支持艾瑪主修美國研究的決定。他們都深信，一個人若能接受良好的教育並找到他的熱情，就能發揮自己的人生，這兩者在艾瑪身上都有了。但是蘭黛告訴我，她能了解，當孩子想要追求一個沒有明確職涯階梯的領域時，父母心中會有的擔憂。「目前有一大堆資訊都是關於大學的『投資報酬』。身為父母，一定會很焦慮孩子是否能在現今世界的經濟景況下找到一份工作，尤其他們的主修如果是英文、美國研究，或者……政治與食物文化！」

「這是快速成長的領域！」艾瑪無意間聽到母親的話，電話裡傳來她的大叫聲：「我得到很棒的實習機會！」

「但我們當時並不知道啊。」蘭黛笑著說。即使像蘭黛這樣的人，深信人文的價值，而且寫下「數理工科不該是社會幫助下一代在競爭激烈的世界裡茁壯發展的唯一解答」，但最近的文章都用主修科目來衡量經濟能力的成就，還是讓人有點心煩意亂。

有時候，蘭黛也覺得，要向朋友們解釋艾瑪對於主修的選擇，著實有些困難。然而隨著時間過去，她了解到，她只是覺得自己有必要為艾瑪辯護。後來，她就決定不必再這麼做了。「我過度解釋，想要合理化艾瑪選擇的路將如何轉變為穩定的收入。彷彿她的就業狀況是一項公投結果，將對我和先生為她的教育所做的選擇做出評判。回想起來，我也掉入了世俗的陷阱：將艾瑪的個人成就等同於我自己身為父母的成就。」

如果艾瑪知道父母有這些顧慮，應該也不會影響她。她大四的論文題目是「首先，我們來煮飯：探究美國人為什麼應該回到廚房——以及需要哪些準備」。在這篇論文裡，她檢視了越來越少人在家裡開伙的趨勢、二十世紀生活方式改變的原因，以及扭轉這種趨勢的努力——例如社區聚會、食農教育、打擊食物沙漠。前一個暑假，她到Food52網站經歷了一次很棒的暑假實習。這個網站是由《紐約時報》美食版編輯亞曼達．赫塞（Amanda Hesser）成立的，艾瑪在那裡試食譜、參與編輯、遇見一群很棒的女性主管，而且是住在新鮮事不斷發生的紐約。當她回到校園，便開始不眠不休地寫論文，而她的同學也正在思考完全不同的有趣主題。「有個女孩寫的是關於九一一事件後，鄉村音樂如何變化；另一位研究的是撰寫女性指南的歷史人物；還有人想討論心理天使的哀傷。都很有啟發性。」

我和艾瑪以電話交談，無法看到她說話時的表情。但她說話速度很快，語調深具權威份量，聲音清晰有自信。艾瑪讓我想起我以前的一個學生傑夫．歐洛斯基（Jeff Orlowski），他也是相當確定自己想要讀什麼的人，即使別人覺得：「讀那個可以做什麼？」傑夫上了史丹佛之後，想研讀哲學和其他能讓他探索人類存在的科目，他於是決定主修人類學，並希望能與自己熟練的攝影技巧做結合。他在大一時告訴我，他的夢想是進入《美國國家地理雜誌》（*National Geographic*）工作。畢業幾年後，傑夫成了《逐冰之旅》（*Chasing Ice*）這部日舞影展與艾美獎得獎紀錄片的導演、製作人與攝影師；這部影片吸引了全世界的目光，關注融冰與氣候變遷的議題，他並把這部片子賣給了《美國國家地理雜誌》。我對政治與食物文化一無所知，卻為艾瑪所描述的研究與興趣深深著迷，就像是再次聽到傑夫．歐洛斯基在說話一樣。當然，有人會露出懷疑的眼神，但這些對傑夫、或現在的艾瑪，都不重要。他們認識自己，他們有目標。這就是熱情的模樣。

史蒂芬妮亞——我真的認為我可以

之前我們曾提到，那位新英格蘭法官的女兒史蒂芬妮亞拒絕了母親的提議，不讓她幫忙申請大學，而現在她已經二十六歲了。從麻薩諸塞州北安普敦（Northampton）的公立北安普敦高中畢業後，史蒂芬妮亞真的進了巴納德學院，而且在那裡讀得很好。就如麥爾坎．葛拉威爾指出，身為巴納德的頂尖學生，多所聲譽卓著的法學院都錄取了她。在觀念完全翻轉後，她的母親想要她去讀次一級、提供全額獎學金的學校，但依循往例，史蒂芬妮亞又拒絕了。她進入哈佛法學院的備取名單，後來被正式錄取，她很高興成為那裡的學生，對於學貸和所有一切都很滿意。當我聯絡上她時，她已是三年級生，把暑假的一部分時間花在法律事務所，其他時間則在華盛頓特區的非營利組織。[7]

「一切真的很順利。我如何申請大學的過程，確實非常重要。我知道能靠自己進入巴納德學院，這是非常了不起的，我也因此獲得信心。我在那裡表現很好，長期來說也大大為我增強了自信。」

「關於申請大學的事，我真的認為我可以自己來。」她告訴我。我發現她聲音裡的強調語氣極為強烈，我也因此意識到，由孩子自己處理大學申請很不尋常。「我在高中時自己做功課，而且表現很好，所以我認為我不需要幫忙，也可以在世上活得很好。此外，我有一些朋友在高中時的狀況和我差不多，他們的父母則是找了ＳＡＴ家教，請人幫忙他們申請大學。我對自己說：『這樣啊，我要自己做，我要證明給你們看，不用任何幫忙，我可以做得和你一樣好。』這確實激勵了我。事後看來，這種心態很不成熟，有點像是打腫臉充胖子，如果我被全部的學校拒絕了，我一定會那樣覺得。」但她並沒有。

她的朋友有個「升學顧問」，而且進了常春藤學校，現在在哈佛研究所。「我們最後到了同一個地方。她並不是一個被寵壞、要人牽的人；我認為她不需要協助，也會走到今天這一步。」

我問她，「被寵壞、要人牽」的人在大學過得如何。「那種人很會抱怨。同學們對這些人的忍受程度各有不同，但教授不會忍受，他們是真正的專業人士。他們真的很在意自己的專業領域，對他們而言，這不只是一份工作，而是熱情。對於那些想著『你應該為我服務』的學生，教授不會尊重、也不會寬容他們。當學生表現出一副他們享有受教權的模樣，或者抱怨教學品質時，教授早就心知肚明。教授是提供指導和決定成績的重要人物，他們這樣做只會損害自己與教授之間的關係。」

「知道自己擁有申請大學的整合能力，就像是在我的大腦裡立下了一座里程碑。每次決定自己動手做，都強化了這件事在我心中的價值。高中時，我看到許多父母真的為孩子寫大學論文，我在大學裡也看到抄襲、剽竊。我們在職場上也看到很多類似的狀況。而我的感覺是，當你知道你得做自己的工作，這個觀念就會逐漸強化並確立起來。」

「我得坦承，這是從長遠眼光來看我的經驗。對於青少年、以及看著他們的父母來說，我想還是會有失望與掙扎；不能進入你想望的學校，心情是很不容易平復的，但這不必然是件壞事。這件事的背後，有許多隱含的教訓。置身在這個出發點，我得不到自己想要的一切，這會使我更加努力，去爭取我沒有的東西。到最後，我愛上了巴納德。我真的、真的非常慶幸能在哈佛法學院占得一個名額，而且我絕對不會視為理所當然。」

「當人們要我建議該申請哪一所大學，我最常說的是，你真的可以將任何大學經驗變成值得吹噓的故事。文憑上的學校名稱並不重要，無論你讀的是哪所大學，都可以找到某些事——例如分數、作品、課外活動，讓你在申請研究所或找工作時，編織出一個真正令人印象深刻的故事。所以，不要追求校名。去一個你可以快樂、而且過得很好的地方。我保證，當你求職或申請研究所時，你就會寫好那段故事，他們也會選擇你，而不是選擇那些讀了『比較好』的大學，其他卻乏善可陳的學生，因為他們一直都不快樂。哈佛的書呆子，不會比喬治華盛頓大學的活躍分子更有成就。我在巴納德很愉快、也很成功，而且能因此造就出更輝煌的成功。所以，進入一所能讓你講出最棒故事的學校吧。」

我問史蒂芬妮亞，父母在大學裡能提供什麼協助。「我覺得比較需要的部分是父母在情感層面的支持，尤其是對大一新生。這是人生中一段相當擾動不安的日子。我看到父母們所做的，是好好在電話上傾聽著。『媽，我好沮喪，我考得不好，我覺得大家不喜歡我。』你只是需要有人聽你吐苦水、或哭訴，而你還不認識任何人。即使後來你認識了一些人，向父母表露脆弱還是會讓人比較自在。」

「但是有一位和我一起從巴納德畢業的朋友，真的與父母寸步不離。我不是說她不應該和父母討論重大的決定，但事情不只是這樣。他們的意見對她意義重大，我認為她永遠不會違抗。所以，他們仍然對她有極大的控制權。她在城市裡做著一份自己討厭的工作，她也清楚這份工作沒有什麼前景；但她不會離開，因為父母跟她說：『妳承諾過的。妳甚至不會相信自己怎麼會說這種話。』她真的很仰賴父母給予人生的意見與情感上的支持。當你二十六歲時，因為已經不住在家裡了，你會更認識自己的人生，也更了解自己的經歷、感受和願望。她如果還是不能任隨己意、或者冒點風險，並不是什麼好事。她父母的觀念是安全第一，但父母總是會比你更小心，因為你可能是他們生命中最重要的寶貝。你若打安全牌，對他們是有利無害。」

第四部

Daring To Parent Differently

勇於做個另類父母

21
找回你自己

就父母而言，沒有任何事會比沒有活出自己的人生，
對他們的環境，特別是對他們的孩子，有更強大的心理影響。

——卡爾，榮格（Carl Jung）

湖濱中學的資深升學輔導顧問凱薩琳．賈柯柏森，在她還是個年輕媽媽的時候，體認到了一項重要的事實。有一次，她站在邊線看孩子踢足球賽，她打電話給自己的母親，抱怨天氣又濕又冷，地上滿是泥濘。[1]母親對她的抱怨沒有表露特別的同情。「我不懂妳為什麼要站在那裡，」母親說：「妳在那裡並不能為孩子展現任何意義。如果妳想告訴他們運動很重要，妳應該自己去跑步。如果妳想告訴他們妳很珍惜什麼，妳可以回家去讀本書、和妳的朋友聚聚，或者去看場戲，然後回家分享。為什麼不去做些自己的事？這才是在過生活。你的孩子會看著，然後這樣想：『好的，這就是妳過生活的方式。』於是他們也會想好好過自己的生活。但是像現在這樣，他們到了二十五歲時會想：『我從來沒看過大人們在過生活。我只看到他們為我做一堆事，開車載我到處跑，星期六早上站在某個地方。』」

在中產與中上階層的家庭，我們採行的是社會

學家安妮特·拉蘿所稱的「協同式栽培」[2]——拜滿檔的家庭行事曆之賜，加上一般人相信，所謂的好父母就是要隨時陪伴孩子、為孩子著想，隔壁的瓊斯家又比我們付出了更多心力讓自己的孩子領先，而讓人備感威脅……每天都像是在參加一場不知要持續多久的賽跑，每一項任務似乎都會影響結果。不論我們是在外工作、或在家工作的父母，還是找到了某種混合的選項，在我們思考為人父母的意義之際，也充斥著這樣的背景雜音：今天孩子在人生路上的表現好嗎？如果不好，這對我或她代表什麼？我需要怎麼做，要如何把那個不管是什麼的解決方案，排進我已經忙得不可開交的生活中？

我們的行程和心思都被孩子占滿了，要照顧他們的生活，為他們的課業、課外活動提供支援和補強，我們幾乎沒有什麼剩餘的空間，可以好好照顧自己的成人生活。根據《教養》雜誌的報導，父母發生憂鬱症的情況，是一般成人的兩倍。[3]而二〇一〇年美國心理協會的調查顯示，一般父母體驗到的壓力程度，是自己認為的健康水平的兩倍。[4]加州柏克萊大學的社會學家克莉絲汀·卡特（Christine Carter）在她的著作《微調5個地方，每天開心醒來》（*The Sweet Spot: How to Find Your Groove at Home and Work*）中指出，六六%的上班族父母表示，他們沒有做完想做的每件事；五七%認為，和家人相處的時間不夠；四六%認為，自己沒有時間從事娛樂。[5]得獎作家布里吉德·舒爾特（Brigid Schulte）在她二〇一四的著作《不堪負荷：當沒人有時間工作、愛與玩樂》（*Overwhelmed: Work, Love, and Play When No One Has the Time*）中，稱這種揮之不去的感覺為「不堪負荷」。[6]即使我們不屬於憂鬱或高壓的父母族群，但如果我們過度教養，也很有可能在某種程度上透過孩子在過人生，而不是過自己的人生，這對我們或孩子而言，都是不健康的。

每個人走的人生道路，應該是建構在自己的選擇上，由自己的經驗鋪成，通往夢想的方向。對父母而言，我們的路包括了孕育最後也有自己的路要走的孩子。但我們的路會繼續，如果一直跟著孩子走，或是為孩子走他們的路，我們不只剝奪了他們建立自我效能——為自己做事的基本人類需求——也剝奪了建構自己道路的機會。如果你曾經將孩子的成就誤以為是自己的成就；將孩子的快樂誤以為是自己的快樂；將孩子的人生誤以為是自己的人生，即使這種錯亂只是偶爾發生，這一章就是特別為你而寫的。你得明白，即使已經為人父母，你自己仍是重要的。你必須確定，正走在自己的人生道路上，這不只是為了自己，也是為了孩子。

研究顯示，孩子會把父母當成是他們的英雄。他們崇拜我們，比他們在人生中遇見的其他成人更崇拜。我們是他們最重要的角色典範。但是，當他們崇拜我們的時候，我們是否為他們所見感到驕傲？我們讓他們看到的，是否是一個煩躁、焦慮的人，整天盯著智慧型手機、平板或者電腦，似乎只關心他們的功課是不是寫完了，考試有沒有考好，一起上足球課的共乘車有沒有準時？或者，我們在他們的生命中展現出來的，是一個處世自在的人，所做的事能發揮自己的力量，與自己的價值呼應，會花時間和他們與其他人建立有意義的人性連結？孩子會注意到父母做與不做的每件事。一如那個又濕又冷的天氣裡，凱薩琳．賈柯柏森站在足球場邊時，她的母親所指出的——與其讓孩子看到父母的主要目標與功能是盤旋在孩子身邊，處理所有的互動與遊戲，我們需要透過自己所做的選擇、參與的活動、崇尚的原則，來告訴他們過一個完滿的成人生活，真正的意義是什麼。

為我們所重視的事物騰出空間，這不是自私的表現，而是非常重要的。為了要成為良好的典範，我們需要先把自己放在第一位。這聽起來可能會讓你覺得不恰當（女性特別對此很難調適，因為我們成長的經驗，是習慣把別人的需要放在我們的之前），但是航空公司的危急情況處理準則，是先為自己套上氧氣罩，再幫別人。對一般人生的處境，這也是極實用的建議。同樣的建議也來自財務規劃師，他們告訴我們，在為孩子存大學基金時，要先為自己存退休金。二十世紀著名的心理學家卡爾·榮格也警告，父母要過自己的生活，孩子才不會因為我們沒有這麼做，最後得面臨一些精神官能症。不論是來自飛航安全影片、財務規劃，或者心理學領域的建議，歸結出來的智慧總是：當我們先照顧好自己，我們才最有能力，也才能帶給他人最大的助益。

本書在之前的部分，已討論了如何成功地教育孩子長大成人。而這一章想問的問題是，你是一個成年人嗎？你是否照顧好自己的基本需要，為自己著想，努力工作，並且安排休閒時間？你有韌性嗎？有規劃好自己的道路嗎？面對事情時，你是否能超越他人所認為普遍的、或者最好的想法，而做出適合自己的決定，並且面面俱到？在這些描述一個自我實現的成人的特質中，我敢打賭，大部分過度教養的我們，多半都會有思考不夠堅定的毛病，也就是：有時候我們會讓別人的恐懼和意見的狂潮，淹沒我們的人生。當然，工作和教養都不容易啊，經常讓人精疲力盡到極點，但這是為了什麼？辛辛苦苦地過一個聽命於他人神經質反應的人生，會讓我們無法本能地放鬆與享受，關照自己的基本需求，以及平安渡過無可避免的難關。而且，當我們被迫跟上他人的腳步，或者把孩子的人生當成自己的人生時，規劃我們自己道路的想法，就會被棄置一旁。

所以，你可以做些什麼來找回自己，成為你真正想要成為的那種人和父母？歸結正向心理學家克莉絲汀·卡特、芭芭拉·佛列德瑞克森（Barbara Frederickson）、馬丁·塞利格曼，以及我自己的人生經驗，以下是我對於如何找回自己的想法。

如何照顧自己（你終將成為更好的父母）

1.發現熱情與目標，並依此規劃你的道路。如果太聚焦在孩子身上，你很可能會疏於關注自己的熱情。不管你怎麼想，孩子不是你的熱情。你若把他們當成是熱情，就會讓他們變成某種難以持久、不健康的角色，要他們來成就你的人生。支持孩子的興趣，這當然沒錯，並且以他們為傲。但是，你得去發現自己的熱情和使命。為了孩子和自己好，你必須這麼做。

經過多年誤入歧途，我終於發現了我的熱情。我讀了法學院，以追求自己對社會正義方面的關注，在那裡，我發展出對家庭法的興趣，希望藉此為被忽略的孩子發聲。然而，後來我卻受到其他人認為公司法工作名利雙收的價值觀影響，改而走上了那條路。在一間大型法律公司擔任合夥人九個月後，我得了高血壓，每個星期天中午，只要想到隔天得回公司上班，就會開始焦慮（當然，有時候連週日也在辦公室）。我的工時很長，但那不是問題。問題是，我並不關心這份工作的核心問題。我收入頗豐，但覺得沒有目標。而缺乏目標逐漸變成了缺乏希望。當時我二十七歲。

一個週末，我坐在後院放聲痛哭，心想：「這不是我想像中的人生。」把人生想像成一張地圖，我明白自己已走偏到邊緣去了。雪上加霜的問題是，我不知道什麼是人生中更值得、更有成就的道路。我拿來一張紙，以腦力激盪的方式，努力想出一串我認為我擅長的（技能），以及我喜歡做的（興趣與價值），然後尋找這兩個條列項目中的交集，因為我認為有意義的工作就在這裡。這個練習顯示出，我是一個喜歡和人相處的人（技巧），而且，我想要幫助被邊緣化的人成長（興趣／價值）。這也證明了家庭法可能是適合我的道路。不幸的是，此時我已經受夠法律了。因此，我決定找份可以協助莘莘學子的工作。三年後，在第四次嘗試找這類工作時，我爭取到了在史丹佛的臨時職務。我知道，我只要有機會證明自己的能力，也許就可以找到固定的工作。而它真的發生了。

那個小練習是我如何找到自己熱情的方法——我的熱情就是幫助人們走上自己的路。我鼓起勇氣擁抱它，而後我就發現了有意義、並且有成就感的工作。你的熱情可能是透過工作、志願服務或嗜好而追求的某種東西。但是，不論生活中有多少部分是留給熱情的，你已經發現它了嗎？花點時間好好想想這個問題。用一張表列出你的專長、興趣和價值，就像多年前我做的一樣；而且我會加上：問問你自己，想要在這世界上成為什麼樣的人（你想要如何在別人的生命中展露與表達自己），以及，你想在這世界上做什麼（你感興趣的工作類型）。或者，你可以進一步去探尋多種資源，尋求生涯教練的指導——例如《熱情過活》（*I Could Do Anything if I Only Knew What It Was: How to Discover What You Really Want and How to Get It*）等七本暢銷書的作者芭芭拉．歇爾（Barbara Sher）、上網深入了解你的MBTI職業性格類型（www.myersbriggs.org）和「優勢」（www.gallupstrengthscenter.com），或是追隨心靈導師的智慧與研究——例如《紐約時報》暢銷書作者艾克哈特．托勒，他的作品包括《一個新世界：喚醒內在的力量》（*A New Earth: Awakening to Your Life's Purpose*）。[7] 你的熱情與目標，絕對可以是任何你想要的事物，只要它不是「我的孩子」。

2. 學會說不。 如果你想進一步活在熱情中，就得少做些與它不相干的事，要擅長說不。過度教養的父母通常攬了太多事在身上：又一次的校外教學、麵包義賣會、學校拍賣會、家長會、參與志工、社區大會、社會義務、足球練習、共乘等。不要誤會我的意思，這些事對學校與社區的運作非常重要，但你做的可能比需要的更多，而且是為了錯誤的理由（輸人不輸陣）。加州大學柏克萊分校社會學家克莉絲汀．卡特鼓吹，為了過幸福的人生，應該將九五％的時間花在對我們重要的五件事之上。

所以，後退一步。比較一下你的熱情與目標認知，與目前的人生是同步的嗎？需要改變什麼？需要放掉什麼？檢視一下，然後問自己，你是否真的需要做所有這些事，以及這群人需要的應該是到什麼程度。不要使勁地想讓家長會運作得像是企業的董事會，或者把輪到你製作足球點心這件事，當成是判斷自己有沒有價值的全民公投。你能不能用「夠好了」的標準，而不是「完美」的標準來做這些事，好空出時間去做其他對你更重要的事？你能不能對那些感覺無足輕重的義務說不？記住，不會有人幫你說不。你得開始為自己發聲，即使其他人可能會因為你想退出（或者因為你有膽量說不）而憎惡你。而且，當我們必須解釋自己為什麼不能去做被要求的事，通常是話愈少愈有力道。試著帶著堅定的笑容說：「很抱歉，我沒有辦法。」比起牽拖其他的理由、或抱著歉意解釋，而讓別人懷疑你的決定，簡短有力會讓事情更容易進展。

3. 把健康與幸福擺在優先位置。如果我們的身體不適或情緒不佳，對孩子、家人、同事和朋友的幫助也會減少。你上次做健康檢查是什麼時候？你的飲食習慣是否有益身體，你有沒有從事喜愛的運動，把不健康的癮頭趕出你的生活？你可以考慮藉由靜坐冥想或瑜珈，來減低壓力、增強自我覺知。如果你曾經想過，我現在無法開始運動、學習靜坐或戒除壞習慣，因為我得讓孩子打完這季籃球賽，或者完成學校申請，我建議你停止這種想法，回過頭來嚴正地思考自己的優先順序，或者至少檢視你處理優先順序的方法。以先為自己套上氧氣罩的精神來說，這些不是一切定位後才要處理的事，而是應該先處理，一切才會就定位。

4. 撥出時間留給你最重要的關係。哈佛精神病學家喬治．威廉特是跨時最長的人類發展研究（「哈佛葛蘭特研究」〔Harvard Grant Study〕）主要的研究者，他在觀察中發現，當研究對象即將離開人世時，「生命中唯一真正重要的，是你與他人的關係，」而且，「幸福等於愛——就是如此。」[8] 如果你正處於一段關係中，是否已給它足夠的關注？你們是否注視彼此的目光，讓對方知道他很重要，並且花時間在每天結束前好好地說話和傾聽（不只說小孩的事）？你們是否夠親密？

威廉特所寫的愛，不必一定是情愛，我們可以愛我們的朋友、鄰居、孩子與其他親人，並被他們所愛。威廉特說，最重要的是「能與某人有共鳴的關係」。與他人保持共鳴的關係，有助於精神健康，並能專注於對自己重要的事。

5. 釐清自己與金錢的關係。首先，如果你是我們當中少數富裕的人，問問自己，金錢是否是你最重視的事物。如果是，好的，那是你的選擇，但請允許孩子可能想過另一種價值體系的人生。而且，如果你花幾分鐘想想，重視金錢甚於一切，也許是過度教養的原因之一，因為你渴望確保孩子也能達到高收入的成就。記住過度教養如何傷害孩子，尤其是當父母決心要讓孩子追求特定的富裕道路。孩子的人生，比資產較量的生活方式更重要。

其次，如果你和我們大部分人一樣並不富有，請嚴肅地審視你的財務狀況。你是否經常提心吊膽？你是否會擔憂，孩子在這種經濟情勢下要怎麼養活自己？如果他們沒有拿到ＳＡＴ高標、拿到獎學金，我們要怎麼支付大學學費？你是否為了教練、家教、私校與夏令營的帳單死命地攢錢，深怕跟不上鄰居？恐懼是無法幫助孩子在世上成功的。你得先用以下的步驟，為自己戴上財務的氧氣罩：(1)找一份對你有意義的工作；(2)依據你的收支過日子；(3)照顧你的退休金。審視自己的財務情況可能會很嚇人，然而，對事情有所掌握，能降低壓力與恐懼。而且，藉著教育自己更擅於處理金錢，將能開始向孩子示範更好的生活方式。如果你不符合申請有力財務援助的資格（別不把它當一回事，請查看美國大學理事會的網站www.bigfuture.collegeboard.org，熟悉財務援助的詳細說明），孩子還是能用比較支付得起的學費，獲得很棒的教育資源，例如進入沒有響亮名氣、但有許多聰明孩子與好教授的州立大學或市立大學。在你的孩子前面，還有一段長長的人生，他們會過得很好。而且，如果你很好，他們會更好。

6.展現善良與感謝。若要過自己想望的人生，便無法做所有別人要求我們做的事；因此，學習說「不」是如此地重要。但我們永遠可以給予的是善良與感謝，免費、不太花時間，利人又利己。為你認識的人、或是陌生人做一些友善的事。讓某人插入你正身陷其中的長長車陣。為某人開門（以及感謝為你扶住門的人）。對著商店或咖啡館店員微笑，問他們今天過得如何。不要對別人的需要視而不見——掉在地上的鑰匙、破了洞的袋子、拿太多東西無法開門的人……幫他們一把。甚至多做一些事，例如擔任志工，定期協助社區有需要的人。

善良是付出，而它的夥伴「感謝」，則是體認那些為你所做的一切。它是認同你的廚師，不論對方是陌生人或你的另一伴。或是管理員。還有店員、護士、同事，或你的孩子。當某人為你做了某件事，讓這一天更開心、更美麗、更輕鬆，少一點痛苦，注視他們的眼睛，對他們說出來。告訴他們你很感謝他們所做的，而且要具體一點。你的話會讓他們覺得有價值，也會讓你更快樂。

善良與感謝看似是如此簡單，以致於有些人容易對它視若無睹，當它們是浮泛、不重要的虛詞空話。然而，它們不僅不該被拋棄，還是決定我們幸福與否的關鍵因素。在《培養快樂而強韌的孩子》（*Raising Happiness: 10 Simple Steps for More Joyful Kids and Happier Parents*）一書中，克莉絲汀・卡特總結了許多幫助他人能帶來正面健康效益的研究，結論是：待人善良且樂於助人的人活得比較久，比較健康，比較少疼痛，也會經歷比較少的焦慮與憂鬱。[9] 而在《微調 5 個地方，每天開心醒來》中，她則提到柏克萊分校至善科學中心（Greater Good Science Center）的一份研究顯示，連續兩星期每天寫下幾件值得感謝之事的人，會表現出對生命較高的抗壓性和較大的滿足感，也較少有頭痛、鼻塞、胃痛、感冒和喉嚨痛的症狀。[10] 隨著時間過去，如果你能對世界展現更多的善心，留意並說出你所感謝的事，將能邀請更多的幸福與健康進入你的人生。而你也會成為更好的父母。

孩子不需要超人爸媽

還記得第十二章裡，一位住在矽谷、努力成為超人媽媽的昆恩嗎？被一位親密的朋友說她看起來很悲慘，也讓別人過得很悲慘之後，昆恩去看了精神科醫師。醫生說，她說話的聲音聽起來焦慮且憂鬱。昆恩將孩子、先生與朋友似乎越來越成功的景況，視為她心理健康衰頹的原因；這位醫師沒有提出異議，但還是開了藥給她吃。昆恩同意服用立普能（Lexapro），而成為了那一批藉由處方顯著疏緩焦慮與／或憂鬱症的四分之一女性人口。

但是，對昆恩的心理而言，與藥物一樣重要的是，她在急性焦慮與憂鬱症狀穩定後，對人生做出了重大改變。「我開始把事情看得更清楚，決定退出媽媽比賽的遊戲。我退出了家長會。我向後退了一步，開始說不。我不再試著證明自己是個超人媽媽。我讓孩子做他們自己的事、犯自己的錯、打自己的仗。我開心多了。孩子並不在乎我不再經營書展，他們對此還嘲笑了一番。因為我對他們放手，讓他們自己做事，如今我與孩子更加親近。我想，唯一發覺這項改變的，是我最大的孩子（現在大二）。我認為，當我非常焦慮，試著做更多時，就從他身上奪走了一切。如今，我還聘請了一位臨時保母，讓我和先生能多一些時間相處。這真是最棒的事，我感覺如此地平靜。」

還記得瑞秋嗎？那個來自洛杉磯的學生，成績全部是A，在大學時仍維持四．○的高分，卻每天飲酒、服用阿得拉，最後想以自殺結束生命。知道嗎，瑞秋不是她們家唯一在那毀滅性的經驗後，經歷一場深刻且正面蛻變的人，她的母親也重新構想了自己在世界上存在的方式。

「我的母親是位典型的神經質猶太母親，」瑞秋說。[11]「對我來說很驚訝的是，當我開始改變，當我的人生開始轉彎，母親也變得不一樣了。她之前一直很有控制欲，但並非出於惡意，只是喜歡想辦法打理一切。她的改變比我還大。我看到她教養我的弟妹時，已無需再掌控每個細節。她現在還教導其他父母如何放手。」

和瑞秋談完後，我和她的母親李（Leah）談及在面對瑞秋的毒癮時，她的心態是如何改變；以及她對其他經歷類似掙扎的父母說了些什麼。[12]李告訴其他父母，第一次她和先生坐在貝特楚瓦中心主任哈莉特．羅塞圖的辦公室時，所學到的關鍵一課。當時，羅塞圖非常堅定地坐在她的大辦公桌後面，問李和她的先生，對他們而言什麼是最重要的事。李回答說：「我只要瑞秋開心。」羅塞圖將她深沉、刺探的眼神轉向李，告誡了這句如今李會向其他父母轉述的金玉良言：「說你只要孩子開心，就是在孩子身上加諸巨大的壓力。他們會覺得，如果他們不開心，就失敗了。有段時間不開心是可以被接受的，孩子需要知道這一點，是不斷的奮鬥才造就了今天的你。」

羅塞圖說，希望孩子幸福的這個目標，其實是雙倍的壓力，對孩子和父母造成負面的影響。「整個家庭體系需要改變，」羅塞圖說：「孩子對尋找樂趣成癮。父母對掌控孩子的決定、行為以及製造完美的人類成癮，所以他們的情緒一團糟。如果這個孩子今天很開心，爸爸媽媽就很開心；如果他今天不高興，爸爸媽媽也一片愁雲慘霧。切斷那個臍帶，就是我們的家庭課程所做的事。父母的幸福，不能寄託在孩子今天是否開心這件事情上。」

除了為其他父母諮商，李在教養兩個還住在家裡的較小孩子時，也將羅塞圖的智慧融入其中。她說：「有時候，我們幫孩子把生活處理到太簡單，不讓他們經歷我們認為是創傷的事，但那些事其實沒那麼糟；我們為他們解決問題，而不是讓他們自己思考。當孩子在家裡大發雷霆，我們很容易想成『我的孩子在生我的氣』，然後想做點事處理這個情況。而現在，我可以接受他們不開心、生氣，我不必安撫他們的感覺。這沒有什麼。」

羅塞圖讓李深刻地知道，把她自己的認同與孩子的認同區分開來的重要性。所以，李對其他父母的首要勸告是，「花時間在自己身上。」李說：「我的幸福（瑞秋和我現在會這樣開玩笑），確實不必仰賴她的幸福。」而這是一件非常美好的事。

22 成為你想成為的父母

我們不必等著看別人做了什麼。
如果我們能夠改變自己，世界的趨勢也會跟著改變。
當一個人改變了自己的本質，世界對他的態度也會改變……

——甘地

人們相信聖雄甘地說了這句精闢的短語：「成為你想在世界上所見到的改變。」但現在看來，他所說的其實更有哲理、更實際：「如果我們能夠改變自己，世界的趨勢也會跟著改變。當一個人改變了自己的本質，世界對他的態度也會改變……我們不必等著看別人做了什麼。」[1]

如果改變教養的方式，並不需要等待整個社會改變，而是只要認同在這本書中提供的想法，並轉而採取相應之道去撫養我們的孩子，那會怎麼樣呢？如果我們依循以下這些原則去做，結果會是如何？

- 這個世界比我們之前被引導去相信的更安全，我們的孩子需要學習如何在當中茁壯成長，而不是深受保護而免於接近這個世界。
- 清單式的童年旨在迎合狹隘定義的成功，剝奪了孩子在童年適當的發展機會，而且可能導致心理傷害。

- 孩子會學習、成長，最後成功，是靠著沉浸於自己的興趣所在，自己動手和思考，嘗試、失敗並再次嘗試，以及透過努力發展出精熟掌握的技能。
- 當父母不再盤旋在孩子生活中的每一刻、幫他們做好每件事時，家庭生活對所有人就會更豐富、更有價值。

許多人可以想像依據這些信念生活的景象，而且幾乎能感覺到這將帶來的放鬆與喘息，只要我們能夠改變家庭的例行習慣，就能造就這樣的新生活。然而，要做出這種改變，在心理層面上並不容易。在我們這個國家各地的社區裡，過度教養的模式就像是我們想追隨的受歡迎的孩子，或是讓人很難挺身對抗的霸凌，因為我們怕被傷害、嘲笑或被遺忘。即使我們知道得用不同的方式教養，但就如作家與社會學家克莉絲汀．卡特博士所說，要「從牛群中走出去，不人云亦云」可能是很嚇人的。在她的著作《微調5個地方，每天開心醒來》中，卡特說，我們需要「鼓起更多的勇氣」，來做一些被其他人視為威脅現狀、充滿危險，或者只是在他們的世界觀裡顯得無比愚蠢的事。[2] 似乎真的需要跟甘地一樣的信念和毅力，才會願意成為在家族、鄰里、孩子的學校社群或者工作場域中第一個走出牛群、停止過度教養的父母。我們之中，誰敢做第一個？

向其他大人自我辯護

健康的生活，是與其他人共同居住在社區裡。那麼，如何採行與社區其他父母不同的教養方式，但依然能彼此和平相處？如果你想成為一位威信型（不是威權型）的父母，希望把孩子撫養為獨立的成年人，你說的話要兼具決斷性與包容性，確定讓其他家長在心理上「可以有台階下」。你在任何情境下做的事或說的話，得根據孩子的年齡、當時的情況，以及你有多少準備願意講出自己所相信的事而定……但以下這些應答範例，也許可以提醒你自己選擇的新路徑，然後幫助你回應。

1. 當父母跳出來做裁判。 孩子之間發生搶玩具和排隊的爭執時，不要干預。如果另一位父母想指導你，對他禮貌且自信地說：也許是我觀念老派，我真的寧願讓孩子試著解決。我知道，要退後一步很難，但我覺得這是讓孩子學習的方式。

2. 當父母要做接送司機。 如果另一位父母想開車送你的孩子去某個地方，但你希望孩子走路、騎自行車或搭乘公共交通工具前往，可以說（禮貌且自信地）：不用，謝謝，我真的很喜歡她自己去。我相信她有能力自己過馬路，而且我希望能幫助她更獨立。

3. 當父母幫忙打雜跑腿。 如果你聽到家長感嘆，得開車去送孩子忘記帶到學校的便當盒、書包或功課，你要放膽直言，同時態度溫和——你只是分享不同的觀點。你可以試著微笑或大笑地說：我會讓孩子吃點苦頭，否則，他會以為我會一直幫他拿。

4. 當父母變成個人助理。 讓朋友知道，你已經結束管家的任務，並在你的孩子超過適合的年齡後，不再跟在他們後頭幫忙或收拾。試著說：我當然可以做，或是做得更快、更好，但她得學會自己做這些事。我不要當那種在大學裡現身為孩子做每件事的父母！

例如你正與幾個朋友在一起、出門散步、喝杯咖啡或雞尾酒，或者在讀書會、打高爾夫球，參加家長會，而孩子傳了簡訊或打電話給你，說他出了一點小意外。讓朋友聽見你說：聽到這個消息我很遺憾，親愛的。那你要怎麼解決？

5. 當父母做孩子的家庭作業。無論孩子是幼兒園、十二年級，或介於兩者之間，在新學期開始後的親師座談會，請向老師舉手發問：「你對父母參與家庭作業的方針是什麼？你是否可以幫助我們了解，當涉及到數學／作文／學校專題作業時，應該在哪裡以及該如何劃出參與的界線？」如果你在每堂課都這麼做，就等於是在冒風險成為「另類」父母。但總有人必須傳達這個觀點，這個人也可能是你。

如果孩子想要你過度參與他的家庭作業——可能是解決它、算出來，或者幫他們寫，試著說：我以前也當過四年級／六年級／八年級生。現在輪到你了。讓朋友知道你是怎麼處理「家庭作業的問題」，試著說：我可以幫他們做，但這樣以後我就會永遠都幫他們做；我不想要他們覺得，如果沒有我，他們不可能做到。

6. 當父母做所有的家事。成為強調家事重要性的倡導者。讓人們知道，家庭作業和課外活動不能讓孩子免於做家事。沒有做家事，孩子會錯過學習如何主動投入幫忙，以及如何努力完成可能不愉快的任務。分享孩子做了哪些家事，也或許你會從朋友那裡，聽到其他關於做家事的好點子。

當你身處家長會、童軍會或其他涉及某些計畫、家長和孩子的會議，請在那兒發聲：我們在這項工作／活動／事件／計畫裡，可以如何給孩子更多的責任？我不想要他們只是站在一旁，而我們做所有的工作。

7. 當父母規劃孩子的人生道路。想像你在某個社交活動中，人們互相詢問孩子的情況。當你被問到子女對什麼感興趣，是要繼續求學或工作，而你開心地說：我真的不知道；這完全由他決定，或者我只希望她想清楚自己擅長什麼、喜歡什麼，並發揮所長，不論那是什麼；他真的很喜歡健行／繪畫／看書／拼圖／數字，我不知道他會用這來做什麼，但我很支持他發展這項天賦和興趣。

當你聽到有人說，他們的孩子「必須」為了「上大學」做某項活動並達到某種水準，大笑著說，或者帶著微笑感嘆：嗯，我們已經不再嘗試預測哪一小群的學校會要我們，我們剛開始好好過生活，結果感覺好多了。準備好迎接震驚的沉默。然後大笑說：是真的！

8. 當父母對大學只抱持狹隘（有時非常狹隘）的心態。我告訴過你，我曾開玩笑說，如果大家都記住五個「沒人聽說過」的好學校，並策略性地在與朋友、同事的交談中，不經意地提到這些學校的名字，我們就會開始在所處的社群和自己的大腦中，改變對這些學校的觀點。而現在我不是在開玩笑，而是認為我們應該真的試試看。進入美國大學理事會的大未來網站（www.bigfuture.collegeboard.org），玩玩那高度互動的大學搜索工具。研究一下「改變人生的大學」（www.ctcl.org）。查閱《校友因素》（*www.alumnifactor.com*）的大學名單，這些學校的校友達成了「財務成功與幸福感」，或者「友誼與智識發展」等的「終極結果」。找出五到十個讓你感到興奮的學校，並開始想像孩子將要去讀這些學校，而不是擠進「每個人」（也許包括你）認為孩子「應該」去的學校。告訴朋友：如果女兒想考慮卡爾頓學院（Carleton）、惠特曼學院（Whitman），或者住家當地很強的市立學院，我也會喜歡，並說出個所以然。

注意：這個任務不是要讓孩子去任何特定的地方——這是他們的決定，還記得嗎？這是要拓展你自己的心態，同時讓孩子聽見，你對那些沒有割喉般入學標準和渺茫錄取率的大學，同樣感到興奮。此外，停止用「我們」來談論大學入學申請！不是「我們」要申請學校（還記得嗎），也不是「我們」要讀大學。

最後，公開談論進入一些學校的機率多麼嚇人，而那些壓力根本不值得。在和朋友聊天時，聳聳肩，微笑說一些這類的話：錄取門檻最高的學校得拒絕好幾千名符合資格的申請人，這就是人生。優質的大學教育在很多地方都有，我們不想為此而焦慮。此外，孩子真的需要聽到這些話從你的嘴裡說出來，所以要經常在他們面前說。

9. 當父母不傾聽孩子說話。孩子希望我們對他們的每一次成果不會這麼焦慮。他們希望自己是因為本來的樣貌而被愛，希望被鼓勵做更多自己擅長的事。他們希望自己來。想想你是否可以成為朋友圈裡說這些話的那個人：孩子要我從他們的活動／高中作業／大學申請／大學選擇中放手，我照做了。這對我們雙方都比較好。我們努力設定期望，灌輸好的價值。其他的就讓他們作主。

那時至少有一個朋友可能會說：「這樣不會冒險嗎？」不過要知道，至少也有另一個父母正在想：「你真勇敢。」即使他們覺得說出來不太自在。

建立志同道合的大人社群

到處都有和你我一樣的父母，覺得現在是說「夠了」的時候。目前，我們可能是少數，但是我們必須停止沿用自己已知錯誤的方式，繼續養育孩子；我們需要召喚敢於與眾不同的勇氣。我們必須聯合起來，幫助自己找到勇氣，做直覺召喚的正確之事，成為我們想要成為的父母。

1. **與夥伴一起並肩作戰**。如果你和某人一起教養孩子，與他們談論如何培養健康、獨立的成年人。一旦要停止跟隨牛群，拒絕整個週末坐在足球場邊、逼迫孩子去學其他孩子正在學習的東西、或者聘請大學申請「顧問」時，你的夥伴將是那個和你一起從牛群中走開的人，即使其他人可能會對你的作為竊竊私語，你只需要知道自己已經得到對方的支持。

2. **找到志同道合的父母**。你不必改變別人的大腦，但可以爭取和教養方式類似的父母組成社群。找到那些你覺得擁有正確教養方式的人。

考慮擴大你的社群，讓它不止及於你認識的人。我保證，如果你發布在臉書、鄰里的群組電子郵件，或其他一些論壇上，說你正在自己的社區開始討論如何結束過度教養，培養孩子獨立成人，你將發現志同道合的人們渴望站到你這邊。或者，如果你不是那種帶動風潮的人，也可以明確表示你希望這個對話能繼續下去，而且相信有個領導者將會出現。改變需要發生，讓它從你開始。但不用擔心，你不需要單打獨鬥。

3. **與思想領袖聯繫**。使用網路、推特和臉書，與本書中所提及各種主題的領袖聯繫。相關資訊請參考左頁表格。

4. **加入我**。造訪我的網站（www.howtoraiseanadult.com），並分享你的故事和想法。到我的臉書（www.facebook.com/HowToRaiseAnAdult）或推特（@raiseanadult）追蹤我。與朋友分享這本書，或讓它成為你們讀書會的指定讀物，散布這些話語。

你可以諮詢的思想領袖

給予孩子更多的自由與獨立	蘭諾・史坎納茲（Lenore Skenazy） www.freerangekids.com; @freerangekids; FB: Free Range Kids
擁抱遊戲和冒險 在孩子生命中的重要性	麥克・蘭薩（Mike Lanza） www.playborhood.com; @playborhood; FB: Playborhood 基菲爾・托利（Gever Tulley） www.tinkeringschool.com; @Gever; FB: Gever Tulley
讓孩子做自己的課業	潔西卡・雷希（Jessica Lahey） （www.jessicalahey.com; @jesslahey; FB: Jessica Lahey
減輕學校和家裡的課業壓力	「挑戰成功」網站（Challenge Success） www.challengesuccess.org; @chalsuccess; FB: Challenge Success
養育心理健康的孩子	麥德琳・雷文（Madeline Levine） www.madelinelevine.com 溫蒂・莫傑爾（Wendy Mogel） www.wendymogel.com; @drwendymogel
如何激勵孩子	丹・品克（Dan Pink） www.danpink.com; @DanielPink; FB: Daniel Pink
幫助孩子為生命中注入更多快樂	克莉絲汀・卡特Christine Carter） www.christinecarter.com; @RaisingHappiness; FB: Christine Carter 芭芭拉・佛列德瑞克森（Barbara Fredrickson） www.positivityratio.com
幫助孩子接受 自己的脆弱與缺陷，並建立韌性	布芮尼・布朗（Brené Brown） @BreneBrown; FB: Brené Brown

面對現實

拋開過度教養，往養育一個成年人的方向前進，從哲學的角度來看，也許一切都很美好，一直到——孩子找不到人和他一起玩，因為其他人都在從事某個活動；你的孩子是唯一沒有父母在足球場邊的小孩；你是唯一一個孩子讀了「改變人生」的大學的父母，而姐姐的孩子讀的是哈佛。在這些著實孤獨或是社交困窘的時刻，你會怎麼辦？試著與反映你價值觀的現實同在，並且擁抱它。

脆弱感專家布芮尼．布朗博士寫道，能體驗我們的脆弱、恐懼以及「我們稱為『不確定性』的酷刑折磨」，表露自己的情緒，這其實是很好的事。她寫道：「沒有一個方程式說，甘冒風險、勇闖不確定性、擁抱情感表露，等於軟弱。」[3] 許多人無法允許自己去體驗與表達這些情感，覺得有必要在每件作為上表現完美，或者看起來完美；我們非常擔心別人怎麼想，但正是這種脆弱和恐懼的情緒，若未加以檢驗，會讓我們跟著牛群走，即使知道有一條更好的路。

如果孩子在家裡，有著沒有安排的自由時間，但沒有朋友陪他一起玩，請記住，你把自由的時間放進他們的人生是有其意圖的。把握這個時刻，讓它成為家庭時間。和孩子一起閱讀、拼圖、散步，或者完全放鬆看雲去，分享你們各自感激或期待的事。如果你有不止一個孩子，鼓勵兄弟姐妹一起做某件事。就像帕羅奧圖一位名為布萊恩（Brian）的父親告訴孩子：「你們彼此認識的時間，會比認識其他任何人的時間都要長，你們需要花點時間相處。如果你們總是出門從事某種活動，就無法常在一起了。」或者讓孩子獨自一人，想出要如何填滿自己的時間。這樣也有很大的價值。[4]

如果孩子是唯一沒有父母在足球場邊的孩子（相信我，不會一直都這樣——一旦其他父母把你不在場的案例當成不需要每次到場的允許），請注意，足球應該是孩子的一項充實經驗，並且告訴你的孩子，就如足球對他們是重要的，你在你的人生中也有對你重要的事正在進行，可能是工作、嗜好、獨處時間，或者朋友時間。請他們挑幾場真心喜歡你出現的比賽，並承諾出席。在你沒有去足球比賽或練習的那天晚餐時刻，當每個人都分享當天發生的事，你也要能分享自己在孩子踢球時做了什麼。

我已經對女兒艾芙瑞採取了這種做法。她現在是八年級的學生，一整週都要上舞蹈課，整個冬季和春季都在比賽。「舞蹈媽媽」和「足球媽媽」一樣無處不在，但我向你保證，我不是其中之一。我已經請艾芙瑞挑選一場她希望我到場的表演，我會迫不及待地去參加。這給了我時間，可以去做所有我如果參加每場演出將無法完成的其他事，也使她特別為我選擇的那場表演，成為一場對女兒和母親都非常特殊的演出。

如果孩子就讀的是一所改變人生的大學或優質的地區大學，而你姐姐的孩子進了著名的大學，你必須學會在內心對自己說：「那又怎麼樣？」（真心相信它會有幫助）。重要的不是孩子在哪裡讀書，而是他們能在所處之地綻放自己。當你跟讀大學的孩子通電話，問他們最喜歡什麼課，以及為什麼。對於他們最感興趣的課業科目——美國歷史、生物實驗室、人類學研討會……要鼓勵他們對自己追求的知識了解更多，例如去認識教授。我總是會給學生這種建議。記得有位學生曾在大三開學沒多久後來見我，由於成績很好，他的臉上洋溢著藏不住的驕傲，他告訴我他的GPA是四．〇。我恭喜他並讚美他的努力。接著問道：「那麼，有多少位教師知道你的名字？」他說：「嗯……沒有吧？」聽到他這麼回答，我說：「嗯，你可能拿到了GPA四．〇的成績，但如果你只是做了該做的功課，卻不認識老師，那等於只做了B級的努力。認識教師（和後續的一切——對該主題更深刻的了解與隨之而來的信心、獲得研究機會和可能拿到一封很棒的推薦信）是對這個地方最物盡其用的方法。每所大學的學生都可能獲得這些獎勵，而且在小型文理學院可能更為容易，因為綜合大學的教師正面臨傳說中「不發表論文，就準備出局」的壓力，結果指導大學生的這項重要工作，可能因此被拋諸腦後，或者根本不是他們的當務之急。

留意起而行的家長，並受他們的啟發

一直空談著如何終結過度教養、養出成年人是一回事，但真正成為設法「身體力行」、選擇不過度教養的父母，又是另一回事。這些先行者的特質與作法包括有：

適當參與孩子的學校生活

莫瑞娜是住在加州洛杉磯北邊聖塔克拉利塔的全職媽媽。[5] 雖然全國資源不足地區的教育工作者希望有更多的家長參與，但在聖塔克拉利塔的學校，從來不乏家長參與。不同於當地許多其他的父母，莫瑞娜的作法相當保守。她認為，孩子應該覺得學校是「他們的」地盤，而不是另一個母親會出現的地方。「在校園開放日那天，孩子們興奮地向我展示他們的地方，而不是把學校視為另一個媽媽總是會在的地方。」由於較少參與孩子學校的事務，莫瑞娜在那些經常徘徊在校門口的父母眼中，成了「那位媽媽」。但莫瑞娜的年紀比許多家長年長，我可以從她的聲音中聽出，她真的完全不在乎任何人的評斷。她重新找回了時間，那些沒有待在學校或參加學校活動的時間，並運用它來創造悠閒的家居生活，為自己做些事，例如運動。「我們說自己是『在家的媽媽』，但我們從來都不在家！擺脫所有的瘋狂事務，意味著我有大量的時間來創造一個正面、幸福的家。」

麗莎（Lisa）是住在明尼蘇達州明尼亞波里郊區的中上階級，也是兩個孩子的母親，在那裡，「活動和榮譽都很重要、而且是很競爭才能得到的。」[6]當女兒在高中第二年時申請加入全國高中榮譽生協會（National Honor Society）（譯註），麗莎和先生期望她一切自己處理，雖然其他學生都有父母幫助。「她符合所有的標準——服務、課業等，但她少填了一張表格，因此沒有申請成功。」一年後，女兒再次申請，這次的程序更加困難，但她獲准加入了。看著女兒經歷更挑戰的過程，這對麗莎和先生很不容易。「這次不像前一年是一次灌籃成功。我敢肯定，她做的申請準備比誰都完整，因為她經歷過失敗，從去年學到經驗了。讓她以較不緊要、安全的方式學得很大的教訓，這樣比較好。」

卡蘿（Carole）住在亞特蘭大地區，是兩個孩子的母親。[7]她提到當地學校會以電子通知系統發出所謂的「不合格郵件」，提醒家長孩子考得不好，而她則是直接忽略這項訊息。相反地，她期待孩子在她聽到其他人告知之前，直接告訴她在學校是否有什麼問題。當孩子要申請大學了，她也克制住想為孩子審查申請內容的強烈衝動。不過她還是覺得，有個大人審閱他們的大學申請論文，並給予一定的回饋是很有價值的。「我請他們去找一位他們信任的（也經過我認可的）大人審查這些

譯註：美國的全國性高中社團，旨在表彰學業成績、領導才能、社區服務及道德品質均有突出表現的十～十二年級學生。

論文，這樣我便能相信他們的論文反映了自己是誰，他們也將被自己適合的學校錄取。」兒子大一時，在班上遇到了一個大麻煩，他打電話回家，告訴卡蘿和丈夫事情的原委。「他告訴我們，在打電話給我們之前，他已經向老師、教練、顧問和主任說明過。我當時便知道，他會在這個世上過得好好的。那是我最自豪的時刻。」

了解運動與課外活動的真正意義

一位帕羅奧圖的父親布萊恩知道，許多父母把所有重心都放在孩子身上。[8]「如果這是你建立社交生活、自尊，或自我價值的方式，那麼當孩子離家、結婚，或者進入大學，你該怎麼辦？」與其過這種「以小孩為中心」的生活，布萊恩和妻子過著一種他們稱之為「以家庭為中心」的生活，這是基於以下簡單的道理：「我們不把孩子當成是自己存在的首要理由。」

這意味著布萊恩對於他所謂的「兒童體育產業複合體」興趣缺缺；這個說法是指孩子感興趣的任何事物都變成了這家人生活的主要部分。「我們家排行中間的女兒很想參加足球俱樂部，」他說：「但我們不會給她這個機會，不是因為她能力不夠——她也許做得到——而是每個星期三次練習和一次比賽，加上往返接送，將會犧牲許多家庭時間。所以，她參加一般常見的『美國青年足球組織』（American Youth Soccer Organization, AYSO），一星期練習一次，只參加在地的比賽。她會一直這樣，直到她年紀夠大，能自己往返參加這些活動。」

由於他們的生活沒有全被活動塞滿，布萊恩的孩子週末時可以在家無所事事。「我的一些朋友覺得這樣很不可思議，」布萊恩補充道：「我的女兒出去玩，蓋城堡、拍影片。她們花幾個小時載歌載舞，跑來跑去。她們一起看電視。我們散步，她們看書、玩耍、做功課。同一時間，我朋友的孩子不是在做某種練習，就是和某位家教或私人教練在一起。」

卡門（Carmen）是住在密西根州安娜堡（Ann Arbor）的一位母親。安娜堡是頗負盛名的密西根大學所在的大學城，在這裡，小孩早上六點起床，花一個小時車程被載到溜冰場是很常見的，他們為了菁英運動競逐，幾乎每天都晚半小時到校。[9] 對於這種把孩子的運動與活動看成非爭個「你死我活」的態度，卡門問道：「這是孩子要的，還是父母為了孩子要的？參加奧運或進入哈佛，是否是如此作為的唯一理由？如果孩子沒有達成那些極少人企及的極致成就，那怎麼辦呢？這一切的犧牲，是否依然值得？」

說起十歲的女兒，卡門說道：「她想要有很多待在家裡的休息時間。她想創作藝術、玩耍，如果被逼著做太多活動，她的願望就無法實現了。這是當我們為她安排任何活動時，必須注意的事。也許休閒足球（Rec & Ed soccer）比旅行足球（Travel soccer）（譯註）好。還有合唱團——她去試過音、也被選上的市立合唱團或許不適合她，因為他們的訓練時程很緊湊，而且加入音高較低的合唱團，其實是對她更好的選擇。」

在卡門所處的這種社區，如果孩子沒有早點投入某種運動，或者演奏某種樂器，可能就會破壞他們日後在相關領域有所作為的機會——這或許也只是人云亦云——而父母會害怕做了「錯誤」的決

譯註：在美國，兒童的足球聯盟分為休閒足球和旅行足球兩種。前者是所有當地在籍的孩子都可以報名繳費參加，比賽只在當地隊伍之間進行；後者則會進行篩選，挑出優秀的球員，出征到其他市鎮比賽。

定。卡門說：「我喜歡和大孩子的父母談話，並確認什麼才是真實的情況。關於高中有許多迷思：進入足球隊或管弦樂團有多麼競爭，你必須做這做那才有機會擠進去。但我向來是個情報搜集者，愛問：『真相到底是如何？』例如，高一的足球隊歡迎所有新生參加，只要有足夠的空間。很多人會有種錯覺，以為沒有參加旅行足球隊，就不能在高中踢球。樂團也是一樣。你也許不像其他那些孩子一樣好，但還是可以演奏樂器、享受音樂。令人驚訝的是這些迷思在父母之間流行的程度，他們還口耳相傳、建議彼此。我會希望自己與那些人為伍嗎？讓他們圍繞在我孩子身邊，是恰當、健康的嗎？那種壓力和強度，是如此與我們的家庭價值相違背。」

關愛與支持他們的孩子

克莉絲坦（Kristen）是密西根州安娜堡一位有兩個孩子的母親，她較大的孩子就讀一所公立高中的一年級。[10]這個孩子天資聰穎，只是執行技能有待加強，年紀還小的時候，功課對他來說很簡單；但是上了高中，就變得需要加把勁了，而他並不太想積極因應。克莉絲坦和丈夫（兩人都擁有知名大學的高等學歷）相當痛苦，他們都確定兒子只要用功一點，就可以進入頂尖的菁英大學，為他「打開世界」。兒子沒有特別熱衷的事物，但克莉絲坦和丈夫覺得，只要他想，他可以成就任何事。他們也覺得這樣「浪費天資」對他來說很可惜，希望他能保住進入那些大學的機會。此外，他們長期協助他專心用功、處事，也該是時候撤走這些援助了。但他們心底明白，少了這些支持，他可能無法成功。

「我最初的想法是，孩子這麼聰明，可以做任何他想做的事，而且他年紀還輕……他怎麼知道在某科若拿了C，他以後不會後悔？」但隨著每晚敦促兒子寫功課的苦差事開始牽動家庭的情感與和諧，克莉絲坦明白了：「我們一直那麼悲慘，是因為自己不斷地推他，並試圖想控制他。」她向一樣擁有天賦異稟卻很難帶的孩子的父母尋求建議，而在《尋常日子的禮物：一位母親的回憶錄》（*The Gift of an Ordinary Day: A Mother's Memoir*）這本書中找到莫大安慰，這是作家、編輯和傳記作者卡崔娜·肯尼森（Katrina Kenison）的著作。[11] 而克莉絲坦最深刻的體認與共鳴，應該是來自她社區裡某些功成名就的成人所說的話語——這些人從事的是自己認為具有啟發性與成就感的工作，而且他們的人生道路都包含了變故與轉折。「我和一個又一個在人生路上並非始終平順的人交談。他們的高中成績沒有全拿A。他們讀的是我從來沒聽過的大學。他們大一時就被當了。而我最大的領悟是，我們與孩子之間的關係，不是從他讀完高中、我們撐過這段時間才開始；我們和他的關係是當下就在發生——但每一種成功並不一定要在當下就立刻發生。」

雖然克莉絲坦曾經覺得，若不催逼兒子是殆忽父母的職守，但如今，成為負責任父母的另一種方式是，讓他在上大學之前「自己崩潰」。「人們經常告訴我，像他這樣的孩子，如果在高中時為他做那麼多、控管那麼嚴，然後他在大學崩潰了，這有什麼好處呢？還不如讓這件事在高中時發生。去上暑期班不是世界末日，在高中多留一年也不是世界末日。

「專家再三告訴我，『即使他真的崩潰得很慘，還是可以恢復的。』我必須要徹底打開心胸，接受這是孩子真正的樣貌。也許他會進入一所名校，也許不會；也許後來他反而會進名校的研究所。我不知道他什麼時候會踏出自己穩定的步伐，我無法為他訂出時間表。能夠明白自己不必控制一切，好『幫他保住進入名校的機會』，讓我無比釋懷。『大學』不會決定你的人生要做什麼。他不必一定得進名校才能創造令人讚嘆的人生。他可能永遠不會富有、出人頭地，那也沒關係。」

克莉絲汀（Christine）是四個小孩的母親，住在加州米爾谷（Mill Valley）這個位於舊金山北邊馬林縣（Marin County）的中上階層社區。在這裡，「人們在孩子學齡前，就開始談論大學應該讀哪裡。」[12] 當克莉絲汀最大的孩子——一個在學校總是表現優異，卻從來不曾真心喜歡上學的孩子——讀八年級時，他告訴父母：「我不想要在未來四年整天焦慮緊張，上了大學，再繼續焦慮緊張四年，然後畢業，找一份我實在不喜歡的工作。」當兒子說這些時，她許多朋友的孩子正要申請進入私立高中，為她兒子想要逃避的那種高壓、或許也剛好是聲望卓著的高中經驗擬定計畫；然而，克莉絲汀和丈夫明白，他們也不希望兒子過那樣的高中生活，相反地，他們支持他好好思考自己想做的事。後來，她兒子選擇就讀當地的公立泰馬爾帕斯高中（Tamalpais High School）。九年級結束時，他發現自己希望離開這個他稱為「泡沫」的馬林縣。他計畫高中第二年（十年級）時要做很多事，其中沒有一件堪稱是傳統的上學行為：他在肯亞一所女孩免繳學費的學校工作，同時選修國立大學網路高中（National University Virtual High School）的線上課程，然後回到美國，參加紐約市國際攝影中心（International Center of Photography）暑期班，並住在親戚家。他的母親克莉絲汀說：「要對他放手很困難，放棄傳統路線也有風險，但我們放手了，並相信這些經驗對他人格發展的幫助，將遠勝於他在家鄉經歷的十年級課業生活。那一年，他自己處理了所有的事。」

儘管克莉絲汀和丈夫很清楚，孩子在離開的那段時間更茁壯成長了，但決定離開傳統教育還是得承擔一些後果。例如，當他重新註冊泰馬爾帕斯高中第三年（十一年級）時，就不准申請某些AP課程，因為他前一年不是該校學生。「對許多人來說，這是不值得冒的風險。」克莉絲汀說。

但是她——更重要的是她的兒子，都願意去冒這個險。「我們支持他的決定，因為我們覺得，如果他被賦予獨立和機會去追求那些體制外的經驗，可能會更了解他是誰、他會成為誰，並且從這個立場對生命、大學、工作做出更好的選擇。我真的相信用這樣的方式支持他，可以幫助他增長能力，成為他想成為的人。」

莫里斯（Maurice）是牧師與歷史學家，住在加州奧克蘭，也是兩個大女孩的父親。[13] 他的女兒還小時，人們便看出她的天賦和才華，並敦促莫里斯讓她參加測試，送她進入一所極具競爭力的幼兒園，為進入常春藤學校做準備。但莫里斯和太太美雪兒（Meshelle）希望讓女兒自己嶄露頭角，而不是去塑造她。「我認為，教養有很重要的一部分是要知道，你得在哪裡停下來，而孩子得從哪裡開始。不帶焦慮的觀察是非常重要的。而讚嘆是所得的獎勵。我了解到，之前她的需求與我的需求有著顯著差異，現在也依然如此。她會在我分心渙散的環境下活力十足，而在我生機勃發的地方便枯萎黯淡。一直很令人吃驚的是，她說她從我身上學到的很多東西，卻和我特意引導的方向完全沒有關係。」

尋找支持自己教養價值的社區

拉妮（Rani）住在舊金山，是兩個孩子的母親。她曾在史丹佛受教育，從兩所菁英名校獲得學位，現在是一名醫師。[14] 當她和丈夫有了孩子，決定留在市區讓孩子上公立學校，但他們有許多朋友則遷往郊區。「我們選擇了舊金山公立學校體系，接觸的大多是沒有過度教養的家庭，這使我們能夠避開本身這麼做的傾向。我們覺得很興奮，能讓五年級的女兒沿著固定的路線獨自搭公車，並讓她和四年級的弟弟單獨走幾個街區到轉角的肉鋪去。他們很高興能做這些事，而且早就準備好了。」

有些家長則覺得有必要離開自家社區一學期或一年，以減輕壓力、或重新調整自己的重心。傑夫．甘寶（Jeff Gamble）是帕羅奧圖非常受歡迎的「傑夫奈拉」（Jefunira）夏令營創始人之一；二〇一四年，他和妻子泰麗（Terri）真的這麼做了，他們和三個孩子（分別是八歲、十一歲、十三歲）一起搬到印尼峇里島整整一年。[15]在峇里島，傑夫和泰麗的孩子每天單獨或和朋友一起走七到十分鐘，穿越叢林去上學。途中要穿越五十呎（約十五公尺）高的竹林，經過香蕉樹和椰子樹，不時有石龍子和壁虎溜過眼前的小路，天空完全被樹冠遮蔽。「當我們住在灣區時，孩子從來沒有單獨離開超過一個街區，但在這裡，我們讓他們探索、變得更獨立。兩個比較大的孩子有『峇里手機』，負責和我們聯絡，讓我們知道他們在哪裡、或者有什麼計畫，這樣他們就可以自由地和好朋友在叢林裡漫遊。他們還有二十英畝的校園，裡頭有小攤販、水池和一條河。他們可以選擇要學什麼——一個孩子上了潛水課，另一個研究養蜂——以及什麼時候寫功課。我們站到後方，讓他們成功或失敗，並從兩者中學習。我們試圖從過度教養中退後一步。他們三個都發展得很好。」

之前住在帕羅奧圖的梅芙．格羅根（Maeve Grogan）和丈夫派特（Pat），也做了類似的事，他們和兩個男孩花了六個月旅行探索世界。[16]過去，他們不斷催促孩子完成堆積如山的功課，表面上看似能幫助他們進入頂尖名校和順遂的職業生涯；但後來他們發現，孩子真正的問題，也許是極度不愛冒險，以及很難面對不確定性。這促使他們走上了六個月的跋涉旅途。「我們決定承受比平常更大的風險，走上那條不確定的路，」梅芙告訴我：「我們希望讓孩子學會，如何在不確定之中做出選擇與決策。」此外，他們開始與孩子更深入地重新建立連結。「從個人層面來說，我們只是想了解自己的孩子。一直被忙碌事務和外在責任絆住，我們要到何時，才會有自由的溝通管道以及單純彼此陪伴的機會？」

在梅芙一家人結束長途跋涉之後，這場冒險的高潮是：他們決定從帕羅奧圖搬到奧勒岡州南部一個安靜的社區，他們在那裡也有親人。「關係成為我們生命中的首要重點，而不是外來的一切，那些都淡出了。我們開始會以比較有選擇性的方式來對話，而不是說『你應該做這件事』。這是離開六個月所獲得的禮物。當時程表排滿了，就不會有時間進行有選擇性的對話。」

有選擇性的對話。

我們這些無法多做考慮，一心只想著目前盛行的過度教養模式的父母，未必是過著可以選擇的人生；我們可能已經讓牛群為我們做好選擇，也為孩子做好了選擇。

結語

支持孩子成為自己

正如很多大學生陷入循規蹈矩和鼓起勇氣的兩難，
不少家長也掙扎著在一個瘋狂的體制中傾盡全力。
但我們必須做些什麼，不能只是兩手一攤，
無論水流有多麼強勁，也不能繼續隨波逐流。
如果希望孩子與眾不同，我們必須用不同的方式來養育他們。[1]

——威廉．德雷西維茲，社會評論家、《優秀的綿羊》作者

在我擔任史丹佛大學新生主任的十餘年裡，非常榮幸有這樣的機會和成千上萬其他父母的十八歲到二十二歲兒女一起相處。我和許多同事的工作，是支持學生實現他們的目標，啟發他們成長，向他們自己尚未聽聞，或者仍無法想像的可能性延伸發展。這種指導需要仔細聆聽、保持耐心，同時願意秉持長遠的眼光；在結出美麗的果實之前，長大成人的發展過程可能是混亂複雜。

這些年來我親眼見證，曾經相對容易區分的青春期與成年期，界限越形模糊。年復一年，我們越來越難說服大學生的家長坐到後座，讓子女擔任大學生活的舵手。越來越多的學生感謝父母的參與，而不是想辦法自己處理事情。在某個時間點，我的直覺告訴我：事情不太對勁。如果下一代不具備成為成年人的本事，我們會變成怎麼樣？這份擔憂開始萌芽，引領我仔細檢視現況——不只是在我服務的校園和其他校園，同時也在我的社區、我孩子的學校和我自己家中。看來，原本自然建構於

童年之中的發展階段——使兒童獲得越來越多的競爭力與獨立性，因此能與父母分離，並鍛造他們自己——似乎已經被安全考量，以及似乎只有父母協同參與才能獲得的球隊席次、學校名額、機會與嘉獎……等忽略、掩蓋了。父母掌控狀況、盤旋在四周牧養著孩子，直到進入成年，這種情況已漸為常態，而不是例外。而焦慮、憂鬱和其他青少年與年輕人的心理健康與福祉問題，則逐年增加。

我開始寫這本書時，是源自對青少年與年輕人的強烈關注，而在本書結束時，卻是帶著對父母更深切的關心。我一開始的信念是，「那些父母」才是問題的核心，卻謙卑地發現，自己也是「那些父母」之一。我開始希望揭開哪裡出了問題，並因此受到啟發，知道我們能如何翻轉現況，撥亂反正。當我完成這本書，繼續邁向自己的旅程——這其中當然包括與我深愛的伴侶共同撫養兩個年輕人成年，由於我已了解過度教養的傷害，因此已朝好的方向改變，希望你也是如此。

身為父母，我們的夢想是孕育一個孩子，但是不能忘記，孩子們有自己做夢的權利。對於每個珍貴、獨一無二的孩子，他們有著比我們所知更多的部分，而那個獨特的人——那個自我——是等著每個年輕人去發現的。我們多麼急切地希望，藉由帶領他們走過一個個里程碑、為他們阻擋失敗和痛苦來幫忙他們，但過度的協助會造成傷害，可能會讓年輕人缺乏技能、意志、品格的力量，而這些是他們認識自己、創造生命所必需。他們必須是自己的作者，也是二十一世紀的作者，這個時間跨度比我們所能理解的更貼近、更全球化，更容易理解也更不可預測。人類有史以來所面臨看似最棘手的環境與社會問題，將會衝擊下一代。他們會被召喚去當勤奮的工人、精鍊的思想家、問題解決者、富有同情心與積極參與的公民、善良的人，或許也會自己當起父母。身為父母，如果我們的孩子有足夠的本事立足在世上，自己完成這些事，而不是指望我們協助或取代他們，我們就成功了。

當然，這並不意味著我們要袖手旁觀，什麼都不做；有很多我們能做、而且必須做的事。當孩子還在家與我們同住，我們必須養育他們，提供一個安全、有愛的庇護所，愛他們原本的樣子、支持他們的興趣，並教導他們培育獨立的技能和價值，讓他們做好準備，度過有意義、有成就的成人生活。我們也必須為自己的快樂與福祉負責，不要盯著孩子的成就。如果我們與孩子培養並保持良好的關係，他們將永遠重視我們的觀點，甚至會尋求我們的意見。但隨著年齡增長，我們絕不能過度執著要求他們聽命於父母。很快地，我們必須將世代領導的衣缽傳給孩子，而且理所當然要優雅地完成，同時帶著深刻的信心，相信他們在時機成熟時，會具備成為一家之主的所有能力。

就像我們的孩子，我們也會多方徵求意見，其中包括如何養育小孩。我們可以從研究者、哲學家、醫生、思想領袖、心靈導師、教練、作家以及同儕父母身上學到很多。然而，我們也不宜過於想要尋求答案，以致忽略了生命經驗的智慧，以及存在自己大腦和心中的直覺。我們比任何人都清楚自己的孩子，知道家裡的生活是什麼模樣。對於教養的各個方面，沒有一體適用的答案，如果我們總是想演繹出最佳的方法，只會把自己逼瘋。要相信你有能力做出正確的選擇，並且盡量靠自己找出教養的方法。是的，眼前這個教養書的作者要說的是：你可能不會想再讀那麼多教養書，而是多給自己一點讚賞，慢下來，深呼吸，看看內在，擁抱你的伴侶，並擁抱你的孩子。教養不必再這麼辛苦了，你已經有了這一本書。

當我還在史丹佛大學當主任時，開始在自己的社區公開談論過度教養的危害，記得有好幾次，聽眾之中的家長尖銳地質問我，令我相當不好受。他們的問題是：「難道不是名校惹的禍嗎？」當時，深陷於自己身為大學行政人員的本位，我無法預見學院與大學在過度教養上所扮演的幫凶角色，更別說是那位提問者所暗示的罪魁禍首。然而，隨著距離與時間增加，我有了更寬廣的視野。雖然我不認為，父母決定幫孩子寫功課、為了考到好分數花大錢，或者為孩子「填滿」履歷，要歸咎於史丹佛和哈佛這些世界名校，但我確實認為，在諸如此類的機構，深思熟慮的領導人有著最佳的立場與位置，能夠從菁英主義的魔爪、莫須有的高錄取門檻和相對不合宜的排名機制中，找回這些學校的聲譽，重塑招生過程，以真正評估申請者的真實智力和品格，而不是耽溺在差距極小的自戀裡。如果頂尖名校能啟動這項工程，對孩子、父母與童年本身都將有莫大助益。我真心希望他們會試著這麼做。

儘管有著大學招生制度的問題，以及諸多超出父母所能掌控範圍的社會和文化因素，我們的孩子今晚要吃晚餐、明早也得吃早餐，而社會和世界還得仰賴我們好好養育孩子。和我一起站在孩子這邊，離開直升機父母那一群。培養獨立而非依賴，支持孩子成為自己，而不是告訴他們要變成誰、或是做什麼。我們可以一起將教養的鐘擺推往另一個方向——養出一個成年人。

問題討論

1. 不論是好是壞，十八歲不是一個神奇的年齡，能讓孩子突然變成成年人；成年不只是一個數字。所以，成為成年人究竟意味著什麼？在本書189頁，作者在威廉·戴蒙教授協助下，提供了一種回答：「一個成年人的社會角色，根本上『與你無關』。」你同意這個定義嗎？你會如何定義成年？

2. 如作者在前言中所討論，美國的教養風格、價值與方法在這幾十年與世代轉換間，已歷經改變。你的教養風格是否（或是否將會）與自己的父母不同？在你的生命中，是否注意到我們的文化對教養的想法與做法有了更廣泛的改變？

3. 在二十一世紀，科技幾乎影響了生活的每個層面，也包括教養的方式。在028頁，作者呈現了以下的範例，說明科技如何影響親子關係：「例如，比佛利山莊高中學生的母親，堅持兒子和朋友去海灘玩時，來回路上每小時都要發一次簡訊……或者一位史丹佛學生的父親聯絡學校，說他認為女兒失蹤了，因為他已經超過一天沒有她的消息。」科技在你的教養（或計畫的教養）中，扮演什麼角色？能隨時隨地保持聯絡是一種幸還是不幸？

4. 身為父母，看到孩子受傷、挫敗，或者面臨各種失望都使我們心痛。但作者認為，失敗的經驗是在兒童與年輕人身上培養韌性的關鍵。失敗以什麼方式、到什麼程度，成為成長必經的磨練？如果需要，父母應該在什麼時間點介入，避免孩子的掙扎痛苦？

5. 發展心理學家大致同意有四種教養方式：威信型、放任／放縱型、忽略型與威權型。這些類型已在191頁的笛卡兒座標圖呈現。如果你的教養方式是座標上的一個標示點，你認為會落在哪裡？它的位置是否隨著時間改變？

6. 在《如何養出一個成年人》整本書中，有無數個父母過度參與孩子的課業或責任的例子，有時還包括整個大學生活，甚至畢業後涉入孩子的職場發展。父母協助孩子處理學校功課是恰當或可接受的嗎？大學申請呢？找工作呢？

7. 本書113至115頁中，作者條列了任何一個具備自我效能的十八歲的人應該能夠展現的生活技能。你贊同這份清單的內容嗎？有哪些技能或行為，是你認為應該加入，或者應該移除的？

8. 在本書215至226頁，作者描述了教導生活技能的四步驟策略：(1)先是為你做；(2)然後和你一起做；(3)接著看你做；和(4)之後你完全自己做。她承認第三和第四個步驟通常是父母最難做到的，而且需要在信心上躍進一大步。在你的經驗裡，為什麼請父母退後一步很困難？其中牽涉到什麼恐懼與希望？父母要如何緩和這些恐懼與希望？

9. 當作者與高中生談到「清單式的童年」，以及可能導致的心理健康問題，學生請她把要求轉達給父母，例如：（1）「請停止拿我和兄弟姐妹／同學比較」；（2）「不要說『只要盡力就好』，然後當成績不理想，又說我應該可以表現得更好」；（3）「請不要煩惱每件小事」；（4）「我知道你們只是想幫忙，但請讓我自己處理。」父母有沒有可能一方面鼓勵努力與表現，但又不傷害孩子自主的發展、危害孩子的心理健康，以及／或者不要加重如作者在319頁所稱的「品牌喧擾」？

10. 如本書第四部所討論，過度教養不只會對孩子造成負面影響，通常也會使父母本身過度緊張。你的教養風格如何影響自己的壓力水準與自我認同感？

Reed College
Rice University
Rutgers University School of Arts and Sciences
Saint Louis University
San Francisco State University
Santa Clara University
Sarah Lawrence College - NY
Seattle University
Seoul National University
Smith College
Southern Methodist University
Southwestern University
Spelman College
Stanford University
Stephen F. Austin State University
SUNY at Albany
SUNY at Stony Brook Center
SUNY College at Geneseo
Swarthmore College
Syracuse University
Texas A&M University - College Station
Texas Christian University
Texas Tech University
The University of Texas at Arlington
The University of Texas at Austin
Torah Temimah Talmudical Seminary
Touro College
Trinity University - TX
Truman State University
Tufts University of Arts and Sciences
Tulane University
United States Coast Guard Academy
University of Alabama
University of Arizona
University of Arkansas - Fayetteville
University of British Columbia
University of Calgary
University of California - Berkeley
University of California - Davis
University of California - Irvine
University of California - Los Angeles
University of California - San Diego
University of California - Santa Barbara
University of Chicago
University of Colorado - Boulder
University of Connecticut, Storrs
University of Florida
University of Georgia
University of Illinois - Urbana
University of Kentucky - Lexington
University of Lethridge
University of Mary land - College Park
University of Miami
University of Michigan - Ann Arbor
University of Minnesota - Minneapolis
University of Missouri - Columbia
University of Montana
University of Nebraska - Lincoln
University of North Carolina - Chapel Hill
University of Notre Dame
University of Nottingham
University of Oklahoma
University of Pennsylvania
University of Pittsburgh
University of San Diego
University of South Carolina - Columbia
University of Southern California
University of Toronto
University of Virginia
University of Washington
University of Waterloo
University of Western Ontario
University of Wisconsin - Madison
VA Polytechnic Institute and State University
Vanderbilt University
Vassar College
Villanova University
Washburn University
Washington State University
Washington University
Wesleyan University
Wheaton College - IL
Wheaton College - MA
Williams College
Wofford College
Yale University
Yeshiva University

附錄 A

2016 年哈佛法學院新生就讀之大學資料

American University
Amherst College
Arizona State University
Auburn University
Augustana College - SD
Bard College
Baruch College - SUNY
Bates College
Baylor University
Beth Medrash Govoha
Bethel University - MN
Biola University
Boise State University
Boston College
Bowdoin College
Brandeis University
Brigham Young University
Brooklyn College - CUNY
Brown University
Bucknell University
California Polytechnic State University - San Luis Obispo
California State University - Los Angeles
Carleton College - MN
Carleton University
Carnegie Mellon University
Case Western Reserve University
Centre College
Claremont McKenna College
Clark Atlanta University
Clemson University
Colgate University
Colorado State University
Columbia University - Columbia College
Cornell University - NY
Dartmouth College
Dickinson College
Dillard University
Duke University
Eastern Nazarene College
Embry- Riddle Aeronautical University
Emory University
Florida Institute of Technology
Florida State University
Fordham University - Fordham College at Rose Hill
Furman University
George Washington University
Georgetown University
Hamilton College
Harvard University
Hofstra University
Howard University
Hunter College - CUNY
Indiana University - Bloomington
Indiana University - Purdue University, Indianapolis
Johns Hopkins University
Lafayette College - PA
Loyola University - Chicago
Marquette University
Massachusetts Institute of Technology
McGill University
McMaster University
Metropolitan State University
Miami University Oxford
Middlebury College
Morehead State University
Morehouse College
Nebraska Wesleyan University
Ner Israel Rabbinical College
New York University
Northeastern University
Northwestern University
Oakland University
Oberlin College
Ohio State University - Columbus
Oral Roberts University
Oregon State University
Patrick Henry College
Peking University
Pennsylvania State University - University Park
Point Loma Nazarene University
Pomona College
Princeton University
Queens College - CUNY
Queen's University

附錄 B

2013 年加入「為美國而教」（TFA）畢業生所屬之學院與大學

這一年，有 5,900 人加入了 TFA。若加上 2012 年的成員，他們共有超過 11,000 名團員，領導橫跨美國 35 州及哥倫比亞特區共 48 區的高度需求班級。

在 2013 年，有 74% 的 TFA 團員是當年度的應屆大學畢業生。他們分別來自超過全美 800 所學院與大學。* 以下的學校名單，是依各校畢業生被 TFA 錄取之人數排名。

大型學校

> 10,000 名大學生 **

University of Texas at Austin	73	Indiana University-Bloomington	44
University of Southern California	70	Penn State University Park	43
University of California-Berkeley	69	University of Minnesota-Twin Cities	43
University of Michigan-Ann Arbor	67	Arizona State University	42
University of Florida	59	University of Maryland College Park	42
University of North Carolina at Chapel Hill	57	University of Washington-Seattle	42
University of Illinois at Urbana-Champaign	56	University of California-Los Angeles	40
Cornell University	55	University of Georgia	40
University of Virginia	45	The Ohio State University	38
University of Wisconsin-Madison	45	University of Pittsburgh	38

中型學校

3,000 ～ 9,999 名大學生

Harvard University	45	Howard University	31
Vanderbilt University	45	Princeton University	30
Georgetown University	40	Washington University in St. Louis	30
University of Pennsylvania	40	Yale University	30
George Washington University	37	Boston College	29
Columbia University in the City of New York	35	Emory University	28
Tufts University	35	Tulane University	26
Dartmouth College	33	American University	23
Northwestern University	33	Gonzaga University	23
Brown University	31	Wake Forest University	23

小型學校

< 3,000 名大學生

Spelman College	27	Barnard College	12
Wellesley College	20	Colby College	12
Smith College	16	Franklin & Marshall College	12
Denison University	15	Washington and Lee University	12
College of the Holy Cross	14	Claremont McKenna College	11
DePauw University	14	Colorado College	11
Grinnell College	14	Amherst College	10
Lafayette College	14	Morehouse College	10
Whitman College	14	Mount Holyoke College	10
Williams College	14	Wesleyan University	10

* 以上資料統計時間為 2013 年 8 月，含歷史數據模式中開學第一天的人數預測。

** 分類方式是依據 Carnegie Foundation for the Advancement of Teaching 的學院與大學基本大小分類法。

6 作者與 Lisa 的訪談，November 13, 2014。
7 作者與 Carole 的訪談，November 13, 2014。
8 作者與父母的訪談，February 19 與 October 27, 2014。
9 作者與父母的訪談，November 20, 2014。
10 作者與 Kristen 的訪談，November 14, 19, 20, 2014.
11 Katrina Kenison, *The Gift of an Ordinary Day: A Mother's Memoir* (New York: Springboard Press, 2009).
12 作者與 Christine 的訪談，November 13, 2014。
13 作者與 Maurice 的訪談，November 14, 2014。
14 作者與 Rani 的訪談，November 13, 2014。
15 作者與 Jeff Gamble 的訪談，November 13, 21 與 December 5, 2014。
16 作者與 Maeve Grogan 的訪談，February 5, 2014。

結論 支持孩子成為自己

1 William Deresiewicz, *Excellent Sheep: The Miseducation of the American Elite and the Way to a Meaningful Life* (New York: Free Press, 2014), 58.

6 作者與 Randye Hoder 和 Emma 的訪談，May 29, 2014。
7 作者與學生的訪談，May 29, 2014。

21 找回你自己

1 作者與 Catharine Jacobsen 的訪談，May 14, 2014。
2 Annette Lareau, *Unequal Childhoods: Class, Race, and Family Life* (Berkeley, Calif.: University of California Press, 2003).
3 Shawn Bean, "Xanax Makes Me a Better Mom," http://www.parenting.com/article/xanax.
4 American Psychological Association, "APA Survey Raises Concern About Health Impact of Stress on Children and Families," November 9, 2010, http://www.apa.org/news/press/releases/2010/11/stress-in-america.aspx.
5 Christine Carter, *The Sweet: Spot: How to Find Your Groove at Home and Work* (New York: Ballantine Books, 2015).
6 Brigid Schulte, *Overwhelmed: Work, Love, and Play When No One Has the Time* (New York: Sarah Crichton Books, 2014).
7 Barbara Sher and Barbara Smith, *I Could Do Anything if I Only Knew What It Was: How to Discover What You Really Want and How to Get It* (New York: Delacorte Press, 1994); Eckhart Tolle, *A New Earth: Awakening to Your Life's Purpose* (an Oprah selection), (New York: Penguin, 2005).
8 George Vaillant, *Triumphs of Experience: The Men of the Harvard Grant Study* (Cambridge, Mass.: Belknap Press, 2012). See also http://positivepsychologynews.com/news/george-vaillant/200907163163.
9 Christine Carter, *Raising Happiness: 10 Simple Steps for More Joyful Kids and Happier Parents* (New York: Ballantine Books, 2010).
10 Carter, *The Sweet Spot.*
11 作者與學生的訪談，April 14, 2014。
12 作者與母親的訪談，May 14, 2014。

22 成為你想成為的父母

1 Brian Morton, "Falser Words Were Never Spoken," *New York Times,* August 29, 2011, http://www.nytimes.com/2011/08/30/opinion/falser-words-were-never-spoken.html?_r=0.
2 Christine Carter, *The Sweet Spot: How to Find Your Groove at Home and Work* (New York: Ballentine Books, 2015).
3 Carter, *The Sweet Spot,* quoting Brené Brown.
4 作者與父母的訪談，February 19 與 October 27, 2014。
5 作者與 Maurina 的訪談，January 23, 2014。

National Bureau of Economic Research, August 1999, http://www.nber.org/papers/w7322.
9 Gregg Easterbrook, "Who Needs Harvard?" *The Brookings Institution,* October 2004, http://www.brookings.edu/research/articles/2004/10/education-easterbrook.
10 William Deresiewicz, *Excellent Sheep: The Miseducation of the American Elite and the Way to a Meaningful Life* (New York: Free Press, 2014), p. 196.
11 作者與 Lou Adler 的訪談，June 3, 2014。
12 Malcolm Gladwell, *David and Goliath: Underdogs, Misfits and the Art of Battling Giants* (New York: Little, Brown & Co., 2013).
13 The President and Fellows of Harvard College, "Undergraduate Colleges," *Harvard Law School* (undated), http://www.law.harvard.edu/prospective/jd/apply/undergrads.html.
14 Thomas L. Friedman, "How to Get a Job at Google," *New York Times,* February 22, 2014, http://www.nytimes.com/2014/02/23/opinion/sunday/friedman-how-to-get-a-job-at-google.html?_r=1.
15 Loren Pope, *Colleges That Change Lives: 40 Schools That Will Change the Way You Think About Colleges* (New York: Penguin, 2012).
16 Loren Pope, *Looking Beyond the Ivy Leagues: Finding the College That's Right for You* (New York: Penguin, 1990).
17 作者與 Christina Allen 的訪談，May 23, 2014。
18 The National Center for Fair and Open Testing, "Colleges and Universities That Do Not Use SAT/ACT Scores for Admitting Substantial Numbers of Students into Bachelor Degree Programs," http://www.fairtest.org/university/optional.
19 《美國新聞》排名第 110 名。
20 《美國新聞》排名第 38 名。
21 Rebecca Schuman, "Bard's Better Admissions Application," *Slate,* June 6, 2014, http://www.slate.com/articles/life/education/2014/06/the_bard_admissions_exam_four_essays_no_common_application.html.
22 同上。
23 同上。
24 作者與 Lee Coffin 的訪談，June 6, 2014。
25 作者與塔弗茲大學教務長 David Harris 的談話，April 24, 2014。

20 傾聽他們的聲音

1 作者與 Maeve Grogan 的訪談，February 5, 2014。
2 作者與 Maurina 的訪談，January 23, 2014。
3 The American Psychological Association, http://www.apa.org/helpcenter/communication-parents.aspx.
4 作者與 Brandon 的訪談，June 7, 2014。
5 Randye Hoder, *Why I Let My Daughter Get a "Useless" College Degree,* http://ideas.time.com/2014/01/16/why-i-let-my-daughter-get-a-useless-college-degree/.

15 Angela Duckworth et al., "Grit: Perseverance and Passion for Long-Term Goals," *Journal of Personality and Social Psychology* 92, no. 6 (2007): 1087–1101.

16 Tim Elmore, *Generation iY: Our Last Chance to Save Their Future* (Atlanta: Poet Gardener Publishing, 2010).

17 Kenneth R. Ginsburg, *A Parent's Guide to Building Resilience in Children and Teens: Giving Your Child Roots and Wings* (Elk Grove Village, Ill.: American Academy of Pediatrics, 2011).

18 Jessica Lahey, *The Gift of Failure: How the Best Parents Learn to Let Go So Their Children Can Succeed* (New York: Harper, 2015).

19 M. W. Anderson and T. D. Johanson, *GIST: The Essence of Raising Life-Ready Kids* (Eden Prairie, GISTWorks, LLC, 2013).

20 Wendy Mogel, *The Blessing of a B Minus* (New York: Scribner, 2010).

21 作者與 Eric Scroggins 的訪談，February 24, 2014。

22 Paul Tough, *How Children Succeed: Grit, Curiosity, and the Hidden Power of Character* (Boston, Mass.: Houghton Miffl in Harcourt, 2012).

23 Motoko Rich, "As Apprentices in the Classroom, Teachers Learn What Works," *New York Times,* October 10, 2014. http://www.nytimes.com/2014/10/11/us/as-apprentices-in-classroom-teachers-learn-what-works.html?module=Search&mabReward=relbias%3Aw%2C%7B%221%22%3A%22RI%3A8%22%7D&_r=0.

24 Rena Stone 在加州舊金山 Aspire Public Schools 年度募款會上的演說，May 20, 2014。

25 作者與 James Willcox 的訪談，May 22, 2014。

19 對大學抱持更開放的心態

1 作者與 William Rivera 的訪談 , April 22, 2014.

2 Mitchell L. Stevens, *Creating a Class: College Admissions and the Education of Elites* (Cambridge, Mass.: Harvard University Press, 2007).

3 Barry Schwartz, *The Paradox of Choice: Why More Is Less* (New York: HarperPerennial, 2005).

4 作者與 Larry Momo 的訪談，March 3, 2014。

5 Kayla Webley, "As College Applications Rise, So Does Indecision," *Time,* May 1, 2013, http://nation.time.com/2013/05/01/as-college-applications-rise-so-does- indecision/.

6 作者與法官的訪談，May 12, 2014。

7 Dan Edmonds, "College Admissions: The Myth of Higher Selectivity," *Time*, March 20, 2013, http://ideas.time.com/2013/03/20/college-admissions-the-myth-of-higher-selectivity/.

8 Stacy Berg Dale and Alan B. Krueger, "Estimating the Payoff to Attending a More Selective College: An Application of Selection on Observables and Unobservables," *The*

5 Rick Wartzman, "Some Words of Wisdom from Peter Drucker to My Daughter," *Time,* May 7, 2014. http://time.com/89695/some-words-of-wisdom-from-peter-drucker-to-my-daughter/.
6 作者與 Sebastian Thrun 的訪談，May 16, 2014。
7 作者與 Jennifer Ayer Sandell 的訪談，May 29, 2014。
8 作者與 Michele 的訪談，January 23, 2014。
9 作者與 Holley 的訪談，April 22, 2014。
10 William Damon, *The Path to Purpose,* 131.
11 作者與 Sebastian Thrun 的訪談，May 16, 2014。
12 作者與 Adam Smiley Poswolsky 的訪談，October 15, 2014。
13 William Damon, *The Path to Purpose,* 130.
14 作者與律師的訪談，June 2, 2014。
15 William Deresiewicz, *Excellent Sheep: The Miseducation of the American Elite and the Way to a Meaningful Life* (New York: Free Press, 2014), pp. 121–22.

18 把掙扎常態化

1 Brené Brown, *Daring Greatly: How the Courage to Be Vulnerable Transforms the Way We Live, Love, Parent, and Lead* (New York: Gotham Books, 2012).
2 The Resilience Project, http://resilience.stanford.edu.
3 Sir Ken Robinson, "How Schools Kill Creativity," TED2006, http://www.ted.com/talks/ken_robinson_says_schools_kill_creativity.
4 作者與 Colonel Leon Robert 的訪談，June 28, 2013。
5 作者與 Harriet Rossetto 的訪談，April 2, 2014。
6 作者與 Phil Gardner 的訪談，March 26, 2013。
7 作者與 Eric Scroggins 的訪談，February 24, 2014。
8 作者與 Stephen Parkhurst 的訪談，February 25, 2014。
9 作者與 Colonel Leon Robert 的訪談，June 28, 2013。
10 William Deresiewicz, *Excellent Sheep: The Miseducation of the American Elite and the Way to a Meaningful Life* (New York: Free Press, 2014), p. 113.
11 作者與 James Willcox 的訪談，May 22, 2014。
12 Carol Dweck, *Mindset: The New Psychology of Success* (New York: Ballantine Books, 2006); see also Dweck, http://mindsetonline.com/changeyourmindset/firststeps/.
13 Brené Brown, *The Gifts of Imperfection: Let Go of Who You Think You're Supposed to Be and Embrace Who You Are* (Center City, Minn.: Hazelden, 2010); Brené Brown, *Daring Greatly: How the Courage to be Vulnerable Transforms the Way We Live, Love, Parent, and Lead* (New York: Gotham Books, 2012).
14 Brené Brown, "The Power of Vulnerability," TEDxHouston, June 2010, http://www.ted.com/talks/brene_brown_on_vulnerability?language=en.

3 "The PreparedU Project: An In- Depth Look at Millennial Preparedness for Today's Workforce," Bentley University, January 29, 2014. https://www.bentley.edu/files/prepared/1.29.2013_BentleyU_Whitepaper_Shareable.pdf.

4 For example, see Susan Tordella, *Raising Able: How Chores Nurture Grit and Self-Discipline in Children* (CreateSpace In dependent Publishing Platform, 2012).

5 Dava Sobel, "Work Habits in Childhood Found to Predict Adult Well- Being," *New York Times,* November 10, 1981. http://www.nytimes.com/1981/11/10/science/work-habits-in-childhood-found-to-predict-adult-well-being.html.

6 Edward M. Hallowell, *The Childhood Roots of Adult Happiness: Five Steps to Help Kids Create and Sustain Lifetime Joy* (New York: Ballantine Books, 2002).

7 這項 2008 年的研究發現，是由馬里蘭大學「馬里蘭人口研究中心」的 Dr. Sandra Hofferth 主持，並由 Sue Shellenbarger 報導："On the Virtues of Making Your Children Do the Dishes," *Wall Street Journal,* August 27, 2008. http://online.wsj.com/news/articles/SB121978677837474177.

8 同上。

9 Markella B. Rutherford, *Adult Supervision Required: Private Freedoms and Public Constraints for Parents and Children* (New Brunswick, N.J.: Rutgers University Press, 2011), pp. 337– 53.

10 Annette Lareau, *Unequal Childhoods: Class, Race, and Family Life* (Berkeley: University of California Press, 2003).

11 Talk given at Challenge Success conference *Success by Design: Is it Possible?,* September 26, 2014.

12 Patricia Smith, "Pitch In! Getting Your Kids to Help with Chores," *Education.com,* March 5, 2009, http://www.education.com/magazine/article/Pitch_Getting_Your_Kids_Help /; Esther Davidowitz, "Get Kids to Pitch In," Parenting.com 2012, http://www .parenting.com/article/get-kids-to-pitch-in; Annie Stuart, "Divide and Conquer House hold Chores," *WebMD.com* (undated), http://www.webmd.com/parenting/features/chores-for-children.

13 作者與 Stephen Parkhurst 的訪談，February 25, 2014。

14 作者與 Alexa Gulliford 的訪談，May 22 and May 30, 2014。

15 作者與員工的訪談，February 4, 2014。

17 讓他們規劃自己的路

1 作者與 Sebastian Thrun 的訪談，May 16, 2014。

2 William Damon, *The Path to Purpose: Helping Our Children Find Their Calling in Life* (New York: Free Press, 2008), 131.

3 Adam Smiley Poswolsky, *The Quarter-life Breakthrough* (San Francisco: 20s & 30s Press, 2014).

4 作者與 Rick Wartzman 的訪談，June 3, 2014。

http://www.criticalthinking.org/pages/the-art-of-redesigning-instruction/520.
4 Amanda Ripley, *The Smartest Kids in the World: And How They Got That Way* (New York: Simon & Schuster, 2013).
5 "Study: Most College Students Lack Skills," *USA Today,* January 19, 2006, http://usatoday30.usatoday.com/news/education/2006-01-19-college-tasks_x.htm.
6 Denise Pope, *"Doing School": How We Are Creating a Generation of Stressed Out, Materialistic, and Miseducated Students* (New Haven, Conn.: Yale University Press, 2003).
7 M. Galloway, J. Connor, and D. Pope, "Nonacademic Effects of Homework in Privileged, High-Performing High Schools," *Journal of Experimental Education* 81, no.4 (2013); http://www.challengesuccess.org/Portals/0/Docs/ChallengeSuccess-Homework-WhitePaper.pdf; http://www.washingtonpost.com/blogs/answer-sheet/wp/2014/03/13/homework-hurts-high-achieving-students-study-says/; http://www.washingtonpost.com/local/education/does-high-school-stress-have-to-be-a-bad-thing/2014/04/26/a824534c-cc00-11e3-93eb-6c0037dde2ad_story.html; http://time.com/41981/six-ways-to-end-the-tyranny-of-homework/; http://parenting.blogs.nytimes.com/2014/03/12/homeworks-emotional-toll-on-students-and-families/?_php=true&_type=blogs&_r=0.
8 Randye Hoder, "Six Ways to End the Tyranny of Homework," *Time,* March 28, 2014, http://time.com/41981/six-ways-to-end-the-tyranny-of-homework/.
9 Valerie Strauss, "Homework: An Unnecessary Evil?... Surprising Findings from New Research," *The Washington Post,* November 26, 2012, http://www.washingtonpost.com/blogs/answer-sheet/wp/2012/11/26/homework-an-unnecessary-evil-surprising-findings-from-new-research/.
10 "The Art of Redesigning Instruction," *The Foundation for Critical Thinking* (undated), http://www.criticalthinking.org/pages/the-art-of-redesigning-instruction/520.
11 Jennifer Fox, *Your Child's Strengths: A Guide for Parents and Teachers* (New York: Viking Adult, 2008).
12 作者與 Jeff Brenzel 的訪談，May 12, 2014。
13 作者與 John Barton 的訪談，September 23, 2014。
14 Carol Dweck, *Mindset: The New Psychology of Success* (New York: Ballantine Books, 2006).
15 Carol Dweck, "How Can You Change from a Fixed Mindset to a Growth Mindset?" *Mindset Online* (undated). http://mindsetonline.com/changeyourmindset/firststeps/.
16 同上。
17 Amanda Ripley, *The Smartest Kids in the World,* 198.

16 讓他們學會勤奮工作

1 作者與 Stephen Parkhurst 的訪談，February 25, 2014。
2 "Millennials: We Suck and We're Sorry," http://www.youtube.com/watch?v=M4IjTUxZORE.

blogs.edweek.org/edweek/international_perspectives/2013/10/be_careful_what_you_wish_for.html?cmp=SOC-SHR-TW.

14 See Mihaly Csikszentmihalyi, "Flow, the Secret to Happiness," TED2004, February 2004. http://www.ted.com/talks/mihaly_csikszentmihalyi_on_flow.

15 "Mihaly Csikszentmihalyi: Motivating People to Learn," *Edutopia,* April 11, 2002, http://www.edutopia.org/mihaly-csikszentmihalyi-motivating-people-learn.

16 Nancy S. Cotton, *"Childhood Play as an Analog to Adult Capacity to Work," Child Psychiatry and Human Development* 14, no. 3 (Spring 1984): 135– 44.

17 Stuart Brown, "Play Is More Than Just Fun," TED, May 2008. http://www.ted.com/talks/stuart_brown_says_play_is_more_than_fun_it_s_vital.

18 Judy Woodruff's interview with Hanna Rosin, "Should Parents Let Their Kids Take More Risks?" *PBS Newshour,* May 9, 2014. http://www.pbs.org/newshour/bb/parents-let-kids-take-risks/.

14 教導生活技能

1 作者與 David McCullough, Jr. 的訪談，January 28, 2014。

2 Martin Seligman, *Authentic Happiness: Using the New Positive Psychology to Realize Your Potential for Lasting Fulfillment* (New York: Free Press, 2002).

3 作者與 Harriett Rossetto, Doug Rosen, Adam Mindel 的訪談，April 2014。

4 作者與學生的訪談，April 14, 2014。

5 Suniya Luthar, "The Problem with Rich Kids," *Psychology Today,* November 5, 2013, http://www.psychologytoday.com/articles/201310/the-problem-rich-kids.

6 作者與 Stacey Ashlund 的訪談，May 6, 2014。

7 Lindsay Hutton,"I Did It All by Myself! An Age-by-Age Guide to Teaching Your Child Life Skills," *FamilyEducation.com* (undated). http://life.familyeducation.com/slideshow/independence/71434.html?page=1.

8 作者與 Adam Mindel 的訪談，April 25, 2014。

9 Lenore Skenazy, *Free Range Kids: How to Raise Safe, Self-Reliant Children (Without Going Nuts with Worry)* (San Francisco: Jossey-Bass, 2010).

10 作者與 Jenny Ryan, Kristen Gracia, 與 David Ackerman 的訪談，June 12, 2014。

11 作者與學生的訪談，April 14, 2014。

15 教導自主思考

1 William Deresiewicz, *Excellent Sheep: The Miseducation of the American Elite and the Way to a Meaningful Life* (New York: Free Press, 2014).

2 Daniel Pink, *Drive: The Surprising Truth About What Motivates Us* (New York: Riverhead Books, 2009).

3 "The Art of Redesigning Instruction," *The Foundation for Critical Thinking* (undated),

School and in Life (New York: Spiegel & Grau, 2014); and Jelani Mandara, "An Empirically Derived Parenting Typology," paper presented at the Achievement Gap Initiative Conference, Harvard University, Cambridge, Mass., June 29, 2011。

7 Amanda Ripley, *The Smartest Kids in the World: And How They Got That Way* (New York: Simon & Schuster, 2013): 112.

8 Citing Mandara, "An Empirically Derived Parenting Typology" (paper presented at the Achievement Gap Initiative Conference, Harvard University, Cambridge, Mass., June 29, 2011).

9 Amy Chua, *Battle Hymn of the Tiger Mother* (New York: Penguin Press, 2011), 63.

13 給孩子非結構化的時間

1 Hillary R. Clinton, "An Idyllic Childhood," in *The Games We Played: A Celebration of Childhood and Imagination,* ed. Steven A. Cohen, 161– 65 (New York: Simon & Schuster, 2001).

2 Howard P. Chudacoff, *Children at Play: An American History* (New York: New York University Press, 2007).

3 同上 , 223.

4 Peter Gray, "The Decline of Play and the Rise of Psychopathology in Children and Adolescents," *American Journal of Play 3,* no. 4 (Spring 2011): 443– 63.

5 Susie Mesure, quoting Boston College psychologist and author of *Free to Learn,* Peter Gray. http://www.independent.co.uk/life-style/health-and-families/features/when-we-stop-children-taking-risks-do-we-stunt-their-emotional-growth-9422057.html.

6 UN General Assembly, *Convention on the Rights of the Child,* November 20, 1989. United Nations, Treaty Series, vol. 1577, Article 31.

7 Hanna Rosin, "The Overprotected Kid," *The Atlantic,* April 2014, http://www.theatlantic.com/features/archive/2014/03/hey-parents-leave-those-kids-alone/358631/.

8 Michael Lanza, *Playborhood: Turn Your Neighborhood into a Place for Play* (Menlo Park, Calif.: Free Play Press, 2012).

9 作者與 Michael Lanza 的訪談，July 31, 2013。

10 Peter Sims, "The Montessori Mafia," *The Wall Street Journal,* April 5, 2011, http://blogs.wsj.com/ideas-market/2011/04/05/the-montessori-mafia/.

11 Jay Mathews, "Montessori, Now 100, Goes Mainstream," *Washington Post,* January 2, 2007. http://www.washingtonpost.com/wp-dyn/content/article/2007/01/01/AR2007010100742.html.

12 Johan Nylander, "The Rise of Alternative Education in China," *CNN World: On China,* March 26, 2014. http://www.cnn.com/2014/03/26/world/asia/china-alternative-education/.

13 Yong Zhao, "Be Careful What You Wish For," *Education Week,* October 3, 2013, http://

March 6, 2014, http://www.nbcnews.com/news/education/does-new-sat-spell-doom-test-prep-industry-n45936.

11 作者與 Barbara Cronan 的訪談，March 10 and April 28, 2014。

12 作者與 Ayelet Waldman 的談話，March 26, 2014。

13 作者與 Lloyd Thacker 的訪談，March 5, 2014。

14 Michele Tolela Myers, "The Cost of Bucking College Rankings," *The Washington Post,* March 11, 2007, http://www.washingtonpost.com/wp-dyn/content/article/2007/03/09/AR2007030901836.html.

15 2013 年莎拉・勞倫斯學院將 SAT 列為非必要，並重新回到《美國新聞》的排名。

16 Lloyd Thacker, *College Unranked: Ending the College Admissions Frenzy* (Cambridge, Mass.: Harvard University Press, 2005).

17 "U.S. News College Rankings Debated," *PBS Newshour,* August 20, 2007, http://www.pbs.org/newshour/bb/education-july-dec07-rankings_08-20/.

18 《泳裝特刊》通常在報攤販售超過一百萬本（大約是平常《運動畫報》的十五倍）。http://www.businessinsider.com/business-facts-about-the-sports-illustrated-swimsuit-issue-2013-2.

19 作者與 Robert Sternberg 的訪談，April 1, 2014。

20 R. J. Sternberg and the Rainbow Project Collaborators, "The Rainbow Project: Enhancing the SAT Through Assessments of Analytical, Practical and Creative Skills," *Intelligence* 34, no. 4 (2006): 321– 50.

21 作者與 Larry Momo 的訪談，March 3, 2014。

22 Deresiewicz, *Excellent Sheep,* 241.

12 最佳的平衡點

1 Jeffrey Jensen Arnett and Elizabeth Fishel, *Getting to 30: A Parent's Guide to the 20-Something Years* (New York: Workman Publishing, 2014).

2 Albert Bandura, "Self-efficacy: Toward a Unifying Theory of Behavioral Change," *Psychological Review* 84 (1977): 191– 215.

3 "Self-Efficacy in Children," *AboutKidsHealth,* August 30, 2012, http://www.aboutkidshealth.ca/En/HealthAZ/FamilyandPeerRelations/life-skills/Pages/Self-efficacy-children.aspx.

4 See William Damon, Foreword, in Richard Lerner and Laurence Steinberg, eds., *Handbook of Adolescent Psychology* (Hoboken, N.J.: John Wiley, 2004).

5 作者與 William Damon 的訪談，October 2, 2014。

6 這段訊息搜集自以下來源 Dan H. Hockenbury and Sandra E. Hockenbury, *Psychology,* 6th ed. (New York: Worth Publishers, 2012); Amanda Ripley, *The Smartest Kids in the World: And How They Got That Way* (New York: Simon & Schuster, 2013); Joe Brewster, Michele Stephenson, and Hilary Beard, *Promises Kept: Raising Black Boys to Succeed in*

16 作者與父母的訪談，January 23, 2014。
17 作者與父母的訪談，May 23, 2014。
18 Pamela Druckerman, *Bringing Up Bébé* (New York: Penguin Press, 2012), p. 144.
19 Ayelet Waldman, *Bad Mother: A Chronicle of Maternal Crimes, Minor Calamities, and Occasional Moments of Grace* (New York: Doubleday, 2009).
20 作者與 Ayelet Waldman 的訪談，March 26, 2014。
21 Senior, "For Parents, Happiness Is a Very High Bar."
22 作者與德州達拉斯一群父母的訪談，April 23, 2014。
23 作者與父母的訪談，January 13, 2014。
24 作者與西雅圖父母的訪談，May 12, 2014。
25 作者與 Maurina 的訪談，January 23, 2014。
26 作者與德州達加斯一群父母的訪談，April 23, 2014。
27 同上。
28 同上。
29 同上。
30 Judith Warner, *Perfect Madness.*
31 作者與父母的訪談，May 24, 2014。
32 作者與 Stacy Budin 的訪談 , June 16, 2014。

11 大學入學體制已經崩壞

1 "How U.S. News Calculated the 2015 Best Colleges Rankings," *U.S. News & World Report,* September 8, 2014, http://www.usnews.com/education/best-colleges/articles/2014/09/08/how-us-news-calculated-the-2015-best-colleges-rankings.
2 "Mort Zuckerman Abruptly Ends Interview About U.S. News College Rankings," *MediaBistro.com,* May 22, 2007, http://www.mediabistro.com/fishbowlny/mort-zuckerman-abruptly-ends-interview-about-u-s-news-college-rankings_b5056.
3 作者與史丹佛大學招生與財務援助主任 Richard Shaw 的訪談，June 26, 2014。
4 作者與 Sidonia "Sid" Dalby 的訪談，April 21, 2014。
5 William Deresiewicz, *Excellent Sheep: The Miseducation of the American Elite and the Way to a Meaningful Life* (New York: Free Press, 2014), p. 242.
6 Catherine Rampel, "Data Reveal a Rise in College Degrees Among Americans," *New York Times,* June 12, 2013, http://www.nytimes.com/2013/06/13/education/a-sharp-rise-in-americans-with-college-degrees.html?pagewanted=all&_r=0.
7 雖然最近某些學校被發現操縱了這些數據，以推進他們的排名。
8 Deresiewicz, *Excellent Sheep,* 191.
9 作者與 Blaike Young 的訪談，April 22, 2014。
10 Nona Willis Aronowitz, "Does the New SAT Spell Doom for the Test Prep Industry?"

Harvard Business Review, April 14, 2014, http://blogs.hbr.org/2014/04/do-millennials-really-want-their-bosses-to-call-their-parents/.

16 作者與 Nancy Altobello 的對話，March 6, 2014。

10 過度教養也讓父母焦慮緊張

1 Jennifer Senior, "For Parents, Happiness Is a Very High Bar," TED2014, March 2014. http://www.ted.com/talks/jennifer_senior_for_parents_happiness_is_a_very_high_bar. Also by Senior, *All Joy and No Fun: The Paradox of Modern Parenting* (New York: Ecco, 2014).

2 R. F. Baumeister, *Meanings of Life* (New York: Guilford Press, 1991).

3 J. M. Pascoe, A. Stolfi , and M. B. Ormond, "Correlates of Mothers' Persistent Depressive Symptoms: A National Study," *Journal of Pediatric Health Care 20,* no. 4 (2006): 261– 69.

4 Shawn Bean, "Xanax Makes Me a Better Mom," *Parenting.com,* (undated) http://www.parenting.com/article/xanax.

5 "Cancel That Violin Class: Helicopter Moms and Dads Will Not Harm Their Kids if They Relax a Bit," *Economist,* July 26, 2014, http://www.economist.com/news/united-states/21608793-helicopter-moms-and-dads-will-not-harm-their-kids-if-they-relax-bit-cancel-violin.

6 Jordana K. Bayer et al., "Parent Influences on Early Childhood Internalizing Difficulties," *Journal of Applied Developmental Psychology 27,* no. 6 (2006): 542– 59. Also see M. M. Weissman et al., "Off spring of Depressed Parents: 20 Years Later," *American Journal of Psychiatry 163,* no. 6 (July 2006): 1001– 8.

7 Senior, "For Parents, Happiness Is a Very High Bar." Also by Senior, *All Joy and No Fun.*

8 Markella B. Rutherford, *Supervision Required: Private Freedoms and Public Constraints for Parents and Children* (New Brunswick, N.J.: Rutgers University Press, 2011).

9 Kathryn M. Rizzo, Holly H. Schiffrin, and Miriam Liss, "Insight into the Parenthood Paradox: Mental Health Outcomes of Intensive Mothering," *Journal of Child and Family Studies 27,* no. 5 (July 2013): 14– 20.

10 Bonnie Rochman, "Mother Is Best? Why 'Intensive Parenting' Makes Moms More Depressed." *Time,* August 7, 2012, http://healthland.time.com/2012/08/07/mother-is-best-why-intensive-parenting-makes-moms-more-depressed/.

11 Annette Lareau, *Unequal Childhoods: Class, Race, and Family Life* (Berkeley: University of California Press, 2003).

12 Judith Warner, *Perfect Madness: Motherhood in the Age of Anxiety* (New York: Riverhead Books, 2005).

13 作者與 Beth Gagnon 的訪談，March 28, 2014。

14 作者與 Stacy Budin 的訪談，June 16, 2014。

15 作者與父母的訪談，August 22, 2014。

5 American College Health Association, *National College Health Assessment II: Undergraduate Students Reference Group Executive Summary,* Hanover, Md., Spring 2013.
6 Arthur Levine and Diane R. Dean, *Generation on a Tightrope: A Portrait of Today's College Student* (San Francisco: Jossey- Bass, 2012).
7 Nancy Shute, "Neurologists Warn Against ADHD Drugs to Help Kids Study," *Your Health,* NPR, March 14, 2013. http://www.npr.org/blogs/health/2013/03/13/174193454/neurologists-warn-against-adhd-drugs-to-help-kids-study.
8 同上。
9 James L. Kent, "Adderall: America's Favorite Amphetamine," *hightimes.com,* May 9, 2013, http://www.hightimes.com/read/adderall-americas-favorite-amphetamine.
10 作者與學生的訪談，April 28, 2014。

9 我們在傷害他們的工作前景

1 Sarah LeTrent, "How Helicopter Parenting Can Ruin Kids' Job Prospects," *CNN Parents,* July 2, 2013. http://www.cnn.com/2013/07/02/living/cnn-parents -helicopter-parenting-job-search/index.html.
2 David Dobbs, "The Science of Success," *The Atlantic,* December 2009. http://www.theatlantic.com/magazine/print/2009/12/the-science-of-success/307761/.
3 Self-described "youthologist" Vanessa Van Petten, "10 Qualities of Teacup Parenting: Is Your Kid Too Fragile?" RadicalParenting.com, June 19, 2008. http://www.radicalparenting.com/2008/06/19/10-qualities-of-teacup-parenting-is-your-kid-too-fragile/.
4 J. Bradley-Geist and J. Olson-Buchanan, "Helicopter Parents: An Examination of the Correlates of Overparenting of College Students," *Education and Training 56,* no. 4 (2014): 314– 28.
5 Find *Evil HR Lady* at http://evilhrlady.org ; Suzanne Lucas's articles | Inc.com Suzanne Lucas's articles CBS MoneyWatch.
6 作者與 Suzanne Lucas 的訪談，February 14, 2014。
7 Suzanne Lucas, "Why My Child Will Be Your Child's Boss," June 21, 2012, http://www.cbsnews.com/news/why-my-child-will-be-your-childs-boss /.
8 作者與 Lora Mitchell 的訪談，March 27, 2013。
9 作者與 Carol Konicki 的訪談，March 27, 2013。
10 作者與 Hope Hardison 的訪談，February 7, 2014。
11 作者與 Tracy- Elizabeth Clay 的訪談，July 18, 2013。
12 作者與 Eric Scroggins 的訪談，February 24, 2014。
13 作者與 Tracy- Elizabeth Clay 的訪談，July 18, 2013。
14 Lisa Needham, "Millennials, Your Boss Should Not Call Your Mommy to Talk About Your Job," *HappyNiceTimePeople.com,* April 15, 2014, http://happynicetimepeople.com/millennials-boss-call-mommy-talk-job/.
15 Vince Molinaro, "Do Millennials Really Want Their Bosses to Call Their Parents?"

Directed Executive Functioning," *Frontiers in Psychology* 5 (2014): 593, http://journal.frontiersin.org/Journal/10.3389/fpsyg.2014.00593/full.

11 *Emery-Weiner Drug, Alcohol, and Risky Behavior Report,* Survey, Beit T'Shuvah, Los Angeles, January 2013.

12 作者與 Harriet Rossetto 的訪談，April 2, 2014。

13 作者與醫師的訪談，April 1, 2014。

14 Madeline Levine, *The Price of Privilege: How Parental Pressure and Material Advantage Are Creating a Generation of Disconnected and Unhappy Kids* (New York: HarperCollins, 2006). Also see Madeline Levine, *Teach Your Children Well: Why Values and Coping Skills Matter More Than Grades, Trophies, or "Fat Envelopes"* (New York: HarperPerennial, 2013).

15 Madeline Levine, "Parenting for Authentic Success," talk at Henry M. Gunn High School, Palo Alto, California, January 29, 2014.

16 Madeline Levine, *Teach Your Children Well: Parenting for Authentic Success* (New York: HarperCollins, 2012).

17 Madeline Levine, *The Price of Privilege.* Also see Schiffrin et al., "Helping or Hovering?"

18 Amy Chua, *Battle Hymn of the Tiger Mother* (New York: Penguin Press, 2011).

19 Author's interview with Frank Wu, May 30, 2014. Also see Frank Wu's "Everything My Asian Immigrant Parents Taught Me Turns Out to Be Wrong," *Huffington Post,* April 28, 2014. http://www.huffingtonpost.com/frank-h-wu/everything-my-asian-immig_b_5227102.html.

20 Desiree Baolian Qin et al., "Parent-Child Relations and Psychological Adjustment Among High-Achieving Chinese and European American Adolescents," *Journal of Adolescence* 35, no. 4 (August 2012): 863–73.

21 *Race to Nowhere.* Lafayette, Calif.: Reel Link Films, 2010.

22 William Deresiewicz, *Excellent Sheep: The Miseducation of the American Elite and the Way to a Meaningful Life* (New York: Free Press, 2014), p. 16.

8 他們正對「讀書藥」上癮

1 "Attention-Deficit/Hyperactivity Disorder (ADHD)," *cdc.gov,* 2014, http://www.cdc.gov/ncbddd/adhd/data.html .

2 Victoria Clayton, "Seeking Straight A's, Parents Push for Pills. Pediatricians Report Increasing Requests for 'Academic Doping,' " Growing Up Healthy, *NBCNews.com,* September 7, 2006. http://www.nbcnews.com/id/14590058/ns/health-childrens_health/t/seeking-straight-parents-push-pills/#.U-al8vm-2wc.

3 作者與父母的訪談，October 30, 2014。

4 The Partnership at Drugfree.org, "2012 Partnership Attitude Tracking Study. Sponsored by MetLife Foundation, Teens and Parents," April 23, 2013. http://www.drugfree.org/wp-content/uploads/2013/04/PATS-2012-FULL-REPORT2.pdf.

5 作者與醫師的訪談，April 14, 2014。
6 作者與 Todd Burger 的訪談，April 8, 2014。
7 Terry Castle, "Don't Pick Up: Why Kids Need to Separate from Their Parents," *Chronicle of Higher Education,* May 6, 2012.
8 Robert Krulwich, "Successful Children Who Lost a Parent—Why Are There So Many of Them?" *npr.org,* October 16, 2013, http://www.npr.org/blogs/krulwich/2013/10/15/234737083/successful-children-who-lost-a-parent-why-are-there-so-many-of-them.
9 同上。
10 Terry Castle, "Don't Pick Up."
11 See Pew Research Center Social & Demographics Trends Project, "Forty Years After Woodstock, a Gentler Generation Gap," August 12, 2009. http://pewsocialtrends.org/pubs/739/woodstock-gentler-generation-gap-music-by-age.
12 Arthur Levine and Diane R. Dean, *Generation on a Tightrope: A Portrait of Today's College Student* (San Francisco: Jossey- Bass, 2012).
13 同上。
14 Ira Levin, *The Stepford Wives* (New York: Random House, 1972).

7 他們的心理受創

1 作者與 Charlie Gofen 的訪談，April 9, 2014。
2 "College Students' Mental Health Is a Growing Concern, Survey Finds," *Monitor on Psychology 44* (6), June 2013, http://www.apa.org/monitor/2013/06/college-students.aspx.
3 American College Health Association, *National College Health Assessment II: Reference Group Undergraduates Executive Summary,* Hanover, Md., Spring 2013.
4 James Wood, "Parental Intrusiveness and Children's Separation Anxiety in a Clinical Sample," *Child Psychiatry & Human Development 37,* no. 1 (Fall 2006): 73–87.
5 Patricia Somers and Jim Settle, "The Helicopter Parent: Research Toward a Typology," *College and University 86,* no. 1 (Summer 2010): 18– 24, 26– 27.
6 Rachael Rettner, " 'Helicopter' Parents Have Neurotic Kids," *NBCNews,* June 3, 2010, http://www.nbcnews.com/id/37493795/ns/health-childrens_health/t/helicopter-parents-have-neurotic-kids/#.VAJMg2RdXyc.
7 T. LeMoyne and T. Buchanan, "Does 'Hovering' Matter? Helicopter Parenting and Its Effect on Well-Being," *Sociological Spectrum 31,* no. 4 (June 9, 2011): 399– 418.
8 L. M. Padilla-Walker and L. J. Nelson, "Black Hawk Down? Establishing Helicopter Parenting as a Distinct Construct from Other Forms of Parental Control During Emerging Adulthood," *Journal of Adolescence 35,* no. 5 (October 2012): 1177– 90.
9 H. Schiffrin et al., "Helping or Hovering? The Effects of Helicopter Parenting on College Students' Well-Being," *Journal of Child and Family Studies* 23 (2014): 548– 57.
10 Jane E. Barker et al., "Less- Structured Time in Children's Daily Lives Predicts Self-

13 Mike Konczal, "What Conclusions Can You Draw On Increases in Unemployment by Age and Education?" *Rortybomb.wordpress.com,* October 20, 2010, http://rortybomb.wordpress.com/2010/10/20/what-conclusions-can-you-draw-on-increases-in-unemployment-by-age-and-education/.

14 Thompson, "Who's Had the Worst Recession."

15 Catherine Rampel, "Data Reveal a Rise in College Degrees Among Americans," *New York Times,* June 12, 2013, http://www.nytimes.com/2013/06/13/education/a-sharp-rise-in-americans-with-college-degrees.html?pagewanted=all&_r=0.

16 Pew Research Center's Social & Demographics Trends, "Millennials in Adulthood: Detached from Institutions, Networked with Friends," March 7, 2014, http://www.pewsocialtrends.org/2014/03/07/millennials-in-adulthood/.

17 Collegiate Employment Research Institute, "Parent Involvement in the College Recruiting Process: To What Extent?" Research Brief 2- 2007, http://ceri.msu.edu/publications/pdf/ceri2-07.pdf.

18 作者與 Phil Garner 的訪談，March 26, 2014。更多訊息，請見 Phil Garner's "Parental Involvement in the College Recruitment Process: To What Extent?" Collegiate Employment Research Institute, Research Brief 2-2007, Michigan State University. http://ceri.msu.edu/publications/pdf/ceri2-07.pdf.

19 CERI White Paper: *Parent Involvement in the College Recruiting Process: To What Extent?* Research Brief 2- 2007. http://ceri .msu .edu/publications/pdf/ceri2-07.pdf.

5 我們想得到什麼結果？

1 Katie Roiphe, *In Praise of Messy Lives* (New York: Dial Press, 2012), 193– 94.

2 Jon Grinspan, "The Wild Children of Yesteryear," *New York Times,* May 31, 2014, http://www.nytimes.com/2014/06/01/opinion/sunday/the-wild-children-of-yesteryear.html?module=Search&mabReward=relbias%3Ar%2C%7B%222%22%3A%22RI%3A16%22%7D&_r=0.

6. 我們的孩子缺乏基本生活技能

1 Jim Hancock, *Raising Adults: Getting Kids Ready for the Real World* (Colorado Springs, Colo.: Navpress Publishing Group, 1999).

2 Robin Marantz Henig, "What Is It About 20-Somethings?" *New York Times,* August 18, 2010, http://www.nytimes.com/2010/08/22/magazine/22Adulthood-t.html?_r=0.

3 Larry J. Nelson, Laura M. Padilla-Walker, Jason S. Carroll, Stephanie D. Madsen, Carolyn McNamara Barry, and Sarah Badger, " 'If You Want Me to Treat You Like an Adult, Start Acting Like One!' Comparing the Criteria That Emerging Adults and Their Parents Have for Adulthood," *Journal of Family Psychology 21,* no. 4 (December 2007): 665–74.

4 作者與 Beth Gagnon 的訪談，March 28, 2014。

3 Po Bronson and Ashley Merryman, *NurtureShock: New Thinking About Children* (New York: Twelve, 2009).
4 作者與 Steve Thompson 的訪談，February 22, 2014。
5 作者與 Tyler Tingley 的訪談 , April 30, 2014。
6 作者與 Colonel Leon Robert 的訪談 , June 28, 2013。
7 此處人名、學校型態與地理位置皆非真實，以保護隱私。
8 作者與 Tracy- Elizabeth Clay 的訪談，July 18, 2013。
9 作者與學區教育主管的訪談，January 20, 2014。
10 作者與 Colonel Charles "Gus" Stafford 的訪談，July 2, 2013。
11 作者與 Kate Raftery 的訪談，April 13, 2014。
12 作者與 Jonathan 的訪談，April 22, 2014。
13 作者與 Olaf "Ole" Jorgenson 的訪談，February 13, 2014。
14 作者與 Colonel Charles "Gus" Stafford 的訪談，July 2, 2013。
15 Michael Gerson, "Saying Goodbye to My Child, the Youngster," *New York Times,* August 19, 2013, http://www.washingtonpost.com/opinions/michael-gerson-saying-goodbye-to-my-child-the-youngster/2013/08/19/6337802e-08dd-11e3-8974-f97ab3b3c677_story.html.

4. 屈服於升學軍備競賽

1 作者與北維吉尼亞州的父母訪談，April 22, 2014。
2 作者與 Holley 的訪談，April 22, 2014。
3 作者與 Ellen Nodelman 的訪談，January 22, 2014。
4 作者與 Hillary Coustan 的訪談，May 22, 2014。
5 作者與 Sharon Ofek 的訪談，April 24, 2014。
6 作者與學區教育主管的訪談，February 20 and 23, 2013。
7 作者與學區教育主管的訪談，January 20, 2014。
8 作者與 Beth Gagnon 的訪談，March 28, 2014。
9 Ira Glass 訪問 Rich Clark, "504: How I Got into College," *This American Life,* September 6, 2013。
10 Ruth Starkman, "Private College Admissions Consultants: Does Your Child Need One?" *Huffington Post,* July 22, 2013, http://www.huffingtonpost.com/ruth-starkman/private-college-admissions-consulting_b_3625632.html.
11 "Obama Getting Emotionally Ready for Malia's College Departure," *CBSNews.com,* July 28, 2014, http://www.cbsnews.com/news/obama-getting-emotionally-ready-for-malias-college-departure/.
12 Derek Thompson, "Who's Had the Worst Recession: Boomers, Millennials, or Gen-Xers?" *The Atlantic,* September 13, 2011, http://www.theatlantic.com/business/archive/2011/09/whos-had-the-worst-recession-boomers-millennials-or-gen-xers/245056/.

3 David Epstein, "Sports Should Be Child's Play," *New York Times,* June 10, 2014, http://www.nytimes.com/2014/06/11/opinion/sports-should-be-childs-play.html.

4 "Why Are There So Many Youth Baseball-Throwing Injuries?" *Beaumont Health System,* June 14, 2013, http://www.beaumont.edu/press/news-stories/2013/6/why-are-there-so-many-youth-baseball-throwing-injuries/.

5 Salynn Boyles, "Sports-Related Concussions on the Rise in Kids," *WebMD,* August 30, 2010, http://www.webmd.com/parenting/news/20100830/sports-related-concussions-on-the-rise-in-kids.

6 Robert Cantu and Mark Hyman, *Concussions and Our Kids: America's Leading Expert on How to Protect Young Athletes and Keep Sports Safe* (New York: Mariner Books, 2013).

7 Kevin Sack, "The 2000 Campaign: THE FAMILY; Timeouts for a Son's Football Games," *New York Times,* October 22, 2000, http://www.nytimes.com/2000/10/22/us/the-2000-campaign-the-family-timeouts-for-a-son-s-football-games.html.

8 John Dickerson, "Wait, Am I That Baseball Dad? How Baseball Encourages Bad Parenting—And How You Can Support Your Kids on the Diamond Without Driving Them Crazy," *Slate,* June 19, 2013, http://www.slate.com/articles/sports/sports_nut/2013/06/baseball_parents_how_dads_stress_their_kids_out_during_little_league_games.html.

9 Michael Lewis, "Coach Fitz's Management Theory," *New York Times,* March 28, 2004, http://www.nytimes.com/2004/03/28/magazine/coach-fitz-s-management -theory.html?src=pm&pagewanted=8.

10 同上，以及 Michael Lewis, *Coach: Lessons on the Game of Life* (New York: W. W. Norton, 2005).

11 作者與 Amy Young 的訪談，April 30, 2014。

12 作者與 Tom Jacoubowsky 的訪談，November 4, 2013。

13 作者與 Catharine Jacobsen 的訪談，May 12 and May 14, 2014。

14 作者與 Sidonia "Sid" Dalby 的訪談，April 21, 2014。

15 William Deresiewicz, *Excellent Sheep: The Miseducation of the American Elite and the Way to a Meaningful Life* (New York: Free Press, 2014).

16 Statement by audience member Chi Ling Chan, at "Excellent Sheep, Revisited," Cemex Auditorium, Stanford University, April 16, 2014.

17 作者與 Chi Ling Chan 的訪談，April 22, 2014。

18 作者與學生的訪談，August 22, 2014。

19 作者與 Phil Gardner 的訪談，March 26, 2013。

3. 陪伴他們

1 作者與學區教育主管的對話，February 20 and February 23, 2013。

2 作者與 Donne Davis 的訪談，June 10, 2013。

22 摘自女童軍網站：父母必須對所有年級的女童軍提供監督與指導。當 Daisies（5-7 歲）、Brownies（7-9 歲）、與 Juniors（9-12 歲）的女童軍販賣、收到訂單，或者送貨時，父母必須陪伴。成人須監護 Cadettes（11-14 歲）、Seniors（14-16 歲）與 Ambassadors（16-18 歲）女童軍；他們必須留意女孩什麼時候、在哪裡，如何販賣產品；他們必須在女孩們參與販賣產品時能連絡得到，並且能即時連絡；在附近以手機連絡，或者與女孩們在一起。

23 作者與 Suzanne Lucas 的訪談，February 14, 2013。

24 見 Alfie Kohn 的作品，包括 *The Myth of the Spoiled Child: Challenging the Conventional Wisdom about Children and Parenting* (Boston, Mass.: Da Capo Lifelong Books, 2014); and http://www.alfiekohn.org/miscellaneous/trophyfury.htm。

25 Amanda Ripley, *The Smartest Kids in the World: And How They Got That Way* (New York: Simon & Schuster, 2013).

26 Hara Estroff Marano, *A Nation of Wimps: The High Cost of Invasive Parenting* (New York: Crown Archetype, 2008).

27 Susan Eva Porter, *Bully Nation: Why America's Approach to Childhood Aggression Is Bad for Everyone* (Oxford: Paragon House, 2014).

28 作者與 Olaf "Ole" Jorgenson 的訪談，February 13, 2014。

29 Pamela Druckerman, *Bringing Up Bébé* (New York: Penguin Press, 2012), 138– 42.

30 作者與 Suzanne Lucas 的訪談，February 14, 2013。

31 Wendy Mogel, *The Blessing of a Skinned Knee* (New York: Scribner, 2001).

32 Hanna Rosin, "The Overprotected Kid," *The Atlantic,* April 2014, http://www. theatlantic.com/features/archive/2014/03/hey-parents-leave-those-kids-alone/358631/.

33 Alice G. Walton, "New Playgrounds Are Safe—And That's Why Nobody Uses Them," *The Atlantic,* February 1, 2012, http://www.theatlantic.com/health/archive/2012/02 / new-playgrounds-are-safe-and-thats-why-nobody-uses-them/252108/.

34 See the nationally best-selling book: Richard Louv, *Last Child in the Woods: Saving Our Children from Nature-Deficit Disorder* (Chapel Hill, N.C.: Algonquin Books of Chapel Hill, 2005).

35 Kristen A. Copeland et al., "Societal Values and Policies May Curtail Preschool Children's Physical Activity in Child Care Centers," *Pediatrics* 129, no. 2, February 2012, http://pediatrics.aappublications.org/content/early/2012/01/02/peds.2011-2102.full.pdf+html .

36 作者與 Tim Barton 的訪談，May 22, 2014。

2 提供機會

1 Malcolm Gladwell, *Outliers: The Story of Success* (New York: Little, Brown, 2007).

2 "Kids Who Specialize in One Sport May Have Higher Injury Risk, Loyola Study Finds," *Loyola University Health System,* May 2, 2011, http://www.loyolamedicine.org/childrenshospital/newswire/news/kids-who-specialize-one-sport-may-have-higher-injury-risk-loyola-study-finds.

of-poisoned-halloween-candy-come-from-822302/ (accessed on June 15, 2014).

4 Diane Divoky, "Missing Tot Estimates Exaggerated," *Lodi News-Sentinel,* February 18, 1986.

5 David Finkelhor, Heather Hammer, and Andrea J. Sedlak, *NISMART: National Incidence Studies of Missing, Abducted, Runaway, and Thrownaway Children,* October 2002. https://www.ncjrs.gov/html/ojjdp/nismart/03/ns5.html (accessed on June 15, 2014).

6 David Finkelhor, "Five Myths About Missing Children," *Washington Post,* May 10, 2013, http://www.washingtonpost.com/opinions/five-myths-about-missing-children/2013/05/10/efee398c-b8b4-11e2-aa9e-a02b765ff0ea_story.html .

7 同上。

8 Nicole Neal, "How Dangerous Is Childhood?" *Palm Beach Post,* August 13, 2006.

9 Robert M. Sapolsky, *Why Zebras Don't Get Ulcers: A Guide to Stress, Stress-Related Diseases, and Coping* (New York: W. H. Freeman, 1994).

10 同上 7。

11 Corey Adwar, "Support Grows Online for Mom Who Lost Custody of Daughter After Letting Her Play Alone at a Park," *Business Insider,* July 16, 2014, http://www.businessinsider.com/debra-harrell-arrested-for-allegedly-letting-daughter-play-alone-at-park -2014 -7.

12 Kim Brooks, "The Day I Left My Son in the Car," *Salon,* June 3, 2014, http://www.salon.com/2014/06/03/the_day_i_left_my_son_in_the_car/.

13 Lenore Skenazy, "Crime Statistics," http://www.freerangekids.com/crime-statistics/.

14 Lenore Skenazy, *Free-Range Kids: How to Raise Safe, Self-Reliant Children (Without Going Nuts with Worry)* (San Francisco: Jossey- Bass, 2010).

15 同上。

16 Brigid Schulte and Donna St. George, "Montgomery County Neglect Inquiry Shines Spotlight on 'Free-Range' Parenting," *Washington Post,* January 17, 2015, http://www.washingtonpost.com/local/education/montgomery-county-neglect-inquiry-shines-spotlight-on-free-range-parenting/2015/01/17/352d4b30-9d99-11e4-bcfb-059ec7a93ddc_story.html.

17 Ross Douthat, "Forcing Every Mom and Dad to Be a Helicopter Parent," *National Post,* July 23, 2014.

18 Emily Lodish, "Global Parenting Habits That Haven't Caught On in the U.S," *npr.org,* August 12, 2014, http://www.npr.org/blogs/parallels/2014/08/12/339825261/global-parenting-habits-that-havent-caught-on-in-the-u-s .

19 作者與父母的訪談，April 22, 2014。

20 "Legal Age Restrictions for Latchkey Kids," http://www.latchkey-kids.com/latchkey-kids-age-limits.htm.

21 同上。

各章注釋

前言 過度教養背後的愛與恐懼

1 Antonio Machado, "XXIX," in *Border of a Dream: Selected Poems*, trans. Willis Barnstone (Port Townsend, Wash.: Copper Canyon Press, 2003).

2 相較之下，1980 年熱門電視影集《朱門恩怨》「Who Shot J.R.」這一集是美國電視史上第二高的收視節目，有 4,150 萬人觀看。2015 年奧斯卡頒獎典禮的觀賞人數為 4,300 萬人。

3 Brian Palmer, "Why Did Missing Children Start Showing Up on Milk Cartons?" Slate .com., April 20, 2012. http://www.slate.com/articles/news and politics/explainer/2012/04/etan_patz_case_why_did_dairies_put_missing_children_on_their_milk_cartons.html (accessed on June 15, 2014).

4 Report by the National Commission on Excellence in Education (1983).

5 Denise Pope, *"Doing School" : How We Are Creating a Generation of Stressed Out, Materialistic, and Miseducated Students* (New Haven, Conn.: Yale University Press, 2003).

6 *Race to Nowhere.* (Lafayette, Calif.: Reel Link Films, 2010).

7 1986 年，加州成立了一支任務編組在全加州提倡自尊。

8 Amanda Ripley, *The Smartest Kids in the World: And How They Got That Way* (New York: Simon & Schuster, 2013).

9 韋氏字典。

10 *Handbook for Public Playground Safety,* U.S. Consumer Product Safety Commission (1981).

11 Foster W. Cline and Jim Fay, *Parenting with Love and Logic: Teaching Children Responsibility* (Colorado Springs, Colo.: Pinon Press, 1990), 23– 25.

12 Nancy Gibbs, "The Growing Backlash Against Overparenting," *Time*, November 30, 2009.

13 Judith Warner, *Perfect Madness: Motherhood in the Age of Anxiety* (New York: Riverhead Books, 2005), 87.

14 Julie Lythcott-Haims, "When Did Caring Become Control: Blame Boomers," *Chicago Tribune,* October 16, 2005.

15 A. Bandura, "Self-Efficacy." In V. S. Ramachaudran, ed., *Encyclopedia of Human Behavior,* vol. 4 (New York: Academic Press, 1994), 71– 81.

1 保護他們安然無恙

1 Governor's Highway Safety Association, "Child Passenger Safety Laws, June 2014." http://www.ghsa.org/html/stateinfo/laws/childsafety_laws.html (accessed on June 15, 2014).

2 Patricia Somers and Jim Settle, "The Helicopter Parent (Part 2): International Arrivals and Departures," *College and University 86,* no. 2 (2010): 2–9. http://eric.ed.gov/?id=EJ912004.

3 Dan Lewis, "Where Did the Fear of Poisoned Candy Come From?" Smithsonian .com., October 6, 2013. http://www.smithsonianmag.com/not-categorized/where-did-the-fear-

U, V, W, Z

UN General Assembly, Convention on the Rights of the Child. November 20, 1989. United Nations, Treaty Series, Vol. 1577, Article 31.

Vaillant, George. *Triumphs of Experience: The Men of the Harvard Grant Study* (Cambridge, Mass.: Belknap Press, 2012).

Van Petten, Vanessa. "10 Qualities of Teacup Parenting: Is Your Kid Too Fragile?" R*adicalParenting.com.* June 19, 2008. http://www.radicalparenting.com/2008/06/19/10-qualities-of-teacup-parenting-is-your-kid-too-fragile/.

Waldman, Ayelet. *Bad Mother: A Chronicle of Maternal Crimes, Minor Calamities, and Occasional Moments of Grace* (New York: Doubleday, 2009).

Walton, Alice G. "New Playgrounds Are Safe— And That's Why Nobody Uses Them," February 1, 2012. http://www.theatlantic.com/health/archive/2012/02/new-playgrounds-are-safe-and-thats-why-nobody-uses-them/252108/ .

Warner, Judith. *Perfect Madness: Motherhood in the Age of Anxiety* (New York: Riverhead Books, 2005).

Wartzman, Rick. "Some Words of Wisdom from Peter Drucker to My Daughter," *Time,* May 7, 2014. http://time.com/89695/some-words-of-wisdom-from-peter-drucker-to-my-daughter/ .

Webley, Kayla. "As College Applications Rise, So Does Indecision." *Time,* May 1, 2013. http://nation.time.com/2013/05/01/as-college-applications-rise-so-does-indecision/.

Weissman, M. M., et al., "Offspring of Depressed Parents: 20 Years Later," *The American Journal of Psychiatry,* 163 (6) (July 2006): 1001–8.

"Why Are There So Many Youth Baseball-Throwing Injuries?" (Royal Oak, Mich.: Beaumont Health System, June 14, 2013). http://www.beaumont.edu/press/news-stories/2013/6/why-are-there-so-many-youth-baseball-throwing-injuries/.

Wood, James. "Parental Intrusiveness and Children's Separation Anxiety in a Clinical Sample," *Child Psychiatry & Human Development* 37 (1) (Fall 2006): 73–87.

Wu, Frank. " Everything My Asian Immigrant Parents Taught Me Turns Out to Be Wrong." *Huffington Post,* April 28, 2014. http://www.huffingtonpost.com/frank-h-wu/everything-my-asian-immig_b_5227102.html.

Zhao, Yong. "Be Careful What You Wish For," *Education Week,* October 3, 2013. http://blogs.edweek.org/edweek/international_perspectives/2013/10/be_careful_what_you_wish_for.html?cmp=SOC-SHR-TW.

Starkman, Ruth. "Private College Admissions Consultants: Does Your Child Need One?" *Huffington Post,* July 22, 2013. http://www.huffingtonpost.com/ruth-starkman/private-college-admissions-consulting_b_3625632.html.

Sternberg, R. J., & The Rainbow Project Collaborators. "The Rainbow Project: Enhancing the SAT through assessments of analytical, practical and creative skills." *Intelligence* 34 (4) (2006).

Stevens, Mitchell L. *Creating a Class: College Admissions and the Education of Elites* (Cambridge, Mass.: Harvard University Press, 2007).

Stone, Rena. Talk presented at annual fundraiser for Aspire Public Schools, San Francisco, California, May 20, 2014.

Strauss, Valerie. "Homework: An Unnecessary Evil?... Surprising Findings from New Research," *Washington Post,* November 26, 2012. http://www.washingtonpost.com/blogs/answer-sheet/wp/2012/11/26/homework-an-unnecessary-evil-surprising-findings-from-new-research/.

————. "Homework Hurts High-Achieving Students, Study Says," *Washington Post,* March 13, 2014. http://www.washingtonpost.com/blogs/answer-sheet/wp/2014/03/13/homework-hurts-high-achieving-students-study-says/.

StrengthsFinder https://www.gallupstrengthscenter.com/.

Stuart, Annie. "Divide and Conquer Household Chores," *WebMD,* http://www.webmd.com/parenting/features/chores-for-children.

"Study: Most College Students Lack Skills," *USA Today,* January 19, 2006. http://usatoday30.usatoday.com/news/education/2006-01-19-college-tasks_x.htm.

T

Thacker, Lloyd. *College Unranked: Ending the College Admissions Frenzy* (Cambridge, Mass.: Harvard University Press, 2005).

Thompson, Derek. "Who's Had the Worst Recession: Boomers, Millennials, or Gen-Xers?" *The Atlantic,* September 13, 2011. http://www.theatlantic.com/business/archive/2011/09/whos-had-the-worst-recession-boomers-millennials-or-gen-xers/245056/.

Tolle, Eckhart. *A New Earth: Awakening to Your Life's Purpose* (an Oprah Selection). (New York: Penguin, 2005).

Tordella, Susan. *Raising Able: How Chores Nurture Grit and Self-Discipline in Children* (CreateSpace Independent Publishing Platform. (Boston, Mass.: Tordella, 2012).

Tough, Paul. *How Children Succeed: Grit, Curiosity, and the Hidden Power of Character* (Boston, Mass.: Houghton Mifflin Harcourt, 2012).

Schuman, Rebecca. "Bard's Better Admissions Application," *Slate,* June 6, 2014. http://www.slate.com/articles/life/education/2014/06/the_bard_admissions_exam_four_essays_no_common_application.html.

Schwartz, Barry. *The Paradox of Choice: Why More Is Less* (New York: Ecco, 2003).

"Self-Efficacy in Children," *AboutKidsHealth* (Toronto, Canada: The Hospital for Sick Children, August 30, 2012).

Seligman, Martin. *Authentic Happiness: Using the New Positive Psychology to Realize Your Potential for Lasting Fulfillment* (New York: Free Press, 2002).

Senior, Jennifer. *All Joy and No Fun: The Paradox of Modern Parenting* (New York: Ecco, 2014).

————. "For Parents, Happiness Is a Very High Bar." TED2014, March 2014. http://www.ted.com/talks/jennifer_senior_for_parents_happiness_is_a_very_high_bar.

Shellenbarger, Sue. "On the Virtues of Making Your Children Do the Dishes." *Wall Street Journal,* August 27, 2008, http://online.wsj.com/news/articles/SB121978677837474177.

Sher, Barbara, and Barbara Smith. *I Could Do Anything if I Only Knew What It Was: How to Discover What You Really Want and How to Get It* (New York: Delacorte Press, 1994).

"Should Parents Let their Kids Take More Risks?" *PBS Newshour.* May 9, 2014. http://www.pbs.org/newshour/bb/parents-let-kids-take-risks/.

Shute, Nancy. "Neurologists Warn Against ADHD Drugs to Help Kids Study." *Your Health. NPR.org.* March 14, 2013. http://www.npr.org/blogs/health/2013/03/13/174193454/neurologists-warn-against-adhd-drugs-to-help-kids-study.

Sims, Peter. "The Montessori Mafia," *Wall Street Journal,* April 5, 2011. http://blogs.wsj.com/ideas-market/2011/04/05/the-montessori-mafia/.

Skenazy, Lenore. "Crime Statistics." http://www.freerangekids.com/crime-statistics/.

————. *Free Range Kids: How to Raise Safe, Self- Reliant Children (Without Going Nuts with Worry).* (San Francisco: Jossey- Bass, 2009).

Smith, Patricia. "Pitch In! Getting Your Kids to Help with Chores," *Education.com,* March 5, 2009. http://www.education.com/magazine/article/Pitch_Getting_Your_ Kids_Help/.

Sobel, Dava. "Work Habits in Childhood Found to Predict Adult Well-Being." *New York Times,* November 10, 1981. http://www.nytimes.com/1981/11/10/science/work-habits-in-childhood-found-to-predict-adult-well-being.html.

Somers, Patricia, and Jim Settle. "The Helicopter Parent (Part 2): International Arrivals and Departures." *College and University* 86, No. 2 (2010).

————. "The Helicopter Parent: Research Toward a Typology." *College and University* 86, no. 1 (2010).

Spector, Dina. "The Sports Illustrated Swimsuit Issue: A $1Billion Empire," *Business Insider,* February 12, 2013. http://www.businessinsider.com/business-facts-about-the-sports-illustrated-swimsuit-issue-2013-2.

Rettner, Rachael. "'Helicopter' Parents Have Neurotic Kids," *NBCNews,* June 3, 2010. http://www.nbcnews.com/id/37493795/ns/health-childrens_health/t/helicopter-parents-have-neurotic-kids/#.VAJMg2RdXyc.

Rich, Motoko. "As Apprentices in the Classroom, Teachers Learn What Works," *New York Times,* October 10, 2014. http://www.nytimes.com/2014/10/11/us/as-apprentices-in-classroom-teachers-learn-what-works.html?module=Search&mabReward=relbias%3Aw%2C%7B%221%22%3A%22RI%3A8%22%7D&_r=0.

Ripley, Amanda. *The Smartest Kids in the World: And How They Got That Way* (New York: Simon & Schuster, 2013).

Rizzo, Kathryn M., Holly H. Schiffrin, and Miriam Liss, "Insight into the Parenthood Paradox: Mental Health Outcomes of Intensive Mothering." *Journal of Child and Family Studies* (5), July 22, 2013.

Robinson, Sir Ken. "How Schools Kill Creativity," TED2006. http://www.ted.com/talks/ken_robinson_says_schools_kill_creativity.

Rochman, Bonnie. "Mother Is Best? Why 'Intensive Parenting' Makes Moms More Depressed," *Time,* August 7, 2012. http://healthland.time.com/2012/08/07/mother-is-best-why-intensive-parenting-makes-moms-more-depressed/

Roiphe, Katie. *In Praise of Messy Lives* (New York: Th e Dial Press, 2012).

Rosenfeld, Alvin, and Nicole Wise. *The Over-Scheduled Child: Avoiding the Hyper-Parenting Trap* (New York: St. Martin's Griffi n, 2000).

Rosin, Hanna. "The Overprotected Kid," *The Atlantic,* April 2014. http://www.theatlantic.com/features/archive/2014/03/hey-parents-leave-those-kids-alone/358631/ .

Rutherford, Markella B. *Adult Supervision Required: Private Freedoms and Public Constraints for Parents and Children* (New Brunswick, N.J.: Rutgers University Press, 2011).

———. "Children's Autonomy and Responsibility: An Analysis of Childrearing Advice." *Qualitative Sociology,* Volume 32, Issue 4 (December 2009): 337–53.

S

Sack, Kevin. "The 2000 Campaign: THE FAMILY; Timeouts for a Son's Football Games," *New York Times,* October 22, 2000. http://www.nytimes.com/2000/10/22/us/the-2000-campaign-the-family-timeouts-for-a-son-s-football-games.html.

Sapolsky, Robert M. *Why Zebras Don't Get Ulcers: A Guide to Stress, Stress- Related Diseases, and Coping* (New York: W. H. Freeman & Co., 1995).

Schiffrin, H., et al., "Helping or Hovering? The Effects of Helicopter Parenting on College Students' Well- Being." *Journal of Child and Family Studies* (2013).

Schulte, Brigid. *Overwhelmed: Work, Love, and Play When No One Has the Time* (New York: Sarah Crichton Books, 2014).

The Partnership for a Drug-Free America at Drugfre.org. "2012 Partnership Attitude Tracking Study. Sponsored by MetLife Foundation, Teens and Parents." *Drugfree.org*, April 23, 2013. http://www.drugfree.org/wp-content/uploads/2013/04/PATS-2012-FULL-REPORT2.pdf.

Pascoe, J. M., A. Stolfi , and M. B. Ormond. "Correlates of Mothers' Persistent DepressiveSymptoms: A National Study." *Journal of Pediatric Health Care* 20 (4) (2006): 261–69.

Pew Research Center's Social & Demographics Trends. "Forty Years after Woodstock,A Gentler Generation Gap." August 12, 2009. http://www.pewsocialtrends.org/2009/08/12/forty-years-after-woodstockbra-gentler-generation-gap/.

————. "Millennials in Adulthood: Detached from Institutions, Networked with Friends." March 7, 2014. http://www.pewsocialtrends.org/2014/03/07/millennials-in-adulthood/.

Pink, Daniel. *Drive: The Surprising Truth About What Motivates Us* (New York: Riverhead Books, 2009).

Pope, Denise Clark. *"Doing School": How We're Creating a Generation of Stressed-Out, Materialistic, and Miseducated Students* (New Haven, Conn.: Yale University Press, 2001).

Pope, Denise, and Maureen Brown. *Overloaded and Underprepared: Strategies for Stronger Schools and Healthy, Successful Kids* (San Francisco: Jossey- Bass, 2015).

Pope, Loren. *Colleges That Change Lives: 40 Schools That Will Change the Way You Think About Colleges* (New York: Penguin, 2012).

————. *Looking Beyond the Ivy League: Finding the College That's Right for You* (New York: Penguin, 1996).

Porter, Susan Eva. *Bully Nation: Why America's Approach to Childhood Aggression Is Bad for Everyone* (St. Paul, Minn.: Paragon House, 2013).

Poswolsky, Adam Smiley. *The Quarter-life Breakthrough* (San Francisco: 20s & 30s Press, 2014).

The PreparedU Project: An In-Depth Look at Millennial Preparedness for Today's Workforce," Bentley University, January 29, 2014. https://www.bentley.edu/files/prepared/1.29.2013_BentleyU_Whitepaper_Shareable.pdf.

Qin, Desiree Baolian, et al. "Parent-Child Relations and Psychological Adjustment Among High-Achieving Chinese and European American Adolescents," *Journal of Adolescence,* 35, no. 4 (August 2012): 863–73.

R

Race to Nowhere, director Vicki Abeles (Lafayette, Calif.: Reel Link Films, 2010).

Rampel, Catherine. "Data Reveal a Rise in College Degrees Among Americans," *New York Times,* June 12, 2013. http://www.nytimes.com/2013/06/13/education/a-sharp-rise-in-americans-with-college-degrees.html?pagewanted=all&_r=0.

The Resilience Pro ject, http://resilience.stanford.edu.

Morton, Brian. "Falser Words Were Never Spoken," *New York Times,* August 29, 2011. http://www.nytimes.com/2011/08/30/opinion/falser-words-were-never-spoken.html?_r=0.

"Mort Zuckerman Abruptly Ends Interview About U.S. News College Rankings," *MediaBistro.com,* May 22, 2007. http://www.mediabistro.com/fishbowlny/mort-zuckerman-abruptly-ends-interview-about-u-s-news-college-rankings_b5056.

Myers- Briggs Type Indicator http://www.myersbriggs.org.

Myers, Michele Tolela. "The Cost of Bucking College Rankings," *Washington Post,* March 11, 2007. http://www.washingtonpost.com/wp-dyn/content/article/2007/03/09/AR2007030901836.html.

N, O

"National College Health Assessment II: Reference Group Undergraduates Executive Summary" (Hanover, Md.: American College Health Association, Spring 2013).

National Commission on Excellence in Education. "A Nation at Risk: The Imperative for Educational Reform: a Report to the Nation and the Secretary of Education, United States Department of Education" (Washington D.C., 1983).

Neal, Nicole. "How Dangerous Is Childhood?" *Palm Beach Post,* August 13, 2006.

Needham, Lisa. "Millennials, Your Boss Should Not Call Your Mommy to Talk About Your Job," *HappyNiceTimePeople.com,* April 15, 2014. http://happynicetimepeople.com/millennials-boss-call-mommy-talk-job/.

Nelson, Larry J., et al. " 'If you want me to treat you like an adult, start acting like one!' Comparing the criteria that emerging adults and their parents have for adulthood." *Journal of Family Psychology* 21, no. 4 (December 2007).

Nylander, Johan. "The Rise of Alternative Education in China." *CNN World: On China.* March 26, 2014. http://www.cnn.com/2014/03/26/world/asia/china-alternative-education/.

"Obama Getting Emotionally Ready for Malia's College Departure," *CBSNews.com,* July 28, 2014. http://www.cbsnews.com/news/obama-getting-emotionally-ready-for-malias-college-departure/.

P, Q

Padilla-Walker, L. M., and L. J. Nelson. "Black Hawk Down? Establishing Helicopter Parenting as a Distinct Construct from Other Forms of Parental Control During Emerging Adulthood." *Journal of Adolescence* 35 (2012): 1177–90.

Palmer, Brian. "Why Did Missing Children Start Showing Up on Milk Cartons?" *Slate.com.* April 20, 2012. http://www.slate.com/articles/news_and_politics/explainer/2012/04/etan_patz_case_why_did_dairies_put_missing_children_on_their_ milk_cartons_.html.

Parkhurst, Stephen. "Millennials: We Suck and We're Sorry," http://www.youtube.com/watch?v=M4IjTUxZORE.

Lucas, Suzanne. *EvilHRLady.org* .

————. "Why My Child Will Be Your Child's Boss." http://www.cbsnews.com/news/why-my-child-will-be-your-childs-boss/ .

Luthar, Suniya. "The Problem with Rich Kids." *Psychology Today,* November 5, 2013. http://www.psychologytoday.com/articles/201310/the-problem-rich-kids.

Lythcott- Haims, Julie. "When Did Caring Become Control? Blame Boomers," *Chicago Tribune,* October 16, 2005.

M

Machado, Antonio. "XXIX." In *Border of a Dream: Selected Poems,* translated by Willis Barnstone, Port Townsend, WA: Copper Canyon Press, 2003.

Mandara, Jelani. "An Empirically Derived Parenting Typology" (paper presented at the Achievement Gap Initiative Conference, Harvard University, Cambridge, Mass., June 29, 2011).

Marano, Hara Estroff . *A Nation of Wimps: The High Cost of Invasive Parenting* (New York: Broadway Books, 2008).

Mathews, Jay. "Does High School Stress Have to Be a Bad Thing?" *Washington Post,* April 27, 2014. http://www.washingtonpost.com/local/education/does-high-school-stress-have-to-be-a-bad-thing/2014/04/26/a824534c-cc00-11e3-93eb-6c0037dde2ad_story.html.

————. "Montessori, Now 100, Goes Mainstream," *Washington Post,* January 2, 2007. http://www.washingtonpost.com/wp-dyn/content/article/2007/01/01/AR2007010100742.html.

McCullough, Jr., David. *You Are Not Special: And Other Encouragements* (New York: Ecco, 2014).

Mesure, Susie. "When We Stop Children Taking Risks, Do We Stunt Their Emotional Growth?" *The Independent,* May 25, 2014. http://www.independent.co.uk/life-style/health-and-families/features/when-we-stop-children-taking-risks-do-we-stunt-their-emotional-growth-9422057.html.

"Mihaly Csíkszentmihalyi: Motivating People to Learn," *Edutopia,* April 11, 2002. http://www.edutopia.org/mihaly-csikszentmihalyi-motivating-people-learn.

Mogel, Wendy. *The Blessing of a B Minus: Using Jewish Teachings to Raise Resilient Teenagers* (New York: Scribner, 2010).

————. *The Blessing of a Skinned Knee: Using Jewish Teachings to Raise Self-Reliant Children* (New York: Scribner, 2001).

————. "Success by Design: Is It Possible?" Talk presented at the annual conference of Challenge Success, Stanford, California, September 26, 2014.

Molinaro, Vince. "Do Millennials Really Want Their Bosses to Call Their Parents?" *Harvard Business Review,* April 14, 2014. http://blogs.hbr.org/2014/04/do-millennials-really-want-their-bosses-to-call-their-parents/.

Krulwich, Robert. "Successful Children Who Lost a Parent— Why Are There So Many of Them?" *npr.org,* October 16, 2013. http://www.npr.org/blogs/krulwich/2013/10/15/234737083/successful-children-who-lost-a-parent-why-are-there-so-many-of-them.

L

Lahey, Jessica. *The Gift of Failure: How the Best Parents Learn to Let Go So Their Children Can Succeed* (New York: HarperCollins, 2015).

Lanza, Michael. *Playborhood: Turn Your Neighborhood into a Place for Play* (Menlo Park, Calif.: Free Play Press, 2012).

Lareau, Annette. *Unequal Childhoods: Class, Race, and Family Life* (Berkeley, Calif.: University of California Press, 2003).

" Legal Age Restrictions for Latchkey Kids." http://www.latchkey-kids.com/latchkey-kids-age-limits.htm.

LeMoyne, T., and T. Buchanan. "Does "Hovering" Matter? Helicopter Parenting and Its Effect on Well-Being." *Sociological Spectrum,* Vol. 31, Issue 4 (2011).

LeTrent, Sarah. "How Helicopter Parenting Can Ruin Kids' Job Prospects." *CNN.com.* July 2, 2013. http://www.cnn.com/2013/07/02/living/cnn-parents-helicopter-parenting-job-search/index.html.

Levin, Ira. *The Stepford Wives* (New York: Random House, 1972).

Levine, Arthur, and Diane R. Dean. *Generation on a Tightrope: A Portrait of Today's College Student* (San Francisco: Jossey- Bass, 2012).

Levine, Madeline. *The Price of Privilege: How Parental Pressure and Material Advantage Are Creating a Generation of Disconnected and Unhappy Kids* (New York: Harper-Collins, 2006).

————. *Teach Your Children Well: Parenting for Authentic Success* (New York: Harper-Collins, 2012).

Lewis, Dan. "Where Did the Fear of Poisoned Candy Come From?" *Smithsonian.com.* October 6, 2013. http://www.smithsonianmag.com/not-categorized/where-did-the-fear-of-poisoned-halloween-candy-come-from-822302/ .

Lewis, Michael. "Coach Fitz's Management Theory," *New York Times,* March 28, 2004. http://www.nytimes.com/2004/03/28/magazine/coach-fitz-s-management-theory.html?src=pm&pagewanted=8.

————. *Coach: Lessons on the Game of Life* (New York: Norton, 2005).

LinkedIn University Rankings, http://www.linkedin.com.

Lodish, Emily. "Global Parenting Habits That Haven't Caught on in the U.S." *npr.org,* August 12, 2014. http://www.npr.org/blogs/parallels/2014/08/12/339825261/global-parenting-habits-that-havent-caught-on-in-the-u-s.

Louv, Richard. *Last Child in the Woods: Saving Our Children from Nature-Deficit Disorder* (Chapel Hill, N.C.: Algonquin Books of Chapel Hill, 2005).

Grinspan, Jon. "The Wild Children of Yesteryear," *New York Times,* May 31, 2014. http://www.nytimes.com/2014/06/01/opinion/sunday/the-wild-children-of-yesteryear.html?module=Search&mabReward=relbias%3Ar%2C%7B%222%22%3A%22RI%3A16%22%7D &_r=0.

H

Hallowell, Edward M. *The Childhood Roots of Adult Happiness: Five Steps to Help Kids Create and Sustain Lifetime Joy* (New York: Ballantine Books, 2002).

Hancock, Jim. *Raising Adults: Getting Kids Ready for the Real World* (Carol Stream, Ill.: Navpress Publishing Group, 1999).

Handbook for Public Playground Safety, U.S. Consumer Product Safety Commission (1981).

Henig, Robin Marantz. "What Is It About 20-Somethings?" *New York Times,* August 18, 2010. http://www.nytimes.com/2010/08/22/magazine/22Adulthood-t.html?_r=0.

Hockenbury, Dan H., and Sandra E. Hockenbury, *Psychology* (New York: Worth Publishers, 6th ed., 2012).

Hoder, Randye. "Six Ways to End the Tyranny of Homework," *Time,* March 28, 2014. http://time.com/41981/six-ways-to-end-the-tyranny-of-homework/ .

————. *Why I Let My Daughter Get a Useless College Degree.* http://ideas.time.com/2014/01/16/why-i-let-my-daughter-get-a-useless-college-degree/ .

"How U.S. News Calculated the 2015 Best Colleges Rankings," *U.S. News & World Report,* September 8, 2014. http://www.usnews.com/education/best-colleges/articles/2014/09/08/how-us-news-calculated-the-2015-best-colleges-rankings.

Hutton, Lindsay. "I Did It All by Myself! An Age-by-Age Guide to Teaching Your Child Life Skills," *FamilyEducation.com.* http://life.familyeducation.com/slideshow/independence/71434.html?page=1.

K

Kenison, Katrina. *The Gift of an Ordinary Day: A Mother's Memoir* (New York: Springboard Press, 2009).

Kent, James L. "Adderall: America's Favorite Amphetamine," *hightimes.com,* May 9, 2013. http://www.hightimes.com/read/adderall-americas-favorite-amphetamine.

"Kids Who Specialize in One Sport May Have Higher Injury Risk, Loyola Study Finds." (Maywood, Ill.: Loyola University Health System, May 2, 2011). http://www.loyolamedicine.org/childrenshospital/newswire/news/kids-who-specialize-one-sport-may-have-higher-injury-risk-loyola-study-finds.

Konczal, Mike. "What Conclusions Can You Draw on Increases in Unemployment by Age and Education?" *Rortybomb.wordpress.com,* October 20, 2010. http://rortybomb.wordpress.com/2010/10/20/what-conclusions-can-you-draw-on-increases-in-unemployment-by-age-and-education/ .

Finkelhor, David. "Five Myths About Missing Children." *Washington Post,* May 10, 2013. http://www.washingtonpost.com/opinions/five-myths-about-missing-children/2013/05/10/efee398c-b8b4-11e2-aa9e-a02b765ff0ea story.html.

Finkelhor, David, Heather Hammer, and Andrea J. Sedlak. "Second National Incidence Studies of Missing, Abducted, Runaway, and Thrownaway Children" (Washington, D.C.: U.S. Dept. of Justice, Office of Justice Programs, Office of Juvenile Justice and Delinquency Prevention, 2002).

The Foundation for Critical Thinking, http://www.criticalthinking.org.

Fox, Jennifer. *Your Child's Strengths: A Guide for Parents and Teachers* (New York: Viking Adult, 2008).

Frederickson, Barbara. *Positivity: Groundbreaking Research Reveals How to Embrace the Hidden Strength of Positive Emotions, Overcome Negativity, and Thrive* (New York: Harmony, 2009).

Friedman, Thomas L. "How to Get a Job at Google," *New York Times,* February 22, 2014. http://www.nytimes.com/2014/02/23/opinion/sunday/friedman-how-to-get-a-job-at-google.html?_r=1.

G

Galloway, M., J. Connor, and D. Pope, "Nonacademic Effects of Homework in Privileged, High-Performing High Schools." *Journal of Experimental Education* 81 (4) (2013).

Gallup Strengths Center, http://www.gallupstrengthscenter.com.

Gerson, Michael. "Saying Goodbye to My Child, the Youngster," *New York Times,* August 19, 2013. http://www.washingtonpost.com/opinions/michael-gerson-saying-goodbye-to-my-child-the-youngster/2013/08/19/6337802e-08dd-11e3-8974-f97ab3b3c677_story.html.

Gibbs, Nancy. "The Growing Backlash Against Overparenting," *Time,* November 30, 2009.

Ginsburg, Kenneth R. *A Parent's Guide to Building Resilience in Children and Teens:Giving Your Child Roots and Wings* (Elk Grove Village, Ill.: American Academy of Pediatrics, 2011).

Girl Scouts. "Cookie/Council-Sponsored Product Sale: Safety Activity Checkpoints." May 2, 2011. http://www.girlscouts.org/program/gs_cookies/pdf/2012_cookie_ product_sale_safety_activity_checkpoints.pdf.

Gladwell, Malcolm. *David and Goliath: Underdogs, Misfits and the Art of Battling Giants* (New York: Little, Brown & Company, 2013).

———. *Outliers: The Story of Success* (New York: Little, Brown & Com pany, 2007).

Glass, Ira. "How I Got into College" (interview with Rich Clark). *This American Life* 504, September 6, 2013. http://www.thisamericanlife.org/radio-archives/episode/504/how-i-got-into-college.

Gray, Peter. "The Decline of Play and the Rise of Psychopathology in Children and Adolescents." *American Journal of Play,* Vol. 3, No. 4 (2011).

Deresiewicz, William. *Excellent Sheep: The Miseducation of the American Elite and the Way to a Meaningful Life* (New York: Free Press, 2014).

Dickerson, John. "Wait, Am I That Baseball Dad? How Baseball Encourages Bad Parenting—And How You Can Support Your Kids on the Diamond Without Driving Them Crazy." *Slate,* June 19, 2013. http://www.slate.com/articles/sports/sports_nut/2013/06/baseball_parents_how_dads_stress_their_kids_out_during_little_league_ games.html.

Divoky, Diane. "Missing Tot Estimates Exaggerated," Lodi News- Sentinel, February 18, 1986.

Dobbs, David. "The Science of Success." *The Atlantic,* December 2009. http://www.theatlantic.com/magazine/print/2009/12/the-science-of-success/307761/ .

Douthat, Ross. "The Parent Trap." *New York Times,* July 19, 2014.

Druckerman, Pamela. *Bringing Up Bébé: One American Mother Discovers the Wisdom of French Parenting* (New York: Penguin Press, 2012).

Duckworth, Angela, et al. "Grit: Perseverance and Passion for Long-Term Goals." *Journal of Personality and Social Psychology* 92, no. 6 (2007): 1087–1101.

Dweck, Carol. "How Can You Change from a Fixed Mindset to a Growth Mindset?" *Mindset Online.* http://mindsetonline.com/changeyourmindset/firststeps/.

————. *Mindset: The New Psychology of Success* (New York: Random House, 2006).

E

Easterbrook, Gregg. "Who Needs Harvard?" *The Brookings Institution,* October 2004. http://www.brookings.edu/research/articles/2004/10/education-easterbrook

Edmonds, Dan. "College Admissions: The Myth of Higher Selectivity," *Time,* March 20, 2013. http://ideas.time.com/2013/03/20/college-admissions-the-myth-of-higher-selectivity/.

Ekins, Emily. "UPDATED/Poll: 68 Percent of Americans Don't Think Nine-Year-Olds Should Play at the Park Unsupervised." *Reason-Rupe Poll,* August 19, 2014. http://reason.com/poll/2014/08/19/august-2014-reason-rupe-national-survey.

Elmore, Tim. *Artificial Maturity: Helping Kids Meet the Challenge of Becoming Authentic Adults* (San Francisco: Jossey- Bass, 2012).

————. *Generation iY: Our Last Chance to Save Their Future* (Troy, Mich.: Poet Gardener, 2010).

"Emery-Weiner Drug, Alcohol, and Risky Behavior Report" (Los Angeles: Beit T'Shuvah, January 2013).

Epstein, David. "Sports Should Be Child's Play." *New York Times,* June 10, 2014. http://www.nytimes.com/2014/06/11/opinion/sports-should-be-childs-play.html.

F

FairTest: The National Center for Fair and Open Testing, http://www.fairtest.org/ .

Cline, Foster W., and Jim Fay. *Parenting with Love and Logic: Teaching Children Responsibility* (Colorado Springs: Pinon Press, 1990): 23–25.

Clinton, Hillary R. "An Idyllic Childhood," in *The Games We Played: A Celebration of Childhood and Imagination,* ed. Steven A. Cohen (New York: Simon & Schuster, 2001): 161–65.

College Board. "Big Future." http://www.bigfuture.collegeboard.org.

Colleges That Change Lives, http://www.ctcl.org.

"College Students' Mental Health Is a Growing Concern, Survey Finds," *Monitor on Psychology* 44 (6) (Washington, D.C.: American Psychological Association, June 2013). http://www.apa.org/monitor/2013/06/college-students.aspx.

Collegiate Employment Research Institute, http://www.ceri.msu.edu.

Collegiate Employment Research Institute, "Parent Involvement in the College Recruiting Process: To What Extent?" Research Brief 2-2007. http://ceri.msu.edu/publications/pdf/ceri2-07.pdf.

Copeland, Kristen A., et al. "Societal Values and Policies May Curtail Preschool Children's Physical Activity in Child Care Centers," *Pediatrics* 129 (2) (Elk Grove Village, Ill.: American Academy of Pediatrics, February 2012). http://pediatrics.aappublications.org/content/early/2012/01/02/peds.2011-2102.full.pdf+html.

Cotton, Nancy S. "Childhood Play As an Analog to Adult Capacity to Work, Child Psychiatry and Human Development." *Human Sciences Press,* Vol. 14 (3) (Spring 1984).

Csikszentmihalyi, Mihaly. Flow: The Psychology of Optimal Experience (New York: Harper & Row, 1990).

————. "Flow, the Secret to Happiness." TED2004. February 2004. http://www.ted.com/talks/mihaly_csikszentmihalyi_on_flow.

D

Dale, Stacy Berg, and Alan B. Krueger. "Estimating the Payoff to Attending a More Selective College: An Application of Se lection on Observables and Unobservables." *The National Bureau of Economic Research* (August 1999). http://www.nber.org/papers/w7322.

Damon, William. *The Path to Purpose: Helping Our Children Find Their Calling in Life* (New York: Free Press, 2008).

————. Foreword, in Richard Lerner and Laurence Steinberg, eds., *Handbook of Adolescent Psychology* (New York: John Wiley & Sons, 2004).

Davidowitz, Esther. "Get Kids to Pitch In," *Parenting. http://www.parenting.com/print/388207* .

Dell'Antonia, K. J. "Homework's Emotional Toll on Students and Families," *New York Times,* March 12, 2014. http://parenting.blogs.nytimes.com/2014/03/12/homeworks-emotional-toll-on-students-and-families/?_php=true&_type=blogs&_r=0.

Bronson, Po. "How Not to Talk to Your Kids: The Inverse Power of Praise," New York, August 3, 2007. http://nymag.com/news/features/27840/.

Bronson, Po, and Ashley Merryman. *NurtureShock: New Thinking About Children* (New York: Twelve, 2009).

Brown, Brené. *Daring Greatly: How the Courage to Be Vulnerable Transforms the Way We Live, Love, Parent and Lead* (New York: Gotham Books, 2012).

————. *The Gifts of Imperfection: Let Go of Who You Think You're Supposed to Be and Embrace Who You Are* (Center City, Minn.: Hazelden, 2010).

Brown, Brené. "The Power of Vulnerability," TEDxHouston, June 2010. http://www.ted.com/talks/brene_brown_on_vulnerability?language=en.

Brown, Stuart. "Play Is More Than Just Fun." TED, May 2008. http://www.ted.com/talks/stuart_brown_says_play_is_more_than_fun_it_s_vital.

Buckingham, Marcus. *Now, Discover Your Strengths* (New York: Free Press, 2001).

C

"Cancel That Violin Class: Helicopter Moms and Dads Will Not Harm Their Kids if They Relax a Bit," *Economist,* July 26, 2014. http://www.economist.com/news/united-states/21608793-helicopter-moms-and-dads-will-not-harm-their-kids-if-they-relax-bit-cancel-violin.

Cantu, Robert, and Mark Hyman. *Concussions and Our Kids: America's Leading Expert on How to Protect Young Athletes and Keep Sports Safe* (Boston: Houghton Miffl in Harcourt, 2012).

Carter, Christine. *Raising Happiness: 10 Simple Steps for More Joyful Kids and Happier Parents* (New York: Ballantine Books, 2010).

————. *The Sweet Spot: How to Find Your Groove at Home and Work* (New York: Ballantine Books, 2015).

Castle, Terry. "Don't Pick Up: Why Kids Need to Separate from Their Parents," *The Chronicle of Higher Education,* May 6, 2012.

Challenge Success (www.challengesuccess.org).

"Changing the Conversation About Homework from Quantity and Achievement to Quality and Engagement" (Stanford, Calif.: Challenge Success, 2012). http://www.challengesuccess.org/Portals/0/Docs/ChallengeSuccess-Homework-WhitePaper.pdf.

Chua, Amy. *Battle Hymn of the Tiger Mother* (New York: Penguin Press, 2011).

Chudacoff , Howard P. *Children at Play: An American History* (New York: New York University Press, 2007).

Clayton, Victoria. "Seeking Straight A's, Parents Push for Pills. Pediatricians Report Increasing Requests for 'Academic Doping.' " *NBCNews.com,* September 7, 2006. http://www.nbcnews.com/id/14590058/ns/health-childrens_health/t/seeking-straight-parents-push-pills/#.U-al8vm-2wc.

參考書目

A

Adwar, Corey. "Support Grows Online for Mom Who Lost Custody of Daughter After Letting Her Play Alone at a Park." *Business Insider,* July 16, 2014. http://www.businessinsider.com/debra-harrell-arrested-for-allegedly-letting-daughter-play-alone-at-park -2014-7.

The Alumni Factor, http://www.alumnifactor.com.

The American Psychological Association. "APA Survey Raises Concern About Health

Impact of Stress on Children and Families." November 9, 2010. http://www.apa.org/news/press/releases/2010/11/stress-in-america.aspx.

The American Psychological Association, http://www.apa.org/helpcenter/communication-parents.aspx.

"The Art of Redesigning Instruction," *The Foundation for Critical Thinking.* http://www.criticalthinking.org/pages/the-art-of-redesigning-instruction / 520.

Anderson, Michael W., and Timothy D. Johanson. Gist: *The Essence of Raising Life-Ready Kids* (Eden Prairie, Minn.: GISTWorks, LLC, 2013).

"Attention- Deficit/Hyperactivity Disorder (ADHD)," *cdc.gov* (Atlanta, Ga.: Centers for Disease Control and Prevention, 2014). http://www.cdc.gov/ncbddd/adhd/data.html.

B

Bandura, Albert. "Self-Efficacy: Toward a Unifying Theory of Behavioral Change," *Psychological Review* 84 (1977): 191–215.

————. "Self-Efficacy," *Encyclopedia of Human Behavior* 4 (New York:Academic Press, 1994).

Barker, Jane E., et al. "Less-Structured Time in Children's Daily Lives Predicts Self-Directed Executive Functioning," *Frontiers in Psychology* 5:593 (2014). http://journal.frontiersin.org/Journal/10.3389/fpsyg.2014.00593/full.

Baumeister, R. F. *Meanings of Life* (New York: Guilford, 1991).

Bayer, Jordana K., et. al., "Parent Infl uences on Early Childhood Internalizing Difficulties," *Journal of Applied Developmental Psychology* 27.6 (2006): 542–59.

Bean, Shawn. "Xanax Makes Me a Better Mom." *Parenting.com* (undated). http://www.parenting.com/article/xanax.

Boyles, Salynn. "Sports-Related Concussions on the Rise in Kids," (New York: WebMD, August 30, 2010.) http://www.webmd.com/parenting/news/20100830/sports-related-concussions-on-the-rise-in-kids.

Bradley-Geist, J., and J. Olson- Buchanan. "Helicopter Parents: An Examination of the Correlates of Over-parenting of College Students." *Education & Training,* 56 (4), (2014).

Brewster, Joe, Michele Stephenson, and Hilary Beard. *Promises Kept: Raising Black Boys to Succeed in School and in Life* (New York: Spiegel & Grau, 2014).

Brooks, Kim. "The Day I Left My Son in the Car." *Salon*, June 3, 2014.

教養方舟 002

如何養出一個成年人

——別因為愛與恐懼，落入過度教養的陷阱，讓孩子一直活在延長的青春期

作者｜茱莉．李斯寇特－漢姆斯　譯者｜游淑峰
封面設計｜徐睿紳　內頁設計｜季曉彤 Shana Chi
特約主編｜賴文惠

副總編輯｜郭玢玢　總編輯｜林淑雯
社長｜郭重興　發行人兼出版總監｜曾大福
出版者｜方舟文化出版
發行｜遠足文化事業股份有限公司 231 新北市新店區民權路 108-2 號 9 樓
電話｜（02）2218-1417　傳真｜（02）8667-1851
劃撥帳號｜19504465　戶名｜遠足文化事業股份有限公司
客服專線｜0800-221-029　E-MAIL｜service@bookrep.com.tw　網站｜www.bookrep.com.tw
印製｜通南彩印股份有限公司　電話｜（02）2221-3532　法律顧問｜華洋法律事務所 蘇文生律師

定價｜450 元　初版一刷｜2017 年 9 月　初版五刷｜2019 年 5 月

缺頁或裝訂錯誤請寄回本社更換。
歡迎團體訂購，另有優惠，請洽業務部（02）22181417#1124

國家圖書館出版品預行編目（CIP）資料

如何養出一個成年人 /
茱莉．李斯寇特－漢姆斯（Julie Lythcott-Haims）著；游淑峰譯．
-- 初版．-- 新北市：方舟文化出版：遠足文化發行，2017.09
面；　公分．--（教養方舟；2）
譯自：How to raise an adult: break free of the overparenting trap and prepare your kid for success

ISBN 978-986-95184-4-4（平裝）
1. 親職教育　2. 子女教育

528.2　　106012050